따라 하면 성공하는

GPT 프롬프트
with RAG 활용법

따라 하면 성공하는 GPT 프롬프트 with RAG 활용법
일잘러의 업무 효율화 및 생산성 극대화 비법 - 마케팅 업무를 중심으로

초판 1쇄 발행 2024년 10월 25일

지은이 홍승민
펴낸이 장길수
펴낸곳 지식과감성#
출판등록 제2012-000081호

교정 주경민
디자인 서혜인
편집 서혜인
검수 정은솔, 이현
마케팅 김윤길, 정은혜

주소 서울시 금천구 벚꽃로298 대륭포스트타워6차 1212호
전화 070-4651-3730~4
팩스 070-4325-7006
이메일 ksbookup@naver.com
홈페이지 www.knsbookup.com

ISBN 979-11-392-2167-1(03000)
값 16,700원

- 이 책의 판권은 지은이에게 있습니다.
- 이 책 내용의 전부 또는 일부를 재사용하려면 반드시 지은이의 서면 동의를 받아야 합니다.
- 잘못된 책은 구입하신 곳에서 바꾸어 드립니다.

지식과감성#
홈페이지 바로가기

따라 하면 성공하는

GPT 프롬프트 with RAG 활용법

일잘러의 업무 효율화 및 생산성 극대화 비법 – 마케팅 업무를 중심으로

홍승민 지음

목차

시작하기 · 6

1부 생성형 개념 잡아 바로 알기

비전공자도 따라 하면 성공하는, 일을 잘하는 법 · 10

생성형 따라 하면 폭망해서 일 못하는 법 · 19

인공지능이 못 하는 걸 따라 하면 성공하는 기획하는 법 · 23

일단 읽고 따라 하면 성공하는 인공맹 탈출법 · 55

생각하고 따라 하면 성공하는 맥락적 이해 방법 · 63

RAG 개념 잡고 따라 하면 성공하는 생성형 전문가 · 72

프롬프팅 따라 하면 성공하는 생성형 인공지능 일 시키기 · 79

2부 생성형 응용하여 일잘러 되기

별거 아니지만 방법을 알아야 따라 하면 성공하는 메일 쓰는 법 · 90

굳이 특화 서비스가 아니어도 가능한 따라 하면 성공하는 미팅 요약 보고서 작성법 · 102

따라 하면 성공하는 보고서 작성법 1 · 107

따라 하면 성공하는 보고서 작성법 2 · 132

따라 하면 성공하는 제안서(기획서) 방법 · 145

따라 하면 성공하는 소비자 조사를 통한 가격 결정 기법 • 165

어렵지만 따라 하면 성공하는 필수 엑셀 함수 • 170

따라 하면 성공하는 엑셀 해찾기 개념과 응용 • 182

엑셀로 따라 하면 성공하는 가격 평가 방법 • 186

따라 하면 성공하는 묶음 가격으로 손해 안 보고 재고떨이 하는 방법 • 208

따라 하면 성공하는 초기 고가 전략과 가격 할인 전략 • 225

따라 하면 성공하는 마케팅 효과 예측하기 • 246

따라 하면 바로 적용 가능한 홍보 효과 똑같은 채널 구분 방법 • 261

따라 하면 바로 적용 가능한 이동평균법과 계절요인 제거하는 방법 • 268

다양한 데이터를 기반으로 따라 하면 성공하는 다중회귀 판매 예측 방법 • 286

따라 하면 성공하는 소비자 가치판단 기준(컨조인트 분석) • 315

따라 하면 성공하는 S 곡선을 활용한 신제품 판매 숫자 예측하기 • 329

마무리하기 • 338

시작하기

직장을 다니면서, '일잘러'에 대한 욕망은 쉽게 사라지지 않았습니다.

이 책은 그런 저의 욕망을 자극하기 위하여 기록 같은 의미로 남기며 이 책을 기준으로 여러 선생님들이 조금이라도 따라 했으면 하는 바람으로 시작했습니다.

사실, 생성형이 생기고 나서 어떡하면 내가 생성형을 많이 안다고 자랑을 할까 하는 생각을 하다가 글을 쓰기 시작한 게 맞습니다.

생성형의 등장은 인공지능 세계에서 매우 큰 의미를 시사합니다. 하지만 아직 누구도 생성형을 활용한 어떤 서비스를 출시하지 않았습니다. 일부 서비스가 있다고는 하지만 사실 사용하는 사람을 주위에서 보지 못했습니다. 극히 일부만 생성형을 사용하고 있습니다.

이렇게 생성형을 쉽게 사용하지 못하는 가장 큰 이유 중 하나가 테스트할 서비스가 존재하지 않고 그리고 어떤 식으로 테스트를 해야 하는지 모르기 때문입니다. 여기에 추가로 생성형이 뭐든지 다 해 줄 거라는 막연한 믿음이 같이 있는데, 사실 생성형은 교모하게 거짓말을 해서 사실과 가짜의 구분이 어려우실 것입니다.

이런 것들이 맞물리다 보니 아직 효과적인 서비스가 출시되지 않았다 판단합니다.

AI:DRIVE 서비스는 ㈜시대의영웅에서 만든 SaaS 서비스입니다. 이 서비스를 활용하여 본 책에 작성하였습니다. '생성형을 시켜서 콘텐츠를 만들었다'가 아니라 생성형을 활용하는 방법을 설명드리면서 예시로는 생성형을 이용했습니다.

일잘러의 기본 소양인 '엑셀 마스터', 누구나 엑셀을 잘 다루기를 원하지만 누구도 잘 다루지 못하는 것이 엑셀입니다. 왜냐하면 어렵기 때문입니다.

특히 이 책에서는 주위의 엑셀 전문 도서들이 주장하는 다양한 기법들, 예를 들어 피벗 테이블을 이용한 현란한 시각화 구축 같은 것은 하나도 다루지 않았습니다. 사실 그런 시각화 서비스는 아르바이트 사이트에서 여유 있게 20만 원 정도면 원하시는 것을 제작하실 수 있습니다. 직장 생활을 하면서 회사의 지원이 없더라도 20만 원 정도의 투자, 이건 할 만한 투자입니다. 그리고 결코 크지 않은 돈입니다. 내가 업무가 편해진다면 말이죠.

반면, 그런 엑셀 관련 도서들이 다루지 않는 내용들, 하지만 실제 마케팅에는 필요한 내용들 이런 것들은 왜 책이 없을까 고민을 조금 했습니다. 이유는 단순합니다. 실제 마케팅에서는 다양한 통계기법을 이용하여 무언가를 추정하고 예측하고 알고리즘을 만드는 일이 대부분입니다. 그리고 항상 이 알고리즘을 고도화해야 합니다. 알고리즘이라 하고 함수식이라 부르는 게 더 맞겠습니다. 이건 어렵습니다. 하지만 생각해 보십시오.
내가 홍보비로 100만 원을 투자하면 얼마의 수익이 발생할까요? 만약 110만 원의 수익이 발생한다면 해야 할까요, 하지 말아야 할까요? 또는 90만 원 수익이 발생하면 해야 할까요, 하지 말아야 할까요? 이 당연한 논리를 우리는 대충 경험에 의해 대략적으로 해결하고 있습니다.

이 책을 충분히 연구하시고 제시하는 샘플을 활용하여 실습을 하시면 더 이상 대충 때려 맞추는 어설픈 마케터에서 진짜 일 잘하는 마케터가 됩니다.

제가 항상 주장을 하는 '마케팅은 숫자로 시작해서 숫자로 끝난다'라는 말이 있습니다.

이 책 어렵습니다. 아무리 쉽게 설명을 한다 해도 통계 자체가 어렵습니다. 하지만 못할 것은 아닙니다. 과거에는 못 했지만 이제 2~3번 연습만 하면 하실 수 있습니다. 바로 생성형을 활용해서 말이죠.

이제 진짜 일잘러의 세계로 들어오십시오.

아름드리 벚꽃이 살랑살랑 춤을 추는 2024년 어느 날 군포에서 시작을 합니다.

* 책에 수록된 예시는 지식과감성# 홈페이지에서 다운받으실 수 있습니다.

1부
생성형 개념 잡아 바로 알기

비전공자도 따라 하면 성공하는, 일을 잘하는 법

이 책에서 처음 읽게 되는 챕터입니다. 일 잘하는 방법에 대해서 기본적인 개념에 대해서 이야기해 보고, 다른 복잡한 실무적인 것보다 딱 이 챕터만 잘 읽고 따라 하시면 바로 당신이 '프로 일잘러'입니다.

> 요약 1. 믿고 따라만 하라.
> 요약 2. 모든 것은 원인과 결과가 있다.
> 요약 3. 원인 결과를 알려면 잘 관찰하자.
> 요약 4. 수치화, 요약 이것도 중요하다.

공부를 잘하는 사람들은 저마다의 공부하는 프로세스가 있습니다. 저는 안타깝게도 학생 시절 공부를 잘하는 편이 아니어서 그런 프로세스를 몰랐습니다. 제가 잘하는 건 한자리에 오랫동안 엉덩이를 붙이고 알 때까지 계속해서 보고 읽고 쓰고 따라 하는 것입니다.

이런 프로세스를 이해하고 알아 가는 것이 가장 기본인데 이걸 모르니, 소위 일 잘하는 사람을 보고 따라 하고 공부하는 것이 이제는 습관이 되었습니다. 배운 게 하던 게 그런 것이라 자식에게도 항상 하는 말이 "엉덩이 붙이고 집중해, 절대적인 시간은 아무도 못 따라와."입니다.

이런 것을 나름 연습하다 보니 어느새 나름 전문직으로서 이걸 기반으로 중소기업에 자문을 하면서 살아갑니다. 책 선택에 있어 제 약력을 확인하셨겠지만, 저는 중소기업을 대상으로 하는 컨설턴트가 직업입니다. 즉 누구에 지도편달을 해야 하는 게 주 업무인 것이죠. 이 책의 내용은 공부를 못하는 사람도 그냥 제가 시키는 대로 따라만 하면 중간은 갈 수 있는, 때로는 어디 가서 똑똑하다는 소리 듣는 그런 것을 원하시는 직장인들을 대상으로 하는 것입니다. 또는 조직에서 팀원을 리딩해야 하는 분들의 말 못 할 그런 '일잘러' 기법을 알려 드리기 위한 그런 책입니다.

네, 저는 중소기업인을 대상으로 하는 업을 합니다. 그들이 무엇을 고민하고 무엇을 하고 싶어 하는지 너무 잘 알고 있습니다. 제가 과거에 그러했고 지금도 그런 것의 일환으로 일을 하고 있으니 말입니다. 누구나 일을 하다 보면, 소위 말하는 '일잘러'가 될 수 있습니다. 저는 나름대로 일을 잘한다고 생각합니다. 제가 알고 있는 모든 것을 이 책에 다 넣지는 못하지만 깨알 같은 꿀팁들을 말씀드리고 그리고 따라 하다 보면 어느덧 일잘러가 됩니다.

정말이지 따라만 하면 됩니다.

이 책에서는 주로 생성형 인공지능에 대해서 다루게 될 것입니다. 그리고 그 생성형 인공지능을 잘 다루는 법에 대해서 집중적으로 이야기를 할 것입니다. 시중에 돌아다니는, 그리고 유튜브나 블로그에 돌아다니는 그런 생성형 인공지능 활용 방법이랑은 다릅니다. 저는 그런 대중적인 방법을 '쓰레기' 방법이라고 합니다. 정말이지 형편없습니다.

생성형 인공지능이 등장하고 일을 하는 시점에서도 역시 양극화가 나타나게 될 것입니다. 이 양극화의 대표적인 것이 일 잘하는 사람은 계속 잘하고 못하는 사람은 계속 못한다는 것입니다. 저는 그렇게 주장을 하고 해외 석학들도 유사하게 주장을 합니다. 어찌 보면 제가 그 석학들을 따라 하는 것일 수도 있습니다. 이렇게 생성형이 등장하면서, 먼저 저의 이런 매우 부정적인 방향이나 개인 생각에 제 스스로 지지하기 위해서 말씀드리면, 이놈의 생성형 인공지능을 잘 이용하려면, 업무에 대한 전반적인 프로세스 개념에 대해서 잘 파악해야 합니다. 만약 이러한 프로세스 개념을 잘 파악하지 못하면 앞으로 일을 하실 때 지금보다 더 어려워진다는 것이 사실입니다. 반면 두 번째로 정반대되는 긍정적인 면은 무엇이 있냐 하면, 일잘러와 일을 못하는 내가 크게 차이가 없어진다는 것입니다. 만약 내가 열심히 노력을 한다면 말이죠. 즉 일잘러도 겁나 공부하고 노력해야 합니다. 이러한 대격변 시대가 이미 시작했습니다. 다시 말씀드리면, 지금이 마지막 기회입니다.

그럼 무엇이 중요하고 무엇이 가볍냐? 일단 가벼운 것은 없고 가장 무거운 것, 가장 중요한 것을 말씀드립니다. 이것이 이 책의 주제 70%라 해도 좋을 정도로 중요한 내용입니다.

원인과 결과

이 세상 모든 것은 원인과 결과가 있습니다. 간혹 그림이나 음악, 소설 같은 예술성 창작물들이 원인과 결과 없이 중간의 감정선 또는 원인만 또는 결론만 보여 주기는 하는데, 따지고 들어가다 보면 그런 예술도 결국 다 원인과 결과가 있지 않을까 생각합니다.

원인과 결과, 즉 인과관계. 이것으로 모든 것이 설명 가능합니다.

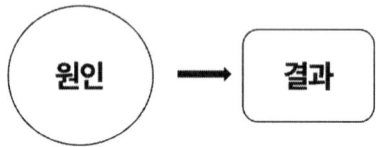

물론 사건을 바라보는 관점에서 중간의 내용도 매우 중요합니다. 하지만 우리는 종종 원인과 결과만 바라보며 중간 내용을 간과합니다. 그래서 전체적인 맥락 이해가 중요하고 특히 원인-결과를 명확하게 구분한다면 분명 일 잘하는 사람이 될 것입니다.

예를 들어 하나 생각하면, 소비자가 환불해 달라고 요청이 왔습니다. 그럼 문제는 환불, 즉 획득한 재화를 다시 돌려줘야 하는 문제가 있습니다. 우리 입장에서는 벌었던 돈을 다시 토해 내는 정말 짜증 나는 문제가 있습니다. 그래서 우리가 바라는 결과는 환불이 취소되는 것입니다. 즉 소비자의 원인과 결과와 우리가 생각하는 원인과 결과는 다른 것입니다.

그럼 우리 문제 해결을 위한 소비자의 진짜 원인, 즉 소비자의 문제는 정말 환불일까요? 혹시 이게 소비자 입장에서는 물건을 구입하고 소비하는 과정 중 하나가 아닐까요? 예를 들어 옷 색상이 마음에 안 들었을 수도 있고, 사이즈가 안 맞을 수도 있고 그리고 단순 변심일 수도 있습니다. 원인이야 너무 다양하죠. 우리가 그 원인을 잘 몰라서 그런 것이니 말입니다.

　대부분의 (제가 경험한) 이런 문제 해결을 하는 소비자 센터에서는 '환불 규정에 따른 환불'만 진행합니다. 이것이 기업 입장에서 바람직할까요? 때론 환불하는 것이 바람직한 결과일 수도 있습니다. 하지만 문제 즉 원인을 제대로 알고 이해한다면 교환이라든가, 포인트 형태라든가 다른 방법도 있지 않을까요? 그렇다면 소비자가 원하는 방법이 아닌 기업이 원하는 방법으로 바람직한 결과가 나오지 않을까요? 둘 다 만족하는 결과 말이죠. 즉 문제(원인)가 명확해지면 결과(우리 목적)가 바람직하지 않을까요? 다시 문제를 제대로 파악해서 내가 원하는 목적을 달성하는 것이 가장 중요합니다. 소비자가 문제가 아닌 내가 더 문제인 거죠. 참 어려운 주제이지만, 우리는 무조건 원인과 결과를 특정해야 합니다.

관찰의 중요성

　원인과 결과 그리고 중간 단계를 파악하는, 누구나 다 알고 있지만 쉽지 않은 것, 즉 원인과 결과를 파악하기 위한 관찰에 관해 이야기해 보겠습니다.

　관찰(觀察)이란 사물이나 현상을 주의하여 자세히 살펴보는 것입니다. 우리는 관찰을 통해서 정보를 수집합니다. 특히 일을 잘하기 위해서는 면밀한 관찰이 절대적으로 필요합니다.

　관찰을 통해서, 즉 정보 수집을 통해서 우리는 문제에 대한 원인을 조사할 수 있으며 또 결과에 대해서 바람직한 결과인지 아닌지 역시 수집할 수 있습니다.

　다시 말씀드리면 관찰을 하지 않으면 정보 자체가 수집되지 않고 또 관찰을 잘하지 못하면 왜곡된 정보가 수집되거나 충분한 정보가 없는 상태에서 업무가 진행됩니다.
　우리는 수시로 이러한 관찰을 하는데, 동시에 종종 경험하게 되는 것이 이러한 관찰을 대략적으로 한다는 것입니다. 저 역시 관찰을 소홀히 하는 경우가 종종 있으며 이러한 관찰 부주의로 일을 못하는 경험도 종종합니다.

그럼 관찰을 어떻게 하면 잘하는 것일까요?

관찰을 잘하는 방법은 매우 다양하게, 사람마다 고유한 기법이 있지만, 제가 추천하는 방법은 '메모'입니다. 메모를 하게 되면 해당 사건에 대해서 요약정리도 되지만 머릿속에 깊숙하게 자리 잡습니다. 병원을 다니시면 자주 경험하게 되는 것인데요, 무엇이냐 하면 의사들은 항상 환자의 상태를 관찰합니다. 딱 봐서 감기인 게 확실하지만 청진기를 통해서 숨소리도 듣고 목 상태를 관찰하고 귀 상태를 관찰하고 눈 상태를 관찰해서 딱 보고 알고 있는 '감기'라는 증상을 확증하게 됩니다.

그럼 관찰을 잘 못하게 되는 경우를 생각하겠습니다. 우리 주위에 종종 있는 일들입니다. 예를 들어, 일상생활에서 교통사고의 원인을 조사할 때, 경찰관들은 사고 현장의 모든 세부 사항을 면밀하게 조사해야 합니다. 하지만 관찰을 소홀히 하거나 대충 하게 될 경우, 중요한 증거를 놓치거나 잘못된 정보를 수집하여 사건 해결에 방해가 될 수 있습니다. 이러한 부주의는 결국 잘못된 결론으로 이어질 수 있으며, 때로는 불필요한 분쟁이나 불공정한 결과를 초래할 수 있습니다. 그래서 경찰도 사람인지라 그들이 실수할 수도 있으니, 우리는 사고가 났을 때 경찰들이 실수하는 것을 대비하여 차에서 내리자마자 스마트폰으로 열심히 촬영하고 영상을 녹화하는 것입니다. 근데 왜 이런 경우에는 우리가 관찰, 즉 정보 수집을 열심히 할까요? 이유는 간단합니다. 교통사고 시 다양한 정보를 많이 가지고 있어야 보험사와 보험비 문제로 다툴 때 유리하기 때문입니다. 즉 우리의 목적은 '돈'입니다.

또 다른 예로, 비즈니스 환경에서는 시장 조사를 할 때 정확한 관찰이 필수적입니다. 경쟁사의 제품, 소비자의 행동, 시장의 트렌드 등을 관찰하여 그 정보를 바탕으로 전략을 수립합니다. 이 과정에서 불충분하거나 왜곡된 관찰로 인해 잘못된 판단을 할 수 있게 되는 것이지요. 저 역시, 종종 제가 벌이는 사업에서 이러한 관찰을 제대로 수행하지 않게 되는데 저 역시 부끄러운 결과라 할 수 있습니다.

소프트웨어 개발 프로젝트에서 정확한 요구사항의 관찰 및 수집은 프로젝트의 성공에 매우 중요합니다. 개발팀이 클라이언트의 요구사항을 충분히 이해하지 못하고 대충 넘어가면, 개발하는 소프트웨어가 클라이언트의 실제 필요와 맞지 않을 수 있습니다. 예를 들어, 클라이언트가 대량 데이터 처리를 위한 강력한 데이터베이스 관리 기능을 요구했으나, 개발팀이 이 요구를 제대로 파악하지 못하고 단순한 데이터 저장 기능만을 제공한 경우를 생각해 볼 수 있습니다.

이러한 오해는 프로젝트 결과물이 클라이언트의 기대에 부응하지 못하게 만들고, 결국은 불필요한 수정 작업이 요구되며, 이는 추가적인 시간과 비용을 발생시키게 됩니다. 더욱이, 이로 인해 클라이언트와의 신뢰 관계가 손상되고, 회사의 평판에도 부정적인 영향을 미칠 수 있습니다.

따라서 프로젝트 초기 단계에서 클라이언트와의 충분한 미팅, 정확한 요구사항 문서화, 지속적인 피드백의 수집과 반영이 매우 중요합니다. 이런 절차를 통해 초기에 요구사항을 명확히 이해하고 정확히 관찰하는 것이 프로젝트의 성공적인 완수를 위해 필수적입니다.

그럼 관찰을 잘하기 위해서는 무엇을 해야 할까요? 다시 말씀드립니다. '메모', 매우 중요합니다.

다음으로 말씀드릴 것은, 위의 원인과 결과 그리고 관찰보다 약간 중요성이 떨어진다 판단됩니다만, 오히려 일을 할 때 '잘하는 사람'이라는 소리를 듣는 요령이라 할 수 있습니다. 바로 '수치화'입니다.

수치화

저는 1978년생입니다. 제가 어린 시절에는 한자를 잘 안 가르치던 시대입니다. 실제로 저는 한자를 잘 모릅니다. 초등학생인 아들놈이 저보다 더 잘합니다. 그래서인지 '한자'를 잘 아는 사람을 '똑똑한 사람'이라고 했습니다. 그리고 하나 더 '똑똑한 사람' 취급을 받는 것은 바로 '수치화'를 잘하는 사람입니다.

뉴스나 티브이를 보면 종종 듣는 표현들이 "경제지표가 미국의 영향으로 3% 가량 하향 조정되었습니다."라는 평론입니다. 경제지표가 안 좋아서 힘든 건 누구나 피부로 느끼고 직접 체감하는 것입니다. 그리고 우리는 사실 3%가 하향되는 게 어떤 건지, 10%와 뭐가 다른지 사실 못 알아 듣습니다. 하지만 우리가 느끼는 감정은 무엇인가요? '아, 무려 3%라고! 전문가가 그러네.' 즉 못 알아들으면서, 상대방이 주장하는 것을 수치화로 주장을 하니 믿어 버리게 됩니다.

이렇게 수치화하면 사람들이 너무 좋아합니다. 저 역시 수치화를 매우 자주 사용합니다.

다른 예로는 건강관리 분야에서의 수치화가 있습니다. 예를 들어, 의사들은 혈압, 콜레스테롤 수치, 혈당 수치와 같은 지표를 사용하여 환자의 건강 상태를 평가합니다. 이러한 수치들은 개별적으로 보기에는 단순한 숫자에 불과할 수 있지만, 의사들은 이러한 데이터를 통해 질병의 위험도를 평가하고 적절한 치료 계획을 세울 수 있습니다.

예를 들어, 혈압이 140/90mmHg 이상일 경우 고혈압으로 판단하고, 이는 심장 질환, 뇌졸중 등 다양한 건강 문제의 위험을 증가시킵니다. 따라서 이 수치를 정기적으로 체크하고 관리하는 것이 중요합니다. 마찬가지로 콜레스테롤과 혈당 수치도 건강관리에 매우 중요한 지표로 활용됩니다.

이처럼 수치화는 건강관리뿐만 아니라 많은 분야에서 중요한 역할을 합니다. 예를 들어 교육에서는 학생들의 성적, 출석률, 학습 진도 등을 수치로 표현하여 학생들의 학업 성취도를 판단하고 교육 프로그램을 조정합니다. 이러한 정보는 교사들이 각 학생에게 더 적절한 지도를 제공할 수 있게 해 주며, 학생 개인의 필요에 맞는 지원을 할 수 있도록 도와줍니다.

또한 기업에서는 매출, 이익률, 시장 점유율 등을 수치로 나타내어 기업의 경영 성과를 평가하고 전략을 수립합니다. 이러한 수치는 경영진에게 중요한 의사결정 정보를 제공하며, 투자자들에게도 회사의 건전성과 투자 가치를 판단하는 근거를 제공합니다.

이처럼 수치화는 복잡하고 추상적인 정보를 구체적이고 이해하기 쉬운 형태로 전환하여, 다양한 상황에서 보다 명확하고 효과적인 의사결정을 가능하게 합니다. 그리고 우리는 그들을 '전문가'라고 합니다.

요약

요약은 다른 챕터에서 매우 중요하고 그리고 반복적으로 강조해서 다시 설명드리겠습니다.

어떠한 생각이나 의견 그리고 보고 내용을 한 장으로 정리하는 능력은 일잘러로 가기 위한 필수 조건입니다. 저 역시 무언가를 1장 또는 2장으로 표현하기 위해서 매번 고민하고 집중해서 하게 되는 중요 업무 중에 하나입니다.

요약을 잘하면 좋은 것은 알겠는데 어떤 것을 요약해야지 좀 더 효과적일까요?
지금 하고 있는 업무의 보고서, 프로젝트의 진행 상황, 발생한 문제점, 해결 방안 등을 포함하는 보고서를 작성할 때, 중요한 정보만을 추려서 간단명료하게 정리하는 것이 중요합니다. 예를 들어, 프로젝트의 주요 진행 사항과 앞으로의 계획, 그리고 필요한 지원 사항 등을 한 페이지에 요약하여 경영진이나 관련 팀에 신속하게 정보를 전달할 수 있습니다.

이메일도 요약을 해야 하는 것 알고 있나요? 이메일은 계속해서 의사소통을 해야 하니 앞서 이야기 한 내용들을 죽 열거해서 지우지 않고 프로젝트 종료 시까지 매우 긴 내용을 포함합니다. 이유는 당연하게도 이메일로 회신을 주고받다 앞선 정보와 다를 경우 다른 이유를 찾아서 확인해야 하기 때문입니다. 일종의 규칙 아닌 규칙입니다. 이렇듯 직장인들은 수많은 이메일을 주고받으며 업무를 진행합니다. 한 주제에 대한 중요한 결정이나 지시 사항을 이메일로 전달할 때, 복잡한 내용을 명확하고 간결하게 요약하여 수신자가 즉시 핵심을 파악할 수 있도록 하는 것이 중요합니다.

많은 사원님들, 주임님들이 하는 회의 내용 정리입니다.
회의를 정리하다 보면 자연스럽게 프로젝트에 대해서 다시 확인하게 되어서 주로 사원이나 주임님들이 정리하게 되는데요, 회의 후 회의 내용을 요약하여 참석자들에게 보내는 것은 매우 중요한 업무입니다. 회의 시 이야기했던 것이 빠졌는지 확인하는 것은 모든 프로젝트의 공통 사항입니다. 이러한 확인을 통해서 주요 논의 사항, 결정된 사항, 액션 아이템 등을 명확히 기록하여 각 참가자가 후속 조치를 취할 수 있도록 돕습니다.

시장 분석 보고서도 요약을 많이 합니다. 이 부분은 시각화가 중요하니 아직 생성형 인공지능이 도와주는 것에는 한계가 있습니다. 하지만, 이것을 엑셀로 돌린다면? 여러분은 이미 일잘러가 되어 있습니다.

본 책에서는 이러한 것들을 세부적인 사례를 들어 설명하고자 합니다. 그리고 사용하시기 편하게 템플릿을 제공해 드릴 예정이며 또한 서비스 이용을 위한 코드도 특정 기간 무료로 제공할 예정입니다.

생성형 따라 하면 폭망해서 일 못하는 법

생성형에 의지를 하고 무언가를 시키면 망합니다. 우리는 생성형을 잘 사용하는 방법에 대해서 맥락적으로 이해하고 연습을 해야 합니다. 이러한 원인과 결과에 대해서 확인하겠습니다.

> 요약 1. 생성형 인공지능은 수시로 거짓말을 한다. 특히 숫자 거짓말은 기가 막히게 한다. 믿지 말자.
> 요약 2. 환각도 필요하고 무엇보다 '기획력', '데이터 확보'가 중요하다.

생성형 인공지능이 등장하고 나서, 대부분의 사람들이 생성형 인공지능을 예의 주시하고 있으며 대부분 기술력이 부족하여 하고 싶어도 못 하는 경우가 많이 있습니다. 저 역시 21년 말에 생성형 인공지능을 처음 알게 되었고, 당시의 기술력으로는 한계가 있어서 관망만 하고 있었습니다. 그러다가 OpenAI ChatGPT가 등장하게 된 것이죠. 그래서 갑자기 폭발하기 시작을 했는데, 이때 저 역시 이러한 흐름에 동참하고자 이와 관련된 글을 작성하기 시작했습니다. 하지만 역시 기술적 한계에 대한 현실에 대해 직접 확인을 하고 이런 과정의 반복적인 경험의 연속으로 생성형 인공지능의 한계를 보고 지금까지 주저하다, 본 책을 기준으로 다시 글을 쓰게 되었습니다. 그리고 서비스도 구축하였습니다. 제가 제공하는 서비스보다 이미 수많은 생성형 관련 도서들이 있는데 상대적으로 이렇게 늦게 저의 책이 나오게 된 이유는 방금도 말씀드렸듯 지금도 생성형 인공지능은 한계가 있습니다. 바로 심각한 '환각 현상'이라는 것 때문입니다.

그래서 저는 '폭망'이라는 단어를 기준으로 본 챕터를 시작합니다.

생성형이 등장하고 정보를 조금이라도 수집하신 분들은 바로 '환각 현상'에 대한 문제를 알고 계실 것인데요. 제가 이 챕터에서 강조하는 환각 현상은 기술에서 요구되는 '환각'이 아닌 사용자 스스로의 '환각'에 대한 것을 말씀드리려고 합니다.

    생성형 인공지능을 쓰면, 처음에는 대단해 보입니다. 무언가 이 기술이 대부분의 것을 다 해결해 줄 것 같습니다. 하지만 생성형 인공지능을 정말 집중해서 사용하다 보면, 미미하게 환각 현상이 존재합니다. 현재 기술은 이러한 미미한 환각 현상을 중심으로 환각을 개선하기 위한 기술적 진보가 진행되고 있습니다. 가장 대표적인 기술이 LANGCHIN 툴을 활용한 RAG 기술입니다. 저의 경우 사전사후 RAG 방식을 차용한 기술의 서비스를 이용하고 있습니다. 일종의 재귀증강 검색이라고도 볼 수 있지만, 하지만 환각은 이러한 것과는 좀 더 다른 기술입니다. 본 글은 기술을 설명하는 것이 아니므로 다시 주제로 넘어가서 강조드리면, 제가 말씀드리는 환각 현상은 이런 기술적 환각 현상이 아닙니다. 그리고 또 기술적 환각 현상이 꼭 없어져야 할까요? 절대 아닙니다. 일정 부분 환각 현상도 필요합니다.

    그럼 제가 말씀드리는 사용자에 의한 환각 현상에 대해서 제가 경험한 것을 기준으로 단계별 설명드리면 다음과 같습니다.

숙련 단계	환각 경험	특징 및 조치
1	다 해 주니 대단해 보임	직업이 없어질까 두려워함, 하지만 계속 사용함
2	프롬프트만 하면 나도 전문가	프롬프트 엔지니어링이 그냥 명령 잘하는 방법인 줄 착각함, 프롬프트 기법 공부함
3	내 데이터 넣으니 더 잘됨	프롬프트 더 공부하고 맞춤형에 대한 욕구가 생김
4	결과물이 살짝 이상함, 특히 엑셀 거짓말 잘함	환각 현상에 대해서 객관화되게 됨, 데이터 구조·프롬프트 구조 등 더 디테일하게 숙련됨
5	생성형 인공지능을 못 믿음	기획 중요성, 데이터 중요성을 인지함

    대부분의 사용자들이 숙련 단계 1~2단계에서 한정해서 사용할 것으로 예상이 되고 조금 더 진보하면 3단계까지는 크게 문제없이 사용합니다. 이 정도만 해도 충분하고 저는 여기에서 한 단계 더 나아가 4단계까지 가셨으면 합니다. 아니 3단계까지만 확실하게 인지를 하셔도 본 책에서 가이드하는 대로 연습만 하시면 충분히 일잘러가 됩니다.

    처음 생성형을 입문하게 되면, 이게 마치 무언가 대단해 보입니다. 그러다가 공부를 점점 하게 되면 한계를 알게 되는 것이고 이러한 과정에서 저마다 적합한 방법으로 생성형 인공지능을 사용합니다. 그리고 프롬프트 엔지니어링이라는 단어에 사로잡혀서 마치 내가 엔지니어가 된 것 같지만 그러한 착각 속에서 폭망하게 되는 것입니다.

  환각 현상이 잘못된 답변이 나왔을 때 그 오류를 찾는 것이 중요하므로 기계적인 환각 현상을 최소화해야 하는 것이 맞습니다. 하지만 이건 어디까지나 기술적인 문제이고 기술을 이용해서 무언가를 창출하는 우리 입장에서는 우리 스스로 환각에 빠지면 안 됩니다. 생성형은 정말 하나 마나 한 멋진 말을 잘 만들어 냅니다. 하지만 이러한 멋진 말을 직접 수행하지 못한다면, 그냥 하나 마나 한 말이 되어 버립니다. 심지어 그러한 하나 마나 한 말이 내가 마치 인사이트 있게 어떤 결과를 만들어 둔 것처럼 스스로 착각하게 만들어 줍니다. 그래서 '폭망'하게 됩니다.

  먼저, 프롬프트 엔지니어링의 개념은 시스템 프롬프트를 포함해서 전체적인 프롬프프 기획을 이야기합니다. 그러려면 시스템의 목적이 명확해야 하고 목적에 따른 적합한 데이터를 통해 Fine Tuning 상황에 따른 강화 학습 또는 RAG 방식이 필요합니다. 특히 제가 사용하는 방법인 Advance RAG 방식을 포함해서 RAG를 하게 된다면 임베딩 데이터에 대한 청킹 또한 충분히 연습을 해야 합니다. 그리고 전 스스로 프롬프트 엔지니어라고 생각하지 않습니다. 이유는 단순합니다. 프롬프트 엔지니어링은 반드시 '코드'를 잘 짜야 하는데 저는 아직 '코드'를 잘 짜지 못합니다. 프롬프팅에서 '코드'를 이야기하는 것은 프롬프팅은 크게 시스템, 사용자, 콘텐츠 이렇게 3가지 프롬프팅이 있습니다. 하지만 대부분 제가 앞서 말씀드린 저보다 먼저 출간한 책들을 보면 대부분 사용자 또는 콘텐츠 프롬프팅만 다룹니다. 그러고선 자신이 전문가라 합니다. 정말 기가 막히고 코가 막히고 저렇게도 돈 버는 사람들이 있구나 하는 생각이 들고 있습니다. 저처럼 프롬프팅 잘 모른다고 하면 되는 것을 자기가 마치 전문가인 양 말하는 것을 보면, 정말 답답하기만 합니다.

  저의 이러한 짜증 그리고 요구되는 것들을 제외하고 제가 위에 강조한 3단계까지만 잘 사용하려면, '기획'을 잘해야 합니다.
  '기획'을 잘하게 되면 생성형 인공지능을 활용해서 업무 효율이 상상 이상으로 올라가고 여러분은 진짜 일잘러가 됩니다.

그럼 이 글을 읽는 여러분은 인터넷에 조회수 빨아먹으려는 이야기를 맹신해서 2단계에서 폭망하실 것인가요? 아니면 여기서 좀 더 진보되어 3단계 비슷하게 가서 폭망하실 것인가요? 아니면 '기획'을 조금이라도 이해해서 일잘러가 되실 것인가요?

본 글을 쓰는 최근에도 가까운 지인한테 이야기를 들었습니다. "내가 GPT3.5를 쓰는데 이거 정말 좋습니다."라는 이야기를 말이죠. 이분 같은 경우는 데이터를 너무 잘 아시는 분이라 3단계를 넘어 충분히 4단계, 5단계로 진보될 가능성이 높을 것입니다. 하지만 그분은 SW 전문가로 창의적 관점보다는 논리적 관점이 더 충분하신 분이라, 본인의 데이터를 넣고 돌리기보다는 응용하는 것을 주로 하시려는 분으로 생각이 돼서, 과연 능숙하게 다룰 것인가 아니면 다른 분들처럼 수박 겉 핥기 하다 망할 것인가 지켜보는 재미가 있을 것 같습니다.

제가 말씀드리는 대로 따라 하면 성공하는 일잘러가 됩니다.

또한 이 글은 2024년 6월 중순을 기준으로 일반 RAG를 사용하였습니다.

인공지능이 못하는 걸 따라 하면 성공하는 기획하는 법

모든 업무에서 기획이 중요한 이유, 그리고 생성형을 활용하는 방법을 이 챕터부터 하나씩 말씀드립니다.

> 요약 1. 기획을 하기 앞서, 돈 주는 사람이 누구인지부터 파악하자.
> 요약 2. 청자의 이야기를 잘 듣자.
> 요약 3. 생성형 이용 방법은 따라 하면 된다.

기획이 중요한 이유

일잘러가 되기 위해서는 보고서 작성을 정말 잘해야 하는데 보고서 작성보다 선행되어 더 잘해야 하는 것은 기획서 작성입니다. 만약 이 글을 읽고 계신 분이 과장급 미만이시라면, 죄송하게도 귀하의 경험상 '기획'은 아직 멀었습니다. 기획을 할 때 같이 오는 중요한 요소 중 하나가 '경험'이기 때문입니다. 만약 충분한 경험을 확보하셨다면 이미 절반은 기획자입니다. 본 챕터에서는 기획하는 방법보다는 기획이 왜 중요한지에 대해서 강조하고 이러한 기획을 하기 위해 생성형 인공지능을 활용해서 기획 초안서를 작성하는 방법까지 알아보겠습니다.

기획이 잘되면 성공합니다. 저는 기획서를 잘 작성하라는 것이 아니라 '기획'만 잘하라는 것입니다. 나머지는 그냥 제가 하는 방법 따라 하면 성공합니다.

기획의 기본 원칙

기획을 하면서 가장 기본 원칙은 기획의 목적입니다. 목적에 따라서 전체적인 방향과 가이드 등이 달라지기 때문입니다. 보통 이런 것을 톤 앤 매너라고 합니다. 이러한 목적에 따라 기획을 하기 위해서는 문제 파악을 잘해야 하는데, 사실 이게 제일 어렵습니다. 그래서 저는 가장 먼저 무엇을 하냐 하면

'돈 주는 사람이 누구인가'

이것부터 파악합니다.

무엇을 하든지 간에 돈 주는 사람, 즉 나의 성과에 대해 보상해 주는 사람이 누구인지부터 파악해야 합니다. 이게 제일 중요합니다. 하지만 제일 중요한 것을 우리는 종종 간과합니다. 그래서 강조하겠습니다. 보통의 경우 나의 성과에 보상해 주는 사람은 직장 상사, 대표님, 고객사 대표님이 될 것 같습니다. 어찌 보면 당연한 것인데 우리는 종종 이것을 잘 파악하지 못합니다. 이해관계자 분석을 하다 보면 다양한 관계자들이 분석되는데, 저는 이른바 '기획'을 할 때에는 이렇게 다양한 이해관계자 모두를 설득하기 위해서 매우 노력을 하곤 합니다. 하지만 이러한 노력은 저의 초기 생각에 많은 부분 영향을 주고, 그로 인하여 제가 원하는 결과가 잘 안 나오게 되고 심지어 원하는 결과가 아님에도 불구하고 일을 진행하는 경우가 많습니다. 즉 실패한 프로젝트가 됩니다. 특히 고객사의 담당자는 절대 나의 성과에 보상을 못 해 줍니다. 다시 말씀드리면, 돈 주는 사람만 설득하면 됩니다. 힘들게 이해관계자 모두를 파악할 필요는 없다고 생각합니다. 다만, 우리에게 돈을 주는 사람을 설득할 때 타당하게 설득하기 위해서는 이해관계자를 먼저 분석해야 하는 것이 있기는 합니다. 제가 글은 이렇게 극단적으로 쓰지만, 사실 다 해야 합니다.

성과를 보상해 주는 사람은 보통 나에게 업무를 지시한 사람이 해당됩니다.
이를 좀 더 다양한 생각을 하실 수 있게 저는 '청자'라고 하겠습니다. 내가 만든 기획을 잘 알아주고 들어 주는 사람이기 때문입니다.

우리는 청자가 누구인지 파악하는 것이 중요합니다. 그러기 위해서는 업무 지시한 사람과 다양하게 이야기를 해야 하는데, 왜 업무 지시자와 다양하게 이야기를 해야 하냐

면, 업무 지시를 한 사람이 '청자'가 아닐 수 있기 때문입니다. 즉 업무 지시를 한 사람이 청자와 동일할 수도 있고 동일하지 않을 수도 있습니다.

그리고 또 청자 자체도 자기가 무엇을 해야 하는지 모르는 경우가 상당히 많이 있습니다. 이들은 그냥 일단 일부터 시키고 보기 때문이죠. 이렇듯 청자의 숨은 의도를 잘 파악해야 합니다. 그럼 청자의 특징을 잘 알면, 이런 오류를 최소화할 수 있겠죠? 그럼 '청자'의 특징을 알아보겠습니다.

프로젝트를 결정하는 주체

무언가 지시를 한 사람, 무언가 최종 마무리하는 사람이 청자입니다.

내 입장에서 프로젝트가 마무리되지 않았어도 청자가 '마무리'라고 하면 그것은 마무리된 것입니다. 절대 기획자의 고집을 주장하거나 추가적인 업무를 하면 안 됩니다. 간혹 그런 분들이 많이 있는데 보통 우리는 그런 사람들을 '고집불통', '일 못하는 사람'이라 합니다.

성과 평가를 하는 주체

우리가 프로젝트를 함에 있어 다양한 사건들이 존재하며, 사건을 해결하고 난 이후 최종 결과물이 나왔을 때 이러한 최종 결과물을 중심으로 '청자'들은 우리에 대한 성과 평가를 진행합니다. 성과 평가는 프로젝트 중간 단계에도 들어오기도 해서, 기획안 자체를 바꾸기도 합니다. 하지만 보통의 경우 최종적인 결과를 놓고 전체적인 업무에 대한 '성과 평가'를 진행합니다.

의사소통하는 주체

우리는 너무 당연하게도, 청자와 의사소통을 계속해야 합니다. 다른 표현으로는 상호작용이라는 표현도 합니다. 이러한 상호작용에서 적절하게 관계가 유지된다면 '우수성과자'가 될 수 있습니다.

비용 지급

무엇보다 가장 중요한 것은 '돈을 주는 대상'이 청자입니다.

청자의 특징에 대해서 확인하셨나요? 별거 아닌 당연한 이야기지만, 가만 생각해 보면 우리는 이런 사실을 가볍게 생각했던 경험들이 떠오르실 것입니다. 하지만 이제 청자의 특징을 확인했으니 청자를 가볍게 여기지 말고 무겁게 생각하시는 게 어떨까 합니다. 그럼 이제 기획 단계를 알아보겠습니다.

기획 단계에서 반드시 나와야 하는 것들

핵심 주제를 설명하기 위한 키워드와 문장, 이것이 기획의 핵심입니다.
먼저 키워드부터 설명드리겠습니다.

키워드

프로젝트를 설명할, 그리고 기획안을 설명할 핵심 단어를 말합니다. 말 그대로 핵심 키워드입니다. 보통 5개 정도의 단어가 적절합니다.

이러한 단어는 생성형 같은 것을 통해서 만들면 안 되고 기획자가 직접 만드셔야 합니다. 단어를 만들면서 동시에 문장도 만들게 되는데 단어를 먼저 예시를 들어 말씀드리면,

'미국에 김밥을 수출하기 위한 프로젝트'

이 프로젝트를 기준으로 핵심 키워드부터 뽑아 보겠습니다.

'수출, 미국, 김밥' 이 3개 단어는 반드시 들어가야 하고 수출 규제, 유통 이렇게 2개를 추가해서 '수출, 미국, 김밥, 수출 규제, 유통' 이렇게 5가지를 하겠습니다. 저의 경우 먼저 단어를 선택하기 전에 배경 지식을 말씀드리면, 수출은 미주지역을 포함해 너무 많은 경험이 있고 김밥은 식품으로 식품기업 컨설팅을 통해 경험이 있습니다. 그리고 가장 중요한 판로 개척을 해야 하니 유통이라는 단어를 넣었습니다. 저처럼 이렇게 경험이 있으면 키워드를 빨리 만들 수 있습니다. 다시 말씀드리면, 경험이 없으시다면 기획하기 너무 어렵다는 것을 말씀드리는 것입니다.

'여름에 잘 팔리는 제품에 대한 상품 기획'

'여름, 선호, 상품 발굴' 당장은 이렇게 단어 3개가 떠오릅니다. 추가로 2개를 더 만들어 봐야 하는데, 저는 고객 특정으로 해서 2개를 추가하면 '여름, 선호, 상품 발굴, 남성,

직장인' 이렇게 5가지가 나왔습니다.

하나만 더 해 보겠습니다.

'대형 매장에 우리 제품 판매를 위한 방법'

'이마트, 김부각, 과자, 헬시푸드, 김' 이렇게 5가지가 나왔습니다. 이 중에서 김부각이라는 단어는 명확하지만 과자, 헬시푸드라는 단어는 일부 중복일 수도 있습니다. 중복이라고 말씀드리는 이유는 사람마다 해석하는 게 살짝 다르기 때문입니다.

이쯤에서 키워드 뽑는 것을 읽으신 '생성형 인공지능을 사용하시는 분'들은 충분히 다음 단계를 연상하시겠지만, 키워드를 통해 문장을 뽑아내는 것은 생성형으로 가능합니다. 그래서 문장 뽑는 것보다 키워드를 뽑아내는 것이 더 힘들 것입니다. 그럼 계속해서 문장을 만들어 보겠습니다. 연상법에 의해서 할 것이므로 제가 생각하는 사고의 흐름을 모방하셔서 실제로 적용하시면 될 것 같습니다. 제가 알려 드린 방법이 꼭 정답은 아니므로, 가장 잘하시는 방법으로 하면 됩니다.

'문제를 보는 능력'은 문제에 대한 문장 만들기 능력에서 나옵니다. 생성형 인공지능은 이러한 창작은 못 합니다.

'미국에 김밥을 수출하기 위한 프로젝트'
우리 회사가 김밥을 만드는 회사라고 하겠습니다. 그리고 경쟁사는 이미 냉동 김밥을 미국에 판매를 하고 있는 상황이라 하겠습니다. 하나 더, 우리는 김밥을 냉동하기 위한 시설 기자재는 확보되어 있다고 생각해 보겠습니다.

'사장님이 김밥을 미국에 판매하는 방법을 알아 오라고 했는데, 어디서부터 시작을 해야 할까? 미국에서 진짜 김밥이 팔리나? 팔린다면 얼마나 팔리지? 경쟁사는 도대체 한 달에 얼마나 미국에 수출하는 것이지? 혹시 그 기업 말고 다른 회사도 김밥을 미국에 팔고 있을까? 진짜 미국에 판매하는 게 맞는 건가? 꼭 미국에 판매를 해야 하나? 국내 매출만 늘리면 되는 거 아닌가?' 많은 생각이 들게 됩니다. 이때 중요한 것은 문제를 정확하게 파악해야 하는 것입니다. 바로 '청자'의 의견이 가장 중요한 것입니다.

source for the image: DALL-E.

지금은 예시를 위한 것이니 새로운 변수를 넣지 말고 다음과 같이 사장님이 말씀하셨다고 가정하겠습니다.

"지금 미국에서 K-FOOD가 난리가 나서 김밥을 없어서 못 판다고 하네. 우리도 국내에서는 시장 한계도 있고 하니까 김밥을 해외에서 팔아 봐야겠어. 박람회부터 나가야 하나? 미국에 이마트 같은 거는 없나? 월마트 있는데 거기에는 어떻게 납품을 해야 하지?"

그럼 이쯤에서 먼저 만든 키워드와 사장님과의 대화를 통한 주된 '청자'의 목적이 무엇인지 파악이 되셨나요? 단순하게 말하면 매출 증대이고 기왕이면 이것이 수출을 통해서 증대되었으면 하는 것입니다. 그래서 다음과 같이 '한 문장'으로 된 프로젝트의 정의를 생각해 보겠습니다.

과업 정의: 김밥 미국 수출을 위한 조사, 유통 판로 개척 및 식품 해외 판매를 위한 법적인 검토 사항 포함.

과업 정의 되셨나요? 키워드를 다시 보겠습니다. '수출, 미국, 김밥, 수출 규제, 유통', 여기까지가 사람이 만든 것입니다.

제가 생각하는 전략으로 먼저 말씀드려 봅니다. 사장님이 지시하신 것 중 '미국'이라는 단어는 고민을 좀 해 봐야 합니다. 꼭 미국이 아니어도 해외에 수출을 하면 되는 것입니다. 그럼 무조건 해외 수출을 해야 하는 과업이 있으므로, 우리가 실제 판매 가능한 시장을 조사하고 선행해야 하지 않을까요? 김밥의 제조 단가와 물류 단가를 하면 제가 김밥을 만드는 프로세스를 100% 이해하지 못하지만, 그럼에도 국내 제조 단가와 물류 단가를 포함한 가격을 추정하면, 대략 1,300~1,470원 정도 될 것이라 판단합니다. 판단 근거는 편의점 판매 가격이 1,900원에서 2,100원 사이로 판매 가격의 70%를 제조 및 물류 단가로 결정한 것입니다. 그럼 한 끼 가격으로 EX WORK 조건으로 1.5~1.7USD 정도에 매입이 가능한 국가를 선택해야 합니다. 이유는 앞서 설명드린 대로 우리 원가가 있기 때문입니다.

이 비용이 한 끼 식사 가격이라 가정하면, 한국에서 제조를 해서 해외 수출하기 위한 시장으로 동남아시아는 일부 국가를 제외하고 쉽지 않은 금액입니다. 필리핀, 방콕, 말레이시아, 인도네시아, 베트남 수준에서 판매가 그나마 가능하다 생각하고, 북중미 지역 그리고 유럽 지역이 될 것 같습니다. 이러한 관점에서 미국이라는 국가의 선택은 크게 나쁘지 않은 것 같습니다. 그럼 다음으로 생각해야 하는 것이 물건을 사 줄 매입처, 즉 고객사를 발굴하는 일이 남아 있으며 관련한 수출 규제를 봐야 합니다. 김밥의 경우 주로 고기가 들어가므로 고기를 대체할 수 있는 기술이 있는지 없는지에 대한 판단도 중요합니다만, 이러한 과정을 포함해서 미국에 수출하기 적합한 인허가 조건을 충족했다고 가정하겠습니다. 그럼 마지막으로 고객사를 발굴하는 방법이 남았는데 보통 고객사 발굴의 기본은 KOTRA를 활용하는 방법과 박람회에 참가해서 직접 바이어를 발굴하는 방법이 일반적입니다.

위와 같은 저의 생각을 '정답'이라고 가정하고 문장과 키워드를 조합해서 생성형 인공지능에 물어보겠습니다. 먼저 GPT4o에 질문해 보고 그다음 Claude3.5에 질문해 보겠습니다.

Input

핵심 키워드: 수출, 미국, 김밥, 수출 규제, 유통

과업 정의: 김밥 미국 수출을 위한 연구 조사 방법 특히 유통 판로 개척을 위한 법적인 문제를 포함한 구체적인 연구 전략

위 내용에 대해서 단계별 진행 방법에 대해 가르쳐 줘.

Output

김밥의 미국 수출을 위한 연구 조사 및 유통 판로 개척을 단계별로 진행하기 위해 다음과 같은 절차를 따를 수 있습니다.

1. 시장 조사
   - 수요 분석: 미국 내 한식에 대한 관심도 및 소비 트렌드 조사
   - 경쟁 분석: 현지 경쟁사 및 유사 제품 조사
   - 소비자 분석: 주요 타겟 소비자 군체 파악(예: 한인 대상 혹은 전체 소비자 대상)

2. 제품 인증 및 법적 문제 해결
   - FDA 승인 절차: 미국 식품의약국(FDA) 식품 수입 규정 및 승인 절차 확인
   - 라벨링 규정: 미국의 제품 포장 및 라벨링 규정 준수
   - 위생 및 안전 기준: GMP/HACCP 기준에 맞춘 제조 과정 확인 및 인증

3. 유통 채널 선정 및 구축
   - 유통 파트너 탐색: 현지 유통업체, 도매업체, 온라인 플랫폼(예: 아마존)을 통한 유통 채널 확보

생략

두 번째로 Claude3.5에 물어보겠습니다.

Input

핵심 키워드: 수출, 미국, 김밥, 수출 규제, 유통

과업 정의: 김밥 미국 수출을 위한 연구 조사 방법 특히 유통 판로 개척을 위한 법적인 문제를 포함한 구체적인 연구 전략

위 내용에 대해서 단계별 진행 방법에 대해 가르쳐 줘.

Output

김밥의 미국 수출을 위한 연구 조사와 유통 판로 개척을 위한 단계별 진행 방법은 다음과 같습니다:

1. 시장 조사
    - 미국 내 한식 및 김밥 수요 분석
    - 경쟁 제품 및 대체 제품 조사
    - 목표 고객층 파악

2. 법적 규제 조사
    - FDA(미국 식품의약국) 규정 검토
    - 식품 안전 기준 확인
    - 라벨링 및 포장 요구사항 파악
    - 수입 절차 및 관세 조사

3. 유통 채널 분석
    - 대형 마트, 아시안 마켓, 온라인 플랫폼 등 조사
    - 각 채널별 진입 장벽 및 요구사항 파악
    - 잠재적 유통 파트너 리스트 작성

4. 제품 현지화
    - 현지 입맛에 맞는 레시피 개발
    - 보존 기간 연장을 위한 기술 연구
    - 포장 디자인 현지화

생략

이 정도 수준이면 나쁘지 않습니다. 인사이트가 있다고 주장하기는 조금 부족하지만, 그래도 전체적인 흐름에 대해서 잘 설명해 준 것으로 보입니다. 이러한 설명을 기준으로 하나씩 좀 더 정교하게 '기획'을 하시면 될 것 같습니다. 그러면 이번에는 '검색 증강'을 해 보겠습니다. 이른바 RAG라는 것입니다. 먼저 GPT4o에 RAG를 걸어서 물어 보겠습니다.

> **Input**
>
> 핵심 키워드: 수출, 미국, 김밥, 수출 규제, 유통
> 과업 정의: 김밥 미국 수출을 위한 연구 조사 방법 특히 유통 판로 개척을 위한 법적인 문제를 포함한 구체적인 연구 전략
>
> 위 내용에 대해서 단계별 진행 방법에 대해 가르쳐 줘.
>
> **Output**
>
> 수출을 위한 김밥을 미국으로 수출하기 위한 연구 조사 방법은 여러 가지 단계적인 절차들이 필요합니다. 첫 번째로는 글로벌 시장 진출의 필요성을 파악해야 합니다. 이후 글로벌 시장 진출을 위한 전략을 세우기 위해 제품의 경쟁력, 지식재산권 전략, 온라인 마케팅 전략, 파트너 전략, 재무 전략 및 성공과 실패 사례 등을 고려해야 합니다. 또한, 수출 무역 절차, 계약 및 서류, 현지 유통 구조, 해외개발자 선정 방법, 해외 전자 결제 방법, 해외 지급 결제 제도, 수출입 관련 외환 거래 제도 등을 숙지해야 합니다. 이러한 단계적인 방법을 통해 김밥 수출을 위한 구체적이고 효과적인 연구 전략을 마련할 수 있습니다.
>
> 참고문서 스타트업해외진출.pdf 페이지 3, 4, 31

service base by AI:DRIVE with HBC data 17w,2024 1Turn
AI:DRIVE 서비스는 RAG를 지원합니다.

GPT4o 일반 질문에 비해서 제가 만들어 둔 데이터를 RAG(검색 증강)해서 답변하는 결과로는 조금 더 진보적인 것 같습니다. 특정 단계에서는 출처까지 표현하였습니다.

Input

핵심 키워드: 수출, 미국, 김밥, 수출 규제, 유통

과업 정의: 김밥 미국 수출을 위한 연구 조사 방법 특히 유통 판로 개척을 위한 법적인 문제를 포함한 구체적인 연구 전략

위 내용에 대해서 단계별 진행 방법에 대해 가르쳐 줘.

Output

김밥의 미국 수출을 위한 연구 조사 방법과 유통 판로 개척을 위한 법적 문제를 포함한 구체적인 연구 전략을 단계별로 설명해 드리겠습니다:

1단계: 시장 조사
- 미국 식품 시장 전반에 대한 조사 실시
- 김밥 및 유사 제품의 현지 수요 파악
- 주요 경쟁사 및 대체 제품 분석
- 목표 고객층 설정

2단계: 법적 규제 조사
- FDA 식품 수입 규정 검토
- 라벨링 및 포장 요구사항 파악
- 식품 안전 기준 확인
- 통관 절차 및 관세 조사

3단계: 유통 구조 분석

중략

참고문서 스타트업해외진출.pdf 페이지 72, 33, 31, 23, 4, 3

'라온' service base by AI:DRIVE with HBC data 17w,2024 1Turn

위 결과는 Clauad3.5에 제 데이터를 RAG로 돌린 것입니다. GPT4o와는 조금 다르지만, 맥락적으로는 비슷합니다.

그럼 지금까지 왜 키워드를 도출하고 문장을 하나 만들었는지에 대해 다시 설명드리면, 이러한 키워드와 문장을 만드는 가장 근본적인 이유가 챕터 2에서 말씀드린 생성형 인공지능이 대신해 주지 못하는 부분입니다. 우리는 그것을 '기획'이라고 합니다. 생성형 인공지능은 조금 더 사용해 보시면 경험하실 것인데 생성형은 절대 기획을 못 해 줍니다. 앞서서 이러한 키워드와 문장을 통해서 생성형에 일을 시키는 가장 기본적인 개념이 될 것이고 이렇게 최소한의 기획은 직접 해 주셔야 합니다.

무료 서비스 답변들을 보겠습니다.

답변 Gemini

김밥 미국 수출 연구 조사 단계별 진행 방안 (핵심 키워드: 수출, 미국, 김밥, 수출 규제, 유통)

1단계: 미국 김밥 시장 및 규제 조사

1. 시장 규모 및 성장률 분석:
   - 미국 식품 시장 전체 규모와 김밥 시장 규모를 조사합니다. (예: Statista, Euromonitor 등)
   - 최근 몇 년간의 김밥 시장 성장률을 파악하고, 향후 성장 전망을 분석합니다.
   - 미국 내 주요 김밥 소비자층과 인구 통계를 조사합니다. (예: 연령, 성별, 소득 수준, 거주 지역 등)

2. 경쟁 환경 분석:
   - 주요 경쟁사를 파악하고, 각 경쟁사의 제품, 가격, 유통 채널, 마케팅 전략 등을 분석합니다.
   - 경쟁사의 강점과 약점을 파악하고, 차별화 전략을 수립합니다.

3. 수출 규제 조사:
   - 미국 식품의약품국(FDA)의 규제, 농무부(USDA)의 규제, 통관 절차 등을 조사합니다.
   - 의무적인 인증, 라벨링, 검사 절차 등을 파악하고, 이를 준수하기 위한 방안을 마련합니다.
   - 미국 식품 안전 기준과 한국 식품 안전 기준의 차이점을 분석하고, 이에 맞는 제품 개선 방안을 마련합니다.

4. 유통 채널 분석:
   - 미국 내 주요 유통 채널 (슈퍼마켓, 편의점, 온라인 쇼핑몰, 식품 서비스업체 등)을 분석합니다.
   - 각 유통 채널의 특성, 진입 제한 조건, 유통 마진 등을 파악합니다.
   - 타겟 소비자층에 가장 적합한 유통 채널을 선정합니다.

2단계: 현지 소비자 조사

1. 소비자 설문 조사:
   - 미국 소비자를 대상으로 설문 조사를 실시하여 김밥에 대한 인지도, 선호도, 구매 패턴 등을 조사합니다.
   - 설문 조사는 온라인 설문조사 플랫폼이나 현지 시장 조사 기관을 통해 진행할 수 있습니다.

2. 소비자 인터뷰:
   - 미국 소비자를 대상으로 심층 인터뷰를 진행하여 김밥에 대한 구체적인 의견과 요구를 파악합니다.
   - 인터뷰는 현지 거주 한국인 또는 미국인을 대상으로 진행할 수 있습니다.

3. 현지 시장 조사:
   - 직접 미국 현지 시장을 방문하여 김밥 제품의 판매 상황, 경쟁 제품, 소비자 반응 등을 조사합니다.
   - 현지 식품 박람회나 전시회에 참여하여 미국 바이어들과 네트워킹을 구축하는 것도 좋은 방법입니다.

3단계: 현지 기업과의 협력

1. 현지 유통업체 파트너십 구축:
   - 미국 현지 유통업체와 파트너십을 구축하여 김밥 제품의 유통망을 확보합니다.
   - 현지 유통업체는 미국 시장 진입, 마케팅, 판매 등에 필요한 노하우와 네트워크를 제공할 수 있습니다.

2. 현지 식품 서비스업체와 협력:
   - 현지 식품 서비스업체와 협력하여 김밥 제품을 메뉴에 포함하도록 합니다.
   - 현지 식품 서비스업체는 김밥 제품의 인지도를 높이고, 브랜드 가치를 제고하는 데 도움이 될 수 있습니다.

3. 현지 법률 및 회계 전문가 활용:
   - 미국 현지 법률 및 회계 전문가의 도움을 받아 미국 진출에 필요한 법적 절차와 회계 처리를 진행합니다.
   - 현지 전문가는 미국 법규 준수, 세금 납부, 회계 시스템 구

구글 제미나이가 가장 긴 답변을 하였습니다. 역시 제법 그럴싸하게 답변을 해 주고 있습니다.

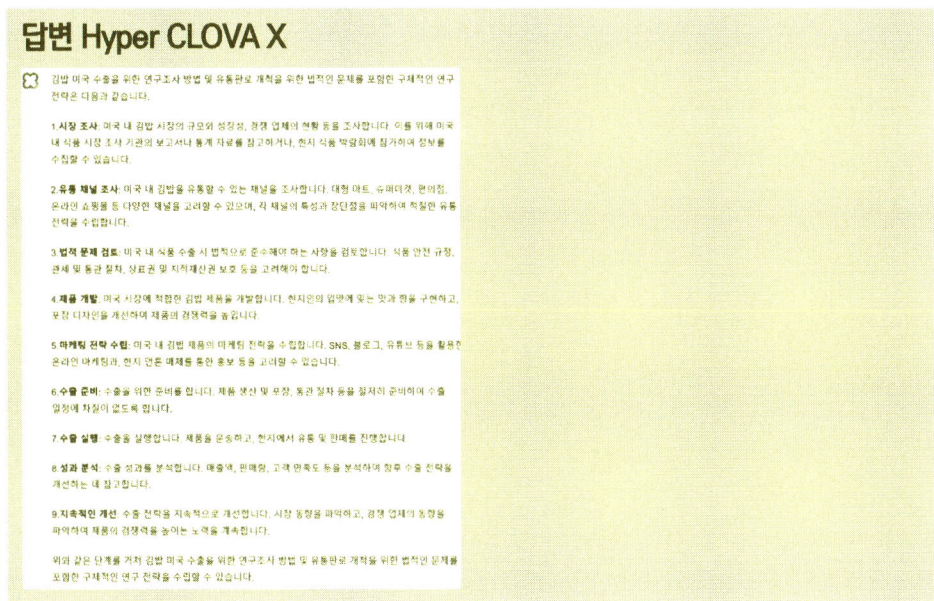

역시 네이버 하이퍼 클로바 X도 적절하게 답변을 잘해 준 거 같습니다. 다 좋습니다. 그럼 이제 마지막으로 제가 Custom한 생성형 인공지능은 어떤 답변을 했는지 보겠습니다.

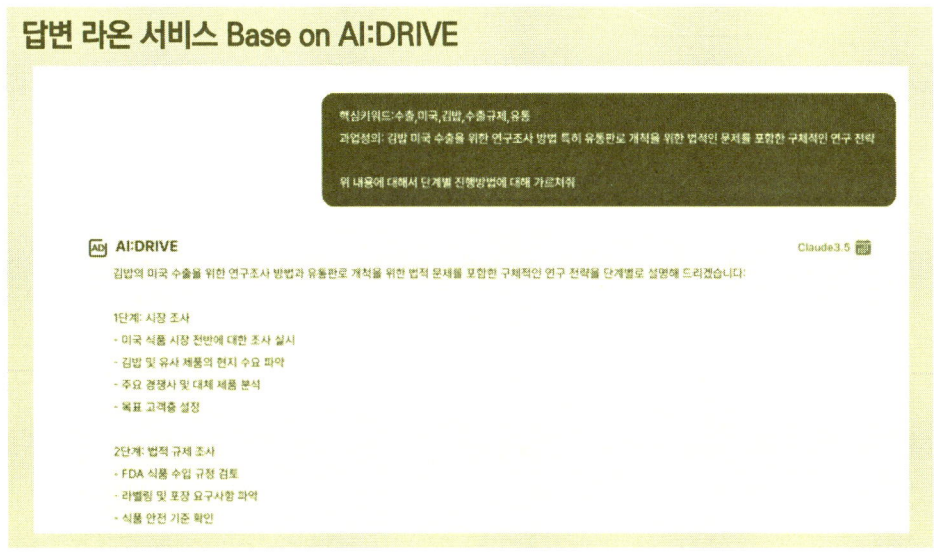

무언가 다르기는 한데 제 입장에서 만족스럽지는 않습니다. 그래서 질문을 추가하여 다시 물어보겠습니다.

> **답변 라온 서비스 Base on AI:DRIVE**
>
> 핵심키워드:수출,미국,김밥,수출규제,유통 과업정의: 김밥 미국 수출을 위한 연구조사 방법 특히 유통판로 개척을 위한 법적인 문제를 포함한 구체적인 연구 전략 위 내용에 대해서 단계별 진행방법에 대해 가르쳐줘 . 내가 올린 자료를 첨조해서 작성해줘
>
> 김밥을 미국으로 수출하기 위한 연구조사 방법과 유통판로 개척을 위한 법적인 문제 포함한 구체적인 연구 전략은 다음과 같은 단계별 솔루션을 적용할 수 있습니다.
>
> 1. 시장 조사 및 수요 분석: 미국 내에서 한국 음식, 특히 김밥에 대한 수요와 선호도, 경쟁 상황을 분석합니다. 이는 온라인 시장 조사, 현지 조사, KOTRA 및 기타 유관 기관의 자료 분석을 통해 이루어질 수 있습니다.
> 2. 법적 규제 및 수출 규제 검토: FDA(Food and Drug Administration)와 같은 미국의 식품 관련 규제기관의 기준을 분석하여 김밥 제품이 미국 시장에 진입하기 위한 요구 사항을 이해합니다. 이를 통해 제품의 성분, 포장, 라벨링 등에 관련된 법적 요구사항을 파악합니다.
> 3. 현지화 전략 수립: 김밥 제품을 미국인의 입맛과 문화에 맞도록 현지화한다. 또한, 현지 소비자의 취향 및 문화적 차이를 보완하기 위한 제품 개발 전략을 수립합니다.
> 4. 유통채널 및 전략 파트너십 확립: 미국 내 한국 식품을 유통하는 기업, 한인 마트, 대형마켓 또는 온라인 플랫폼과의 협력을 모색합니다. 이 과정에서 전시회 참가 또는 코트라 주관의 수출상담회 참석을 통해 네트워킹을 진행합니다.
> 5. 마케팅 전략 개발: 대상 시장에 맞춘 브랜드 포지셔닝과 마케팅 전략을 수립하고, 바이럴 마케팅, SNS, Meet up 등을 활용하여 광고 및 홍보 활동을 계획합니다.
> 6. 시험 판매 및 피드백 수집: 초기 시장 반응을 측정하기 위해 소규모 시험 판매를 실행하고, 고객의 피드백을 기반으로 제품과 서비스를 보완하여 시장 점유율을 높이는 전략을 수립합니다.
> 7. 법인 설립 및 현지 운영 준비: 미국 시장에 장기적으로 안착하기 위해 현지 법인을 설립하고, 현지에서 지속적으로 운영하며 마케팅과 투자 유치 활동을 진행합니다.
> 8. 위험 관리 및 상시 모니터링: 시장 트렌드, 경쟁사 분석, 법적 변화 등을 상시 모니터링하며 빠르게 변화는 상황에 유연하게 대응할 수 있는 위험 관리 계획을 수립합니다.
>
> 위 단계별 진행 방법을 통해 김밥 미국 시장에 성공적으로 수출하고 유통하는 전략을 실행할 수 있습니다.

참조를 '첨조'로 오타가 나왔지만 그래도 열심히 잘 만들어 주었습니다. 역시 조금 바꿔야 하는 부분이 존재하지만, 제가 만든 서비스를 제가 코멘트 달지 않겠습니다.

내용이 길어져서 다 담지는 못했지만 다양한 지피티의 생성 결과를 모아서 한 번에 비교해 보겠습니다.

GPT4 일반

김밥을 미국으로 수출하기 위한 연구조사를 진행하는 과정은 다음과 같은 단계로 수행할 수 있습니다. 이 과정은 시장 조사, 법적 요건 검토, 유통 채널 구축, 현지화 전략 등을 포함합니다.

1단계: 시장 조사 및 수요 분석
- 대상 시장 분석: 미국 내 김밥에 대한 수요, 소비자 선호도, 경쟁 제품 등을 조사합니다. 이를 위해 소비자 설문조사, 시장 보고서 분석 등의 데이터 수집 방법을 활용할 수 있습니다.
- 문화적 적합성 평가: 김밥이라는 한식이 현지인들의 입맛과 식문화에 어떻게 적합한지 분석합니다. 현지 마케팅에 필요한 통찰력을 얻을 수 있습니다.

2단계: 법적 요건 및 규제 이해
- 식품 수출 규제: 미국 내 식품 수입 규정, 특히 FDA(식품의약국)의 규제를 확인합니다.
- 통관 절차 이해: 수입 절차, 관세, 통관 과정 등을 파악하고, 필요한 서류 및 절차를 준비합니다.

3단계: 유통 채널 개발 및 파트너십 구축
- 유통 채널 분석: 대형마트, 아시안 마트, 온라인 플랫폼 등 다양한 유통 채널을 조사합니다.
- 파트너십 형성: 현지 유통업체, 수입업체와의 협력 관계를 구축합니다.

4단계: 제품 개발 및 현지 전략
- 제품 현지화: 현지인 입맛에 맞춘 레시피 개발 및 포장 디자인을 고려합니다.
- 마케팅 전략 수립: 전자상거래 플랫폼과 소셜미디어를 활용한 마케팅을 진행합니다.

5단계: 시범 판매 및 시장 반응 평가
- 시범 판매 운영: 제한된 지역에서 시범 판매를 진행하고 소비자 반응을 살펴봅니다.
- 피드백 수집: 소비자 피드백을 통해 제품과 전략을 개선합니다.

6단계: 확장 및 지속적 개선
- 확장 전략: 성공적인 판매 결과를 바탕으로 전국적 확장을 추진합니다.
- 지속적인 시장 모니터링: 변화하는 시장 상황과 소비자 요구에 따라 지속적으로 전략을 개선합니다.

GPT4 – GPTS 튜닝

스타트업엔토링 feat.By 홍용민

김밥을 미국으로 수출하기 위한 연구 조사 방법 및 유통판로 개척을 위한 법적인 문제를 포함한 구체적인 단계별 방법은 다음과 같습니다.

1단계: 시장 조사 및 수출 준비
- 시장 조사: 미국 내 김밥 소비 트렌드, 대상 고객층, 경쟁 상황 등을 조사합니다.
- 규제 및 법적 요건: 미국의 식품 수입 관련 규정을 이해하고 준수해야 합니다. FDA 규정 확인.

2단계: 수출 지원 프로그램 활용
- 수출 지원 프로그램 신청: 중소벤처기업부와 관련 기관의 지원 프로그램.
- [d8 source]
- 유통 네트워크 구축 지원.

3단계: 유통 채널 및 파트너십 개발
- 유통 채널 선택: 온라인 플랫폼, 대형 유통체인, 한인마켓 등 다양한 유통 채널 분석.
- 파트너십 형성: 현지 파트너사와 협력.

4단계: 마케팅 및 판매 전략 실행
- 타겟 마케팅: 미국 내 대상 소비자층을 겨냥한 마케팅 전략 수립.
- 품질 관리 및 고객 서비스: 수출된 제품의 품질을 지속적으로 관리.

5단계: 모니터링 및 지속적인 개선
- 시장 반응 모니터링.
- 유통망 변화 대응.

구글 제미나이

김밥 미국 수출 연구 조사 단계별 진행 방안 (핵심 키워드: 수출, 미국, 김밥, 수출 규제, 유통)

1단계: 미국 김밥 시장 및 규제 조사
1. 시장 규모 및 성장률 분석:
   - 미국 식품 시장 전체 규모와 김밥 시장 규모를 조사합니다. (예: Statista, Euromonitor 등)
   - 최근 몇 년간의 김밥 시장 성장률을 파악하고, 향후 성장 전망을 분석합니다.
   - 미국 주요 소비자층과 인구 통계를 조사합니다. (예: 연령, 성별, 소득 수준, 거주 지역 등)

2. 경쟁 환경 분석:
   - 주요 경쟁사를 파악하고, 각 경쟁사의 제품, 가격, 유통 채널, 마케팅 전략 등을 분석합니다.
   - 경쟁사의 강점과 약점을 파악하고, 차별화 전략을 수립합니다.

3. 수출 규제 조사:
   - 미국 식품의약품국(FDA)의 규제, 농무부(USDA)의 규제, 통관 절차 등을 조사합니다.
   - 필요한 인증, 라벨링, 검사 절차 등을 파악하고, 이를 준수하기 위한 방안을 마련합니다.
   - 미국 식품 안전 기준과 한국 식품 안전 기준의 차이점을 분석하고, 이에 맞는 제품 개선 방안을 마련합니다.

4. 유통 채널 분석:
   - 미국 내 주요 유통 채널(슈퍼마켓, 편의점, 온라인 쇼핑몰, 식품 서비스업체 등)을 분석합니다.
   - 각 유통 채널의 특성, 진입 제한 조건, 유통 마진 등을 파악합니다.
   - 타겟 소비자층에 가장 적합한 유통 채널을 선정합니다.

하이퍼 클로바 X

김밥 미국 수출을 위한 연구조사 방법 및 유통판로 개척을 위한 법적인 문제를 포함한 구체적인 전략은 다음과 같습니다.

1. 시장 조사: 미국 내 김밥 시장의 규모와 성장성, 경쟁 업체의 현황 등을 조사합니다. 이를 위해 미국 내 식품 시장 조사 기관의 보고서나 통계 자료를 참고하거나, 현지 식품 박람회에 참가하여 정보를 수집할 수 있습니다.

2. 유통 채널 조사: 미국 내 김밥을 유통할 수 있는 채널을 조사합니다. 대형 마트, 슈퍼마켓, 편의점, 온라인 쇼핑몰 등 다양한 채널을 고려할 수 있으며, 각 채널의 특성과 장단점을 파악하여 적절한 전략을 수립합니다.

3. 법적인 문제 검토: 미국 내 식품 수출 시 법적으로 준수해야 하는 사항들을 검토합니다. 식품 안전 규정이나 통관 절차, 상표권 및 지적재산권 보호 등을 고려해야 합니다.

4. 제품 개발: 미국 시장에 적합한 김밥 제품을 개발합니다. 현지인의 입맛에 맞는 맛과 향을 구현하고, 디자인을 개선하여 제품의 경쟁력을 높입니다.

5. 마케팅 전략 수립: 미국 내 김밥 제품의 마케팅 전략을 수립합니다. SNS, 블로그, 유튜브 등을 활용한 온라인 마케팅과, 현지 언론 매체를 통한 홍보 등을 고려할 수 있습니다.

6. 수출 준비: 수출을 위한 준비를 합니다. 제품 생산과 포장, 통관 절차 등을 철저히 준비하여 수출 일정에 차질이 없도록 합니다.

7. 수출 실행: 수출을 실행합니다. 제품을 운송하고, 현지에서 유통 및 판매를 진행합니다.

8. 성과 분석: 수출 성과를 분석합니다. 매출액, 판매량, 고객 만족도 등을 분석하여 향후 수출 전략 개선하는 데 참고합니다.

9. 지속적인 개선: 수출 전략을 지속적으로 개선합니다. 시장 동향을 파악하고, 경쟁 업체의 동향을 파악하여 제품의 경쟁력을 높이는 노력을 계속합니다.

위와 같은 단계를 거쳐 김밥 미국 수출을 위한 연구조사 방법 및 유통판로 개척을 위한 법적인 문제를 포함한 구체적인 연구 전략을 수립할 수 있습니다.

라온 서비스 Base on AI:DRIVE

미국으로 김밥을 수출하기 위한 연구조사 방법에는 다음과 같은 단계별 진행방법들이 있습니다.

1. 시장조사 및 분석
   - 미국 내 한국 식품과 김밥에 대한 선호도 및 수요 조사
   - 타깃 시장, 소비자 구매 행동, 신뢰도 등에 대한 데이터 수집
   - 현지 시장 내 경쟁 상황과 시장 진입 장벽 파악
   - 제품 차별화 요소 및 가치 제안(Value Proposition) 확립

2. 미국 내 식품수출 법적 요건 파악
   - 미국 식품의약국(FDA)의 규제 준수 및 필요 서류 확인
   - 미국 농무부(USDA) 및 해당 주의 보건부의 규제 검토
   - 수출 품목인 김밥의 성분, 포장, 라벨링 요건 등 특이 사항을 관한 무역 규제에 대한 이해 및 유산지 등록 준비

3. 유통전략 수립
   - 현지 식품 채널 및 파트너십 가능성 탐색 (예: 한인마트, 일반 유통 체인, 온라인 판매 등)
   - 잠재적 유통사와의 관계 구축 및 현상 전략 마련
   - 물류 및 운송 규정(배송시간, 보관조건 등) 전략 수립

4. 법적 문제 및 수출규제 검토
   - 상품수출에 필요한 법적 준수 사항 확인
   - 관세율, 무역 협정, 비관세 장벽 등 무역 규정 확인
   - 국제 무역법 및 관세 간의 우려점검이 수출에 미치는 영향 조사

5. 실험적인 유통로 개척 작업
   - 현지 시장에서의 테스트 마케팅 진행하여 반응 파악
   - 샘플 제공, 반응 확인 및 보완의 전략 실행
   - 유통업체 및 대리점에 계약 제안 및 무역 계약서 작성

6. 수 관리 및 지속적인 시장 조사
   - 제품의 성장 변동 모니터링 및 피드백 수집
   - 수출 프로세스의 개선안과 효율성 증대
   - 장기적 관점에서 마케팅과 세부관리 체크 및 유지 관리 전략 수립

이상의 단계들을 미국으로 김밥을 수출하기 위해 반드시 고려해야 할 중요한 요소들을 포함하고 있습니다. 각 단계의 구체적인 연구와 실행 전략은 해당 제품의 특성과 목표 시장의 요구에 맞추어 유연하게 조정될 필요가 있습니다.

라온 서비스 Base on AI:DRIVE(질문 추가)

핵심키워드:수출,미국,김밥,수출규제,유통 과업정의: 김밥 미국 수출을 위한 연구조사 방법 특히 유통판로 개척을 위한 법적인 문제를 포함한 구체적인 연구 전략 위 내용에 대해서 단계별 진행방법에 대해 가르쳐줘. 내가 올린 자료를 참조해서 작성해줘

김밥을 미국으로 수출하기 위한 연구조사 방법과 유통판로 개척을 위한 법적인 문제 포함한 구체적인 연구 전략은 다음과 같은 단계별 방법으로 접근할 수 있습니다.

1. 시장 조사 및 수요 분석: 미국 내에서 한국 음식, 특히 김밥에 대한 수요와 선호도, 문화 영향을 분석합니다. 이는 온라인 시장 조사, 현지 조사, KOTRA 등 기관이 자료 분석을 통해 이루어질 수 있습니다.

2. 법적 규제 및 수출 규제 검토: FDA(Food and Drug Administration)과 같은 미국 내의 식품 관련 규제기관의 기준을 분석하여 김밥 제품이 미국 시장에 진입하기 위한 수출을 이해합니다. 제품 포장, 라벨링 등에 관련된 법적 요구사항을 파악합니다.

3. 현지화 전략 수립: 김밥 제품을 미국인의 입맛과 문화에 맞게 현지화하기. 또한, 현지 소비자의 취향 및 건강에 지향을 보여주기 위한 제품 개발 전략을 수립합니다.

4. 유통채널 및 전략 파트너십 확립: 미국 내 한국 식품을 유통하는 기업, 한인 마켓, 대형마켓 및 온라인 플랫폼과의 협력을 모색합니다. 미국 내에서 전시회 참가 또는 코트라 주관의 수출상담회 정보를 통해 네트워킹을 마련합니다.

5. 마케팅 전략 개발: 대상 시장에 맞는 현지화 포지셔닝 마케팅 전략을 수립하고, 바이럴 마케팅, SNS, Meet up 등을 활용하여 인지도를 높일 활동을 계획합니다.

6. 시범 판매 및 피드백 수집: 초기 시장 반응을 측정하기 위해 소규모 시범 판매를 실행하고, 고객의 피드백을 기반으로 제품과 서비스를 보완하며 시장 점유율을 높이는 전략을 수립합니다.

7. 법적 분쟁 등과 문제 준비: 미국 시장에 장기적으로 안착하기 위해 현지 법인을 설립하고, 현지에서 지속적인 운영하며 마케팅과 투자 유치 활동을 진행합니다.

8. 유통 관리 및 분석 모니터링: 시장 트렌드, 경쟁사 분석, 법적 변화 등을 상시 모니터링하며 빠르게 변하는 상황에 유연하게 대응할 수 있는 업무 관리 체계를 수립합니다.

위 단계별 진행 방법을 통해 김밥을 미국 시장에 성공적으로 수출하고 포함하는 전략을 실행할 수 있습니다.

한 번에 비교하시니까 어떤가요? 어떤 답변이 가장 마음에 드시나요?

앞선 2장에서 말씀드린 '환각 현상'에서 두 가지 환각 현상을 말씀드렸는데, 그중 기술적 환각에 대해서 말씀드리고 싶습니다. 이 글을 접하시기 전에 충분히 생성형에 대한 공부가 되어 있지 않으면 앞선 챕터 2에서 제가 강조한 스스로의 환각에 빠지기 직전입니다.

이러한 환각을 제외하고 보시면 어떤 답변이 가장 마음에 드실까요? 선택은 독자에 따라 다르겠습니다.

제 자랑입니다. 제가 기획하고 만든 서비스 이외의 서비스는 '하나 마나 한 말'이라고 해도 되지 않을까요?

그럼 이쯤에서 정말 중요한 챕터 3에서 강조하고자 하는 것은 '기획'입니다. 이러한 기획의 결과물, 즉 키워드와 과업 내용이 없다면 생성형 인공지능은 제대로 일을 하지 못합니다.

> **You**
> 김밥을 미국에 팔고 싶어 방법 가르쳐줘
>
> **ChatGPT**
> 미국에서 김밥을 판매하고자 할 때 고려해야 할 몇 가지 중요한 단계가 있습니다:
>
> **1. 시장 조사**: 먼저 지역 시장을 조사하여 김밥에 대한 수요와 잠재 고객을 파악해야 합니다. 미국에서 아시아 음식이 인기가 있지만, 지역마다 선호하는 아시아 음식의 종류가 다를 수 있습니다.
> **2. 법적 요구사항**: 식품 사업을 시작하기 전에 필요한 모든 허가증과 라이센스를 취득해야 합니다. 이는 주 정부 또는 도시 정부의 보건부에서 관리하는 경우가 많으며, 음식 서비스 허가증과 위생 검사 통과가 필요할 수 있습니다.
> **3. 위치 선정**: 김밥을 판매할 장소를 결정해야 합니다. 예를 들어, 대학교 근처, 사무실가, 쇼핑몰 내, 또는 거리의 푸드 트럭 등 다양한 옵션이 있습니다. 각 위치의 장단점을 고려하여 선택하세요.
> **4. 메뉴 개발**: 다양한 종류의 김밥을 준비하여 소비자의 선택의 폭을 넓혀주는 것이 좋습니다. 또한, 현지의 입맛에 맞게 일부 재료를 조정할 수도 있습니다.
> **5. 공급 체인 관리**: 신선하고 질 좋은 재료를 확보하는 것이 중요합니다. 현지에서 구할 수 있는 재료와 해외에서 수입해야 하는 재료를 파악하고, 안정적인 공급망을 구축하세요.
> **6. 마케팅 및 홍보**: 온라인 마케팅, 소셜 미디어, 현지 이벤트 참여 등을 통해 김밥을 알리는 전략을 세워야 합니다. 맛있는 김밥 사진과 긍정적인 고객 후기를 활용하면 좋습니다.
> **7. 고객 서비스**: 좋은 고객 서비스를 제공하여 재방문을 유도하고 입소문을 통한 홍보 효과를 높이세요.
>
> 이러한 기본적인 단계를 따라 계획을 세워 실행한다면 미국 시장에서 김밥 사업을 성공적으로 운영할 수 있을 것입니다.

〈어떤가요? 정말 쓸데없고 필요 없는 말 잘합니다.〉

그럼 김밥 프로젝트에서 이제 남은 것은 수출 조건에 따른 가격 결정과 구체적인 유통사를 찾는 방법이 남은 것입니다.

다음으로는 텍스트를 직접 보여 드리기 위해 화면을 캡처해서 비교 설명드렸으며 이후부터는 텍스트를 복사 붙여넣기 해서 작성하겠습니다.

'여름에 잘 팔리는 제품에 대한 상품 기획'

핵심 키워드: 여름, 선호, 상품 발굴, 남성, 직장인

사업을 위한 전제 조건은 대부분 구축되었다 하고 그리고 사업을 시작한 지 1년이 지났으면 지난 1년간 충분한 데이터가 있을 것입니다.

위와 같은 프로젝트를 추진하게 된 배경부터 생각해 보겠습니다. 가장 먼저 '청자'에 물어봐야 합니다. 그럼 청자는 이렇게 답변했다고 하겠습니다.

"여름이 다가오고 있는데 회사 매출도 좀 떨어지는 거 같고 그리고 여름에 돈을 벌어야 가을 겨울에 매출이 잘 안 올라도 버틸 수 있고 무엇보다 여름에 많이 팔리면 보너스 줄 수도 있다."

해석을 하면 여름에 잘 팔리는 제품에 대한 상품 기획이라 하면 이것을 하는 주된 목적은 아마도 여름을 대비해서 충분히 팔릴 만한 제품으로 개편하는 것이고 올해 여름에는 작년보다 더 잘 팔리는 한 해가 되어야 할 것입니다. 그래서 비수기 때에도 충분히 회사가 운영되는 데 문제가 없어야 할 것으로 이른바 여름 대목을 노리는 상품 기획으로 판단이 됩니다.

사용자

핵심 키워드: 여름, 선호, 상품 발굴, 남성, 직장인
과업 정의: 여름 성인 직장남성을 대상으로 하는 매출액 증가를 위한 상품 기획

위 내용에 대해 단계별 진행 방법에 대해 가르쳐 줘.

답변 GPT4

여름 시즌에 성인 남성 직장인을 대상으로 매출액 증가를 위한 상품 기획을 위해서는 전략적이고 체계적인 접근이 필요합니다. 아래는 단계별로 진행할 수 있는 방법을 제안합니다:

1단계: 시장 및 대상 고객 분석

    시장 조사: 여름 시즌에 인기 있는 상품과 경쟁사의 상품을 조사합니다. 시장의 최신 트렌드와 소비자의 구매 패턴을 파악합니다.

    고객 분석: 성인 남성 직장인의 라이프스타일, 구매 선호도, 일상에서의 요구사항을 분석합니다. 설문 조사, 인터뷰, 소셜 미디어 데이터 분석 등을 활용할 수 있습니다.

2단계: 상품 개발 전략 수립

    핵심 요구사항 파악: 분석 데이터를 바탕으로 주요 고객의 핵심 요구사항을 정리합니다. 예를 들어, 편안함, 스타일, 기능성 등이 될 수 있습니다.

    상품 컨셉 개발: 타깃 고객에게 매력적인 상품 컨셉을 개발합니다. 예를 들어, 무더위에 쾌적한 비즈니스 캐주얼 의류 라인, 휴가용 기능성 백팩 등이 있습니다.

3단계: 제품 디자인 및 개발

    제품 디자인: 상품 컨셉에 맞추어 디자인을 개발합니다. 기능성과 심미성을 동시에 고려하여 고객의 만족도를 높입니다.

    프로토타입 제작: 초기 디자인을 바탕으로 프로토타입을 제작하고, 내부적으로 테스트를 진행합니다.

4단계: 시장 테스트 및 피드백 수집

    시장 테스트: 소규모로 제품을 출시하여 시장 반응을 관찰합니다. 특정 지역이나 온라인 플랫폼을 통해 초기 판매를 시작할 수 있습니다.

    피드백 수집: 고객으로부터의 직접적인 피드백을 수집하고, 제품의 개선점을 파악합니다.

5단계: 최종 상품 출시 및 마케팅 전략

    제품 최종화: 피드백을 반영하여 제품을 수정, 개선합니다. 이 과정에서 패키징, 브랜딩, 가격 책정 등을 최종 결정합니다.

    마케팅 전략: 타깃 고객에게 맞춤형 마케팅 캠페인을 기획합니다. 소셜 미디어, 인플루

언서 마케팅, 이벤트 등 다양한 채널을 활용할 수 있습니다.

6단계: 판매 및 지속적인 개선

판매 시작: 온라인 및 오프라인 채널을 통해 판매를 시작합니다.

지속적인 모니터링 및 개선: 시장 변화에 대응하고, 지속적으로 고객의 피드백을 받아 제품을 개선해 나갑니다.

역시 하나 마나 한 이야기를 잔뜩 열거합니다. 착각을 하시면 안 되는 것이 위와 같은 방법으로 하는 것은 당연합니다. 하지만 우리가 원하는 건 구체적인 방법을 원하기에 저는 '하나 마나 한 말'이라고 생각합니다.

답변 GPT4 – GPTS (HBC 데이터 검색 증강)

1단계: 시장 조사 및 고객 분석

시장 조사: 여름에 직장 남성들이 선호하는 상품과 경쟁 제품을 분석합니다. 여기에는 시장 규모, 성장률, 경쟁사 분석 등이 포함됩니다【23:홍_스타트업해외진출.pdf】.

고객 분석: 타깃 고객인 성인 직장 남성의 소비 패턴, 선호도, 라이프 스타일을 조사합니다. 설문 조사, 인터뷰, 포커스 그룹 등 다양한 방법을 사용할 수 있습니다.

2단계: 제품 개발

제품 아이디어 도출: 시장 조사와 고객 분석 결과를 토대로 제품 아이디어를 도출합니다. 여름철 편안한 오피스웨어, 냉감 기능성 소재 제품 등 고객의 요구를 충족시킬 수 있는 아이디어를 생각해 봅니다【23:홍_스타트업해외진출.pdf】.

프로토타입 개발: 아이디어를 바탕으로 초기 프로토타입을 제작하고 내부 테스트를 진행합니다. 이 단계에서는 제품의 실용성과 디자인을 검토합니다【23:홍_기업사례 따라 하면 성공하는 B2B마케팅(홍승민).pdf】.

3단계: 시장 테스트

시장 반응 평가: 소규모로 제품을 출시하여 시장의 반응을 평가합니다. 온라인 플랫폼이나 팝업 스토어를 통해 초기 고객 피드백을 수집하고 제품의 수정 가능성을 검토합니다【23:홍_기업사례 따라 하면 성공하는 B2B마케팅(홍승민).pdf】.

4단계: 전략적 마케팅

타깃 마케팅 전략 수립: 타깃 고객에게 어필할 수 있는 맞춤형 마케팅 전략을 개발합니다. SNS 캠페인, 이벤트 마케팅, 인플루언서 협업 등을 계획할 수 있습니다【23:홍_스타트업해외진출.pdf】.

프로모션 실행: 제품 출시를 지원하기 위한 다양한 프로모션을 실행합니다. 할인, 한정판 출시, 충성 고객 대상 프로모션 등을 포함할 수 있습니다【23:홍_스타트업해외진출.pdf】.

5단계: 출시 및 성과 모니터링
　　공식 출시: 전략적 계획에 따라 제품을 시장에 공식 출시합니다.
　　성과 모니터링 및 조정: 판매 데이터와 고객 피드백을 지속적으로 모니터링하며, 필요한 경우 마케팅 전략과 제품 자체를 조정합니다.

GPT4에 비해서 제가 만들어 둔 데이터를 검색 증강해서 답변하는 결과라고 하기에는 조금 부족해 보입니다. 답변의 출처를 하나씩 확인해 보니 제가 만든 자료도 약간 두리뭉실한 답변입니다. 하지만 일반적인 것보다는 좀 더 구체적인 건 사실입니다.

답변 Gemini

여름 성인 직장 남성 대상 매출액 증대를 위한 상품 기획 단계별 진행 방안

1단계: 소비자 및 시장 조사
　타겟 고객 분석:
　　인구통계: 연령, 소득, 직업, 가족 구성원 수 등
　　심리적 특성: 가치관, 라이프스타일, 소비 패턴, 구매 동기 등
　　행동 양식: 온/오프라인 구매 선호도, 주요 소비 채널, 정보 습득 방식 등
　시장 분석:
　　경쟁 환경: 주요 경쟁사, 경쟁 상품 분석, 시장 점유율 등
　　시장 트렌드: 최근 소비 트렌드, 성장 가능성이 높은 시장 등
　　시장 규모: 전체 시장 규모, 성장률 전망 등

2단계: 상품 기획
　아이디어 창출:
　　브레인스토밍: 다양한 아이디어를 자유롭게 제시하고 논의
　　트렌드 분석: 최신 트렌드를 반영한 아이디어 도출
　　경쟁사 분석: 경쟁사 상품의 장단점 분석을 통한 차별화된 아이디어 도출
　아이디어 선정:
　　타겟 고객의 니즈 충족 여부: 제품의 기능, 디자인, 가격 등이 타겟 고객의 니즈를 충족하는지 평가
　　시장 경쟁력: 제품의 차별성, 경쟁력 확보 가능성 등을 평가
　　수익성: 제품의 개발 및 생산 비용, 판매 가격, 수익성 등을 평가
　상품 기획 명확화:
　　상품 콘셉트: 제품의 핵심 가치와 차별성을 명확하게 정의

- 상품 기능: 제품의 주요 기능, 성능, 디자인 등을 구체적으로 명시
- 타겟 가격: 제품의 생산 비용, 시장 상황, 경쟁력 등을 고려하여 타겟 가격을 설정
- 마케팅 전략: 제품 출시, 홍보, 판매 등을 위한 구체적인 마케팅 전략 수립

3단계: 상품 개발 및 테스트
- 제품 설계 및 제작: 상품 기획 명세서에 따라 제품 설계 및 제작
- 사용자 테스트: 타겟 고객을 대상으로 제품 사용 테스트를 진행하여 피드백 수렴 및 개선
- 시제품 제작: 개선된 내용을 반영하여 시제품 제작

4단계: 출시 및 마케팅
- 출시 준비: 제품 생산, 유통 채널 확보, 홍보 계획 수립 등 출시를 위한 준비 작업 진행
- 제품 출시: 제품을 시장에 출시하고 소비자들에게 공개
- 마케팅 활동: 광고, 홍보, 이벤트 등 다양한 마케팅 활동을 통해 제품을 홍보

5단계: 판매 및 분석
- 판매 관리: 제품 재고 관리, 주문 처리, 배송 등 판매 관련 업무 관리
- 판매 분석: 판매량, 매출액, 고객 반응 등을 분석하여 상품 기획 및 마케팅 전략 개선

성공적인 상품 기획을 위한 추가적인 고려 사항:
- 타겟 고객의 니즈를 명확하게 파악하고 이를 충족시키는 제품 개발
- 차별성 있는 제품 개발로 경쟁 우위 확보
- 효과적인 마케팅 전략 수립 및 실행
- 지속적인 시장 및 고객 트렌드 분석을 통한 제품 개선 및 업데이트

도움이 될 만한 자료:
- 한국산업진흥원 마케팅정보센터: https://www.informamarkets.com/en/home.html
- 한국소비자원: http://www.kca.go.kr/index.html

구글 제미나이 OpenAI 다 거기서 거기입니다.

답변 Hyper CLOVA X

단계 1: 시장 조사
여름 성인 남성 직장인을 대상으로 하는 시장의 특성과 수요를 파악합니다.
해당 시장에서 인기 있는 상품과 트렌드를 조사합니다.

단계 2: 고객 분석
여름 성인 남성 직장인의 취향과 선호도를 분석합니다.
고객의 연령대, 직업, 소득 수준 등을 고려하여 세분화된 고객층을 파악합니다.

단계 3: 상품 기획
시장 조사와 고객 분석을 바탕으로, 여름 성인 남성 직장인에게 적합한 상품을 기획합니다.
상품의 기능, 디자인, 가격 등을 고려하여 경쟁력 있는 상품을 개발합니다.

단계 4: 마케팅 전략 수립
상품을 홍보하고 판매를 촉진하기 위한 마케팅 전략을 수립합니다.
SNS, 블로그, 유튜브 등을 활용한 온라인 마케팅과, 오프라인 광고 등을 활용한 오프라인 마케팅을 병행하여 효과를 극대화합니다.

단계 5: 상품 출시 및 판매
기획한 상품을 출시하고, 온라인 쇼핑몰이나 오프라인 매장에서 판매를 시작합니다.
고객의 피드백을 수집하고, 이를 반영하여 상품을 개선합니다.

단계 6: 매출액 분석 및 개선
상품의 매출액을 분석하고, 매출액 증가를 위한 개선 방안을 모색합니다.

역시 그렇습니다. 평가는 생략합니다.

답변 라온 서비스 Base on AI:DRIVE

먼저, 여름철 성인 직장 남성을 대상으로 한 상품을 기획하기 위한 단계별 진행 방법을 설계하겠습니다. 이 과정에서 올려주신 자료를 참조하여 여름에 선호할 만한 상품 발굴을 위한 절차를 안내하겠습니다.

1단계: 시장 조사 – 타겟 고객의 니즈 파악
- 성인 직장남성들이 여름에 선호하는 상품과 트렌드를 조사합니다.
- 경쟁업체의 상품 및 마케팅 전략을 분석하여 시장의 특성을 이해합니다.
- 현재 판매 중인 여름 상품의 판매 데이터를 분석하여 인기 제품과 부진한 제품을 파악합니다.

2단계: 상품개발 – 타겟 고객을 위한 상품 구상
- 직장인 남성이 선호할 만한 여름철 제품으로 쾌적한 착용감, 스타일, 실용성 등을 고려한 아이템을 기획합니다.
- 다양한 상품안을 백지 상태에서부터 구체화해가는 '브레인스토밍'을 통해 창의적 아이디어를 도출합니다.

3단계: 프로토타입 제작 및 테스트
- 선별된 상품 개념들을 바탕으로 프로토타입을 제작합니다.
- 내부 테스트를 거쳐 상품의 기능성, 품질, 디자인 등을 검증합니다.
- 타겟 고객 그룹에게 샘플 제품을 제공하고 사용 후기 및 피드백을 수집합니다.

4단계: 마케팅 전략 수립 – 효과적인 홍보 계획
- 고객의 관심과 신뢰를 얻기 위한 마케팅 소재를 개발합니다. 예를 들어, 접는 명함, 홈페이지, 인맥 활용, 저렴한 매체를 활용한 홍보 등 다양한 경로를 고려합니다.
- 소셜 미디어, 전단지, 입소문 마케팅 등을 포함한 다채로운 캠페인을 계획합니다.
- 고객 행동분석에 따라 고관여/저관여 제품에 적절한 홍보 전략을 채택합니다.

5단계: 판매 및 유통
- 온라인 쇼핑몰과 오프라인 매장을 통해 판매 시작합니다.
- 주력 제품을 위한 홈페이지 최적화를 진행하여 온라인에서의 가시성을 높입니다.
- 물류 및 재고 관리 시스템을 통해 효율적인 유통 관리를 수행합니다.

> 6단계: 고객 관리 및 재구매 촉진
> - 공부 모임 개최, VIP 기획 등과 같은 다양한 고객 유지 및 재구매 전략을 수립하여 장기적인 고객 관계를 형성합니다.
> - 고객의 만족 기간을 늘리기 위한 애프터서비스와 밸류 애드 서비스를 제공합니다.
>
> 7단계: 결과 분석 및 시스템 개선
> - 판매 데이터와 고객 피드백을 분석하여 성공적인 전략과 개선점을 찾습니다.
> - 지속적으로 시장 변화를 주시하며 상품과 마케팅 전략을 적극적으로 조정합니다.

중간에 있는 공부 모임 개최는 오타입니다. 제가 말씀드리는 오타는 해당 자료 출처인 원문에 제가 '공부 모임 개최'라고 해서 그렇습니다. 원래는 공구 모임입니다. 오타까지 그대로 가져오는 서비스 나쁘지 않습니다.

반면 일반적인 질문을 해 보면 다음과 같습니다. 아래 답변은 하나의 문장이나 키워드를 주지 않은 상태에서 인공지능이 답변한 결과입니다.

> 사용자 질문: 여름철 인기 제품 상품 기획
> 1. 시장 분석
> 1.1. 여름철 소비 트렌드
> 더위 피하기: 선풍기, 에어컨, 제습기, 냉장음료, 아이스크림 등
> 레저 활동 증가: 수영복, 캠핑 용품, 바베큐 용품, 자외선 차단제, 선글라스, 모자 등
> 야외 활동: 등산, 낚시, 자전거 타기 등의 용품
> 여행 증가: 여행 가방, 여행 의류, 휴대용 샤워기 등
> 1.2. 2024년 여름철 소비 트렌드 예상
> 지속적인 고온: 더위 피하기 제품에 대한 수요 증가
> 해외여행 증가: 여행 관련 제품에 대한 수요 증가
> 건강지향 소비: 건강 기능성 제품에 대한 수요 증가
> 개인 맞춤형 소비: 개인 맞춤형 제품에 대한 수요 증가
> 2. 제품 기획
> 2.1. 제품 아이디어
> 개인용 휴대형 선풍기: 휴대성이 좋아 어디서든 사용할 수 있도록 작고 가벼운 디자인
> 스마트 제습기: 습도와 온도를 자동으로 감지하여 조절하는 기능

다기능 캠핑 용품: 캠핑, 바베큐, 등산 등 다양한 레저 활동에 활용 가능한 제품

자외선 차단 기능이 있는 의류: 편안한 착용감과 우수한 자외선 차단 기능을 가진 의류

개인 맞춤형 여행 가방: 여행객의 체형과 여행 스타일에 맞게 제작 가능한 가방

2.2. 타겟 고객

청년: 새로운 제품과 트렌드에 민감한 소비층

가족: 여름 방학을 맞이하여 가족 여행이나 레저 활동을 계획하는 소비층

건강志向 소비자: 건강한 생활 방식을 위해 노력하는 소비층

개인 맞춤형 소비: 자신만의 개성을 표현하고 싶어하는 소비층

2.3. 마케팅 전략

온라인 광고: 소셜 미디어, 검색 광고 등을 활용한 온라인 광고 진행

인플루언서 마케팅: 인플루언서를 활용한 제품 홍보

체험 마케팅: 오프라인 매장에서 제품을 직접 체험할 수 있는 기회 제공

개인 맞춤형 마케팅: 고객의 데이터를 활용하여 개인 맞춤형 광고 및 프로모션 제공

3. 기대 효과

매출 증대: 새로운 제품 출시를 통해 매출 증대 기대

브랜드 이미지 제고: 혁신적이고 트렌디한 브랜드 이미지 구축

고객 만족도 향상: 고객의 요구에 맞는 제품을 제공하여 고객 만족도 향상

4. 기타 고려 사항

시장 경쟁: 경쟁 제품을 분석하여 차별화된 제품 개발

생산 비용: 생산 비용을 최적화하여 가격 경쟁력 확보

품질 관리: 엄격한 품질 관리를 통해 고객에게 안전하고 신뢰할 수 있는 제품 제공

5. 결론

위에서 제시된 상품 기획은 2024년 여름철 소비 트렌드를 반영하여 개발된 제품입니다. 본 제품 기획을 통해 회사는 매출 증대, 브랜드 이미지 제고, 고객 만족도 향상을 달성할 수 있을 것으로 기대됩니다.

마지막 예시로 문제를 분석하는 과정은 생략하고 기획을 진행한 결과만 놓고 생성형 인공지능을 사용해 보겠습니다.

사용자

핵심 키워드: 이마트, 김부각, 과자, 헬시푸드, 김

과업 정의: 대형 매장에 우리 제품 판매를 위한 방법

위 내용에 대해 단계별 진행 방법에 대해 가르쳐 줘.

답변 GPT4

이마트와의 제휴를 통해 김부각과 다른 과자를 판매하고 싶다는 거군요. 이런 제안은 대형 매장과의 협업으로 브랜드 인지도를 높이고 매출을 증가시킬 수 있어요. 이를 위해 단계별로 진행하는 방법을 알려드릴게요.

시장 조사:
이마트와 같은 대형 매장에서 판매되고 있는 유사 제품을 조사합니다.
경쟁사의 제품 가격, 포장, 마케팅 전략 등을 파악하여 차별화된 전략을 세웁니다.

상품 개발 및 테스트:
이마트와의 협업에 맞는 과자 제품을 개발합니다.
김부각과 같은 전통적인 한국 간식과 함께 헬시한 옵션도 고려합니다.
제품을 시장에 출시하기 전에 소규모 테스트 판매를 진행하여 소비자의 반응을 살펴봅니다.

마케팅 전략 수립:
이마트 내에서의 위치 선정을 포함한 마케팅 전략을 수립합니다.
포장 디자인, 가격 정책, 프로모션 전략 등을 고려하여 브랜드의 가치를 강조합니다.
온라인 채널을 활용한 디지털 마케팅도 고려합니다.

협상 및 계약:
이마트와의 협상을 시작합니다.
판매 조건, 가격, 공급량 등을 협의하고 계약을 체결합니다.
제안서를 작성하고 필요한 경우 법적인 조언을 구합니다.

제품 출시 및 판매:
이마트와의 협업 계약에 따라 제품을 생산하고 공급합니다.
이마트 내 매장에 제품을 진열하고, 온라인 채널을 통해 판매합니다.
판매 데이터를 모니터링하여 마케팅 전략을 조정하고, 소비자 피드백에 신속하게 대응합니다.

평가 및 개선:
판매 성과를 평가하고, 제품 및 마케팅 전략을 개선합니다.
이마트와의 협업을 통해 얻은 경험을 토대로 미래 협업을 위한 계획을 수립합니다.

답변 GPT4 - GPTS(HBC 데이터 검색 증강)

대형 매장에서 제품을 판매하기 위한 단계별 진행 방법은 다음과 같습니다:

1단계: 제품 및 시장 분석
　　제품 분석: 자사의 제품(예: 김부각)을 분석하여 대형 매장에서 판매하기에 적합한지 평가합니다. 제품의 품질, 가격, 포장, 차별점 등을 검토합니다.
　　시장 분석: 대상 매장(예: 이마트)에서 유사 제품의 판매 현황, 소비자 선호도, 경쟁 제품 분석을 통해 시장의 수요와 경쟁 환경을 파악합니다.

2단계: 매장 접근 전략 수립
　　입점 조건 파악: 이마트와 같은 대형 매장의 입점 조건, 정책, 필요 서류 등을 조사합니다.
　　프레젠테이션 준비: 제품의 특장점, 시장 내 위치, 마케팅 계획 등을 담은 입점 제안서를 준비합니다.

3단계: 매장 관계자와의 미팅
　　관계자 접촉: 이마트 매장 관리자나 입점 담당자에게 접근하여 미팅을 요청합니다.
　　제품 소개 및 판매 제안: 준비한 제안서와 함께 제품을 소개하고, 매장 입점을 위한 조건을 협상합니다.

4단계: 계약 및 입점 준비
　　계약 협상: 입점 조건, 가격, 배송, 재고 관리 등에 대한 계약을 체결합니다.
　　입점 준비: 제품의 포장, 라벨링, 물류 등 입점에 필요한 사항을 준비합니다.

5단계: 판매 및 마케팅 실행
　　판매 진행: 매장 내 판매를 시작합니다.
　　마케팅 활동: 매장 내 프로모션, 할인 행사, 시식 코너 설치 등을 통해 제품의 인지도를 높이고 판매를 촉진합니다.

6단계: 성과 분석 및 확장
　　성과 분석: 판매 데이터와 고객 피드백을 분석하여 제품의 시장 반응을 평가합니다.
　　확장 계획: 초기 매장에서의 성공을 바탕으로 추가 매장 입점을 타진하거나, 다른 대형 매장으로 확장을 계획합니다.

답변 Gemini

대형 매장에 우리 제품 판매를 위한 단계별 진행 방안: 이마트 김부각 과자 건강식품 김 가상 사례

1단계: 시장 조사 및 제품 분석

1.1 시장 조사

이마트 시장 현황 분석: 고객층, 주요 판매 카테고리, 경쟁 제품 현황 등을 조사합니다. 특히, 김과 관련된 제품(예: 김밥, 김치, 견과류김)의 판매 추이와 인기 제품을 분석합니다.

김부각 브랜드 및 제품 분석: 브랜드 가치, 차별점, 주요 타겟 고객층, 주요 경쟁 제품 대비 우수점 및 약점을 분석합니다.

과자 및 건강식품 시장 트렌드 분석: 소비자들의 건강志向 증가, 편리식 소비 증가, 개인 맞춤형 제품 선호 등 최신 트렌드를 파악합니다.

1.2 제품 분석

제품 특징 및 차별점 명확화: 이마트에서 판매되는 다른 김 제품과 차별화되는 김부각 과자 및 건강식품의 핵심 기능, 성분, 맛, 가격 등을 명확히 정의합니다.

타겟 고객층 설정: 제품 특징을 고려하여 이마트 고객층 중 주요 타겟 고객층을 설정합니다. 예를 들어, 건강을 생각하는 젊은 층, 편리한 간식을 찾는 소비자, 아이를 가진 가족 등을 타겟으로 설정할 수 있습니다.

2단계: 마케팅 전략 수립

2.1 가격 전략:

타겟 고객층의 지불 능력, 경쟁 제품 가격, 제품의 가치를 고려하여 적절한 가격을 책정합니다.

프로모션 전략과 연계하여 할인 행사, 쿠폰 제공 등을 통해 가격 경쟁력을 강화합니다.

2.2 유통 전략:

이마트 바이어와의 협의를 통해 제품 입점 협상을 진행합니다.

입점 조건 충족 여부를 확인하고, 필요한 경우 제품 개선 또는 추가적인 인증 획득을 진행합니다.

이마트 물류 시스템과의 연계를 위한 준비를 합니다.

2.3 프로모션 전략:

제품 특징과 타겟 고객층을 고려하여 매력적인 프로모션 전략을 수립합니다.

이마트 고객에게 어필할 수 있는 온라인 오프라인 광고 전략을 마련합니다.

제품 시식 행사, 유명 인플루언서 홍보, SNS 이벤트 등을 진행하여 제품 인지도를 높입니다.

3단계: 판매 관리 및 고객 서비스

   3.1 판매 관리:

이마트 발주 시스템과 연계하여 재고 관리를 철저히 합니다.

판매량 데이터 분석을 통해 인기 제품 파악 및 추가 발주를 진행합니다.

매장 직원 교육을 통해 제품 특징 및 판매 전략을 효과적으로 전달합니다.

   3.2 고객 서비스:

이마트 고객센터와 협력하여 고객 문의 및 피드백을 신속하게 처리합니다.

제품 사용 후기 모니터링을 통해 제품 개선에 활용합니다.

고객 만족도 조사를 실시하여 지속적인 서비스 개선 노력을 합니다.

4단계: 지속적 평가 및 개선

정기적인 판매량 분석을 통해 판매 전략의 효과를 평가합니다.

고객 만족도 조사 결과를 바탕으로 제품 및 서비스를 개선합니다.

시장 트렌드 변화에 맞춰 새로운 제품 개발 및 마케팅 전략 수립을 지속적으로 진행합니다.

답변 Hyper CLOVA X

1. 제품 소개서 작성: 제품의 특징, 장점, 성분, 용량, 유통기한 등을 상세하게 기재한 제품 소개서를 작성합니다. 이 소개서는 대형 매장의 구매 담당자에게 전달되어 제품의 판매 가능성을 판단하는 데 중요한 역할을 합니다.

2. 대형 매장의 구매 담당자 연락처 수집: 인터넷 검색이나 관련 기관의 도움을 받아 대형 매장의 구매 담당자 연락처를 수집합니다.

3. 제품 소개서 전달: 수집한 구매 담당자 연락처로 제품 소개서를 전달합니다. 이때, 이메일이나 우편 등을 이용할 수 있습니다.

4. 제품 샘플 제공: 제품 소개서와 함께 제품 샘플을 제공하여 구매 담당자가 직접 제품을 확인할 수 있도록 합니다.

5. 상담 진행: 구매 담당자와 상담을 진행하여 제품의 판매 가능성을 타진하고, 가격, 수량, 납품 일정 등을 협의합니다.

6. 계약 체결: 협의한 내용을 바탕으로 계약을 체결합니다.

7. 제품 납품: 계약에 따라 제품을 납품합니다. 이때, 납품 일정과 수량을 준수해야 합니다.

8. 제품 홍보: 제품이 판매되는 매장에서 제품 홍보를 진행합니다. 이를 통해 고객들의 관심을 끌고, 제품의 판매를 촉진할 수 있습니다.

9. 고객 피드백 수집: 고객들의 피드백을 수집하여 제품의 개선에 반영합니다.

10. 매출 분석: 매출을 분석하여 제품의 판매 전략을 수정하거나 보완합니다.

답변 라온 서비스 - Base on AI:DRIVE

이마트와 같은 대형 매장에서 김부각을 헬시푸드 카테고리에 위치시켜 판매하기 위해 단계별 진행 방법은 다음과 같습니다.

1단계: 시장 분석 및 포지셔닝 전략 수립
- 이마트 내 과자 카테고리와 헬시푸드 섹션의 현황 파악
- 경쟁 품목 및 유사 상품 조사
- 타겟 고객층 및 구매 동기 분석
- 김부각의 차별점과 고유 가치 강조하기 위한 포지셔닝 전략 마련

2단계: 품질 및 인증 관리
- 제품의 품질 표준화 및 안정성 확보
- 건강과 관련된 인증(예: HACCP) 획득을 통한 신뢰도 증진

3단계: 포장 및 브랜딩 작업
- 소비자의 건강 지향적 가치를 내포한 포장 디자인
- 상품의 헬시푸드 이미지 부각할 수 있는 브랜드 스토리 및 캐치 카피 개발

4단계: 판매 제안 및 협의
- 이마트 구매 담당자 혹은 매입부서에 판매 제안서 및 제품 샘플 전달
- 협상을 통한 판매 조건, 가격, 배치 전략 설정

5단계: 프로모션 및 마케팅 활동
- 이마트 내 시식 행사로 실제 제품을 고객들에게 체험하게 하기

- 이마트 매장 내 이벤트 코너 활용, 할인 행사 등 진행
- SNS, 온라인 콘텐츠 등을 활용하여 타깃 고객층 도달

6단계: 유통 과정 최적화
- 주문과 배송 프로세스 설정 및 출고 일정 관리
- 재고 관리 및 판매 데이터 분석

7단계: 판매 후 관리 및 고객 피드백 수집
- 고객 만족도 조사 및 구매후기 수집
- 매출 및 소비자 피드백 분석을 통한 제품 및 서비스 개선

마무리 작업
- 이마트와의 지속적인 커뮤니케이션 유지
- 판매 결과에 대한 정기적인 리뷰 및 마케팅 전략 조정

생성형 인공지능이 각 시스템별 어떤 결과를 가져오는지에 대해서는 평가를 하기 어렵습니다. 이유는 결과에 대해서 사람마다 생각하는 것이 다르기 때문입니다. 어떤 사람들은 반드시 파인튜닝한 또는 검색 증강 진행하는 전문적인 것이 아닌 그냥 평이한 말 아무나 다 해도 되는 말 이런 것들을 선호할 수도 있기 때문입니다.

정리하기

지금까지 하고자 하는 과업에 대해서 핵심 키워드를 도출해 내고 도출한 키워드를 중심으로 '청중'과 대화를 통해 문제의 본질을 이해하고자 하였습니다. 그 결과물로 키워드 5개가 나오고 과업에 대해서 정의하게 되었습니다.

'기획', 그렇게 대단한 것이 아닙니다. 이렇게 간단한 한 문장 그리고 키워드 도출하는 것만 충분히 훈련이 되어도 효과적인 기획서를 작성할 수 있습니다. 사실 위의 예시들은 기획서라고 하기에는 많이 투박하지만, 실제 프로젝트를 진행할 때 발생되는 여러 가지 이슈들에 대해서 충분히 강조하고 있는 '기획서 초안'으로서의 역할은 충분히 한다 생각합니다.

인공지능은 절대로 사람을 따라잡지 못합니다. 물론 언젠가는 따라잡을 수 있겠지만 그것은 마치 전 세계적으로 유행하던 '석유가 바닥이 나서 더 이상 석유를 사용하지 못한다. 에너지를 절약하자.'라는 말과 같다 생각합니다.

인공지능을 잘 사용하고 효율적으로 사용하기 위해서는 반드시 '기획'이라는 것을 해야 합니다. 이러한 기획 능력은 사실 어려운 부분일 수 있는데 그렇게 어려운 기획도 인공지능이 대신해 줄 수 있습니다. 우리는 인공지능을 잘 활용만 하면 되는 그런 세상에 살고 있습니다. 우리는 '인공맹'이 아닌 인공지능을 정말 효율적으로 잘 사용하는 그런 진보된 'ADVANCED HUMAN'이 될 수 있습니다.

일단 읽고 따라 하면 성공하는 **인공맹** 탈출법

인공지능을 꼭 해야 하는 이유와 지금 안 하면 안 되는 이유

> 요약 1. 과거에는 컴맹 지금은 인공맹
> 요약 2. 생성형의 확산은 아직 시작도 안 함(24. 7. 기준)
> 요약 3. 인공맹 탈출의 기회는 바로 지금

인공지능, 구체적으로 생성형 인공지능을 제가 다른 책에서 소개하고 강의를 할 때마다 강조하는 것이 '인공맹'입니다. '인공지능 맹인'을 제가 줄인 단어입니다. '인지맹'이 좀 더 입에 붙지만, 저는 '인공맹'이라고 합니다. 왜냐하면 사람이 만든 맹인이기 때문입니다.

제가 어릴 적 컴퓨터를 모르는 사람이 많았습니다. 저희 어머니는 저를 컴퓨터 학원을 보내셨습니다. 덕분에 저는 다른 친구들에 비해서 더 빨리 컴퓨터 게임을 접했고 그래서 좋았던 기억만 있습니다. 오락기가 아닌 키보드를 가지고 하는 오락 말이죠. 그렇게 10년의 시간이 지나서 '컴맹'이란 단어가 나타나 확산되었고 이런 단어가 계속해서 새로이 생겨날 때쯤 '인터넷'이 등장했습니다. 이때쯤 컴퓨터를 조금 일찍 배운 장점을 살릴 수 있었으나 바로 군대로 가고 크게 써먹지 못했습니다. 그래서 저는 군 전역 후 '컴맹'이었습니다. 저와 같이 컴퓨터가 인터넷이 등장하던 시점 정말 많은 것이 변했습니다. 바로 그렇게 시간이 흘러 아이폰이 나오면서 인터넷 등장 이후 두 번째 격변이 진행되었으며 지금의 인공지능은 이러한 두 번의 격변보다 더 강한 '4차 산업혁명'이라는 큰 줄기의 한 부분입니다. 이거 못 따라가면

진짜 '인공맹' 됩니다.

인공지능 확산 수준

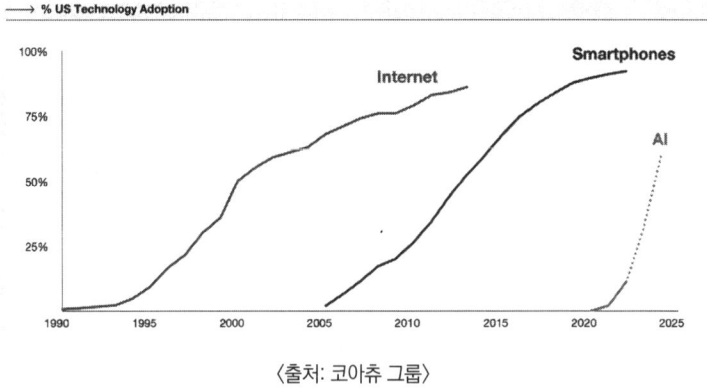

〈출처: 코아츄 그룹〉

가장 많이 보는 그래프일 것입니다. 기술전문컨설팅 기업인 코아츄에서 발표한 자료입니다. 인공지능이 확산되는 시점 대비 잠재 보급률은 이미 스마트폰 점유율의 70% 수준까지 올라왔다고 보고 있습니다. 하지만 애매한 부분은 어디까지가 인공지능이고 어디까지가 인공지능이 아니냐는 것인데, 2022년만 해도 구글의 추천 서비스 같은 것을 우리는 인공지능이라 했습니다. 지금도 인공지능으로 분류되는지는 고민이 필요합니다.

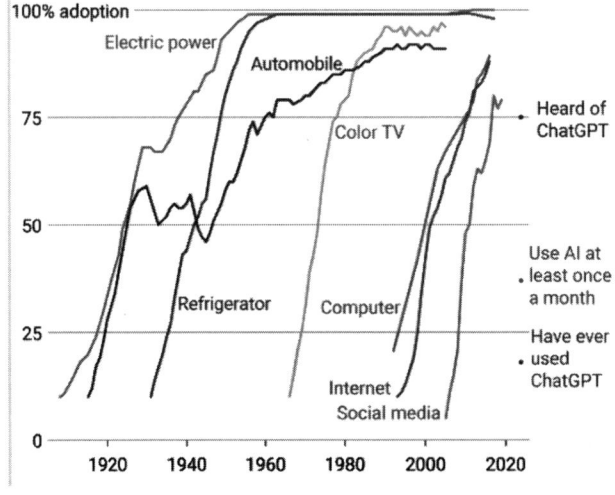

〈써던스톤커뮤니케이션 제시한 ChatGPT 확산 수준〉

이 그래프에서 보여 주는 것은 더 재미있습니다. '전기, 자동차, 냉장고, 티비' 이런 식으로 하나의 산업군에 대한 사용자들의 수용 수준을 보여 주는 그래프입니다. 예를 들어 냉장고의 경우 약 1930년에 시작해서 1960년경 사용자들이 냉장고에 대해서 다 알고 있다는 것이고 소셜미디어의 경우 약 2010년경 시작해서 2020년이 되기 전에 70%의 수용성을 보여 줍니다. 다시, 여기서 재미있는 것은 인공지능은 AI가 아니라 'ChatGPT'라는 하나의 브랜드를 기준으로 시작을 안 했지만 벌써 75%의 수용성을 가지고 있습니다. 하나의 브랜드가 말이죠. 이 그래프가 보여 주는 진짜 재미있는 사실이 바로 금방 말씀드린것입니다. 눈치채셨는지 모르겠지만, 인공지능도 생성형 인공지능도 LLM이라는 말도 아닌 그냥 특정 기업의 브랜드입니다. ChatGPT라는 브랜드 말입니다. 이런 자료가 두 가지를 동시에 의미하는데 먼저 하나는 ChatGPT가 시작하자마자 코카콜라처럼 굉장히 영향력 있는 브랜드가 되었다는 것이고 다른 하나는 아직도 무궁무진한 경쟁 기술들이 계속해서 시장에 출시될 것이라는 사실입니다.

마지막으로 보게 될 확산 수준의 그래프는 기술파급 수준에 대한 그래프입니다.

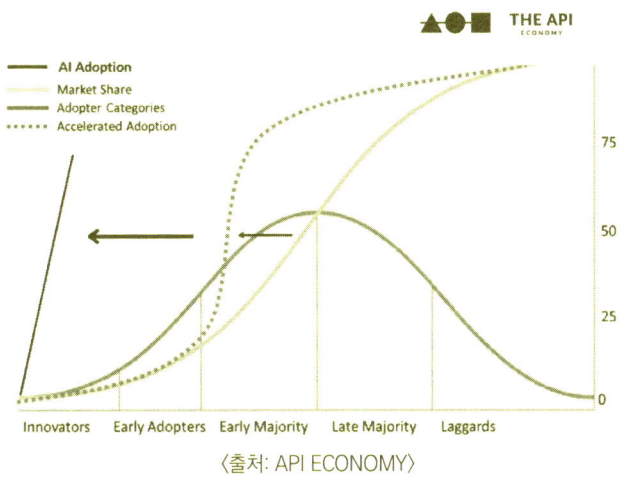

〈출처: API ECONOMY〉

기술 확산을 설명하는 대표적인 곡선 두 가지를 한 번에 나타낸 것으로 인공지능이 기술 수용 주기에서 현재 어느 위치인가에 대한 API이코노미의 의견입니다. 이 도식을 제가 완전 공감하고 동의하는 것이 저 역시 이런 도식을 얼핏 연상은 했지만, 아직 앎의 깊이가 깊지 않아 그리지 못했습니다. 오른쪽의 그래프들이 기술 수용 주기와 기술 확산 S 그래프입니다. 보통 기술을 이야기할 때 이런 식으로 표현을 합니다. 왼쪽의 인공지능 적용 수준을 보면 이노베이터 그룹의 절반도 아닌 수준으로 기술이 보급되는 극초반의 기술 확산을 보여 주지만 기술 확산 수준은 75%를 넘었다고 주장하고 있습니다. 이러한 것을 반증하듯 여러 명의 경제를 선도하는 집단에서 이구동성 '스마트폰보다 파급력이 높은 것은 사실이다. 어쩌면 인터넷의 등장보다 더 높은 수준의 혁신이다.'라는 것을 충분히 공감하게 하는 도표입니다.

인공지능 확산에 따른 대응 방법

어렵고 해석하기 힘들게 그래프로 보여 드렸습니다.

하지만, 한눈에 봐도 현재의 인공지능 수준이 어느 정도로 급격하게 확산되고 있는지 확인 가능하실 것이라 판단합니다. 이러한 급격한 파괴적 혁신이 발생되면, 이로 인한 가장 큰 변화는 바로 '부의 재분배'가 진행된다는 것이고 이러한 시대의 흐름에 빠르게 접근하지 못하면 퇴보되는 상황이 발생합니다. 인공지능이 가져다줄 미래는 어떤 식으로 될지 아무도 알 수 없습니다. 하지만 하나 확실한 것은 이것은 피할 수 없으며 최소한 중간이라도 해야지 남들에게 지배되지 않는 경제적 자유로움을 만끽하며 살아갈 수 있습니다.

그럼 이렇게 인공지능의 확산이 가파른데 현실적으로 우리가 할 수 있는 것은 무엇이 있을까요? 할 수 있는 것은 매우 많습니다. 무궁무진합니다. 어찌 보면 인공지능을 미리 공부해 둔 사람들이 더 유리할 수 있겠지만 꼭 그런 것만도 아닙니다. 왜냐하면 인공지능을 활용해서 무언가를 할 수 있는 사람들은 매우 적은 숫자이며 그리고 또 각 분야 전문가들은 이게 무엇인지 잘 모르기에 기술적, 경제적 교류가 매우 적습니다. 심지어 인공지능 전문 개발자 또한 이런 것들을 이용해서 무엇을 해야 하는지 잘 알지 못합니다.

이러한 상황에서 우리가 할 수 있는 가장 일반적인 방법은 남들보다 빠르게 사용하고 경험하고 익숙해지는 것입니다. 앞으로 지금의 기술보다 더 좋은 기술이 속속 등장할 것인데 그러한 기술이 등장했을 때 단순하게 기술을 받아들여 해당 기술만 사용하는 것하고 해당 기술의 개념과 원리를 이해해서 응용하여 사용하는 것하고는 하늘과 땅 차이입니다.

보다 구체적으로 설명을 하면, 사람의 인지반응은 경험을 기반으로 하는데 이러한 경험의 종류는 크게 직접경험 그리고 간접경험입니다. 전통적인 경험은 시간의 흐름에 따라 간접경험에서 확장하여 직접경험으로 흘러가는 것이 현대 사회의 일반적인 경험 흐름 순서이지만, 지금과 같은 격변의 시대에는 학습에 의한 경험보다 직접경험을 통한 기술 수용성을 먼저 올린 이후 학습을 통해 기술을 좀 더 적극적으로 받아들이는 것이 좀 더 바람직하다고 판단합니다. 현재 귀사가 가장 빠르게 진행해야 할 것은 일단 서비스부터 사용해 보고 사용하면서 경험을 축적하는 것이 바람직하다 판단을 합니다.

그럼 이후의 산업은 어떤 식으로 진행될지 예측해 보면, 이미 여러 경제학자들이 예측한 것대로 인공지능을 빨리 시작한 기업과 상대적으로 늦게 시작한 기업 간에는 많은 격차가 발생하게 됩니다. 이미 다른 분야 산업 흐름에서 보여 준 것처럼 기술간 격차가 더욱 격해지고 서비스 간 격차가 더 넓어져서 시장 내 챔피언이 등장하고 대부분의 기업들은 그런 챔피언을 따라가게 되는 현상이 발생합니다. 방금 말씀드린 보여 준 분야란 '인터넷'을 기준으로 말씀드리면 대한민국에는 삼성, LG, 현대를 포함한 대기업들이 많이 있지만 이들은 네이버, 카카오와 같은 서비스를 만들지 못했습니다. 만들지 못한 여러 가지 이유가 있겠지만 제가 생각하는 가장 대표적인 이유는 앞서 말씀드린 다른 기업들보다 상대적으로 늦게 시작한 것이 이유입니다. 야후, 라이코스와 같이 시대의 흐름에서 뒤로 간 서비스들과 비교하는 것은 경영학 측면으로 접근을 해야 하기에 본 글에서는 다루지 않겠습니다.

인공맹을 탈출하는 법

그럼 현실적으로 프로그램 개발자가 아님에도 불구하고 인공맹을 탈출하는 방법은 무엇이 있을지 고민해 보겠습니다.

우리는 대부분 초거대 인공지능을 만들 수 있는 능력이 되지 않습니다. 일부 스타트업이 자체 구축한 초거대 모델을 보유하고 있지만, 현실적으로 OpenAI, Claude 3, 하이퍼 클로바X, 구글 제미나이 수준입니다. 글을 작성하는 시점에서 시장 점유율을 비교하는 자료를 찾기는 어렵습니다. 이것은 다행이라는 생각이 먼저 드는데, 그 이유가 아직 우리에게는 많은 기회 요소가 남아 있다고 생각하는 것이 바람직하기 때문입니다. 그럼 우리가 초거대 인공지능을 만들 수는 없지만 기회가 있다는 이야기는 다음 예시로 알아보겠습니다.

현 라인게임즈 구 넥스트플로어라는 국내의 굴지의 게임 회사 이야기를 하겠습니다. 이 사례는 신문기사 및 온라인 블로그 내용을 취합하여 제가 재구성하는 것으로 사실 관계에 있어 다소 다를 수 있습니다.

라인게임즈의 전신 넥스트플로어는 국내 게임 회사로 드물게 콘솔 게임을 중심으로 하는 창업 기업이었습니다. 콘솔 게임이다 보니 주로 패키지 형태의 게임을 중심으로 기술 개발을 진행했고, 패키지 게임의 특성상 한번 완성된 게임은 업데이트가 쉽지 않은 것이 특징입니다. 그러므로 추정 가능한 것은 아마도 다른 게임 개발 회사 대비 넥스트플로어는 게임의 기능적 완성도를 더 중요하게 생각하지 않았나 하는 생각을 합니다. 하지만 게임이라는 것은 기능적 완성도가 매우 중요하지만, 기본적인 게임의 콘텐츠가 제일 중요하고 그리고 콘텐츠를 나레이션하는 방법, 소위 말해서 사람을 학습시키듯이 게임을 참여시키는 나레이션 방법이 중요합니다. 그래서인지 조심스레 라인게임즈에 대해 감히 평가하자면, 기존의 여느 게임 개발 회사와 크게 차별성이 없다는 생각을 했던 기억이 납니다.

그러다 스마트폰이 등장하고 새로운 스마트기기를 운영하는 소프트웨어 시장이 나타났습니다. 애플의 IOS와 구글의 안드로이드를 말씀드리는 것입니다. 이것은 기존의 하드웨어 운영 체제인 윈도우보다 더 강력한 파급력을 가진 새로운 운영 방법이었습니다. 물론 기존의 하드웨어인 컴퓨터와 사용하는 방법 및 용도 모두 다른 것입니다. 이렇게 새로운 시장이 나왔을 때 현재와 같이 이렇게 시장이 커질 줄 아무도 몰랐습니다. 실제로 당시 IOS, 안드로이드, 삼성바다 그리고 블랙베리 등 매우 다양한 운영체제가 있었습니다. 이들은 저마다의 기술력을 강조하며 시장 점유를 위해 매우 많은 노력을 하던 때입니다. 이러한 시장격변기에 넥스트플로어는 기민하게 움직입니다.

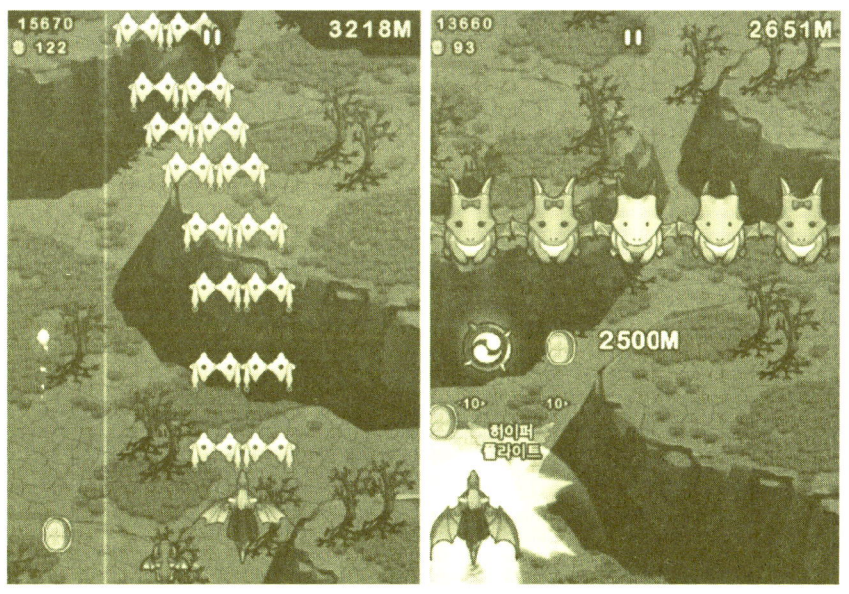

〈출처: 드래곤플라이트〉

　이미지를 보니 기억이 나시는지요? 당시 스마트폰을 이용하는 사람들은 누구나 하던 게임입니다. 당시 파급력이 어느 정도였냐 하면, 지금은 당연한 이야기인 부분 유료화를 진행했음에도 불구하고 사용자들이 크게 줄어들지 않았던 시장지배적 콘텐츠입니다.

　당시에도 그렇지만, 지금도 비슷한 생각을 합니다. 이게 과연 게임 콘텐츠로 얼마나 우수하느냐 질문인데 예를 들면, 게임의 조작성이 우수한가? 아니요. 게임 캐릭터 디자인이 우수한가? 아니요. 게임에 임무지형적 과제를 부여하는가? 아니요. 게임의 메인 줄거리는 설득적인가? 아니요.
　게임으로서의 당연한 질문들은 계속해도 단 하나의 부합되는 것은 찾아 볼 수 없습니다. 게임을 오래 하신 분들은 기억하시겠지만 과거 '갤럭시'라는 게임하고 거의 차이가 없습니다. 좌우로만 움직이고 아이템을 먹으면 확장하고 게임은 동일한 내용으로 무한 반복되고 등 게임으로서의 매력을 느끼기 어려운 콘텐츠입니다. 하지만 앞서 말씀드린 대로 스마트폰을 사용하는 사람들은 대부분 하고 심지어 부분 유료화를 했음에도 불구하고 이탈률이 적은 매우 사업성이 좋은 게임입니다. 그래서 이 회사는 대기업에 편입되는 결과가 나왔습니다. '창업자' 입장에서는 매우 긍정적인 EXIT 결과라 할 수 있겠습니다.

극단적인 예로 넥스트플로어 사례를 가져왔습니다. 그들이 잘한 건 한순간의 선택을 잘한 것입니다. 물론 그러한 선택을 하기 앞서서 내부적인 내공은 어마어마할 것입니다. 하지만 그들이 진짜 잘한 건 남들보다 빠르게 스마트폰 비행 게임을 만들어서 일단 출시한 것입니다.

지금 생성형 인공지능, 특히 LLM 시장이 그렇습니다. 이 글을 읽자마자 빠르게 귀사에서 도입하면 분명 경쟁 기업과 차별적인 위치에 올라가서 '인공맹' 탈출이 가능합니다.

생각하고 따라 하면 성공하는 **맥락적 이해** 방법

맥락적 사고에 대한 정의와 맥락적 사고를 이해하고 LLM 사용하기

> 요약 1. 파인튜닝 필요 없고 그냥 RAG.
> 요약 2. 약간 컴퓨터 용어만 알면, 잘난 척 가능하다.
> 요약 3. 청킹 기술은 중요하다. 이건 습득을 해야 하는 것인데 언젠가는 이것도 자동으로 될 것 같다.

맥락적 이해의 중요성에 대해 다루기 앞서서 먼저 생성형 인공지능이 어떤 개념에서 학습을 하고 답변을 하는지부터 알아보겠습니다. 저처럼 프로그램을 개발하는 사람이 아니라면 다소 어려울 수도 있습니다만, 결국 맥락적 사고를 이해해도 생성형이 어떤 식으로 학습을 하고 답변을 하는지 이해해야 나중에 충분히 사용 가능합니다.

생성형 인공지능이 학습하는 방법

생성형 인공지능(LLM)을 연구하다 보면 생성형 인공지능은 어떤 식으로 이해하는지 그 개념을 파악하고 넘어가면 나중에 프롬프팅을 할 때 어떤 개념에서 프롬프팅을 해야 하는지 전체적인 흐름을 이해하실 수 있습니다. 특히 왜 맥락적 이해를 해야 하는지도 충분히 이해가 되실 것입니다.

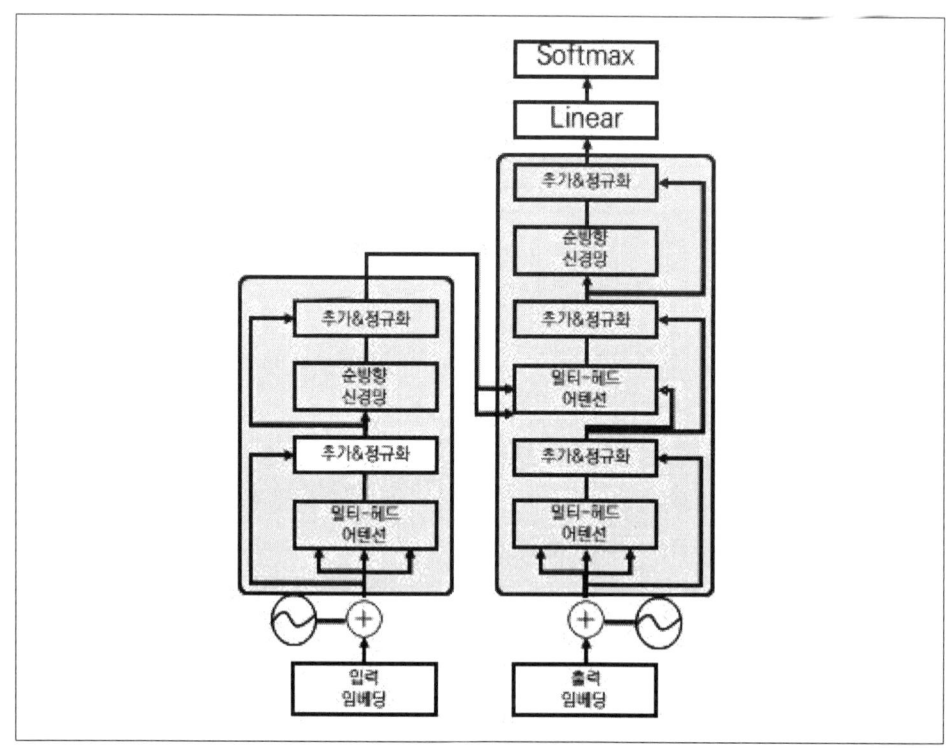

〈트랜스포머 모델〉

제가 임의로, 위 트랜스포머 모델에서 화살표 방향은 맞으나 약간 오리지널 그림 대비 화살표 형상을 왜곡했습니다.

상기 그림의 자세한 설명은 통계적인 이해도와 빅데이터에 대한 이해도가 요구되므로 자세한 설명은 통계나 빅데이터를 공부하고 싶은 분에 한정해서 하시고 이 책의 주제와 같이 제가 이해한 비전문가가 입장에서 설명드리면, 신경망 그러니까 복잡하고 미세한 부분까지 하나하나 확인을 해서 결과를 만들어 내는 게 생성형 인공지능입니다. 여기서 나오는 소프트 맥스 도구는 대표적인 확률 분석 도구이며, 라이너는 일반적인 시계열 분석을 의미하고(시간적 흐름의 분석), 추가&정규화에서 추가는 말 그대로 정보를 순환하면서 추가하는 것을 말하며, 정규화라는 것은 각 데이터 테이블 간에 중복된 데이터를 허용하지 않는 것입니다. 그러니까 계속해서 정보를 추가하면서 중복은 삭제되어 점점 무결성이 올라가는 개념입니다. 마지막으로 멀티헤드어센션 개념은 데이터를 처리할 때 각 행렬값들을 헤드 수만큼 분할하고 이것을 다시 어텐션 밸류로 값을 도출하고 이걸 또 적산하고 등등…. 제가 작성하면서도 어렵습니다만, 쉽게 이야기해서 그냥 병렬 처리 한다는 것입니다.

너무 어렵습니다만 이러한 모델을 한마디로 매우 짧게 표현하면 자기회귀 모델을 기준으로 하는 트랜스포머 모델입니다.

자기회귀 단어에 대해서 말씀드리면 자기가 자기한테 돌아가는 것이라 이전 토큰(단어) 그러니까 앞서서 질문들이 왔다 갔다 하는 것을 기준으로 앞으로 올 토큰(단어)을 예측하는 것입니다. 총체적으로 이러한 개념이 있어서 GPT라는 것이 말을 잘 만드는 것이고 특히 앞선 단어와 뒤따라오는 단어에 대한 맥락적 답변을 한다는 것입니다.

조금은 이해하기 어려운 트랜스포머 모델에 대해서 이야기를 했고 이제는 생성형 인공지능이 학습하는 방법을 구분해서 설명드리겠습니다.

학습 방법

생성형 인공지능이 학습하는 방법은 크게 사전 훈련, 전이 학습, 파인튜닝이 있습니다. RAG 부분에서 다시 말씀드리겠지만 RAG는 학습 방법이 아닙니다. 말 그대로 참조하는 방법입니다.

사전 훈련

사전 훈련이랑 대용량의 텍스트 데이터를 가지고 진행하는 학습으로 일반적인 언어와 단어 간의 관계를 배우고 이해하는 데 사용하는 학습입니다. 언어, 단어다 보니 자연어 처리 방법을 활용합니다(NLP). 자연어 처리 방법이란 머신러닝 방법 중 하나로 단어 간의 상관성을 중심으로 학습하는 방법입니다. 예를 들어서 '사과-배'라는 키워드에 대하여, 사람이라면 바로 '과일'이라는 것과 '나무에서 열리는' 것으로 이해합니다. 하지만 컴퓨터는 이러한 것을 모르니 사과라는 단어의 앞과 뒤, 그리고 배라는 단어의 앞과 뒤를 포함하여 단어 간의 관계가 가까우면 같은 분류로 판단하고 관계가 멀면 다른 분류로 판단합니다.

생성형 인공지능이 생각보다 많이 똑똑하니 여기에 적용하는 학습 데이터는 매우 크고 어마어마한 분량의 '말뭉치'가 주어집니다. 미국의 경우 영어를 중심으로 할 것이고 한국의 경우 한국어를 중심으로 합니다. 그래서 OPEN API 서비스가 한국어보다 영어를 더 빠르고 정확하게 답변하는 이유가 이런 것에 있습니다.

전이 학습

전이 학습은 일종의 사후 학습 개념으로 사전 훈련으로 학습한 내용을 가지고 다른 작업을 통해서 성능을 향상시키는 기술입니다. 영어로는 'Transfer Learning'으로 트랜스퍼, 즉 옮겨서 학습하는 것을 의미합니다. 그러므로 반드시 사전 훈련이 되어야 하는 것이죠. 구체적으로 전이 학습은 사전 훈련 단계에서 부족한 학습 내용을 보충하는 용도로도 사용되고 축적된 정보를 기준으로 새로운 문제에 빠르게 대응할 때 사용하는 학습 방법입니다.

파인튜닝

파인튜닝 역시 사전 훈련 결과를 가지고 진행하는 것으로 전이 학습과 개념은 비슷합니다. 하지만 전이 학습의 경우 학습된 모델을 중심으로 마지막에 출력하는 결괏값을 바꿔 가면서 하는 학습인 반면, 사전 훈련된 모델에 특정작업을 위해서 데이터셋을 구성하고 사전 적용된 모델의 모든 파라미터에 적합하게 학습하는 방법입니다. 전이 학습은 사전 훈련된 정보에 새로운 정보를 투입하면서 가중치에 따라 학습을 하는 방법이고 파인튜닝은 가중치와 함께 모든 학습 단계에 최소한의 가중치를 추가하여 마이크로하게 학습을 시키는 것입니다. 그래서 파인튜닝은 특정 작업에 더 적합한 것입니다. 이 세 가지 학습 방법에 대해 다음과 같이 비교해서 이해하시면 더 빠를 것입니다.

	법령 데이터	결과
사전 훈련	사전 훈련에 법령 데이터가 포함됨	일반적인 법령 정보 제공
전이 학습	사전 훈련에 법령 데이터를 추가 학습	성능이 향상된 법령 정보 제공
파인튜닝	작은 크기의 데이터셋 추가 학습	법령에 특화된 정보 제공

어텐션

트랜스포머 모델에서 어텐션은 매우 중요한 사항입니다. 가중치를 말하는 것인데, 트랜스포머 모델에서 단어를 학습할 때 상관 정도를 가지고 학습을 한다고 하였습니다. 이때 LLM을 개발하는 과정에서 특정 상관에서의 가중치를 매우 세부적으로 그리고 여러 가지 테스트를 통해 가중치를 부여하면 결과가 달라지게 되고 그러한 것이 곧 LLM의 성능을 말해 주는 중요한 고려 사항입니다. 본 책에서는 이러한 어려운 부분까지는 다루지 않고 응용 중심으로 소개를 하니, 참고로 알아 두면 좋은 단어입니다.

이제 이해하기 쉬운 거 설명드립니다.

여기까지가 생성형 인공지능 즉 LLM이 단어를 중심으로 학습하는 방법에 대해서 말씀을 드렸습니다. 이때 어려운 단어들을 중심으로 설명을 드렸는데 그 설명 중에 반드시 들어간 것이 '상관'입니다. 즉 단어 간의 상관 정도에 따라 학습을 하는 것이고 언어 모델이 우수하느냐 우수하지 않느냐는 얼마나 어텐션을 어떤 식으로 했느냐에 따라 그리고 사용자에 따라 다른 것입니다. 그래서 '맥락적' 이해가 중요한 것입니다. 내가 어떤 명령을 인공지능에 하면 그 인공지능이 나의 명령을 맥락적으로 이해하니 나도 맥락적으로 물어봐야 하는 것입니다.

이러한 맥락 개념은 다음 단계에서 더 중요하게 여겨집니다. 다음 내용은 실제 우리가 생성형 인공지능을 사용하게 될 때 실무 입장에서 접근을 하게 되므로 개념적 의미를 충분히 이해해 주셨으면 하는 부탁을 드립니다.

토큰화, 벡터화, 임베딩

토큰화
토큰화는 단어를 쪼개는 것입니다. 단어나 문장이 쪼개지니 최소 단위가 되는 거고 그걸 토큰이라고 하는 것입니다. 예를 들면,

예시 문장: 홍승민은 군포 5대 천왕이다.

토큰화: 홍승민 / 은 / 군포 / 5대 천왕 / 이다 / .

이렇게 쪼개는 게 토큰화입니다. 물론 토큰화는 위와 같이 단순하지 않습니다.

벡터화
벡터화는 쪼개진 단어인 토큰을 숫자로 인코딩, 즉 수치형 벡터로 변형시키는 것입니다. 단어는 어려운데 사실 별거 아닙니다. 그냥 1010이라고 생각하시면 됩니다.

토큰화	1	2	3	4	5	6
홍승민	1	0	0	0	0	0
은	0	1	0	0	0	0
군포	0	0	1	0	0	0
5대천왕	0	0	0	1	0	0
이다	0	0	0	0	1	0
.	0	0	0	0	0	1

'토큰화'를 벡터화하면 123456이 되고

'홍승민'을 벡터화하면 100000이 되고

'홍승민 / 은 / 군포'를 벡터화하면 100000 / 010000 / 001000이 됩니다.

단어를 던져 주면 이 단어를 쪼개게 되는데(토큰화) 단어를 쪼개고 나서 쪼개진 단위에 숫자를 부여합니다.

임베딩

임베딩은 벡터 공간에 맵핑하여 유사성을 확인하고 반영하기 위한 작업입니다.

그냥 쉽게 단어 간 유사성을 확인하려는 것입니다.

예시 문장: 킹, 맨, 퀸, 우먼

토큰화: 킹 / 맨 / 퀸 / 우먼

킹	1	0	0	0
퀸	0	0	1	0
맨	0	1	0	0
우먼	0	0	0	1

단어에서 보여 주듯이 킹은 남자고 퀸은 여자라는 것을 사람들은 바로 알기에 이해라는 과정조차 필요하지 않습니다. 하지만 컴퓨터는 알아듣지 못합니다. 그래서 먼저 벡

터화해 주는 것입니다.

킹: 1000
퀸: 0010
맨: 0100
우먼: 0001

'1'을 기준으로 '킹'에서의 1의 위치와 '퀸'에서의 1의 위치는 어떤가요? 2칸 떨어져 있습니다. 하지만 '킹', '맨'은 어떤가요? 1칸 떨어져 있습니다. 역시 '퀸'과 '우먼'도 1칸 떨어져 있습니다. 그래서 킹은 맨에 가까운 거고 퀸은 우먼에 가까운 것입니다.

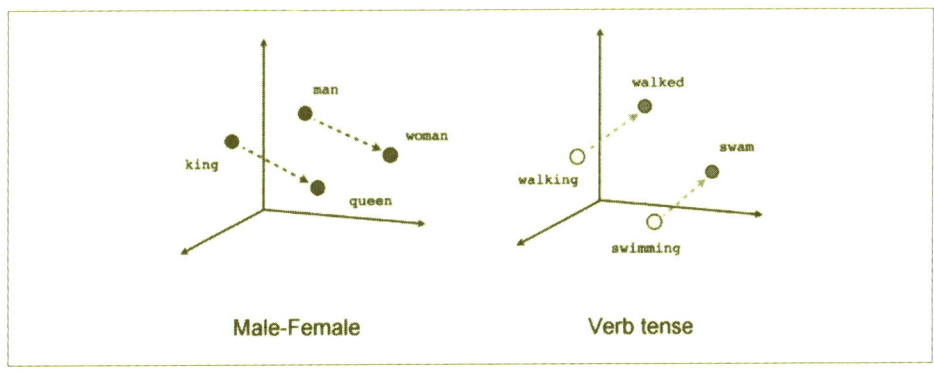

〈유사도 관계를 설명할 때 가장 많이 쓰는 그림〉

이걸 3차원화해서 그리면 위와 같습니다. 이러한 모든 과정을 임베딩이라고 합니다.
이때 LLM 개발자들은 임베딩에서 얼마나 유사한지를 판단하는 알고리즘을 개발해서 가지고 있는데 보통 이런 것들을 '임베딩 엔진'이라고 하며 임베딩 엔진은 주로 코사인 유사도가 내적으로 동일한지 거리가 어떤지를 파악하는 것이고 그러한 기술에는 어텐션이 중요한 역할을 합니다.

청킹

청킹이라는 단어 역시 이해를 충분히 하셔야 합니다. 말 그대로 '덩어리 만들기'라는 뜻인데요, 단어를 올리면 이걸 쪼개는데 그 쪼개진 단위를 '토큰'이라고 말씀드렸습니다. 이러한 토큰 덩어리는 청크라고 하고 청크를 만드는 것을 청킹이라고 합니다.

덩어리 규모에 따라 토큰 규모가 달라지는데 앞서서 예시를 들었던 것을 기준으로

예시 문장: 홍승민은 군포 5대 천왕이다.

여기에서 앞선 기준으로 토큰화하면 총 6토큰이 됩니다. 이때 6토큰을 하나의 청크로 설정을 해도 되고 '홍승민은 군포'까지 1청킹 '5대 천왕이다.'를 1청킹 하면 총 청킹은 2개입니다. 청킹이 왜 중요하냐 하면, 우리가 쿼리를 던질 때(질문을 할 때) 그 질문에 대해 정확한 정보를 찾아서 답변을 해야 하고 그 정보를 찾는 기준이 청크이기 때문입니다. 다음 그림을 보겠습니다.

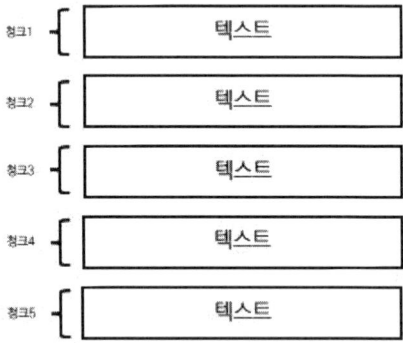

하나의 문장을 청크1로 설정할 경우 청크 당 텍스트는 정말 잘 이해합니다. 하지만 청크2 내용이 청크1 내용과 같은 내용이라면 청크1로서 충분히 이해하지 못했다면 청크2까지 봐야 합니다. 그래서 중복으로 읽어 오게 하는 방법을 사용합니다.

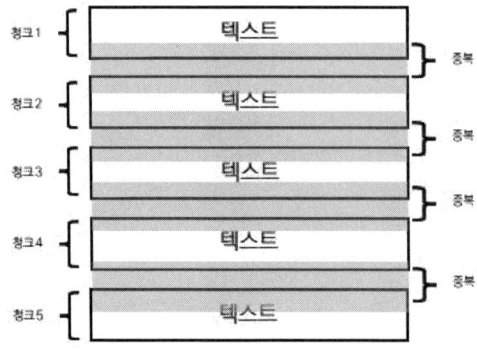

그럼 청크1 해석하고 청크2 해석하고 이런 것보다 청크1과 중복 해석하고 청크2와 중복 해석하면, 좀 더 이해가 빠르지 않을까요? 왜냐하면 '상관성' 때문이죠. 이제 제가 왜 어렵게 LLM이 학습하는 방법을 설명하고 청킹을 설명하고 벡터가 뭔지 유사성을 어찌 해야 하는지 이해되시나요? 제가 쓴 글을 기준으로 구분해서 보겠습니다.

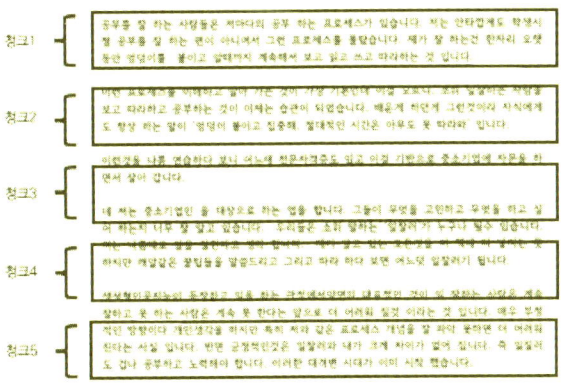

위와 같이 청킹하는 것 하고

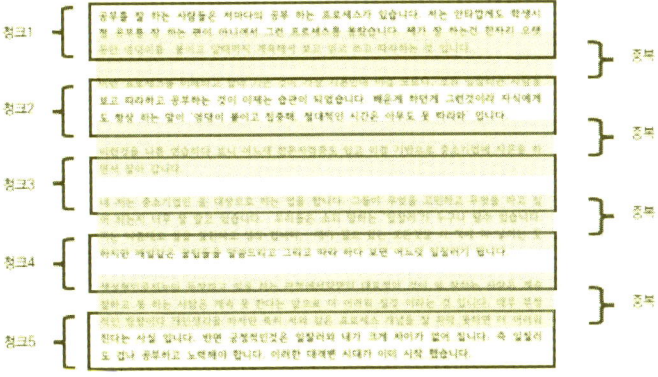

이렇게 청킹하는 것 하고 어떤 것을 더 정확하게 인식을 할까요?
당연히 중복인 것이고 중복이 전에 문서에 대한 청킹 구조입니다.

이러한 것은 학습은 아니지만, 우리가 LLM을 이용할 때 당분간 사용하게 될 RAG 방법에도 똑같이 적용이 됩니다.

청킹 방법에도 여러 가지 기법이 있지만, 자연구분자를 기준으로 하는 청킹을 주로 사용합니다. 이 방법이 가장 의미를 잘 이해하기 때문입니다.

RAG 개념 잡고 따라 하면 성공하는 생성형 전문가

RAG 개념에 대해서 이해하고 응용 방법에 대해 이해하기

> 요약 1. RAG는 '24.07.' 기준 환각 현상이 가장 최소화된 도구이다.
> 요약 2. 환각을 제거할 수 없다.
> 요약 3. 엑셀은 밥 먹듯이 거짓말을 한다. 아니, 숫자는 수시로 거짓말을 한다.

RAG의 개념

이 도구를 처음 접한 것이 2023년 1월이니 글 쓰는 시점에서 1년이 넘었습니다. 사실 당시 RAG 개념보다는 랭체인이라는 TOOL을 공부했다는 게 더 맞는 표현 같습니다.

RAG가 등장하게 된 가장 큰 배경은 심각한 수준의 환각 현상 때문입니다. 물론 지금도 환각 현상은 나타나고 있지만, RAG가 등장하고 난 다음에 환각 현상이 일정 부분 줄어들었고 무엇보다 가장 시급한 최신 정보를 포함하여 답변을 해 주게 되었습니다. 그러다 시간이 흘러, 이때보다 지금은 더 진보되고 방법으로 세분화되어서, 현재 저는 진보된 형태의 RAG를 쓰고 있습니다. 기존 것과 다르다면 검색 증강을 두 번 하는 것입니다. 이렇게 환각 현상을 잡기 위해서 RAG 기법을 사용하는데, 이 환각 현상을 무조건 잡아야 할까요? 이 부분은 사실 고민을 조금 해 봐야 합니다.

현재 제가 사용하는 ADVANCED RAG는 두 번에 걸쳐 검색 증강을 하다 보니 환각 현상과 그리고 시스템 프롬프팅에 더 충실하게 반응합니다. 그리고 현재 시점에서 제가 내린 결론은 FINETUNING는 일반적인 챗봇보다는 전문적인 챗봇에 더 적합하다 판단이 되고 일반적으로 사용하는 챗봇으로는 RAG와 프롬프팅이 적합할 것이라 판단합니

다. 그리고 현재 제 생각에 당장은 진보된 RAG를 제가 사용하지만 2024년 말에는 다른 도구가 나오지 않을까 생각합니다. 그 이유는 무엇보다 토큰 비용과 그리고 환각 현상의 문제 때문입니다.

이번 챕터의 주제인 RAG로 넘어와서, RAG를 우리말로 풀어 쓰면

RAG(Retrieval-Augmented Generation)

Retrieval: '인출'이라는 뜻입니다.
돈을 인출하는 게 아니고 기억 속 무언가를(스키마 형태의) 호출하는 과정을 의미합니다. 즉 기억의 인출입니다. 이때 인출을 위해서는 무언가를 찾아야 합니다. 그래서 검색이라는 의미로도 사용됩니다. RAG 개념에서는 주로 검색으로 사용됩니다.

Augmented: '증가된'이란 뜻입니다.
대규모 언어 모델의 출력을 최적화하여 응답을 생성하기 전에 학습 데이터 소스 외부의 신뢰할 수 있는 지식 베이스를 참조하도록 하는 프로세스입니다. 대규모 언어 모델(LLM)은 방대한 양의 데이터를 기반으로 학습되며 수십억 개의 매개 변수를 사용하여 질문에 대한 답변, 언어 번역, 문장 완성과 같은 작업에 대한 독창적인 결과를 생성합니다. RAG는 이미 강력한 LLM의 기능을 특정 도메인이나 조직의 내부 지식 기반으로 확장하므로 모델을 다시 교육할 필요가 없습니다.

Generation: '생성'이란 뜻입니다.

검색-증강 생성이란 무엇일까요?

RAG(Retrieval-Augmented Generation)는 대규모 언어 모델의 출력을 최적화하여 응답을 생성하기 전에 학습 데이터 소스 외부의 신뢰할 수 있는 지식 베이스를 참조하도록 하는 프로세스입니다. 대규모 언어 모델(LLM)은 방대한 양의 데이터를 기반으로 학습되며 수십억 개의 매개 변수를 사용하여 질문에 대한 답변, 언어 번역, 문장 완성과 같은 작업에 대한 독창적인 결과를 생성합니다. RAG는 이미 강력한 LLM의 기능을 특정

도메인이나 조직의 내부 지식 기반으로 확장하므로 모델을 다시 교육할 필요가 없습니다. 모델을 다시 교육시키는 RFHF 방법이나 FINETUNING는 특수한 목적을 위해 필요하지만 특수한 목적 이외에는 사실 학습이 필요 없습니다. 그럼 여기서 말하는 특수한 목적의 범위라면, 의사 전용 서비스, 또는 법원 전용 서비스 이 정도 수준이면 특수 목적과 일반 목적을 왔다 갔다 하는 수준입니다. 다시 말씀드리면 현재 기술상, 저 같은 범인들은 RAG로 다 가능하다는 것을 말씀드리는 것입니다.

RAG가 등장하게 된 배경

LLM은 지능형 챗봇 및 기타 자연어 처리(NLP) 애플리케이션을 지원하는 핵심 인공지능(AI) 기술 중 하나입니다. RAG의 목적은 내가 쿼리를 던졌을 때 신뢰할 수 있는 정보를 전달해야 하고 참조한 지식소스 즉 출처를 표기함으로써 환각 현상 또한 최소화하고 특히 최신 자료를 참조하게 하는 것입니다. 이러한 가장 큰 이유 중 하나가 바로 LLM이 학습하는 과정을 한번 생각해 보면, LLM이 답변하는 것은 우리가 예측을 못 한다는 것입니다. 그래서 생성형이 이상한 답변을 하게 되면 실망하게 되고 그것을 흔히 '환각 현상'이라 합니다.

다음은 일반적으로 알려진 LLM의 문제점입니다.
- 답변이 없을 때 허위 정보를 제공합니다.
- 사용자가 구체적이고 최신의 응답을 기대할 때 오래되었거나 일반적인 정보를 제공합니다.
- 신뢰할 수 없는 출처로부터 응답을 생성합니다.
- 용어 혼동으로 인해 응답이 정확하지 않습니다. 다양한 훈련 소스가 동일한 용어를 사용하여 서로 다른 내용을 설명합니다.

이러한 문제를 해결하는 방법은 계속 학습을 시켜 줘야 하는데 학습 비용을 감당하기 어렵습니다. 그래서 이러한 문제 중 일정 부분을 해결하기 위해 만들어진 것이 RAG 방식입니다. 그때그때 최신 자료를 반영하게 하는 것이 RAG입니다. 즉 '학습'과는 차이가 있습니다.

검색-증강 생성의 이점

가장 큰 장점은 계속해서 학습을 시키지 않아도 된다는 것입니다. 그렇기에 학습을 시키는 LLM보다 가성비가 월등합니다.

두 번째로 기초 모델을 활용하여 매우 다양한 서비스 개발이 가능하다는 것입니다. 본 책에서도 예시로 사용되는 제가 만든 챗봇 모델도, Open AI, Clade3, 하이퍼 클로바 X 등 멀티 LLM을 지원하는 서비스를 차용해서 만들었습니다. 또한 이러한 서비스 구현을 위해 본 책에서는 AI:DRIVE 서비스를 사용하여 작성했으며 특히 제가 우수 답변이라는 것은 전부 AI:DRIVE 서비스 기반에서 생성된 것입니다.

세 번째가 최신성입니다.
RAG를 구현할 때 항상 다른 문서를 참조하면 항상 다른 답변이 나옵니다. 즉 현재 데이터가 과거 데이터라면 최신 데이터만 추가해서 올려 주면 됩니다.

검색-증강 생성 작동 방법

RAG가 없는 경우 LLM은 사용자 입력을 받아 훈련한 정보 또는 이미 알고 있는 정보를 기반으로 응답을 생성합니다. RAG에는 사용자 입력을 활용하여 먼저 새 데이터 소스에서 정보를 가져오는 정보 검색 구성 요소가 도입되었습니다. 사용자 쿼리와 관련 정보가 모두 LLM에 제공됩니다. LLM은 새로운 지식과 학습 데이터를 사용하여 더 나은 응답을 생성합니다.

외부 데이터 생성
LLM의 원래 학습 데이터 세트 외부에 있는 새 데이터를 외부 데이터라고 합니다. API, 데이터베이스 또는 문서 리포지토리와 같은 여러 데이터 소스에서 가져올 수 있습니다. 데이터는 파일, 데이터베이스 레코드 또는 긴 형식의 텍스트와 같은 다양한 형식으로 존재할 수 있습니다. 임베딩 언어 모델이라고 하는 또 다른 AI 기법은 데이터를 수치로 변환하고 벡터 데이터베이스에 저장합니다. 이 프로세스는 생성형 AI 모델이 이해할 수 있는 지식 라이브러리를 생성합니다. 즉 내가 외부 데이터를 생성하면 그것에 대한 지식 라이브러리가 생긴다고 보시면 됩니다.

관련 정보 검색

관련성 검색을 수행하는 단계는 다음과 같습니다. 사용자 쿼리는 벡터 표현으로 변환되고 벡터 데이터베이스와 매칭됩니다. 예를 들어 조직의 인사 관련 질문에 답변할 수 있는 스마트 챗봇을 생각할 수 있습니다. 직원이 "연차 휴가는 얼마나 남았나요?"라고 검색하면 시스템은 개별 직원의 과거 휴가 기록과 함께 연차 휴가 정책 문서를 검색합니다. 이러한 특정 문서는 직원이 입력한 내용과 매우 관련이 있기 때문에 반환됩니다. 관련성은 수학적 벡터 계산 및 표현을 사용하여 계산되고 설정됩니다.

LLM 프롬프트 확장

다음으로 RAG 모델은 검색된 관련 데이터를 컨텍스트에 추가하여 사용자 입력(또는 프롬프트)을 보강합니다. 이 단계에서는 신속한 엔지니어링 기술을 사용하여 LLM과 효과적으로 통신합니다. 확장된 프롬프트를 사용하면 대규모 언어 모델이 사용자 쿼리에 대한 정확한 답변을 생성할 수 있습니다.

외부 데이터 업데이트

외부 데이터가 오래될 경우 발생하는 상황이 다음 질문이 될 수 있습니다. 검색을 위해 최신 정보를 유지하기 위해 문서를 비동기적으로 업데이트하고 문서의 임베딩 표현을 업데이트합니다. 자동화된 실시간 프로세스 또는 주기적 배치 처리를 통해 이 작업을 수행할 수 있습니다. 이는 데이터 분석에서 흔히 발생하는 과제입니다. 변경 관리에 다양한 데이터 과학 접근 방식을 사용할 수 있기 때문입니다. 그러면 규칙적으로 외부 데이터를 수집해서 일정 부분 외부 데이터를 업데이트하면 최소한의 임베딩으로 가장 최신 정보를 계속 유지할 수 있는 것입니다.

RAG, ADVANCED RAG

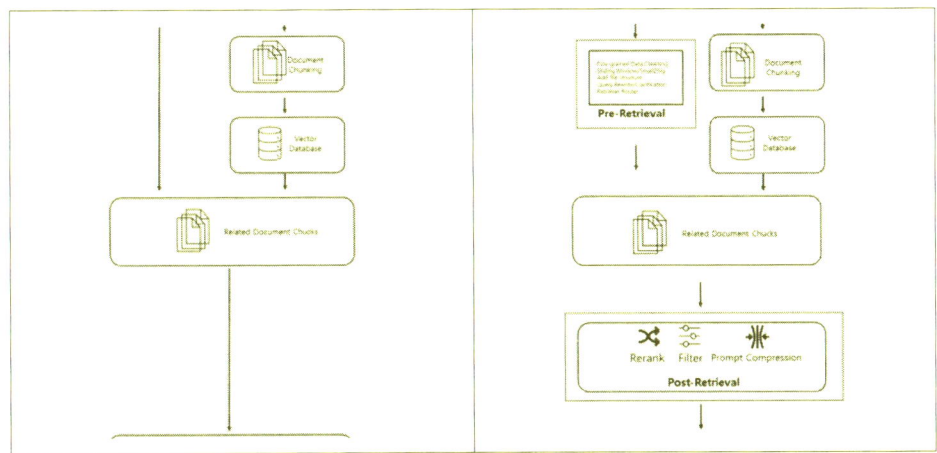

일반적인 RAG와 ADVANCED RAG의 비교입니다. 본 글에서 ADVANCED RAG가 마치 대단한 것처럼 표현을 하고 있지만, 사실 두 번에 걸친 증강이여서 기존 것보다 조금 더 환각에 강하다는 것이지 크게 차이는 없습니다.

그럼 여기서 다시 고민해야 하는 것이 환각이 꼭 없어야 할까요?

환각에 대한 의견

환각 현상은 있으면 안 됩니다. 이 환각 현상에 의해서 정보가 전달되는 과정에 노이즈가 발생하기 때문입니다.

하지만 환각 현상이 꼭 나쁜 것일까요? 생성형 인공지능이 처음 나타났을 때 주요 핵심 서비스 중 하나가 바로 홍보문구 생성입니다. 국내 KOBAKO에서는 네이버 클라우드를 활용해서 홍보문구 생성하는 인공지능을 개발 보급하고 있습니다. 이때 생성되는 홍보문구는 환각인가요? 아니면 환각이 아닌가요? 자동차 광고 홍보문구를 생성하는데 음식 관련 홍보문구가 생성이 되면 이건 잘못된 것이라 판단합니다. '환각'이 아닌 잘못된 것입니다. 하지만 '환각'의 개념은 잘못된 게 아니고 일부 이상한 글을 생성하게 되는 것을 이야기합니다.

이때 창의적 관점에서는 이러한 '환각'이 창의성에 도움이 됩니다. 창의성에 도움이 되는 반면 그것을 100% 필터 없이 수용하는 것이 아닌 나에게 맞게 최적화를 화여 수용을 하는 것이 가장 바람직한 사용 방법입니다.

실무 중심 챕터에서도 다루겠지만, 100% 환각을 잡을 수는 없습니다. 하지만 환각이 있으면 안 되는 영역이 있습니다. 법령, 의술 등 특수 분야는 논외로 하고 환각 현상이 없어야 하는 것은 '엑셀' 영역입니다. 생성형 인공지능이 아직도 엑셀에 대해 환각 현상을 보여 줍니다. 온라인을 보면, 많은 수의 사람들이 데이터 분석을 위해 생성형 인공지능을 사용하는데 '이게 과연, 문제가 없나?'라고 생각을 합니다.

엑셀에서의 환각

엑셀은 숫자로 무언가를 표현 하는 대표적인 서비스 도구입니다. 생성형 인공지능과 엑셀을 함께 쓰면 정말 궁합이 좋습니다. 하지만, 환각은 잡지 못합니다.

보통 생성형이 제기하는 엑셀 자료를 보면 제 체감상 90% 이상 정확합니다. 얼핏 보면 100% 정확한 거 같은데 생성형이 가끔씩 특정 셀의 계산을 다르게 하든가 내가 등록한 자료의 특정 셀의 값을 자기 임의로 바꾸어 사용하는 경우가 종종 있습니다. 이것이 내가 등록한 자료가 1,000개라면 이 중 999개가 정상이고 1개가 오류라면 이러한 오류에 따른 결과를 우리가 어찌 판단해야 할까요? 1,000개 중 하나이므로 넘어갈까요? 아니면 정확하게 봐야 할까요? 저는 정확하게 봐야 한다고 생각을 합니다. 특정 숫자가 하나 잘못되면 전체 숫자에 영향을 주기 때문입니다. 그렇기에 숫자에 환각 현상을 주는 생성형을 저는 신뢰하지 않습니다.

반면, 생성형을 통해서 확인하는 데이터의 경향성, 이것은 나쁘지 않습니다. 그냥 경향성을 판단하는 수준에서는 우수하나, 생성형이 만들어 낸 결과를 100% 신뢰한다는 것은 많은 부분 걱정됩니다.

글을 편집하면서

글을 쓰는 시점에서는 Advance RAG를 이용하였는데, AD.RAG에 적용되는 개념을 다 사용하는 것보다, 일부 사용하는 게 더 바람직하다는 결론을 제 스스로 내렸습니다. 그래서 글 편집 시점에서 허깅페이스 등에서 시도되는 Advance RAG 기능은 일부만 사용하고 있으며 시스템 프롬프팅 중심으로 바꿨습니다. 그리고 토큰 절약을 위한 데이터 관련 공부를 계속하고 있습니다.

프롬프팅 따라 하면 성공하는 생성형 인공지능 일 시키기

프롬프팅 작성법과 생성형 일 시키기 위해 글을 작성하는 방법을 말씀드립니다. 여러 종류의 프롬프팅 기법을 다룬 책들이 많은데, 제가 다 읽어 보고 논문도 검색하고 이런 것 저런 것 다 해 보니 아래 내용이 전부입니다. 프롬프팅 따라 하면 성공합니다.

> 요약 1. 육하원칙의 의미는 매우 자세하게 설명하라는 의미다.
> 요약 2. 프롬프팅 기법은 이 챕터 하나만 봐도 된다.
> 요약 3. 결국에는 자세하게 설명하는 게 좋다. (두 번째 강조)

프롬프팅 작성법에 대해서 누구는 프롬프팅 엔지니어링이라고 하면서 마치 무언가 보물을 찾아낸 것처럼 강의하고 홍보하는 사람들이 제법 있습니다. 물론 저도 그런 사람 중에 하나가 될 수도 있지만, '프롬프트 엔지니어'라는 표현을 사용하지 않습니다. 이러한 이유는 프롬프트 엔지니어라 하면 '시스템 프롬프트', '유저 프롬프트', '콘텐츠 프롬프트' 이렇게 3가지를 원활하게 사용해야 합니다. 저는 시스템 프롬프트는 컴퓨터 언어가 수반되기에 외부 도움(생성형의 도움)이 필요합니다. 그리고 유저 프롬프트와 콘텐츠 프롬프트에 대한 차이점을 구분 못 합니다. 저는 시스템 프롬프트와 시스템 프로프트가 아닌 것을 구분할 수 있습니다. 하지만 현실은 유저 프롬트르만 강조하는 프롬프트 전문가들이 너무 많습니다. 이번 장을 잘 읽고 따라 하시면 시중에 있는 프롬프트 엔지니어랑 동등한 수준으로 거듭날 수 있음을 말씀드립니다.

육하원칙

프롬프트 기법에 대해 이야기를 하면 가장 먼저 나오는 내용이

> 구체적인 지시 및 지침
> 명확하고 일관된 단어 사용
> 전체적인 맥락 제공
> 구조의 형식화
> 일관된 주장

대표적으로 위 6가지 기법이 있고, 이 외에도 예시를 제공하는 예시 제공 방법, 계속해서 대화를 이어 가는 방법인 Chain Of Thought(COT) 방법 등이 있습니다.

이 중에서 위의 대표적인 예시 6가지를 한꺼번에 해결할 수 있는 것이 육하원칙 글쓰기입니다.

> 누가, 언제, 어디서, 무엇을, 왜, 어떻게

육하원칙에 대한 작성법을 본 책에서 이야기하는 것은 다소 무리가 있습니다. 이유는 너무 쉽다고 해야 할지 아니면 너무 어렵다고 해야 할지 이 책에서 판단하기에는 너무 부족한 지면이어서 육하원칙에 대해서 설명하는 것이 많이 부담스럽습니다. 그렇기에 육하원칙 작성법에 대해서 이야기하기보다, 생성형에서 적용하기 용이한 일종의 규칙성을 찾아서 설명드리겠습니다.

누가/무엇을: 이렇게 두 가지는 행위의 주체와 행동에 대한 것입니다.
예시: 홍승민이 글을 씁니다.

왜/어떻게: 이렇게 두 가지는 하는 이유, 즉 명분과 방법론에 대한 것입니다.
예시: 생성형 인공지능 활성화를 위해 직접 작성합니다.

언제/어디서: 이렇게 두 가지는 시간적, 물리적 설명을 통해 앞선 4가지의 이해를 돕기 위한 부사적인 것입니다.
예시: 주로 오후 시간에 회사 사무실에서

이렇게 3문장을 하나로 연결하면

홍승민은 생성형 인공지능 활성화를 위해 주로 오후 시간 회사 사무실에서 직접 글을 씁니다.

이렇게 육하원칙에 의해 글을 작성하면, 구조적 형식 그리고 맥락 제공, 일관된 주장이 가능하게 됩니다. 이를 기본으로 이른바 '프롬프팅 기법'이란 것을 알아보겠습니다.

Few-shot

퓨샷 방법이 가장 일반적이고 범용적이며 이것으로 시작해서 이것으로 끝난다고 해도 과언이 아닙니다. 퓨샷 방법은 두 개 이상 예시를 들어서 명령하는 것입니다.

특히 단독으로 생성되는 문장을 만들기 위해서는 방법이 최고입니다. 퓨샷 방법의 예시는 다음과 같습니다.

문장:

Translate the following English sentences to Korean.

예시 1:
Input The cat is on the roof.
Output 고양이가 지붕 위에 있다.

예시 2:
Input I like to play soccer.
Output 나는 축구를 좋아한다.

예시 3:
Input She is reading a book.
Output 그녀는 책을 읽고 있다.

> **번역할 문장:**
>
> Input He is going to the store.

위 예시를 기준으로 하면 출력되는 값은 아마도 '그는 상점에 가고 있습니다'라고 한글로 해석할 것입니다. 이렇게 예시를 들어서 설명해 주는 것이 퓨샷 방법입니다.

마크다운 형태

> ### Task: Translate English sentences to Korean
>
> #### Example 1
> **Input** The cat is on the roof.
> **Output** 고양이가 지붕 위에 있다.
>
> #### Example 2
> **Input** I like to play soccer.
> **Output** 나는 축구를 좋아한다.
>
> #### Example 3
> **Input** She is reading a book.
> **Output** 그녀는 책을 읽고 있다.
>
> ### Translate the following sentence
> **Input** He is going to the store.

위 예시를 기준으로 하면 출력되는 값은 아마도 '그는 상점에 가고 있습니다'라고 한글로 해석할 것입니다.

퓨샷 방법과 거의 유사하다 생각이 들지는 않나요? 하지만 차이가 있습니다. 바로 예시 앞에 ### 이렇게 넣었고 Input, Output에는 **이 있습니다. 즉 마크다운 형태로 퓨샷 방법을 사용한 것입니다. 마크다운 방법이 특별한 게 아닙니다. 이렇게 규칙성을 부여하는 것도 마크다운 방법입니다.

CoT(Chain of Thought)

생각의 연쇄 반응입니다.

작업: 다음 수학 문제를 단계별로 해결하세요.

예시 1
입력: 상자가 3개 있고, 각 상자에는 사과가 4개 들어 있습니다. 총 사과는 몇 개입니까?
체인 오브 솔트:
1. 상자가 3개 있다.
2. 각 상자에는 사과가 4개 들어 있다.
3. 따라서 총 사과의 개수는 3 * 4이다.
출력: 12

예시 2
입력: 쿠키를 5팩 구매하고, 각 팩에는 쿠키가 10개 들어 있습니다. 총 쿠키는 몇 개입니까?
체인 오브 솔트:
1. 쿠키를 5팩 구매한다.
2. 각 팩에는 쿠키가 10개 들어 있다.
3. 따라서 총 쿠키의 개수는 5 * 10이다.
출력: 50

다음 문제를 단계별로 해결하세요.
입력: 학생이 12명 있고, 각 학생에게 사과 3개가 필요합니다. 총 몇 개의 사과가 필요합니까?
체인 오브 솔트:
1. 학생이 12명 있다.
2. 각 학생에게 사과가 3개 필요하다.
3. 따라서 총 필요한 사과의 개수는 12 * 3이다.
출력:

예시를 들어서 설명을 해 주는데 각 예시마다 전부 계산하는 방법을 가르쳐 주고 있습니다. 예시에서 설명되듯 CoT 방법은 주로 숫자 계산을 중심으로 합니다. 이 숫자 계산 방법에서는 현재의 생성형 인공지능이 수시로 거짓말을 하고 있어 수학 계산에는 CoT 방법이 가장 효과적입니다. 하지만 복잡한 함수식에 CoT 방법을 적용하기 위해서는 좀 더 많은 고생이 필요해서 저는 생성형에 수학 계산을 시키지는 않습니다. 그리고 하나 더 말씀드리면 CoT 방법을 설명하면서 문서 양식을 보시면 제가 마크다운 형태와 비슷하게 했습니다. 즉 마크다운+CoT+Few Shot 다 적용한 것입니다.

역할 지정

역할: 고객 지원 담당자

역할: 당신은 온라인 쇼핑몰의 고객 지원 담당자입니다. 고객의 문제를 해결하고, 필요한 경우 환불 절차를 안내합니다.

고객의 질문:
"안녕하세요, 지난주에 구매한 제품이 도착했는데, 제품에 결함이 있어 환불을 요청하고 싶습니다. 절차가 어떻게 되나요?"

고객 지원 담당자의 응답:
고객님, 안녕하세요. 불편을 드려 죄송합니다. 제품에 결함이 있어 환불을 요청하시려면 다음 절차를 따라주시면 됩니다:

1. **환불 요청서 제출:** 온라인 쇼핑몰 웹사이트에서 환불 요청서를 작성해 주세요. 고객님의 주문 번호와 제품 사진을 첨부해 주시면 처리가 더 빨라집니다.
2. **제품 반송:** 환불 요청서가 접수되면, 반송 주소와 함께 반송 지침을 이메일로 보내드리겠습니다. 해당 주소로 제품을 보내주시면 됩니다.
3. **환불 처리:** 제품이 반송 주소에 도착하면, 검수 후 3-5 영업일 내에 환불이 처리됩니다. 환불이 완료되면 확인 이메일을 보내드리겠습니다.

추가로 도움이 필요하시거나 문의 사항이 있으시면 언제든지 고객 지원 센터로 연락해 주세요. 감사합니다.

마크다운+역할 지정 예시입니다.

역할 지정을 통해 어떤 방법으로 응답을 하라고 하는지에 대한 예시를 보여 드렸습니다. 위 예시는 매우 구체적인 예시 방법이지만, 단순하게 역할만 지정해 주어도 우수한 결과를 만들 수 있습니다.

수정하기, 협박하기, 보상하기

생성된 문장이 마음에 안 들 때 수정해 달라고 할 수 있습니다. 수정해 달라는 문장을 구체적으로 예시를 들어 수정해 달라고 하고 수정하고자 하는 방향성에서도 예시를 들어 설명을 하면 됩니다. 하지만 그럴 경우 토큰이 많이 소비되므로 제가 추천하는 방법은 너무 동떨어진 것이 아니라면 수정하기를 추천하지 않으며 수정을 하게 된다면 매우 구체적으로 지시를 해야 토큰 소비도 적고 명확한 답변을 해 줍니다. 바로 위에 예시를 든 '역할 지정' 프롬프트 예시를 기준으로 수정하기, 협박하기, 보상하기를 보여 드리겠습니다.

수정하기1

Input

위 예시에서 전체적으로 수정해 줘.

Output

고객님, 안녕하세요. 제품 문제로 불편을 겪으셔서 죄송합니다. 환불 절차에 대해 안내해 드리겠습니다:

환불 요청서 작성: 저희 웹사이트의 고객 지원 섹션에서 환불 요청서를 작성해 주세요. 주문 번호와 결함이 있는 제품의 사진을 첨부해 주시면 더 빠르게 처리할 수 있습니다.
제품 반송: 요청서가 접수되면, 반송 주소와 지침을 이메일로 보내드리겠습니다. 안내에 따라 제품을 보내주세요.
환불 처리: 제품이 도착하면 검수를 진행하며, 3-5 영업일 이내에 환불을 처리해 드리겠습니다. 환불이 완료되면 확인 이메일을 보내드리겠습니다.
추가 문의 사항이 있으시면 언제든지 고객 지원 센터로 연락해 주세요. 감사합니다.

'라온' service base by AI:DRIVE with HBC data 27w,2024 1turn

전체를 수정해 달라고 했고 전체 내용이 변경되었습니다. 이러한 것을 원한 것이 아니었을 것이라 생각하고 부분 수정 예시를 들어 보겠습니다.

수정하기2

Input

위 예시에서 ###고객의 질문:
을 제품 결함보다는 단순 변심으로 해서 수정해 줘.

Output

제품을 받은 후 색상이 생각했던 것과 달라서 반품하고 싶습니다. 어떻게 하면 되나요?

다른 부가적인 문장 생성이 아닌 특정 문장만 수정해서 생성을 했습니다.
나머지 내용은 크게 차이가 없는지 생성을 하지 않았습니다.

협박 방법과 보상 방법은 다소 이상한 방법일 수도 있지만, 실제 사용하는 방법입니다.

Input

예시가 너무 형편없어. 사용자들이 이해하기 어려워, 똑바로 해 줘. 다시 이상하게 하면 너를 괴롭힐 거야.

Output

제품을 받은 후 색상이 마음에 들지 않아 반품을 원합니다. 어떻게 진행하면 되나요?

의미는 같지만, 다른 결과물이 나왔습니다. 다음으로는 보상에 대한 방법입니다.

Input

정확하게 다시 해 줘, 정확하게 해 주면 내가 보상으로 1,000달러를 줄게.

Output

제품을 받았는데 색상이 마음에 들지 않아 반품하고 싶습니다. 절차가 어떻게 되나요?

수정하기, 협박하기, 보상하기 예시를 들었습니다. 서로 약간씩 어조가 다른 것이 보이나요? 물론 이러한 어조의 미미한 차이가 어떤 의미가 있는지 해석하기 어려우실 수도 있습니다. 하지만, 이러한 예시를 시작으로 다양하게 활용하는 방법을 다른 챕터에서 직접 확인하게 되실 것입니다.

바람직한 프롬프트 사용법

바람직한 프롬프트 사용법은 무엇이 있을까요? 사실 바람직하다 또는 바람직하지 않다로 구분하기는 모호합니다. 최대한 토큰을 사용하지 않고 최대한 내가 원하는 답변을 하게 만드는 것이 바람직한 방법이라 생각합니다. 이제 다음 챕터부터 본격적인 사용 예시가 나올 것입니다. 이때 위에 언급한 프롬프팅 기법들을 어떤 식으로 활용하게 되는지 자세히 보면서 확인하겠습니다. 제가 주로 사용하는 방법으로는 프롬프팅을 시작하기 전에 단계별 명령을 내리고 진행하는 것을 매우 선호합니다.

2부
생성형 응용하여 일잘러 되기

별거 아니지만 방법을 알아야
따라 하면 성공하는 **메일** 쓰는 법

비즈니스 메일 작성법에 대해 알아보고 연습을 해서 완전 비즈니스맨으로 이메일 쓰기

> 요약 1. 생각보다 메일 포비아가 많아서 작성한다.
> 요약 2. 그냥 생성형 시켜서 작성을 추천한다.
> 요약 3. 이 서비스 역시 내가 만든 서비스 이용 안 해도 된다.

'메일 포비아'라는 말이 있습니다. 흔히 포비아(PHOBIA)라는 단어는 공포증을 이야기합니다. 메일 포비아, 콜 포비아 등 다양한 공포증이 있습니다. 특히 업무에 대해서 흔하게 경험하는 것이 바로 메일 포비아입니다. 이유는 메일을 작성해서 교신을 하다 보면 메일 내용이 죽 연결이 돼서 계속해서 정보가 남는 경우가 많기 때문입니다. 그리고 어떤 업무를 진행하면서 서로 간에 이견이 발생하게 되면 그 이견을 해결하기 위해 사용하는 것이 메일 내용입니다. 그런 이유로 메일을 통한 교신은 제법 중요한 업무 중에 하나입니다.

제가 신입직원 때를 생각하면, 메일 내용의 실수는 곧 회사의 실수이니 제일 먼저 지도받고 연습을 한 것이 이메일 작성법입니다. 그럼에도 불구하고 몇 번 실수를 통해서 다시는 이메일에서 실수를 하지 않고 실수를 해도 자연스럽게 넘어가는 요령을 터득한 이후 크게 이메일 작성에 어려움을 경험하지는 않습니다. 하지만 여전히 메일 교신에 오류가 있기는 합니다.

제가 경험했던 20여 년 전의 경험이 이제는 개선되었을 것이라 생각하지만, 실제로는 그러지 않아서 아직도 메일 포비아들이 많이 있습니다. 특히 형식에 맞추어 메일을 작성하는 것은 더욱 어렵습니다. 하지만 이제 걱정하지 마십시오. 생성형 인공지능이 다

해결해 줍니다.

모르는 곳에 처음 이메일 보낼 때

　우리가 업무를 위해서 다양한 리서치를 진행합니다. 그러면서 매우 많은 수의 이메일을 보내게 됩니다. 그리고 그런 이메일 중 상당수는 콜드메일이 됩니다. 이때는 어떤 형식으로 메일을 보내야 할까요? 형식이 특정된 것은 아니지만 일반적으로 들어가야 할 것들을 말씀드리면서 메일의 형식을 알아보겠습니다.

수신: 담당자 제위
발신: HBC 홍승민 대표

안녕하십니까. HBC 대표 홍승민입니다.
먼저 불쑥 메일을 드리게 된 것에 양해 말씀을 드립니다.

메일을 드리는 이유는

이번 저희가 진행하는 ○○○ 프로젝트에 대한 ○○○ 협업을 제안드리기 위함입니다.
이번 귀사가 진행하는 ○○○ 관련 업무에 저희 역량이 충분히 도움 될 것이라 판단해서입니다.

○○○ 프로젝트 요약
목적: ○○○
발주처: ○○○
전체 비용: ○○○
협업 제안 부분: ○○○

상세한 내용은 첨부 파일 참조 부탁드립니다.

상기 내용에 대한 확인 부탁드리며, 귀사와 함께할 수 있는 부분이 분명 있다고 판단되므로 편하게 연락 주시면 즉각 대응하겠습니다.

감사합니다.

> 홍승민 드림
> 첨부1: ○○○ 프로젝트
>
> HBC(주)
> - 기술사업화 컨설팅 전문기업
> - 서비스경험디자인 컨설팅 전문기업
> 경기도 군포시 군포첨단산업2로22번길 5 군포산업진흥원 1층
> 010-6742-1176 / wang5177@naver.com
> http://hongconsulting.co.kr

가장 일반적인 메일의 형식입니다.

아는 곳에 메일을 보낼 때

> 수신: 담당자 제위
> 발신: HBC 홍승민 대표
>
> 안녕하십니까. HBC 대표 홍승민입니다.
> ○○○에 소개를 받아서 메일을 드리게 되었습니다.
>
> 본 메일을 드리는 이유는 ○○○를 통해 확인하신 것으로 알고 있습니다.
> 관련하여 목적을 명확하게 하고 노이즈를 제거하기 위하여 프로젝트에 대해서 다시 한번 확인 내용 전달드립니다.
>
> ○○○ 프로젝트 요약
> 목적: ○○○
> 발주처: ○○○
> 전체 비용: ○○○
> 협업 제안 부분: ○○○
>
> 상세한 내용은 첨부 파일 참조 부탁드립니다.
>
> 상기 내용에 대한 확인 부탁드리며, 귀사와 함께할 수 있는 부분이 분명 있다고 판단되므로 편하게 연락 주시면 즉각 대응하겠습니다.

감사합니다.

홍승민 드림
첨부1: ○○○ 프로젝트

HBC(주)
- 기술사업화 컨설팅 전문기업
- 서비스경험디자인 컨설팅 전문기업
경기도 군포시 군포첨단산업2로22번길 5 군포산업진흥원 1층
010-6742-1176 / wang5177@naver.com
http://hongconsulting.co.kr

역시 전형적인 이메일 형식입니다. 이제 이러한 메일을 작성하기 위하여 생성형을 시켜 보겠습니다. 먼저 진행하셔야 할 것은 생성형이 메일 형식을 충분히 이해하도록 가르치는 것입니다.

Input

다음은 이메일을 보내기 위한 형식이야.
형식을 확인하고 다음 작성을 요청하는 형식에 맞추어 메일을 작성해 줘.

다음
수신: 담당자 제위 #메일을 받는 사람의 이름을 기록해
발신: HBC 홍승민 대표 #메일을 보내는 사람의 이름을 기록해

안녕하십니까. HBC 대표 홍승민입니다. #간단하게 하는 인사야 무겁지 않지만 정중하게 작성을 해 줘
먼저 불쑥 메일을 드리게 된 것에 양해 말씀을 드립니다. #전달하고자 하는 내용에 앞서서 정중한 인사를 한 번 더 해 바로 위에 것과 비슷한 맥락으로 작성을 해 줘

메일을 드리는 이유는 #아래 것과 연결해서 메일을 쓰는 목적이야

이번 저희가 진행하는 ○○○ 프로젝트에 대한 ○○○ 협업을 제안드리기 위함입니다. #아래 것과 연결해서 메일을 쓰는 목적이야

이번 귀사가 진행하는 ○○○ 관련 업무에 저희 역량이 충분히 도움 될 것이라 판단해서입니다. #메일을 받는 기업 입장에서 우리를 선택할 수밖에 없는 매우 바람직한 글로 작성해 줘

○○○ 프로젝트 요약 #프로젝트 요약으로 프로젝트 이름을 넣어 줘
목적: ○○○ #프로젝트 목적
발주처: ○○○ #프로젝트 발수처
전체 비용: ○○○ #프로젝트 전체 비용
협업 제안 부분: ○○○ #프로젝트 제안하는 부분으로 그들이 하는 업무야

상세한 내용은 첨부 파일 참조 부탁드립니다. #첨부 파일이 있을 때 넣어 줘

상기 내용에 대한 확인 부탁드리며, 귀사와 함께할 수 있는 부분이 분명 있다고 판단되므로 편하게 연락 주시면 즉각 대응하겠습니다. #정중하게 회신을 부탁하는 거야

감사합니다.

홍승민 드림 #보내는 사람 이름으로 마무리를 해
#메일 형식 종료

메일 내용
수신자: HBC 인공지능 개발기업
발신자: KBS 개발팀
메일 작성자: 홍승민
메일 내용: HBC 인공지능에서 진행하는 생성형 어시스턴트 개발에 우리가 참여를 하고 싶어. 전체 비용은 공란으로 해 주고 발주처도 공란으로 해 줘. 협업 제안 부분은 데이터 시스템 설계야.

메일 작성해 줘.

Output

수신: HBC 인공지능 개발기업 제위
발신: KBS 개발팀 홍승민

안녕하십니까. KBS 개발팀 홍승민입니다.

먼저 불쑥 메일을 드리게 된 것에 양해 말씀을 드립니다.

메일을 드리는 이유는 이번 저희가 진행하는 생성형 어시스턴트 개발 프로젝트에 대한 데이터 시스템 설계 협업을 제안드리기 위함입니다. 이번 귀사가 진행하는 생성형 어시스턴트 관련 업무에 저희 역량이 충분히 도움 될 것이라 판단해서입니다.

생성형 어시스턴트 개발 프로젝트 요약
목적: 생성형 어시스턴트 개발
발주처: 공란
전체 비용: 공란
협업 제안 부분: 데이터 시스템 설계

상세한 내용은 첨부 파일 참조 부탁드립니다.

상기 내용에 대한 확인 부탁드리며, 귀사와 함께할 수 있는 부분이 분명 있다고 판단되므로 편하게 연락 주시면 즉각 대응하겠습니다.

감사합니다.

홍승민 드림

출처: '라온' service base by AI:DRIVE with HBC data 26w,2024. 2turns

처음 이메일을 작성할 때 위의 프롬프트 양식을 그대로 차용하시면 바로 사용 가능하실 것입니다. 그럼 이번에는 빈번하게 교신을 하는 것 중 하나인 견적 요청에 대한 것과 그러면서 동시에 가격 네고에 대한 이메일을 동시에 알아보겠습니다. 아래 예시부터는 주석을 달아 바로 프롬프팅으로 보여 드리겠습니다.

Input
다음은 이메일을 보내기 위한 형식이야.
형식을 확인하고 난 다음 내가 요청하는 내용을 형식에 맞추어 작성해 줘.
그리고 내가 제시한 형식은 다시 설명하지 않아도 돼.

#메일 형식 시작
안녕하세요. HBC 홍승민입니다. #짧은 인사
김종옥 대표님 오늘 시간 내어 주셔서 감사합니다. #짧은 인사

지난 미팅시간 만들어 주셔서 감사드리며, 귀사와의 미팅을 통해서 좀 더 인사이트 있는 결론을 만들 수 있어서 더욱 좋았습니다. #상대방을 칭찬하는 내용을 추가해 줘
그리고 귀사의 의견도 충분히 이해하였습니다. #형식적으로 하는 인사를 다시 해 주고 위에 문장과 자연스럽게 연결돼야 해
지난 미팅 시에도 말씀드린바, 귀사의 제안 조건은 모두 저희에 충족이 되나 비용적인 부분에서 다시 한번 이야기를 했으면 합니다. #먼저 상대방의 의견을 찬성한다는 이야기를 해 #상대방의 의견을 수용하기 어려운 입장을 정중하게 강조해

저희가 진행하는 프로젝트에 귀사와 함께 진행하고 싶은 저희의 생각은 변함이 없습니다. #좋은 견적을 받기 위해서 일단 상대방을 칭찬하고 그들이 우리 제안을 받아들일 수 있도록 설득적인 말로 해 줘
다만, 말씀드린바 비용적인 부분에서 저희 재무적 상황에서는 아직 요청하신 수준의 예산을 확보하지 못했습니다. #위의 상대방 조건을 받아들이기 어렵다는 것을 다시 강조해. 예시처럼 비용으로 강조를 해도 되고 시간적인 문제로 강조를 해도 되고 둘 다 사용해도 돼.

이에 당초 말씀드렸던 저희 제안 비용인 ○○○으로 진행이 불가능하다 판단하시면 귀사에서 다양한 조건을 제안해 주시면, 충분히 확인 후 말씀드리겠습니다. #조건을 제시하는데 정중하게 제시를 해야 해

마지막으로 관련한 내용을 견적서로 보내 주셨으면 합니다.

감사합니다.
#메일 형식 끝

메일 작성 요청 내용
발신: HBC 홍승민
수신: 레시피 디자인 한상현 대표
내용: 신규 웹페이지 UI 디자인을 의뢰하고 싶은데, 디자인 기업에서 시간을 너무 길게 잡았고 인건비도 높아 그래서 견적서를 신규로 받고 싶고 견적금액을 기존 대비 30% 인하해서 받고 싶어.

메일 작성해 줘.

Output

안녕하세요. HBC 홍승민입니다.
한상현 대표님, 오늘 시간 내어 주셔서 감사합니다.
지난 미팅 시간 만들어 주셔서 감사드리며, 귀사와의 미팅을 통해서 좀 더 인사이트 있는 결론을 만들 수 있어서 더욱 좋았습니다. 그리고 귀사의 의견도 충분히 이해하였습니다.

생략

출처: '라온' service base by AI:DRIVE with HBC data 26w,2024. 1turn

여기서 한 발자국만 더 들어가 보겠습니다. 앞서서 제가 제시한 프롬프트를 보면 형식에 맞추어 하라고 강조해서 제가 제시한 형식에서 크게 벗어나지 않습니다. 그럼 이제 형식을 준수하되 조금은 변형된 것을 해 보겠습니다. 그리고 아래 프롬프팅은 앞선 메일 내용에서 연결되어야 합니다. 새로운 채팅으로 하게 되면 안 됩니다. (멀티턴 대화 방식을 차용하는 것이며 CoT라고도 합니다.)

Input

내가 제시한 형식에서 60%는 따라 하고 40%는 네가 만들어서 해 줘.

Output

안녕하세요. HBC 홍승민입니다.
한상현 대표님, 오늘 시간 내어 주셔서 감사합니다.
지난 미팅 시간 만들어 주셔서 감사드리며, 귀사와의 미팅을 통해서 좀 더 인사이트 있는 결론을 만들 수 있어서 더욱 좋았습니다. 그리고 귀사의 의견도 충분히 이해하였습니다. 귀사의 제안 조건은 모두 저희에 충족이 되나 비용적인 부분에서 다시 한번 이야기를 했으면 합니다.

생략

출처: '라온' service base by AI:DRIVE with HBC data 26w,2024. 1turn

이제 응용 가능하신가요? 제가 제안드리는 방법은 먼저 제가 안내해 드린 방법을 생성형에 가르쳐 주고 난 다음 그것을 조금씩 응용하는 방법입니다.

그럼 같이 프로젝트를 진행하고 있는 기업과 또는 다른 부서와의 협업에서 현재까지 진행하고 있는 일들에 대해서 정리를 하고 앞으로 진행할 것들에 대해서 확인하는 메일 작성 예시를 보겠습니다. 이때는 중요한 것이 미팅한 미팅 일지가 있어야 합니다.

Input

다음은 이메일을 보내기 위한 형식이야.
형식을 확인하고 난 다음 내가 요청하는 내용을 형식에 맞추어 작성해 줘.
그리고 내가 제시한 형식은 다시 설명하지 않아도 돼.

#메일 형식 시작
안녕하세요. 홍승민입니다. #간단한 인사
오늘 미팅 내용 정리해서 공유드립니다. #메일의 목적

#첨부 파일 내용 요약 시작

과제명: #첨부 파일에서 과제명 찾아서 해 줘, 과제명이 없으면 임의로 만들어. 단 임의로 만들면 (임의생성)이라고 달아 줘.

핵심 내용: #핵심 내용을 요약해 줘.

#첨부 파일 내용 끝

상기 내용에 대해서 공유드리며 앞선 미팅 내용과 다르거나 추가의견 있을 시 본 메일에 연결하여 전체 회신으로 부탁드립니다. #이메일 회신에 대한 규칙

감사합니다.

Output

안녕하세요. 홍승민입니다.
오늘 미팅내용 정리해서 공유드립니다.

#첨부 파일 내용 요약 시작
과제명: 제15회 국무회의 회의록
핵심 내용:

생략

출처: '라온' service base by AI:DRIVE with HBC data 26w, 2024. 1turn

미팅내용 정리 하는 방법 연습한 것 기억하시나요? 이번에는 그것과 이메일을 연동해서 해 보았습니다.

다음으로는 매우 강력하지만 정중하게 상대방에게 제안하는 내용을 보겠습니다. 내용증명보다는 가볍지만 우리 의견을 강력하게 제시할 때 사용합니다. 앞선 예시보다 조금 특수한 상황이므로 사건을 먼저 만들고 하겠습니다. 고객사가 제때 결제를 해 주지 않는 경우를 예상하고 해 보겠습니다.

Input

다음은 이메일을 보내기 위한 형식이야.
형식을 확인하고 난 다음 내가 요청하는 내용을 참조해서 창의적으로 작성해 줘.
그리고 내가 제시한 형식은 다시 설명하지 않아도 돼.

#메일 형식 시작
안녕하세요. 홍승민입니다. #간단한 인사
유선으로 말씀드린 내용을 확인하기 위하여 메일로 드립니다. #증거를 남기겠다는 내용으로
귀사 거래에 있어 비용처리가 현재까지 되고 있지 않아 계약 내용 대비 ○○개월 지연되고 있습니다. #정확하게 무엇이 어떻게 문제가 될 수 있는지 이야기해 줘
저희는 이런 문제로 재무적 문제가 야기되고 있어 더 이상 방법이 없습니다. #부탁하는 방법으로 하면서 정중하게 해 줘
결제에 대해서 구체적인 일정을 제시 부탁드리며 빠르게 마무리되어 지속적인 협업 관계를 유지하고 싶습니다. #정중하게 강조를 해 줘, 결제 안 해 주면 큰일 난다고 겁을 줘야 해

감사합니다.
#메일 형식 끝

고객사가 결제를 안 해 줘 벌써 3개월이 지났어. 1달 더 지나면 큰일 날 거 같아. 이메일 써 줘.

Output

안녕하세요, 홍승민입니다.

유선으로 말씀드린 내용을 확인하기 위하여 메일로 드립니다. 귀사 거래에 있어 비용처리가 현재까지 되고 있지 않아 계약 내용 대비 3개월 지연되고 있습니다. 당사는 이러한 문제로 인해 심각한 재무적 어려움을 겪고 있으며, 현재로써는 더 이상의 여력이 없습니다.

결제에 대해 구체적인 일정을 제시 부탁드리며, 빠른 시일 내에 마무리되어 지속적인 협업 관계를 유지하고 싶습니다. 만약 1개월 내로 해결되지 않으면 상당한 문제가 야기될 수 있습니다.

출처: '라온' service base by AI:DRIVE with HBC data 26w,2024. 1turn

한 발자국 더

이제 이메일을 작성하는 방법에 대해서 구체적인 예시와 어떤 식으로 작성을 해야 양식에 맞는 형식인지를 확인했습니다. 그럼, 이메일을 통해서 우리가 업무에 좀 더 인사이트 있게 하는 방법은 무엇이 있을까 생각합니다.

생성형 인공지능이 지원하는 대표적인 항목 중 하나가 문서를 요약하는 것입니다. 이 기능을 활용하면 좀 더 이메일을 통한 비즈니스가 수월해 집니다. 다음 예시를 보겠습니다.

Input

메일 내용 참조해서 내가 가능한 전략적 판단에 대해서 가르쳐 줘.

Output

이 상황에서 귀하가 취할 수 있는 몇 가지 전략적 판단은 다음과 같습니다:

1. 나라장터를 통한 입찰 발주:
   - 가장 안전하고 투명한 방법이지만, 시간과 절차가 더 소요될 수 있습니다.

> 2. 과업 범위 조정:
>   - 부가세 포함 2천만 원 이내로 과업을 조정하여 수의계약을 추진합니다.
>   - 기존 계획보다 과업 범위가 줄어들 수 있지만, 법적 문제를 피할 수 있습니다.
>
> 생략

출처: '라온' service base by AI:DRIVE with HBC data 32w, 2024. 1turn

위 내용에 대해 구체적으로 설명드리겠습니다.

앞서서 챕터 6에 설명드린 RAG를 적용하여 전략적 파단을 물어본 내용입니다. 고객사와 나누었던 이메일 내용을 RAG로 돌려서 질문하고 얻은 답변입니다. 우리가 이메일을 작성하다 보면 그리고 동시에 여러 가지 일을 하다 보면 여간 복잡하고 판단을 잘 못하는 경우가 종종 발생합니다. 이때 생성형 인공지능의 도움을 받으면 매우 효과적인 판단이 가능합니다.

본 책에서 예시를 둔 프롬프팅을 이용하면 이메일 작성에 좀 더 도움이 되실 것입니다. 이 양식 이외에도 독자님들 추가적인 요청이 있으시면, 제 블로그나 홈페이지를 통해 새로운 프롬프팅을 올리겠습니다. 이제 여러분은 이메일 포비아 탈출입니다.

굳이 특화 서비스가 아니어도 가능한
따라 하면 성공하는 **미팅 요약** 보고서 작성법

요약 1. 요약할 것 없이 그냥 시키는 대로만 하면 더 이상 미팅 보고서 작성할 필요 없다.
요약 2. 유료 서비스 말고 파일 첨부 기능이 있으면 무료 서비스라도 문제없다.
요약 3. STT 용어를 알고 계시면 활용 가능한 부분이 많다.
요약 4. 그래서 녹음은 필수다.

미팅 내용 요약 보고서에 대한 것은 항상 강조하는 것이 프로젝트를 수행하는 주체가 해야 한다고 생각합니다. 그러한 이유에는 미팅 요약 보고서에는 프로젝트의 시작부터 과거 내용 그리고 현재 내용 및 미래 내용 여기에 각 프로젝트 참가자 과업 내용에 대한 결과 등 프로젝트에 대한 대부분의 것이 들어가 있기에, 프로젝트 수행의 주체가 하는 게 맞습니다. 하지만, 현실에서는 가장 직급이 낮은 사람들이 하고 있습니다.

왜 직급이 낮은 사람이 할까? 하고 짧게 생각을 하면 직급이 낮은 경우 아무래도 경험이 부족하여 미팅 요약 보고서를 작성하면서 '프로젝트에 대한 전반적인 내용의 이해'라는 의미로 저는 애써서 해석하겠습니다. 하지만 실제 그럴까요? 대부분의 사람들이 미팅 요약 보고서 자체를 하나의 과업이라고 생각하고 그 과업을 하기 싫어서 다른 사람을 시키는 것이고 그러다 보니 가장 직급이 낮은 사람이 하는 게 아닌가? 하는 현실적인 일들에 대해 생각합니다. 하지만 이 글을 읽는 지금부터는 직접 미팅 요약 보고서를 작성하는 주체가 되시는 것을 강력하게 추천합니다.

미팅 요약 보고서 목적

미팅 요약 보고서를 작성하는 주된 목적은 미팅의 목적으로 다시 돌아가야 합니다. 미팅을 하는 목적은 특정 과업에 대해서 협의를 위한 자리이기 때문에 해당 과업에 대한 다양한 논의가 진행되고 그러한 논의 결론에 대해서 보고서를 작성하여 전파하는 것이 주된 목적이 아닐까 생각합니다.

미팅 요약 보고서의 주요 항목들

회의 일정, 회의 장소, 회의 참가자, 회의 목적, 회의 주제, 회의 내용 요약, 결정 사항, R&R(과업 설정) 미팅을 하다 보면 과업 설정의 경우 없는 경우도 있습니다. 미팅 요약 보고서 작성을 실습하면서 확인하겠습니다.

준비해야 할 것들

미팅을 하면서 미팅 내용들을 다 기록하는 게 바람직하지만, 그러지 못하는 경우가 빈번하니 상대방에 양해를 구해서 녹음하는 것을 매우 추천드리며, 가급적 고성능 녹음기를 추천드립니다. 고성능 녹음기가 없는 경우 스마트폰을 활용하는데, 제가 추천드리는 기종은 LG V2 이상, LG G5 이상 기기를 추천합니다. LG 스마트폰의 녹음기 기능은 고성능 녹음기에 준하기에 추천을 드리며 저 역시 LG V50을 사용하고 있습니다. LG 스마트폰 구입이 어려운 경우에는 일반 스마트폰을 이용하게 될 것인데 이럴 때에도 가급적 녹음 기능을 중앙으로 해서 음성을 수집하는 것을 추천드립니다.

녹음을 해야 하는 이유는 모든 내용을 다 타이핑으로 기록하기 어렵기 때문에 내가 놓친 부분을 잘 찾기 위함입니다. 그리고 앞서 말씀드린 STT 기술을 활용하면 매우 유용하기 때문입니다. 범용 서비스에서는 GPT4o가 음성 추출이 가능하고 다른 범용 서비스에서도 일부 가능하며 무료 서비스 또한 많이 있습니다. 또는 매우 간단한 파이썬 코드도 많으니 별도의 지식이 없어도 충분히 할 수 있습니다. 파이썬을 하게 되면 약간 더 복잡해질 수 있으나 이런 방법 역시 인공지능에 물어보고 수행하는 것도 방법입니다. 제가 추천드리는 것은 기성 서비스를 이용하는 것입니다. 그렇게 음성을 전부 텍스트로 옮기면 해당 텍스트를 요약하는 것은 무료 생성형 인공지능 서비스에서도 충분히 가능한 매우 간단한 내용이 미팅 내용 요약, 즉 단순 요약입니다.

실제로 가장 중요한 것

앞서서 요약 보고서 작성에 대해서 여러 가지 이야기를 했는데 요약 보고서를 작성함에 있어 가장 중요한 것은, 반드시 먼저 읽어 보는 것입니다. 즉 정제되지 않은 것들을 꼭 리뷰해야 한다는 것입니다. 그것이 음성 파일이라면 다소 번거롭더라도 반드시 리뷰를 하셔야 합니다. 그래야만, 요약 보고서를 인공지능이 대신 작성할 때 발생하는 환각 현상을 제거할 수 있습니다.

실전 연습

먼저 예제 파일을 다운로드하시고 인공지능 서비스에 업로드를 한 다음, 다음과 같이 입력을 합니다. 실전 연습에서는 행정안정부 국무, 차관회의 회의록 활용하겠습니다.

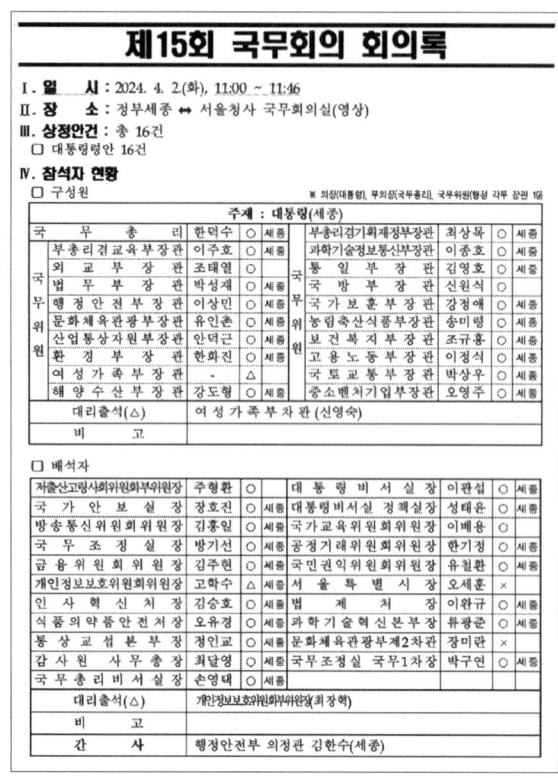

〈본 자료는 챕터 말미에 다운로드 주소가 있습니다.〉

요약 보고서의 전체적인 형태 역시 국무회의 회의록을 따라 하시면 되므로 별도의 양식은 제공하지 않았습니다. 그리고 '회의 일정, 회의 장소, 회의 참가자, 회의 목적, 회의 주제, 회의 내용 요약, 결정 사항, R&R(과업 설정)' 중에서 일시, 장소, 안건, 참석자, 목적, 주제는 직접 작성하고 시간이 요구되는 회의 요약 등의 업무를 해 보겠습니다.

Input

회의 주된 주제를 요약해 줘

회의 내용을 요약해 줘

각 부처별 주된 목표 업무를 요약해 줘

Output

제15회 국무회의 참석자 명단

의장:

대통령 (세종)

부의장:

국무총리: 한덕수 (세종)

국무위원:

부총리 겸 기획재정부 장관: 최상목 (세종)

부총리 겸 교육부 장관: 이주호 (세종)

생략

'라온' service base by AI:DRIVE with HBC data 30w,2024 1turn

문서로 된 것을 업로드함에 따라 정확하게 가르쳐 주었습니다.

Input

회의 주된 주제를 요약해 줘

회의 내용을 요약해 줘

각 부처별 주된 목표 업무를 요약해 줘

Output

제15회 국무회의 주된 주제 요약

주된 주제:

1. 북한 미사일 발사 대응
   북한의 도발에 대한 안보 태세 강화.
2. 지방시대 실현 및 세종시 행정수도 완성
   대통령 제2 집무실 설치와 국회 세종의사당 건립 지원.

생략

회의 내용 요약
1. 북한 미사일 발사 대응: 북한의 미사일 도발에 대비해 안보 태세를 유지하고 국민의 마음을 하나로 묶어 도발에 대비할 것을 강조.
2. 지방시대 실현: 세종시를 실질적인 행정수도로 완성하기 위해 대통령 제2 집무실 설치와 국회 세종의사당 건립을 추진.

생략

각 부처별 주된 목표 업무 요약
1. 기획재정부 (최상목 부총리):
   물가 안정과 경제 활성화를 위한 할당관세 적용 확대.
   의료개혁을 위한 예산 내역과 규모 보고.

생략

'라온' service base by AI:DRIVE with HBC data 30w,2024 1turn

어려울 게 없습니다. 인공지능이 다 요약해 줍니다. 다만 이러한 과정에서 인공지능이 요약한 내용을 보면, 북한 미사일 대응을 중요하게 다루었는데, 실제로는 이것보다 민생이 더 중요한 내용 같습니다. 그렇기에 전체적인 내용을 확인하고 위와 같이 북한 미사일 발사 대응을 중요하게 다룬다면, 이런 것들은 인공지능에 다시 물어보면서 보정을 해 주면 됩니다.

요약 보고서, 더 이상 미루거나 어려울 게 없습니다.

다운로드 주소

15회 국무회의 회의록 https://blog.naver.com/wang5177/223521706479

따라 하면 성공하는 **보고서 작성법 1**

보고서 작성법에 대해 알아보고 생성형을 활용하는 방법까지 알아보겠습니다. 우리가 '일잘러' 소리를 듣기 위한 여러 가지 방법 중에 하나가 '보고서 작성'입니다. 어떠한 분석과 인사이트 있는 정보를 수집해도 결국 문서의 형태, 즉 보고서로 설명을 해야 합니다. 그리고 한 가지 더 말씀드리고 싶은 것은 '보고서'는 기본적으로 텍스트 중심이 될 수밖에 없으므로 한글 파일(.hwp, .docx)이 기본입니다. 반면 우리가 접하는 일반적인 보고서는 PPT 형식이 많이 있습니다. PPT는 보고서의 요약이지 보고서가 아니라고 저는 주장을 합니다. 그렇기에 제가 말씀드리는 '보고서' 전부 한글 파일 형태입니다.

> 요약 1. 보고서 작성하는 기준은 보고서 작성한 사람 기준으로 하자.
> 요약 2. 보고서 종류가 여러 종류이니 맞는 방법으로 하자.
> 요약 3. 요약 보고서는 반드시 조사한 전체 내용을 확인하자.
> 요약 4. 전체 내용을 알아야 업무 지시자가 원하는 것을 추려서 보고서를 작성할 수 있다.
> 요약 5. 샘플은 있으니 다운로드해서 응용하자.

보고서를 작성하는 목적

보고서를 작성하는 방법은 무엇이 있을까 생각해 보겠습니다.

보고서를 왜 작성할까요? 보통의 경우 특정 과업을 할당받고 해당 과업에 대한 보고를 하는 게 일반적입니다. 해당 과업이 시작되면, 업무 시작 보고서, 일일 업무 보고서, 중간 업무 보고서, 최종 보고서 등이 있습니다. 이러한 보고서를 왜 작성할까요? 보고서를 작성하는 여러 가지 목적 중 대표적인 것들을 확인하면 다음과 같습니다.

정보 제공 목적의 형태

특정한 과업에 대해 정보 조사 업무가 주어지고 적합한 정보를 제공하는 보고서

의사결정 지원을 위한 형태

경영진 등 과업 지시자가 어떤 결정을 하기 위해 관련한 정보를 요청하고 해당 정보에 대한 보고를 하는 보고서

문제 해결 과정 보고를 위한 형태

과업에 대한 문제 진행 이후, 문제가 해결되었는지, 부족한지 등에 대한 과업 보고서

성과 보고

과업에 대해 달성한 성과 지표를 보고하는 보고서

몇 가지 보고서의 형태에 대해서 말씀드렸습니다. 보고서 작성은 매우 어려운 작업 중 하나입니다. 하지만 다행히도 보고서의 작성은 생성형 인공지능이 제공하는 기본 서비스 중 하나입니다. 아래 내용을 따라 하면 성공하는 보고서 작성 일잘러가 될 수 있습니다. 거기에 추가로, 제가 작성한 다양한 보고서의 내용과 형태가 임베딩된 특화된 방법(도메인 생성형 서비스)을 적용하면 더욱 전문화된 일잘러가 될 수 있습니다.

보고서 작성 시 경험하게 되는 오류

보고서 항목별 작성 방법에 대해 알아보기 이전에 우리가 보고서를 작성하면서 경험하게 되는 오류에 대해서 먼저 말씀드리겠습니다.

내 주장이 들어간 보고서 →	과업 지시자의 주장이 들어간 보고서

보고서 작성을 포함해서 대부분의 창작물에서 흔하게 발생하는 오류입니다. 관점의 차이에 대해서 말씀드리고 싶습니다. 관점 차이에서 발생하는 오류, 이러한 오류는 흔하게 발생되는 오류입니다. 저 역시 이러한 오류에서 자유롭지는 않습니다. 그래서 항상 객관적인 자세를 유지하고자 노력합니다. 하지만 우리는 보고서를 작성할 때 나의 생각이 매우 강력하게 들어갑니다. 하지만 그러한 생각(주장) 방향성이 만약에 과업을 지

시한 사람의 생각(주장)과 다르다면 그게 맞는 보고서일까요? 그건 분명 불필요한 보고서가 됩니다. 저 역시 많은 보고서를 작성하는 입장에서 고객사가 소화하지 못하는 보고서를 작성한다든가 또는 고객사의 의견과 상관없는 방향의 보고서를 작성하게 되면 해당 업무는 하나 마나 한 업무가 되어 버립니다. 이 부분이 보고서를 포함한 모든 문서를 작성할 때 가장 기본적으로 생각해야 하는 것입니다. 이걸 다른 식으로 표현해 보겠습니다.

> 혁신적이고 진보적이고 매우 강력한 보고서 → 과업 지시자가 시키는 대로 한 보고서

둘 중 하나를 꼽자면 후자를 선택하는 것이 바람직합니다. 시키는 대로 하는 게 중요하지 나의 생각이나 주장이 중요하지 않기 때문입니다. 그리고 또 하나 강조하고 싶은 것은 과업 지시자와 과업 수행자 간 '보고서'의 형태로 의사소통하는 일종의 의사소통 방법입니다.

> 대화가 아닌 문서를 통한 상대방과의 의사소통

상대방과 의사소통을 원활하게 하기 위해서는 충분한 커뮤니케이션과 그리고 인터랙션이 필요합니다. 특히 보고서는 과업을 지시한 대상이 있으므로 그 대상과 문서를 통한 의사소통을 진행하는 것입니다. 매우 간단하고 당연한 이야기지만 이런 것을 가볍게 생각하는 보고서가 너무 많이 있습니다. 보고서를 작성할 때 나의 주장과 나의 의견이 중요하지만 그런 나의 생각보다 더 중요한 것은 과업 지시자의 생각입니다. 그리고 그것이 잘 답변되어야 '잘 작성된 보고서'라 할 수 있습니다.

정보 제공 보고서 작성법: 요약 보고서

정보 제공 보고서의 전형적인 특징 중 하나는 커버 1장이 중요하다는 것입니다. 우리는 정보 제공 보고서를 수시로 받아 보고 사용하고 있습니다. 하지만 막상 작성하려고 하면 어렵습니다. 정보 제공 보고서의 대표적인 예시가 KDI에서 나오는 '경제 동향' 보고서입니다.

〈출처: KDI, 본 자료는 챕터 말미에 다운로드 주소가 있습니다.〉

위 보고서의 전체 페이지 수는 77장입니다. 77장의 보고서를 '종합 평가' 한 장으로 표현하였습니다. 생성형 인공지능의 최대 기능 중 하나가 문서 요약입니다. 문서 요약 자체는 생성형 입장에서 매우 쉬운 과업입니다. 문서 요약에서의 문제는 정말 핵심 내용을 요약했느냐 또는 보고받는 사람이 원하는 것을 잘 요약하였느냐가 가장 중요합니다. 문서의 요약에 앞서서 먼저 '정보 제공 보고서'를 작성을 하는 목적을 생각해 보겠습니다. 무려 77장이나 되는 보고서에서 정말 필요로 하는 부분은 무엇일까요? 그리고 우리가 정보 제공 보고서를 작성하면서 77장 중 어느 부분이 가장 중요할까요? 그리고 정말 잘 작성해야 하는 것, 그러니까 강조해야 하는 것은 무엇일까요? 하지만 선뜻 판단하기 어렵습니다. 그래서 '업무 지시자의 목적'이 중요합니다. 위의 작은 이미지로, 종합 평가 부분만 크게 보겠습니다.

Ⅰ. 종합 평가

① '24.3월 산업활동동향 주요지표는 소매판매는 증가, 광공업·서비스업 생산 및 설비투자·건설투자는 감소
- 생산은 광공업 생산(전월비 △3.2%, 전년동월비 0.7%), 건설업 생산(전월비 △8.7%, 전년동월비 △2.1%), 서비스업 생산(전월비 △0.8%, 전년동월비 1.0%)이 모두 감소하여 全산업 생산(전월비 △2.1%, 전년동월비 0.2%) 감소
- 지출은 소매판매(전월비 1.6%, 전년동월비 △2.7%)는 증가, 설비투자(전월비 △6.6%, 전년동월비 △4.8%), 건설투자(전월비 △8.7%, 전년동월비 △2.1%)는 감소
  - '24.4월 수출은 반도체 등 IT 품목과 자동차 수출 확대 등으로 전년동월대비 13.8% 증가 <일평균 수출액은 '24.4월 24.5억불로 전년동월대비 11.3% 증가>
- 소비자심리<'24.4월 CSI 100.7(전월대비 보합)>는 보합, 기업심리 실적<전산업 BSI '24.4월 실적 71(전월대비 2p)> 및 전망<전산업 BSI 5월 전망 73(전월대비 2p)>은 모두 상승
- '24.3월 경기동행지수(순환변동치)와 선행지수(순환변동치)는 모두 하락 (전월대비 각각 △0.3p, △0.2p)

② '24.4월 고용은 취업자 수 증가, 물가 상승폭 둔화
- '24.4월 취업자는 전년동월대비 26.1만명 증가(24.3월 17.3만명 → 4월 26.1만명), 실업률은 3.0%로 전년동월대비 0.2%p 상승
- '24.4월 소비자물가는 상승폭 축소(24.3월 3.1% → 4월 2.9%), 식료품·에너지 제외지수는 2.3%, 농산물·석유류 제외지수는 2.2%, 생활물가지수는 3.5% 상승

③ '24.4월 중 금융시장은 美 연준 금리인하 지연 전망 등으로 국고채 금리 및 환율 상승, 주가는 중동사태에 따른 위험회피 심리 강화 등으로 하락
- '24.3월 중 주택시장은 매매가격 하락, 전세가격 상승 <매매가격 전월비 (24.2)△0.14% (3)△0.12%> <전세가격 전월비 (24.2)0.03% (3)0.05%>

④ 최근 우리 경제는 물가 상승세가 굴곡진 흐름 속에 다소 둔화된 가운데, 제조업·수출 호조세에 방한관광객 증가·서비스업 개선 등 내수 회복조짐이 가세하며 경기 회복흐름이 점차 확대되는 모습
- 글로벌 경제는 제조업 경기 및 교역 개선 등으로 전반적 회복세가 나타나고 있으나 지역별로 회복속도에 차이가 있으며, 러·우크라 전쟁·중동정세 불안 등 지정학적 리스크와 이에 따른 원자재 가격 변동성 등 불확실성
- 조속한 물가안정 기조 안착, 내수 온기 확산 등 체감할 수 있는 회복을 통한 민생 안정에 최우선 역점을 두는 가운데, 철저한 잠재위험 관리와 함께 우리 경제의 역동성 제고를 위한 노력 병행

큰 글씨로 보니 조금 해석이 되시나요? 최근 경제 동향에 대해 어떤 느낌이 드시나요? 독자님들을 제가 감히 조금 무시하자면, 생산성이 전월 대비 0.7% 오르고 소비자 심리가 전월 대비 보합이라면, 경제가 어떨까요? 여기서 '보합'이라 하면 특정 숫자의 시계열 지표상 증감이 평균에 수렴되어 크게 차이가 없는 경우를 말합니다. 그럼 우리 이 경제 동향 보고서를 대하는 우리의 자세를 냉정하게 생각해 보겠습니다. 경제 동향을 조사하라고 지시한 사람 또는 우리가 경제 동향 조사 업무를 지시할 때, 업무 지시에 대한 보고서가 지금 예시에서 보이는 것처럼 멋지고, 혁신적이고 매우 강력한 보고서가 나왔

다고 가정을 하면, 그러니까 우리가 작성한 또는 지시를 한 보고서의 형태가 이 서류라면, 여러분은 이 서류 해석이 되시나요? 우리 솔직히 얼마나 경제에 대해서 이해를 하고 있나요? 일단 저는 잘 모르겠습니다. 경제 하나도 모릅니다. 다만 《멘큐의 경제학》은 읽었습니다.

그럼 이러한 사고를 바탕으로, 이제 77장에 달하는 보고서를 어떤 식으로 요약해야 하는지 알아보겠습니다. 그리고 아래 내용은 예시를 위한 것이므로 77장의 보고서를 제가 약간 형식적인 편집을 한 다음 RAG로 돌리고 그다음 프롬프팅을 한 결과임을 말씀드립니다.

보고서의 목적

정보 제공 보고서의 목적이 무엇일까 생각해 봅니다. 지금 드리는 예시는 가상의 예시이므로 글을 읽고 계시는 독자께서 업무를 지시한 사람이자 업무 보고를 받는 사람이라 하겠습니다.

2024년 5월 경제 동향을 조사해서 무엇을 얻고자 하시나요? 사실 우리 대부분은 경제 동향을 읽어 가면서 무엇을 확인하는 과정도 필요하지만, 단순하게 전체적인 거시경제 확인을 위한 것이 아닐까 생각하지만, 과연 이게 정답일까요? 전체적인 거시경제를 분석해서 얻고자 하시는 인사이트가 무엇인가요? 조금은 깊이 생각해 보겠습니다. 다시 한번 말씀드리면, 일단 'I. 종합 평가'는 무시하겠습니다. 이러한 이유는 두 가지인데, 먼저 솔직히 저는 이러한 '종합 평가' 항목 자체가 잘 해석이 안 되고 제가 필요하지도 않은 정보라 판단했습니다. 즉 앞선 종합 보고서는 '내가 필요하지 않은 보고서'라고 하겠습니다. 두 번째로 보고서의 전체 내용을 확인하고 이것을 전처리하는 과정 그러니까 내가 필요한 부분만 추출하는 과정이 들어갔기 때문입니다. 그렇기에 'I. 종합 평가' 항목은 무시하겠습니다.

이제 앞선 정보가 내가 필요하지 않은 정보이다 보니, 내가 필요한 정보를 요약하라고 하겠습니다. 구체적으로 저는 이러한 거시적인 정보보다는 이런 거시 정보를 통해서 경제가 좋아지는지 나빠지는지 판단을 하고 싶습니다. 좋아지면 빨리 투자해야 하고, 나빠지면 상황을 지켜봐야 하기 때문입니다. 그래서 이러한 관점에서 설비투자 지표만 해석해 주겠습니다.

6. 설비투자

① '24.1/4분기 설비투자(GDP 속보치)는 전기대비 △0.8% 감소(전년동기비 0.6% 증가)

② '24.3월 설비투자지수는 기계류(△7.8%), 운송장비(△2.9%) 투자가 모두 감소하며 전월대비 △6.6% 감소(전년동월비 △4.8% 감소)

③ 국내 기계수주 감소와 제조업 평균가동률 하락은 향후 설비투자에 부정적 요인으로 작용할 전망

경제 활동 보고서 중 18페이지를 보면, 설비투자가 줄었습니다. 전기 대비 1/4분기 대비 0.8%로 감소되었는데 이를 조금 구체적으로 해석을 하면 23년 4/4 설비투자가 3.3% 증가했습니다. 하지만 24년 1/4에는 △0.8로 감소되어서 3.3-0.8=2.5%가 증가한 것입니다.

하지만 더 중요한 지표는 21년 연간 9.3% 증가를 했는데 22년 연간 △0.9% 줄었고 23년에는 0.5% 늘었으니 그리고 지금은 △0.8이니 이를 숫자로 표현하면

2021년 9.3%
2022년 8.4% (-0.9%)
2023년 8.9% (+0.5%)

이렇게 됩니다. 살짝 어려우실 수도 있습니다. 일단 숫자가 나오면 어지럽고 하기 싫고 그렇습니다. 제가 숫자를 일일이 계산한 이유는 뒷부분에 설명을 드릴 예정입니다. 우리는 지금 '상식적으로 생각'해 보는 것을 연습하겠습니다.

설비투자

설비투자를 언제 하나요? 보통 설비투자는 무언가 제품을 추가로 생산하거나 신제품을 개발할 때 생산설비를 추가합니다. 하지만, 이러한 생산설비 추가가 감소되고 있으니 생산할 제품이 줄어드는 것이고 생산할 제품이 줄어들면, 국내 판매할 제품이 줄어들거나 수출할 제품이 줄어들 것입니다. 그러면 전체적으로 경제 성장이 감소될 것입니다. 이 정도는 충분히 해석하실 것이라 판단을 하고 이제 이것을 생성형 인공지능(라온) 서비스에 접목해서 일을 시켜 보겠습니다. 사전 작업으로 77페이지 전체 서류에서 불필요한 서류를 삭제하고 자료를 증강 검색용으로 등록하였습니다.

이보다 먼저, PDF 자료의 임베딩에 대해 설명드리면, PDF 자료마다 임베딩이 되고 안 되는 서류들이 있습니다. PDF에서 텍스트를 추출하는 건데, 어떤 PDF 자료는 이미지를 가져와서 그것을 PDF로 만든 것이 있습니다. 이런 것들은 PDF 리더가 아닌 이미지 리더를 활용해야 합니다. 그래서 PDF 서류를 등록하고 해석 가능한지 생성형에 물어봐야 합니다. 안 된다고 하면 다른 방법을 찾으셔야 합니다. 예를 들면 이미지 리더를 이용하시면 됩니다.

그리고 생성형 인공지능은 쿼리를 던질 때마다 매번 새로운 답변을 합니다. 그렇기에 직접 실습하실 때에는 아래 예시와 다를 수 있습니다. 이제 직접 실습을 병행하겠습니다. 부탁드리건대, 그냥 그대로 따라 하십시오.

문서 확인

먼저, 위에 말씀드린 대로, 자료를 편집해서(필요한 부분만 발췌 또는 전체를 해도 됩니다.) 라온 서비스에 첨부하였습니다.

Input

내가 올린 자료 확인했어? 두 줄로 요약해 줘.

Output

네, 사용자가 올린 자료를 확인했습니다. 화폐 공급량과 주택 거래량을 중심으로 한 한국의 경제 상황을 분석하겠습니다.

출처: '라온' service base by AI:DRIVE with HBC data 27w,2024

위와 같이 답변하니 서류를 확인한 것을 확인했고 이어서 질문해 보겠습니다. 특히 6번 설비투자 관련해서 질문해 보겠습니다.

과업할당/퍼소나 설정

Input

너는 요약 보고서 작성 전문가야, 내가 요청하는 내용을 요약해 줘야 해. 확인하였으면 짧게 '네'라고 대답해.

Output

네, 저는 특별 비즈니스 컨설턴트이자 연구 기획 전문가입니다.

출처: '라온' service base by AI:DRIVE with HBC data 27w,2024 1turn

보고서 작성을 위한 자료 분석

Input

6. 설비투자 한 줄로 요약해 줘.

Output

설비투자 추이는 전반적으로 감소하는 추세를 보이고 있습니다. 특히 기계류수주와 기계류 수입이 감소하고 있으며, 제조업의 평균가동률도 감소하고 있어 설비투자에 부정적인 영향을 미칠 전망입니다.

출처: '라온' service base by AI:DRIVE with HBC data 27w,2024 2turns

예상했던 대로 분석을 하고 있습니다. 이 정도 수준의 분석 결과는 앞서서 이야기했던 시나리오와 크게 차이 없는 것으로 보아, 원하던 답변이 나왔다 판단됩니다. 하지만 구체적이지 않아서 추가 질문하겠습니다. 이번에는 보상 방법과 퓨샷 방법을 사용해 보겠습니다. 거기에 추가적으로 보상을 해 준다는 제안을 하겠습니다.

Input

잘했어, 더 잘해 주면 내가 10,000$ 보상을 줄게. 요약해 준 내용을 수치화해서 구체적으로 확인하고 싶어. 예를 들어서

2021년 1/4분기는 7.8 증가

2021년 1/4분기는 0.7 증가

이런 식으로 2021년도부터 2024년까지 증가율, 감소율을 수치화해서 요약해 줘.

Output

2021년부터 2024년까지 설비투자지수, 기계류, 운송장비의 증가율 및 감소율을 구체적으로 수치화하여 요약한 내용은 다음과 같습니다:

2021년

1/4분기

설비투자지수: +7.5%

기계류: +13.4%

운송장비: +2.0%

생략

출처: '라온' service base by AI:DRIVE with HBC data 27w,2024 3turns

위 정보를 도출한 이유에 대해서 생각해 보면 아래 자료를 참조한 것이라는 것이 확인 가능합니다. 라온 서비스가 참조 검색을 잘해서인지 숫자에 대한 거짓말을 하지 않았습니다. 다만 이 글을 작성하면서 걱정되는 것은, 생성형 인공지능은 숫자를 수시로 거짓 말을 하니 꼭 확인이 필요하단 말씀드립니다.

2 '24.3월 설비투자지수는 기계류(△7.8%), 운송장비(△2.9%) 투자가 모두 감소하며 전월대비 △6.6% 감소(전년동월비 △4.8% 감소)

(전기비, %)

	'21년					'22년					'23년					24년			
	연간	1/4	2/4	3/4	4/4	연간	1/4	2/4	3/4	4/4	연간	1/4	2/4	3/4	4/4	1/4p	1월p	2월p	3월p
· 설비투자지수	9.6	7.5	0.6	△0.9	△1.6	3.3	1.8	△1.5	9.6	△1.5	△5.4	△8.0	1.0	△3.1	3.1	△1.2	△5.8	9.6	△6.6
(전년동기비)	-	12.4	13.2	6.2	6.2	-	△1.3	△2.4	7.5	9.6	-	△1.0	△0.9	△10.7	△8.5	△0.9	3.8	△0.9	△4.8
- 기 계 류	13.8	9.4	△0.5	△0.1	△0.3	2.9	△0.6	△0.5	10.2	△1.7	△7.5	△10.0	0.5	△3.3	3.3	△0.4	△3.4	5.0	△7.8
- 운 송 장 비	△1.8	2.0	3.8	△3.5	△5.5	4.3	9.7	△4.2	7.7	△1.2	1.0	△1.7	2.7	△2.6	2.6	△3.7	△12.9	24.2	△2.9

자료: 통계청

지금까지 생성형 인공지능이 생각보다 정리를 잘했다 판단됩니다. 하지만 보고서를 작성하는 저의 입장에서는 입장에서 위 추려진 자료를 그대로 사용하는 것은 다소 '성의'가 없다고 해야 할지 추가적인 수정이 필요하다 보입니다. 저는 이것을 엑셀 파일에서 수정할 것이고 엑셀에서 하다 보니 한글은 최대한 없애야 하기에 다음과 같이 명령을 다시 합니다.

Input

위 내용을 가로 형태로 표현해 줘.
테이블 형태로 표현해 줘.

Output

요청하신 내용을 표 형태로 정리하면 다음과 같습니다:

연도/분기	설비투자지수 증감률	기계류 증감률	운송장비 증감률
2021 1/4	+7.5%	+13.4%	+2.0%
2021 2/4	+0.6%	+6.2%	+3.8%
2021 3/4	-0.9%	-0.1%	-3.5%
2021 4/4	-1.6%	-0.3%	-5.5%
2022 1/4	+1.8%	+2.9%	+4.3%

생략

출처: '라온' service base by AI:DRIVE with HBC data 27w,2024 4turns

이제 엑셀에 붙여넣기를 하면 되는데 이 자료를 엑셀에서 붙여넣기를 하면 한 줄로 표현이 됩니다. 이를 해결하는 방법은 여러 가지가 있는데, 먼저 plaintext를 이용하는 방법이 있습니다.

Input

위 자료를 엑셀에 붙여넣기 위해서 plaintext를 써서 다시 해 줘.

Output

결과 생략

출처: '라온' service base by AI:DRIVE with HBC data 27w,2024 5turns

글을 작성하는 시점에서 GPT4o 일반 서비스는 plaintext를 지원하나 AD:DRIVE는 지원하지 않습니다.

이때 하나 더 확인하셔야 할 것이 현재 결과를 보면 '연도/분기'로 나와서 이것이 하나의 텍스트로 되어 있습니다. 하나씩 수기로 해도 되지만 생성형을 시켜서 다시 하게 하겠습니다.

Input

연도/분기는 따로 연도와 분기로 각각 칼럼을 만들어서 다시 해 줘.

Output

결과 생략

이제 자료를 복사해서 엑셀에 붙여넣기를 하시면 됩니다.

1. 내용을 복사한다, 2. 엑셀을 실행한다, 3. 붙여넣기를 하는데, 이때 붙여넣기 옵션, 4. 유니코드 텍스트 또는 텍스트 선택

	A	B	C	D	E
1	연도	분기	설비투자	기계류 증	운송장비 증감률
2	2021	01월 04일	7.50%	13.40%	2.00%
3	2021	02월 04일	0.60%	6.20%	3.80%
4	2021	03월 04일	-0.90%	-0.10%	-3.50%
5	2021	04월 04일	-1.60%	-0.30%	-5.50%
6	2022	01월 04일	1.80%	2.90%	4.30%
7	2022	02월 04일	-1.50%	-0.60%	9.70%
8	2022	03월 04일	9.60%	10.20%	7.70%
9	2022	04월 04일	-1.50%	-1.70%	-1.20%
10	2023	01월 04일	-5.40%	-7.50%	1.00%
11	2023	02월 04일	-8.00%	-10.00%	-1.70%
12	2023	03월 04일	1.00%	0.50%	2.70%
13	2023	04월 04일	-3.10%	-3.30%	-2.60%
14	2024	1/4 (P)	3.10%	3.30%	2.60%
15	2024	1월 (P)	3.10%	3.30%	2.60%
16	2024	2월 (P)	3.80%	3.90%	-2.60%
17	2024	3월 (P)	-6.60%	-4.80%	-2.90%

〈본 자료는 챕터 말미에 다운로드 주소가 있습니다.〉

위 과정을 진행하면 바로 위 이미지처럼 되고 해당 파일은 '11장 이동평균법 샘플'입니다.

하지만 '분기' 칼럼을 보면 원하지 않는 표시 형식으로 되어 있는데, 이것은 저의 엑셀 파일 기본 설정값에 의해서 그런 것입니다. 이것을 수정하기 위해서 자료가 적으므로 직접 해도 되지만 생성형을 시켜서 하는 방법을 알아보겠습니다.

Input
엑셀에서 1/4 2/4 3/4라고 입력하고 싶어. 엑셀에서 수정하는 방법을 가르쳐 줘.

Output
엑셀에서 데이터를 "1/4" 형식으로 입력하고 저장하는 방법을 안내드리겠습니다.

텍스트 형식으로 셀 설정하기:
데이터를 입력하기 전에 해당 셀이나 범위를 텍스트 형식으로 설정해야 합니다. 그렇지 않으면 엑셀은 "1/4"을 날짜로 인식합니다.

방법:
셀이나 범위를 선택합니다.
상단의 리본 메뉴에서 "홈" 탭을 클릭합니다.
"셀 서식" 그룹에서 "셀 서식" 옵션을 클릭합니다.
"셀 서식" 창이 열리면, "표시 형식" 탭에서 "텍스트"를 선택합니다.
"확인"을 클릭합니다.

출처: '라온' service base by AI:DRIVE with HBC data 27w,2024 6turns

위 작업을 하면 분기 칼럼을 1/4, 2/4와 같이 설정 가능합니다.

여기까지가 요약하고자 하는 데이터(정보)의 '전처리' 작업입니다. 우리는 사실 숫자로 나와도 쉽게 경향성을 확인하기 어렵습니다. 그래서 경향성을 확인해야 하는데 경향성을 확인하는 가장 쉬운 방법은 도표화하는 것입니다. 위 자료를 엑셀에서 도표화하면 다음과 같습니다. 모든 자료를 하기보다는 '설비투자' 칼럼만 하겠습니다.

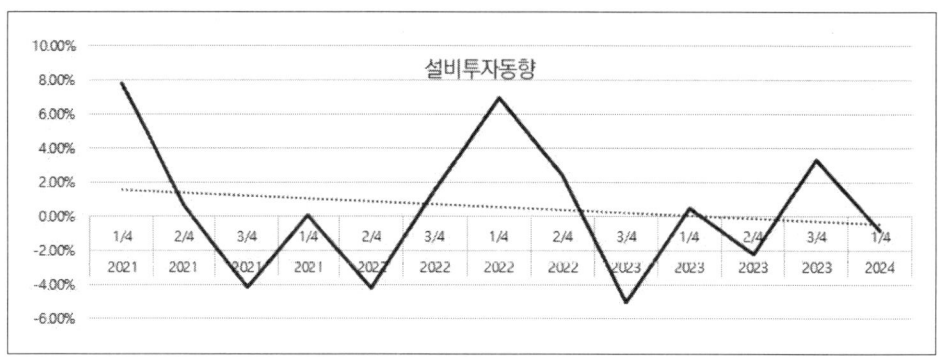

테이블 선택 → 삽입 → 차트 → 차트 생성 후 → 추세선 추가

이때 모든 데이터를 하셔도 되고 특정 데이터만 하셔도 됩니다. 저는 '설비투자'만 시각화를 하였습니다. 이제 차트 제목은 적합하게 바꿔 주시고, 이제 차트를 보고 해석하겠습니다.

위 과정은 엑셀에서 그래프를 그리는 일반적인 과정이므로 자세한 설명은 생략하겠습니다.

그럼 여기에서 제가 말씀드린 단어 중에 '추세선'이라는 단어를 처음 들어 보신 분들도 분명 계십니다. 그럼 역시 이것을 인공지능에 물어보면 되는데, 간단하게 이렇게 물어보시면 됩니다.

Input
엑셀에서 분기별 증감률 데이터가 있는데 이를 시각화하고 싶고 직관적으로 하고 싶어. 엑셀에서 간단하게 만드는 방법을 가르쳐 줘.

Output
엑셀에서 간단하게 그래프를 만드는 방법은 다음과 같습니다:
데이터 선택:
그래프로 나타내고 싶은 데이터 범위를 마우스로 선택합니다.
데이터의 첫 행에는 각 열의 제목(레이블)이 있어야 합니다.

생략

출처: '라온' service base by AI:DRIVE with HBC data 27w,2024 7turns

이제 추세선이 들어간 차트까지 만들었으니 해석을 하겠습니다.

뭔지 몰라도 2022년 1/4분기는 좋았는데 전체적으로 감소 추세입니다. 그러면 우리는 투자를 해야 할까요? 하지 말아야 할까요? 그것은 최종 자료를 보고 판단하는 사람의 몫입니다. 판단하기 어렵습니다. 하지만 이런 부분도 인공지능에 물어보면 됩니다.

> **Input**
> 위 결과 중 설비투자 지수만 확인해서 우리가 신규 투자를 해야 할까 말아야 할까?
>
> **Output**
> 설비투자 지수의 변동을 살펴보면, 전반적으로 몇 가지 중요한 트렌드를 파악할 수 있습니다:
> 설비투자 지수 증감률 요약
> 2021년: 증감률이 비교적 안정적이나 하락 추세도 보임.
> 1/4: +7.5%
> 2/4: +0.6%
> 3/4: −0.9%
> 4/4: −1.6%
>
> 중략
>
> 따라서, 현재 시점에서 신규 투자를 신중하게 고려하는 것이 좋습니다.

출처: '라온' service base by AI:DRIVE with HBC data 27w,2024 8turns

위와 같이 제안을 하였고 우리는 이런 것을 '하나 마나 한 이야기'라고 합니다. 개인적으로 공격적 투자를 선호하는 편이지만 투자를 안 하겠습니다. 이유는 보합 형태로 전체적인 하향을 하고 있지만, 상승폭을 뽑아서 따로 계산을 하면 전체 자료에서 상승폭은 4번이 있어 전체 데이터 중 1/3만 상승폭이며 상승폭의 경향성이 너무 편차가 커서 다음 상승폭을 예상하기 어렵습니다. 반면 2/3인 하락폭을 보면 크게 하락한 −0.9, −0.8이 있지만 전체적으로 평균 −3% 수준으로 하락을 하고 있어서 크게 하락한 것을 제외하고는 전부 예상 가능한 하락을 보여 주고 있습니다. 그래서 결론은 예측이 어렵게 상승하고 예측 가능하게 하락하니 저는 투자를 하지 않겠습니다. 이러한 개인 의견을 포함해서 아래와 같이 보고서를 작성하면 되겠습니다.

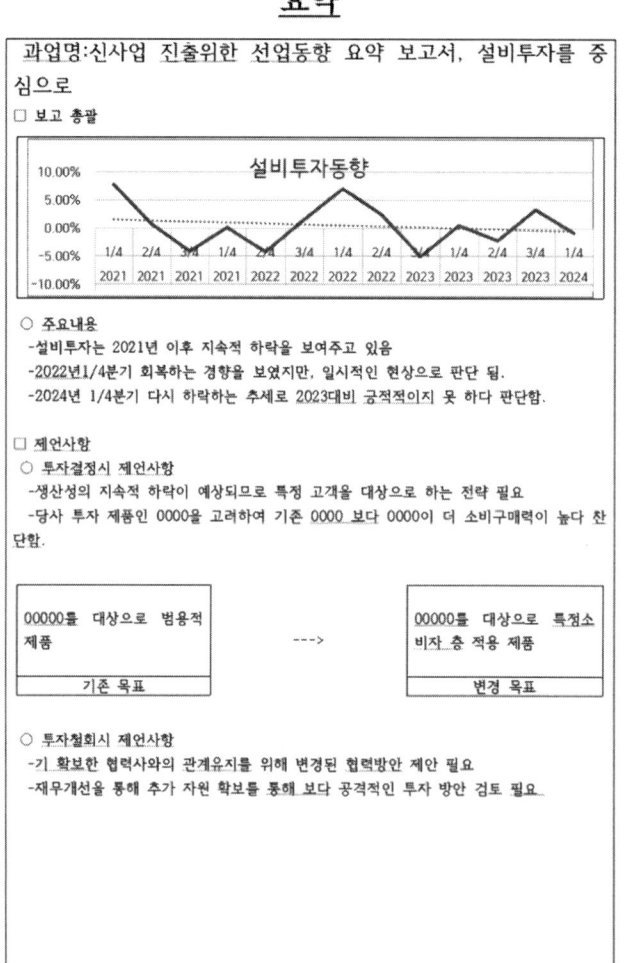

〈본 자료는 챕터 말미에 다운로드 주소가 있습니다.〉

실습 결과에 대해 정리하기

생성형 인공지능을 이용하면, 제가 현재 설명드린 방법으로 결과가 나오기도 하고 아닌 경우도 있습니다. 이유는 생성형이 쿼리(질문)를 처리하는 방식에 의해서 그렇습니다. 이때 우리가 중요한 것은 생성형이 도출한 TEXT를 엑셀 파일로 가져오고 엑셀 파일에서 충분히 가공하여 사용한다는 것입니다. 또 한 가지 제가 첨부한 요약 보고서 형태는 제가 본 책을 만들기 위해 만들어 둔 임시 양식입니다. 하지만 이 양식에 요구되는 모든 항목은 들어가 있으므로 적합하게 편집하시고 디자인 부분을 추가하시면 멋진 보고서가 될 것입니다.

반 발자국 더

앞선 예시와 같이 요약을 잘하는 것이 일을 잘하는 것입니다. 하지만 여기에 조금 고급 기술을 적용하면 어떨까요? '이동평균법'이라는 예측 기법입니다. 이를 쉽게 설명드리면 위와 같이 시계열 데이터(연속해서 나오는 데이터)는 특정 패턴이 있습니다. 이러한 패턴을 가지고 앞으로 일어날 일들을 예측하는 것입니다. 다소 어렵다 판단되지만, 너무 쉽습니다. 본 챕터에서 이동평균법에 대한 개념을 확고하게 잡으시면 나중에 나올 고급 분석에도 충분히 적용 가능합니다. 우리에게는 생성형 인공지능이 있습니다.

먼저, 데이터를 추가로 편집하겠습니다. 먼저 처리 전 데이터를 보고 설명드리면

	A	B	C	D	E	F
1	연도	분기	설비투자	기계류 증	운송장비 증감률	
2	2021	01월 04일	7.50%	13.40%	2.00%	
3	2021	02월 04일	0.60%	6.20%	3.80%	
4	2021	03월 04일	-0.90%	-0.10%	-3.50%	
5	2021	04월 04일	-1.60%	-0.30%	-5.50%	
6	2022	01월 04일	1.80%	2.90%	4.30%	
7	2022	02월 04일	-1.50%	-0.60%	9.70%	
8	2022	03월 04일	9.60%	10.20%	7.70%	
9	2022	04월 04일	-1.50%	-1.70%	-1.20%	
10	2023	01월 04일	-5.40%	-7.50%	1.00%	
11	2023	02월 04일	-8.00%	-10.00%	-1.70%	
12	2023	03월 04일	1.00%	0.50%	2.70%	
13	2023	04월 04일	-3.10%	-3.30%	-2.60%	
14	2024	1/4 (P)	3.10%	3.30%	2.60%	
15	2024	1월 (P)	3.10%	3.30%	2.60%	
16	2024	2월 (P)	3.80%	3.90%	-2.60%	
17	2024	3월 (P)	-6.60%	-4.80%	-2.90%	

1. 설비투자 지표만 처리 할 것이니 나머지 생략
2. 2024년은 P 자료로 즉 예측 자료입니다. 그러므로 생략

	A	B	C	D
1	연도	분기	설비투자지수 증감률	
2	2021	1/4	7.50%	
3	2021	2/4	0.60%	
4	2021	3/4	-0.90%	
5	2021	4/4	-1.60%	
6	2022	1/4	1.80%	
7	2022	2/4	-1.50%	
8	2022	3/4	9.60%	
9	2022	4/4	-1.50%	
10	2023	1/4	-5.40%	
11	2023	2/4	-8.00%	
12	2023	3/4	1.00%	
13	2023	4/4	-3.10%	

그럼 위의 이미지처럼 자료가 정리됩니다. 이제 설비투자지수 증감률을 기준으로 '이동평균법'을 이용해서 2024년도 1/4, 2/4, 3/4, 4/4분기를 예측해 보겠습니다. 생성형을 이용하면 어렵지 않습니다.

Input

첨부한 데이터를 기준으로 이동평균법을 이용해서 2024 1/4, 2024 2/4, 2024 3/4, 2024 4/4를 예측할 거야.

조건 1.
이때 2024 1/4분기 예측값은 c14 셀에 넣을 거야. 함수식 가르쳐 줘.

Output

이동평균법을 사용하여 2024년 2/4, 3/4, 4/4분기의 증감률을 예측하기 위해서는 AVERAGE 함수를 사용할 수 있습니다. 여기서는 최근 4개 분기의 데이터를 사용하여 예측하겠습니다.

C15 셀 (2024년 2/4분기 예측):

=AVERAGE(C11:C14)

C16 셀 (2024년 3/4분기 예측):

=AVERAGE(C12:C15)

C17 셀 (2024년 4/4분기 예측):

=AVERAGE(C13:C16)

생략

이제 함수식을 그대로 복사 붙여넣기 합니다.

	A	B	C	D
1	연도	분기	설비투자지수 증감률	
2	2021	1/4	7.50%	
3	2021	2/4	0.60%	
4	2021	3/4	-0.90%	
5	2021	4/4	-1.60%	
6	2022	1/4	1.80%	
7	2022	2/4	-1.50%	
8	2022	3/4	9.60%	
9	2022	4/4	-1.50%	
10	2023	1/4	-5.40%	
11	2023	2/4	-8.00%	
12	2023	3/4	1.00%	
13	2023	4/4	-3.10%	
14			-3.88%	
15			-3.49%	
16			-2.37%	
17			-3.21%	

예측한 결과로는 미미하게 증가하는 추세를 보여 줍니다. 그럼 앞서서 보고서를 작성할 때, 투자하는 게 좋다고 보고를 해야 할지 아니면 좀 더 지켜보자고 보고를 해야 할지 그것은 보고하는 사람의 주관입니다. 하지만 저의 제언은 전체 지표를 보고 '투자 유보'를 선택했습니다.

하지만 '이동평균법'을 이용한 결과는 어떤가요? 전체적으로 하향폭이 줄어들기는 하지만 성장이 1년간 유지되기에 투자를 지연하는 것이 좋지 않을까요? 이러한 방법으로 예측 결과까지 제시한다면 정확한 그리고 일 잘하는 보고서가 아닐까 싶습니다.

물론 다양한 정보를 추가하면 더 좋은 결과가 나옵니다. 예를 들면 물가성장지수라든가, 고용지수 그리고 설비를 투자하기 앞서서 선행되는 대표적인 지표가 금리지표입니다. 금리가 올라가면 투자가 감소하고 금리가 내려가면 투자가 증가합니다. 이런 다양한 정보를 추가로 입력하면 더 정확한 정보가 나옵니다. 그리고 예측값과 관측값의 차이, 즉 '잔차'를 적용하면 좀 더 정확한 예측이 나옵니다. 자세한 것은 '이동평균법'을 다루는 챕터에서 구체적으로 알아보겠습니다.

원천 데이터의 P 부분은 예측값을 의미합니다. 하지만 저와 같이 한 이동평균법이랑 비교하면 많이 다릅니다. 이렇게 다른 이유는 예측하는 알고리즘이 다르기 때문입니다. 뭐가 맞다 뭐가 틀리다는 결론이 아닌 예측 알고리즘이 다른 것입니다.

정보 제공 보고서 작성법: 일반 정보 제공

지금부터 예시를 들어 설명드리는 보고서가 아마도 대부분의 보고서 형태일 것 같습니다. 일반적인 정보 제공을 위한 보고서라 할 수 있으며, 이런 서류들은 정보 제공과 의사결정을 지원하는 사람들 모두에 해당하는 것입니다. 특히 의사결정 지원에서는 사실상 업무 지시를 한 사람 입장에서는 '답정너'입니다. 즉 이미 대부분의 것이 결정되어 있다는 것을 의미합니다. 그렇기에 이미 하고 싶은 것은 정해져 있지만, 이것을 왜 해야 하는지 추가적인 정보가 필요한 경우가 있고 그리고 해당 업무에 대해서 추가 정보도 찾고 내가 먼저 판단한 것에 대한 객관적인 또는 타인의 지지를 확보하기 위하여 보고서 작성을 요청하는 경우가 많이 있습니다. 다시 말씀드리면, 누군가를 설득하기 위한 기안서 같은 보고서가 아니면 대부분의 보고서는 이미 형태와 양식이 정해져 있다는 것입니다.

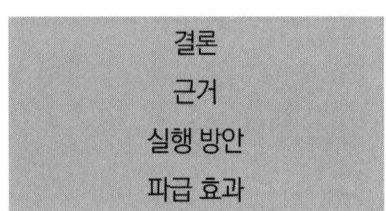

〈정보 제공 보고서에 반드시 들어가야 하는 항목들〉

결론

앞서서 설명드린 요약 보고서와는 다소 다른 형태의 보고서로 약간의 순서가 있습니다. 이러한 보고서, 구체적으로 우리가 누군가에 설득을 위해서 하는 보고서 또는 과업 지시자에 마음에 드는 보고서를 작성하다 보면 보통 그들은 이미 정답을 가지고 있습니다. 그리고 그러한 정답은 보통 내가 작성할 보고서의 결론과 일치해야 합니다. 그래서 제일 앞에 결론이 나와야 합니다.

이러한 결론은 텍스트보다는 이미지가 좋고 텍스트로 하게 되는 경우 전체 프로젝트를 수렴하는 하나의 문장으로 하는 것이 좋습니다. 제가 선호하는 방법은 텍스트로 요약하고 그다음 바로 이미지가 들어가는 것을 좋아합니다.

근거

그리고 다음으로 근거는 결론을 내기 위한 다양한 분석들에 대한 것인데 '왜 이것을 해야 하는지에 대한 근거'를 제시하는 것입니다. 즉 명분을 만들어 주는 것으로 이러한 명분은 보통 3개 아니면 5개 정도 작성을 추천합니다. 만약 우리가 하는 사업이 신사업이다 하면 이러한 명분을 작성할 때 경쟁사와 비교 분석 자료를 첨부하는 것도 좋습니다. 예를 들어, 경쟁사, 소비자 요구사항, 자사 이렇게 비교 분석을 하면 좋습니다. 보통 3C 분석이라고 하는 것이 경쟁사 분석에서 중요한 역할을 합니다. 5개로 가게 되면 해당 사업을 왜 해야 하는지에 대한 객관적인 근거를 5가지 정도 제시하시는 것입니다. 이때 근거 역시 비교 분석을 넣어서 하는 것도 좋고 비교 분석과 별도로 분리해서 넣어도 좋습니다. 별도로 분리하게 되면 순서가 다음과 같아질 것입니다.

> 결론
> 근거
> 실행 방안
> 파급 효과

실행 방안

다음으로는 실행 방안입니다. 실행 방안은 내가 내린 결론(업무 지시를 내린 사람이 원하는 것)에 대한 구체적인 실행 방안입니다. 실행 방안은 진행하는 절차에 대한 설명으로 순서대로 1, 2, 3, 4 하는 것도 좋고 육하원칙으로 하는 것도 좋습니다. 제가 선호하는 방식은 과업(결론) 달성을 성공하기 위한 프로세스 중심으로 설명하는 것을 선호하고 그 프로세스는 보통 업무 순서가 됩니다. 다시 말씀드리면 순서대로 1, 2, 3, 4 이런 것을 좋아하고 육하원칙은 크게 사용하지 않습니다.

파급 효과

마지막으로 파급 효과입니다. 파급 효과는 진행하고자 하는 프로젝트를 달성하였을 때 확보되는 결과물로서 보통의 경우 매출액입니다. 또는 수익 금액이 될 수도 있습니다. 수익 금액까지 구체적으로 작성하려면 좀 더 자료가 필요하니 매출액으로 마무리하는 것이 좋습니다.

그럼 이쯤에서 하나 눈치를 채야 하는 것이 지금 설명한 일반 정보 제공을 위한 보고서도 역시 1장으로 끝낸다는 것입니다. 나머지 부연 서류는 그냥 붙임 서류가 되는 것이고요.

그래서 추천드리는 양식 아래와 같습니다.

〈본 자료는 챕터 말미에 다운로드 주소가 있습니다.〉

앞선 챕터에서 많이 강조한 '기획'이 완료되었다는 전제로 보고서 작성에 대한 질문과 답변을 예시를 들어 설명하겠습니다.

기획안 (기획은 작성자가 직접 해야 합니다.)

키워드: 자수기, 임가공, 의류 디자인, 20대 젊은 남성, 온라인 판매
과제명: 자수기를 활용한 이미지 자수 임가공 사업
'자수 프린팅 기술을 활용한 디자인 중심 의류 제작 사업 추진전략'

과업 정의: 자수기를 활용하여 후드티, 폴로티, 면티에 이미지를 추가 임가공 사업을 목적으로 하고 있고 주로 이미지를 자수기로 프린팅하려고 해. 고객층은 젊은 남성들이고 당장은 인력이 부족해서 온라인 판매를 목적으로 하지만, 나중에는 웹툰이나 애니메이션 기업과 협업을 준비하고 있어.

Input

과업 달성을 위한 단계별 전략을 설정해 줘.
단 5단계로 나와야 해.

Output

1. 시장 조사 및 타깃 고객 분석
    - 젊은 남성 고객층의 패션 트렌드와 선호도를 파악
    - 주요 경쟁사 분석 및 차별화 전략 수립

2. 디자인 및 제품 개발
    - 자수기 활용한 독창적인 이미지 디자인 개발
    - 후드티, 폴로티, 면티 등 다양한 제품 라인업 구축

3. 온라인 판매 플랫폼 구축
    - 자사 웹사이트 및 주요 온라인 마켓플레이스 입점
    - 소셜 미디어 마케팅 및 SEO 전략 수립

생략

출처: '라온' service base by AI:DRIVE with HBC data 27w, 2024

이번 과업 주문에서는 위와 같이 답변을 했습니다. 저는 여기에서 단계별 전략 밑의 하위 부류는 단계별 전략을 설명하는 것이므로 이 부분은 제외하고 사용할 것이며 단계

별 세부 전략은 붙임 서류로 하고자 합니다. 계속해서 생성형을 통해 다음 내용을 작성하겠습니다.

> **Input**
>
> 예상되는 파급 효과 3가지 작성해 줘.
>
> **Output**
>
> 1. 청년층 패션 시장에서의 브랜드 인지도 및 신뢰도 상승
>   - 자수 프린팅 기술을 활용한 독창적인 디자인으로 20대 젊은 남성 고객층에게 강한 브랜드 인상을 심어주어, 브랜드 인지도와 신뢰도를 크게 높일 수 있습니다.
>
> 2. 온라인 판매 채널 활성화로 인한 매출 증대
>   - 자사 웹사이트 및 주요 온라인 마켓플레이스에서의 적극적인 마케팅과 판매로 초기 매출이 크게 증가할 것이며, 이를 통해 안정적인 수익 기반을 확보할 수 있습니다.
>
> 3. 웹툰 및 애니메이션 기업과의 협업을 통한 시장 확대
>   - 웹툰 및 애니메이션 기업과의 협업을 통해 새로운 디자인과 제품 라인을 선보이며, 이를 통해 신규 고객층을 확보하고, 더 큰 시장으로의 진출 가능성을 높일 수 있습니다.
>
> 생략

출처: '라온' service base by AI:DRIVE with HBC data 27w, 2024 2turns

위와 같이 나와서 1장으로 요약 가능한 보고서가 완성되었습니다.

개인적인 의견을 추가하면, 저는 브랜드 인지도 상승 신뢰도 상승 등과 같은 두루뭉술한 이야기를 극단적으로 싫어하지만, 범용 서비스를 만들면서 이러한 통제를 하지 않아 생성형 베이스 모델에서 이런 표현을 매우 자주 쓰는 것을 확인하실 수 있습니다. 이러한 것을 통제하기 위해서 시스템 프롬프팅에 명령을 하면 다음과 같이 생성도 됩니다.

Output

1. 개성 있는 자수 디자인으로 차별화된 제품을 제공함으로써 20대 젊은 남성 고객층을 확보하고 브랜드 인지도를 높일 수 있습니다.

2. 온라인 판매를 통해 초기 투자 비용을 줄이고 효율적인 사업 운영이 가능하며, 향후 오프라인 매장 확장의 기반을 마련할 수 있습니다.

3. 웹툰/애니메이션 기업과의 협업을 통해 새로운 고객층을 유치하고 브랜드 가치를 높일 수 있으며, 관련 산업과의 시너지 효과로 사업 성장의 기회를 모색할 수 있습니다.

출처: '라온' service base by AI:DRIVE with HBC data 27w,2024 3turns

현재 제가 개발한(사용하는) 서비스는 범용성을 위해 시스템 프롬프팅을 삭제하였습니다.

이러한 방법을 통해서 보고서 작성 방법 역시 간편하게 작성 가능함을 설명드리면서 챕터 마무리하겠습니다.

다운로드 주소

KDI 최근 경제자료 https://blog.naver.com/wang5177/223522385897
요약 보고서 https://blog.naver.com/wang5177/223522946168
11장 이동평균법 샘플 https://blog.naver.com/wang5177/223523043976
1장 전략보고서 양식 https://blog.naver.com/wang5177/223523049095

따라 하면 성공하는 **보고서 작성법 2**

앞선 챕터에서 연습했던 보고서 작성법에 대해서 좀 더 구체적인 방법을 설명하고 전체적인 맥락을 설명함으로써, 사용자(독자)님들이 자연스럽게 저마다의 스타일로 최적화를 위한 방법론을 말씀드립니다.

> 요약 1. 요약이 중요하다.
> 요약 2. 정반합.
> 요약 3. 첨부한 양식을 기준으로 예시를 들어 설명.

앞선 챕터에서의 반복입니다. 그리고 다른 챕터에서도 유사하게 주장을 하겠습니다. 제가 주장하고자 하는 것은 바로 '보고서 작성의 목적'이 중요하다는 것입니다. 다양한 업무 지시가 있고 업무 지시에 따른 다양한 보고서가 있습니다. 이러한 보고서를 작성하는 목적은 무엇일까요? 당연하게도 '시켜서 하는 거다'라는 게 대부분일 것입니다. '시켜서 하는 것'이라는 의미를 좀 더 확장해서 생각하겠습니다. 내 스스로 어떠한 목적을 위해서 작성하는 문서 중에 '일기'를 예를 들어 보겠습니다. '일기'의 경우 나 말고는 아무도 읽지 않습니다. 물론 일기를 다른 사람이 읽어 주기를 바라는 상태에서 작성도 합니다. 하지만 대부분의 일기는 '나 혼자만 보면 되는 문서'입니다. 반면 이러한 서류 이외에는 대부분 '타인이 읽어 주기를 바라는 문서'입니다. 바로 이 책처럼 말이죠.

보고서 역시 그렇습니다. 보고서를 읽는 대상은 제가 아닙니다. 제 보고서를 받아 보는 직접적인 관계자, 간접적인 관계자들을 대상으로 합니다. 그렇기에 보고서를 작성할 때 당연히 적용되어야 하는 것이 있습니다. 이러한 '당연히 적용되어야 하는 것들'은 보고서를 읽는 대상에 따라 달라집니다. 먼저 당연히 우리가 지켜야 할 기준에 대해서 설명드리고 그다음 이러한 당연히 적용되는 것의 수준을 정의하는 방법에 대해서 알아보겠습니다.

당연히 적용되어야 하는 것들

요약은 필수다

보고서에 당연히 적용되어야 하는 많은 것 중 대부분의 내용을 요약해야 합니다. 그리고 한 문장으로 만드는 것을 추천합니다. 이때 그 한 문장이 여러 서술어로 길어질 수도 있습니다. 하지만 그러한 서술에도 불구하고 내용이 간결하게 나와야 합니다. 이러한 요약은 생각보다 어렵습니다. 그래서 제가 추천드리는 방법은 먼저 길게 서술하고 또는 여러 내용들을 열거하고 이것을 '생성형'을 시켜서 요약하는 것을 추천합니다.

반면 지나친 요약은 금기시합니다.
요약을 하다 보면, 그리고 요약이 습관화되다 보면, 내가 무엇을 요약하는지도 모르는 경우가 발생합니다. 구체적으로 내가 요약한 내용을 보면 맥락적으로는 이게 무슨 뜻인지 이해하지만, 매우 모호해서 주장하는 게 무엇인지 드러나지 않는 경우가 있습니다.

다음 예시를 보겠습니다. 다음 예시는 제가 고객사에 납품한 환경분석 내용 중 일부입니다.

보고서에 주장하고자 하는 내용들

1. 대형기업의 시장 지배력
    - 대기업의 자본력과 기술력으로 시장 주도
    - 규모의 경제를 통한 비용 효율성 확보
    - 연구개발 투자로 기술 우위 유지
    - 브랜드 인지도와 신뢰성으로 대형 프로젝트 수주 유리

2. 가격 경쟁 심화
    - 다수 업체 존재로 인한 경쟁 심화
    - 기술 표준화로 가격이 주요 경쟁 요소로 부각
    - 최저가 입찰 제도로 인한 가격 하락 압박
    - 수익성 악화와 중소기업 퇴출 위험

3. 기술 혁신 경쟁
    - 난분해성 폐수 처리 기술 개발 경쟁

- 특허 획득과 효율적 처리 시스템 개발에 주력
- 모듈화, 전극 수명 연장, 에너지 효율성 향상 기술 개발
- 파일럿 테스트를 통한 기술 검증 및 최적화

4. 환경 정책의 영향
- 강화되는 환경 규제에 대응한 기술 개발 필요
- 정책 변화로 인한 진입 장벽 상승
- 환경 친화적이면서 경제적인 솔루션 수요 증가
- 정책 변화로 인한 산업 구조 재편 가능성

5. 중소기업의 생존 전략
- 틈새시장 공략 및 특화 기술 개발
- 기술 혁신을 통한 차별화 전략
- 고부가가치 서비스 제공으로 가격 경쟁 회피
- IoT, AI 등 첨단 기술을 활용한 스마트 수처리 시스템 도입

위 내용에 대한 요약을 진행하겠습니다.

요약 1번

1. 대형기업 시장 지배: 자본력, 기술력, 규모의 경제로 시장 주도
2. 가격 경쟁 심화: 다수 업체 간 경쟁으로 수익성 악화
3. 기술 혁신 경쟁: 효율적 처리 시스템 개발과 특허 획득에 주력
4. 환경 정책 영향: 규제 강화로 기술 개발 필요성 증가
5. 중소기업 생존 전략: 틈새시장 공략과 차별화된 기술 개발

요약 2번

1. 대기업 주도: 자본력, 기술력, 브랜드 파워 지배력 강화
2. 가격 경쟁 심화: 기술 표준화, 최저가 입찰로 수익성 악화
3. 기술 혁신: 난분해성 폐수 처리, 효율성, 특허 경쟁 심화
4. 환경 정책 영향: 규제 강화, 친환경수요 증가, 산업 구조 차별화
5. 중소기업 전략: 틈새시장 공략, 특화 기술 개발

위 두 가지 요약을 보면 요약 2번이 좀 더 짧습니다. 만약 폐수 처리 시장에 대해서 정보가 없으신 분들은 요약 1번, 2번 다 어떤 내용인지 모르실 것입니다. 반대로 폐수 처리 시장에 대해서 정보가 많으시면 어떤 요약이 더 적합할지는 본인이 더 잘 아실 것입니다.

이렇듯 보고서는 요약이 중요한데, 너무 요약을 해도, 너무 열거를 해도 문제가 됩니다. 즉 보고서를 받아 보는 사람의 수준에 따라 요약이 결정됩니다.

제목은 당연한 것이고 제목에서 모든 걸 설명해야 한다

이것도 요약입니다. 제목이 가장 중요합니다. 제목에서 모든 것을 설명해야 합니다. 나의 보고서 내용을 한 번에 설명하는 문장이 곧 제목입니다. 우리는 이러한 제목을 결정할 때 매우 함축적이어야 하고 모든 내용을 담아야 하고 등등 많은 고민을 하는데 그럴 필요 없습니다. 제목이 길어도 됩니다. 저는 주로 제목을 길게 하는 경향이 있습니다. 이러한 긴 제목을 사용면 누구는 제목이 너무 길다고 하겠지만, 제목에서 모든 것을 설명할 수 있다면 저는 길게 합니다. 예를 들어서 연구 개발 과제에서

> CCTV 영상 위변조 방지를 위한 CENC 기반 영상 암호화, 민감 개인정보 자동 비식별, 블록체인 위변조 방지 솔루션 개발

아무 정보 없이 제목만 보시면, 딱 무엇을 할 것이라는지 맥락적으로 이해되지 않나요? 아니면 저만의 착각일까요? 착각이라면 저는 좀 더 연습을 많이 해야겠습니다.

나만 아는 용어를 사용하지 말자

보고서를 작성할 때 자신만이 아는 용어를 남발합니다. 매우 자주 발견되는 현상입니다. 최근에 제가 경험한 것으로 보고서 작성 협업 시 발생한 사건입니다.

> 홍승민: 이제 야마 잡았고, 페이퍼 작성하실 때 니쥬 잘 깔아 주시면 바로 나라시 가능합니다.
> 파티원: 그게 무슨 소리인가요?

저의 안 좋은 습관 중 하나인데, 외래어 남발입니다. 특히 일본어, 그것도 '한본어'를 남발합니다. 저의 내용을 한글로 풀어 쓰면 "주제를 정했으니 보고서를 작성하실 때 다양한 사례와 사용 예시를 들면 충분히 보고서 형태가 가능하고 마무리가 됩니다. 다만

마무리하실 때 자기주장이 꼭 들어갔는지 근거와 출처를 확실하게 하셔야 합니다."라는 내용입니다.

위 예시의 경우 우리 선생님들의 이해를 돕기 위해 매우 극단적으로 말씀드린 것이지만, 실제 우리는 일상생활에서 나만 아는 용어, 특히 전문용어를 남발하는 경우가 많습니다. 이러한 전문용어와 나만 아는 용어를 사용하면, 내 의견 전달 과정에서 심각한 혼선이 발생합니다. 그렇기에 누구나 다 아는 범용용어를 사용하시거나, 보고를 주고받는 커뮤니티, 예를 들어 직장에서는 해당 커뮤니티에서 사용하는 범용용어를 사용하는 것이 바람직합니다.

누구나 읽었을 때 이해를 해야 한다

당연한 이야기입니다. 누구나 읽었을 때 이해해야 하기에 범용성, 일반성을 나타내야 합니다. 하지만 이때 누구나는 한정해야 합니다. 만약 우리 부서 내 공유라면 매우 함축적으로 요약을 해서 팀원이면 누구나 한 번에 알아듣는 것이 좋을 것이고, 만약 타 부서에서도 확인을 해야 하는 사항이라면 우리 부서뿐만 아니라 회사 내부적으로 다 이해해야 하는 것으로 작성해야 합니다.

도표, 도식화를 하면 좋다

도표, 도식화를 하면 눈에 바로 들어옵니다. 저는 도표와 도식화를 매우 추천드리고 저 역시 수시로 사용합니다.

구체적으로 제가 사용하는 방법은 내용을 요약해서 설명하고 그것을 다시 한번 도식화해서 설명하는 것입니다. 그래야 요약 내용에서 정리가 불명확한 부분을 도표 또는 도식을 보면서 이해를 하게 됩니다.

이러한 보고서 작성 방법은 약간 불편한 방법입니다. 이유는 앞선 저의 주장에 따르면 누구나 이해해야 하고 함축적으로 해야 합니다. 즉 요약과 범용을 동시에 해야 한다고 주장을 하고 있는데, 지금은 도표, 도식화를 통해서 다시 한번 이야기하라는 것입니다. 즉 중복이죠. 그렇다면 요약을 하는 의미가 없어지게 됩니다. 하지만 제가 이런 방법을 선호하는 것은, 즉 반복적인 내용을 보여 주는 이유는 사람의 정보 탐색 방법 구조 때문입니다. 사람은 정보를 탐색할 때 처음 정보가 들어오면 그것이 무엇인지 해독하려고 노력합니다. 이때 많은 정보를 요구하죠. 하지만 정보는 충분하지 않을 것이므로 계속해서 정보를 탐색하기 위해 노력합니다. 이때 누군가 다시 한번 정보를 정리해서 설명해 준다면, 설명해 준 사람에 의해 정보를 수집하였지만 스스로 정보를 수집하여 정리하였다고 착각을 하게 됩니다. 그리고 이러한 착각에서 매우 높은 수준의 만족감을 느끼게 됩니다. 그래서 저는 도표, 도식화를 통해 반복 강조하는 것을 매우 선호합니다.

반드시 종료가 되어야 한다

보고서를 작성하게 되면, 보고서 자체로 결론이 나와야 합니다. 현상 확인 보고서에서는 현재 조건과 상황에 대해서 설명을 하게 되는데 이때에도 반드시 해결 방법을 제시해야 합니다.

만약 해결 방법 제시가 되지 않으면 사건(보고서)이 마무리된 것이 아니므로 마무리를 위해 계속 협의하고 미팅하고 토론합니다. 하지만 마무리가 된 것이 있다면 해당 마무리 내용에 대해서만 이게 맞는지 틀리는지를 확인하게 되고 다음 과업이 할당됩니다. 이때 중요한 것은 내가 내린 '결론'이 정답에 가까우면 좋지만 꼭 정답이 아니어도 좋습니다.

위 내용이 1장으로 나와야 한다

결론은 무조건 한 장으로 나와야 합니다.

보고서의 전체적인 구조

보고서 본문을 작성하면, 여러 가지 내용들이 들어가게 됩니다. 이 보고서를 작성하게 된 배경, 전체적인 흐름, 핵심적인 이슈, 이슈가 발생한 원인, 이슈 이외의 환경적인 요소들 등등 보고서 본문에는 많은 내용이 들어갑니다. 이러한 '보고서 본문'의 전체적인 내용을 작성하시고 다시 목차를 재편집, 정리하면서 마무리를 하게 됩니다. 이때 중요한 순서가 있습니다. 이러한 순서는 저의 주장이라기보다는 저 역시 사회생활을 하면서 보고서를 여러 번 작성하면서 사수로부터 또는 제가 읽은 훌륭한 보고서를 보면서 터득한 방법입니다.

> - 해결 방법 제시
> - 해결 방법이 나오게 된 이유, 즉 문제에 대한 다양한 사유
> - 다양한 문제 중 핵심적인 문제 내용, 당장 해결해야 하는 시급한 주제
> - 시급한 주제를 해결하기 위한 방법
> - 이 주제를 해결하지 못하면 발생 가능한 문제들, 대부분 재무적 손해
> - 위 내용의 요약
> - 문제를 해결하게 되면 우리를 제외한 수혜자들 분석(이해관계자)
> - 다시 한번 문제에 대한 정의 및 요약
> - 해결 방법 제시

위 꼭지를 기준으로 보충할 것은 보충하고 뺄 것은 빼서 구조를 잡으시면 좋습니다. 저의 경우 보고서의 내용을 늘리려면 두 번째 요약과 해결 방법을 다시 제시하곤 합니다. 그리고 이미 주제가 정해진 보고서의 경우 해결 방법 제시는 생략됩니다. 이러한 이유는 반복을 너무 많이 하다 보면 그것 역시 글을 읽는 스트레스이기 때문입니다.

그리고 우리가 학창시절에 배운 3단 논법, 이것을 활용하는 것이 가장 기본적인 글 작성 구조입니다. '정, 반, 합'.

먼저 정반합이 무엇인지부터 알아보겠습니다.

> 정: 그래, 너의 의견이 맞아. 네 말이 다 맞아. 너의 의견을 존중해.
> 반: 근데 너의 주장이 꼭 맞을까? 다른 것도 검토해 보자.
> 합: 그럼 중간에 합의하는 건 어때?

이런 표현 방법이 정반합 구조입니다. 정반합 구조를 제가 제시하는 보고서 작성법과 비교를 하면 이렇습니다.

정	해결 방법 제시
	해결 방법이 나오게 된 이유, 즉 문제에 대한 다양한 사유
	다양한 문제 중 핵심적인 문제 내용, 당장 해결해야 하는 시급한 주제
반	시급한 주제를 해결하기 위한 방법
	이 주제를 해결하지 못하면 발생 가능한 문제들 대부분 재무적 손해

합을 위한 복선	위 내용의 요약
	문제를 해결하게 되면 우리를 제외한 수혜자들 분석(이해관계자)
합	다시 한번 문제에 대한 정의 및 요약
	해결 방법 제시

해결 방법 제시

먼저 문제 해결을 위한 방법을 제시합니다. 특히 한국 사람들은 일단 결론부터 나와야 합니다.

해결 방법이 나오게 된 이유, 즉 문제에 대한 다양한 사유

해결 방법이 나오게 된 이유에 대해서 세세하게 설명을 합니다. 왜 이런 해결 방법이 나왔는지에 대한 당위성에 대해서 주장을 합니다.

다양한 문제 중 핵심적인 문제 내용, 당장 해결해야 하는 시급한 주제

해결해야 하는 것들이 여러 가지가 있는데 그것 중에 우선순위를 나름대로 분석해서 당장 해결해야 하는 것을 중심으로 설명합니다.

시급한 주제를 해결하기 위한 방법

시급한 주제를 해결하기 위한 방법을 설명하면서 이러한 방법과 반대되는 의견도 제시를 해야 합니다. 그래야 반대되는 의견보다 상대적으로 내가 주장하는 것에 대한 것을 중요하게 표현할 수 있기 때문입니다. 대표적인 반대 의견으로는 경쟁사와의 비교, 현재 정한 주제 말고 다른 주제에 대한 내용들이 해당될 수 있습니다.

이 주제를 해결하지 못하면 발생 가능한 문제들, 대부분 재무적 손해

이걸 당장 하지 않으면 발생하는 손해에 대해서 설명합니다. 즉 다른 것을 하면 손해니까 내 말에 반대하지 말고 그냥 하자고 주장하는 것입니다.

위 내용의 요약

내용을 요약해서 다시 한번 주장하고자 하는 것을 설명하기 위한 복선으로 표현합니다.

문제를 해결하게 되면 우리를 제외한 수혜자들 분석(이해관계자)
이걸 하면 발생 가능한 긍정적인 것들을 보여 주면서 합의를 위한 작업을 합니다.

다시 한번 문제에 대한 정의 및 요약
내용이 길어서 주제를 놓칠 수 있으니 다시 한번 요약해 줍니다.

해결 방법 제시
전체적으로 마무리합니다.

보고서를 한 장으로 만드는 법

본 챕터의 핵심 주제라 할 수 있습니다. 보고서를 한 장으로 작성하는 방법에 대해서 연구해 보겠습니다.

저는 지금까지 아래의 방법으로 보고서를 한 장으로 만들어서 실패해 본 경험은 없습니다. 이렇게 되기까지 실패도 해서 터득한 방법입니다. 일종의 정반합의 변형 형태라 할 수 있습니다.

상단
주장하고자 하는 것을 제시합니다. 주로 목적이 되겠습니다.

이때 주장하는 것은 3가지를 넘기지 않습니다. 하고 싶은 것이 많아서 3가지가 넘어가게 되면 논점이 한곳으로 모이기 어렵습니다. 저는 주로 하나의 문장으로 표현하는 것을 선호합니다. 그리고 주장하는 것을 3가지로 구분해서 도식으로 표현도 합니다. 가장 많이 하는 방법은 하나의 문장으로 표현하는 방법을 선호합니다.

가끔 사용하는 방법으로 제안하게 된 배경을 먼저 설명하기도 합니다. 하지만 배경 역시 크게 3가지를 넘기지 않습니다.

중단
상단에 주장한 내용을 해야 하는 배경에 대해 제시하고 설명합니다.

이때 도식화, 도표화가 중요합니다. 또는 개조식 문장으로 표현하는 것이 바람직합니다.

하단

주로 제언 사항 또는 파급 효과 등을 작성하면서 다시 한번 나의 주장이 정당한 주장이라고 강조하는 부분입니다.

정리하자면 '정반합'과 크게 차이가 없습니다.

이제 위의 내용을 포함해서 앞선 챕터에서 다운로드받으신 한글 양식을 보면서 1장으로 작성하는 방법을 알아보겠습니다.

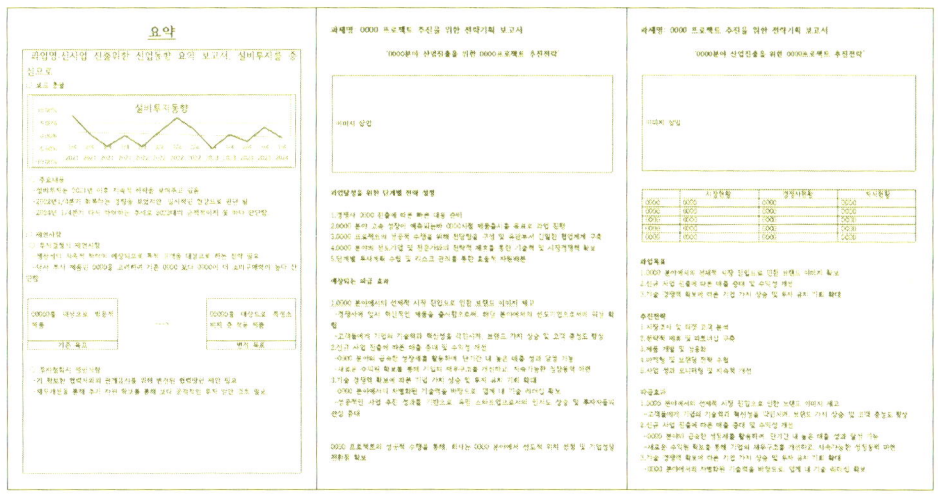

제가 공유한 3가지 양식의 보고서가 위에 말씀드린 내용을 모두 포함하고 있습니다. 1장 보고서를 작성하기 앞서서 말씀드리는 것은, 책에는 짧게 표현하였지만, 한 장 보고서를 작성하기 위해서 매우 많은 양의 정보 조사가 진행돼야 하고 그 정보를 따로 정리한 '보고서 본문'이 있어야 합니다. 보고서 본문을 기준으로 요약하게 되는 것입니다. 다만, 이러한 보고서 본문을 작성하려면 많은 연습과 시간이 필요하므로 그런 부분은 다루지 말고 보고서를 작성하시는 우리 선생님의 머릿속에 있는 것들을 정리해서 표현하는 방법 중심으로 설명드리겠습니다.

양식을 보고 따라 하면 성공하는 보고서 작성법

요약 보고서 양식부터 보겠습니다.

상단

제목 작성법입니다.

다른 보고서 작성법에서도 설명드리지만, 제목은 직접 작성하시는 것을 추천드립니다. 연습을 해야 멋지고 간결한 제목 도출하는 방법을 터득하게 됩니다. 제목을 만드는 방법은 제가 특별하게 설명드리기 어렵습니다. '연습을 통해서 터득하는 방법' 말고는 없는 것 같습니다.

이미지 삽입

대표 이미지를 삽입합니다. 이때 이미지는 도식이 될 수도 있고 도표가 될 수도 있습니다. 이미지라고 꼭 일러스트나 사진이 아니어도 전체 내용을 설명 가능한 함축적 시각화 자료면 충분합니다.

이때 전체를 설명하는 하나의 이미지를 추천드리지만, 주장하는 것을 나타내실 수도 있습니다. 그럴 때에도 텍스트 중심보다는 이미지 중심이 되는 것이 좋습니다.

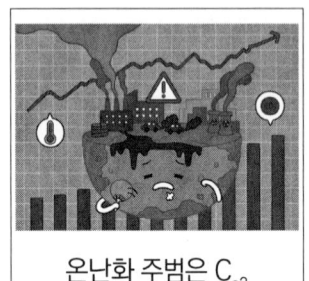

제가 첨부드린 보고서 양식에는 문제를 제시하는 배경 3가지를 이용한 방법이 아니어서 위와 같이 설명드렸습니다. 그럼 제목과 시각화 두 가지 적용한 것을 보겠습니다.

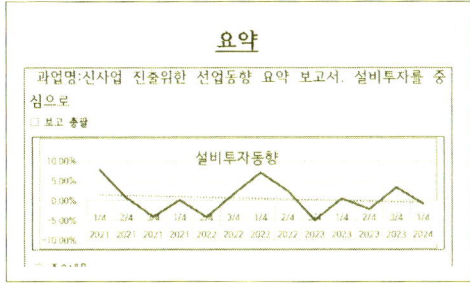 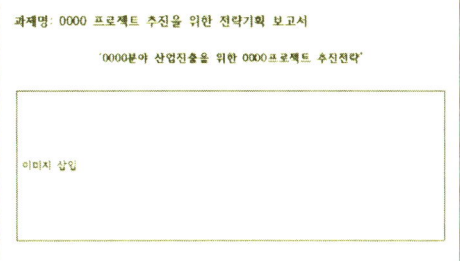

그림 편집 과정에서 조금 못생겨졌습니다. 양해 말씀 드립니다.

위와 같이 과제명을 먼저 제시해서, 보고서의 방향성에 대해서 설명합니다.

오른쪽의 경우 제목을 설정하면서 좀 더 강조하고 싶은 내용이 있어서 ' '로 핵심 내용을 다시 한번 강조한 경우입니다.

그리고 이미지를 삽입해서 나의 주장을 설명하는 도식을 보여 주는 것입니다.

중단

중단에 들어갈 내용은 과업에 대한 주요 내용과 과업 진행을 위한 단계에 대해서 설명합니다. 이때 1장 보고서다 보니 개조식으로 작성하는 것을 추천합니다.

그럼 이 중단 내용에 들어가는 것 역시 요약된 내용인데, 이때는 생성형의 도움을 빌려도 좋습니다. 어쩌면, 직접 하시지 말고 생성형을 사용하는 것이 더 효율적일 수 있습니다.

위에 '요약'을 설명하면서 제시드린 예시 기억나실까요? 다시 한번 보여 드리겠습니다.

1. 대형기업 시장 지배: 자본력, 기술력, 규모의 경제로 시장 주도
2. 가격 경쟁 심화: 다수 업체 간 경쟁으로 수익성 악화
3. 기술 혁신 경쟁: 효율적 처리 시스템 개발과 특허 획득에 주력
4. 환경 정책 영향: 규제 강화로 기술 개발 필요성 증가
5. 중소기업 생존 전략: 틈새시장 공략과 차별화된 기술 개발

이런 식으로 주장하고자 하는 주요 내용을 설명하면 됩니다. 또는 첨부 예시처럼 단계

에 대해서 설명하는 것도 바람직합니다.

하단

이제 최종 결론입니다. 제언 사항, 파급 효과 등에 대해 작성합니다.
그럼 보고서가 마무리됩니다.

본 챕터에서는 생성형을 이용해서 요약하는 예시는 다루지 않았습니다. 앞선 챕터에서 충분히 연습을 했기에 생략하였습니다. 하지만, 작성하시는 데 어려움이 있을까요? 생각보다 어렵지 않습니다. 따라 하면 성공합니다.

따라 하면 성공하는 **제안서(기획서)** 방법

제안서나 기획서 작성은 생각보다 어렵습니다. 하지만 가장 기본적인 서류 구조에 대해서 설명드리고 이것을 응용하는 방법에 대해서 알아보겠습니다. 따라 하시면 프로 기획자, 프로 일잘러 될 수 있습니다. 우리에겐 생성형 인공지능이 있습니다.

> 요약 1. 콘텐츠가 핵심이고 누구나 처음에는 어렵다. 그러니 연습하고 따라 하면 된다.
> 요약 2. 내 주장보다는 나의 목적이 중요하다.
> 요약 3. 앞선 챕터에서 기획하는 방법을 배웠으니 복습 차원으로 다시 확인한다.
> 요약 4. 생성형 시키면 일 잘한다. 마치 내가 한 것처럼.

일을 정말 잘하는 사람들을 보면, 발표를 정말 잘합니다. 저 역시 발표를 잘하고 싶은 사람 중에 하나입니다. 발표를 잘하기 위해서는 많은 연습과 자신감이 중요하지만, 그게 전부일까요? 절대 아닙니다. 발표를 하기 위한 핵심적 콘텐츠가 있어야 합니다. 본 챕터에서는 그 핵심적 콘텐츠를 기획서 또는 제안서라고 하겠습니다. 기획서와 제안서의 종류는 매우 많이 있지만 이번 챕터에서 다룰 제안서는 이런 문서를 처음 만들어 보는 예비 일잘러를 대상으로 하겠습니다. 처음부터 잘할 수는 없습니다. 아래 내용을 따라 하시면서 연습하다 보면 어느덧 일잘러가 되어 있습니다.

제안서 작성하기

여러 가지 제안서 중에서 누군가를 강력하게 설득하기 위한 신사업 제안서와 고객사에 우리 제품을 소개하는 제안서를 작성해 보겠습니다. 제안서를 작성하기 앞서서 제안서를 작성하는 목적부터 생각해 보겠습니다. 우리가 작성하는 제안서의 목적은 내가 주장하는 것을 상대방이 수용하게 만들기 위함입니다. 예를 들어 '나는 이런저런 사업이 정말 유망한 사업이라고 생각을 하는데 이것을 하기에는 자원이 부족합니다.' 그럼 부족한 자원을 확보하기 위해서 타인을 설득해야 합니다. 다른 예시로는 우리 제품이나 서비스를 갖다 팔아야 하는데 우리의 특장점을 강조해서 설득을 하는 과정이 필요합니다. 보통 이렇게 됩니다. 그래서 우리가 제안하는 제안서가 안 통하는 이유가 바로 이것입니다. 이유는 다른 챕터에서도 강조를 했지만, 제안서를 작성하면서 자기주장을 강력하게 합니다. 자기주장만 주야장천 하는 게 설득력이 있을까요? 우리의 목적은 상대방을 설득해서 내가 원하는 것을 달성하는 것이지, 내 주장이 타당하고 당연하니 너는 내 말을 들으라고 강요하는 게 상대방을 설득시키는 것인가요? 절대 아닙니다. 만약 이러한 과정에서 내 주장이 틀렸다면, 그게 문제가 되나요? 내 주장이 틀려도 나는 목적을 달성했는데 말이죠. 즉 우리는 우리의 목적을 달성하기 위해서 상대방 입장에서 생각을 해야 합니다. 이때 내 주장은 크게 중요하지 않습니다. 나의 목적이 중요하지, 즉 제안서 역시 제안서를 받아들이는 상대방 입장에서 생각하고 작성을 해야 합니다. 상대방 입장에서 내 주장이 설득만 되면 제안서의 형식은 어떤 형식이든 문제가 없습니다. 지금부터 상대방을 설득하기 위한 최소한의 형식에 대해서 알아보고 실제 작성 방법에 대해서 알아보겠습니다.

내부 기안서(신사업 제안서)

직장생활을 하면서 정말 많은 내부 기안서를 작성합니다. 그중에서 신사업 제안서에 대해 알아보겠습니다.

회사에서 직장 상사가, 대표님이 시켜서 또는 필요에 의해서 종종 신사업 제안서를 작성하고 있습니다. 신사업 제안서를 작성해야 하는 상황에서는, 보통 내부적인 템플릿을 찾아서 해당 템플릿에 맞게 서류들을 작성합니다. 그런 것이 너무 익숙해서 현재 사용하는 템플릿을 크게 벗어나고자 하지도 않습니다. 기계적으로 내용을 넣고 이쁘게 만들기만 합니다. 그런 제안서가 발표까지 연결이 되요? 대부분 안 됩니다. 가끔 발표까지 연결이 된다 하여도 그런 기존의 템플릿 중심의 순서가 크게 의미가 있을까 생각도 듭니다. 아마도 그런 신사업 제안서의 목차는 아래와 같지 않을까 생각합니다.

1. 서론
2. 사업 개요
3. 시장 조사 및 분석
4. 경쟁사 분석
5. 제안하는 서비스 또는 제품 소개
6. 사업 실행 계획
7. 재무 계획
8. 위험 요소 및 대응 전략
9. 마무리 및 결론

이러한 목차에서 특히 시장 조사를 엄청 합니다. 그리고 경쟁사 조사도 엄청 하고 예상되는(사실 근거도 빈약한) 수요에 재무 계획을 올리게 됩니다. 위 양식대로 충실하게 작성하면 그거 자체로도 물론 충분히 훌륭한 제안서가 됩니다. 이때 정말 잘 나온 제안서는 보통 시대의 트렌드를 잘 따라 주었느냐 그리고 조사한 내용의 근거가 충분하느냐 마지막으로 재무 계획이 탄탄하느냐 수준입니다. 제가 부정적으로 표현을 하였지만, 이런 수준도 너무 좋습니다. 하지만 솔직히 문서가 읽히나요? 제안서를 작성하는 스스로도 위의 양식을 꼭 지킬 필요가 있다고 생각하나요? 우리가 글을 읽을 때 저 순서대로 생각을 할까요? 절대 아닙니다. 그래서 제가 제안드리는 순서는 다음과 같습니다.

0. 아이디어 및 예상 성과
1. 아이디어 제안
2. 제안 배경
3. 진행 계획 및 세부 사항
4. 예상 성과 및 기대 효과

앞선 챕터에서 강조한 보고서 작성 방법하고 비슷합니다.

우리는 우리 주위에 정보가 너무 많이 있습니다. 그리고 판단해야 하는 것도 많이 있습니다. 하물며 우리가 작성한 어떤 신사업 계획서를 읽어야 하는 상대방은 우리 말고도 수많은 계획서를 또는 제안서를 받아 봅니다. 그래서 그들의 수고로움을 고려하고, 그들이 빨리 판단할 수 있게 제일 먼저 아이디어에 대해 설명하고, 예상 성과에 대해서 요약하여 설명을 해 줘야 합니다. 이를 포함해서 각 목차별 작성 콘텐츠에 대해서 말씀드리겠습니다.

	주요 내용	예상 페이지
0. 아이디어 및 예상 성과	아이디어에 대한 세 줄 미만의 핵심 내용 그리고 비용 중심 예상 성과	1p
1. 아이디어 제안	구체적인 아이디어 제안	1~2p 가급적 1p
2. 제안 배경	아이디어를 제안한 배경, 시장에서의 니즈	2~3p
3. 진행 계획 및 세부 사항	지금까지 진행 사항 또는 진행 순서 이때 각 단계별 핵심 과업이 있어야 하고 핵심 참여 인력도 있어야 함 시간의 흐름으로 작성하는 것이 일반적임	1~2p
4. 예상 성과 및 기대 효과	예상 매출 제시 수익 발생 시점 제시 매출 근거 제시 투입 비용 제시	1p

위 양식에 대해서 말씀을 드려도 막상 작성하고자 하면 어려울 수 있습니다. 하지만 걱정하지 마십시오. 생성형과 함께하면 할 수 있습니다.

작성하시는 서류의 양식은 PPT도 좋고 한글 파일도 좋으나 먼저 한글 파일 중심으로 작성하시고 난 다음 PPT로 요약 하시는 것을 추천드립니다.

새로운 사업을 예시로 들어야 하니, 신사업 예시를 먼저 가정하고 하겠습니다.

> 신사업: 생활소음 탐지를 통해서 위험상황을 인지하고 소음원을 분석해서 소음 발생을 차단하기 위한 사업. 예를 들어서 아파트 단지 내에서는 오토바이 소음이 주로 발생하는 시간대를 알아내서 사전에 오토바이 소음을 차단함으로써 소음을 차단함. 우리 제품 및 서비스는 소음탐지기와 응용소프트웨어임.

순서대로 된다면 '0. 아이디어 및 예상 성과'부터 나와야 하지만 이 장표는 일종의 요약에 해당되니 맨 뒤에 하는 것이 바람직합니다.

아이디어 제안

제안하고자 하는 아이디어에 대해서 2장을 넘기지 않은 상태에서 설명을 해야 합니다. 이때 이미지를 많이 생각하셔서 이미지로 접근을 많이 하시는데, 이미지로 접근하지 마시고 텍스트로 접근을 하셔야 합니다. 텍스트로 정리가 된 이후에 관련한 이미지 만드는 건 일도 아닙니다.

그러면, 신사업에 대한 대략적인 내용은 나왔으니 이것을 기준으로 아이디어 제안하는 방법을 알아보겠습니다. 어렵지 않습니다. 우리는 앞선 챕터에서 이른바 '기획하는 방법'에 대해서 배웠고 이때 키워드 뽑는 방법에 대해서도 배웠습니다. 그런 것을 바탕으로 '제목' 즉 제안명은 직접 작성하신 것입니다. 그럼 이제 생성형을 활용하면서 하나씩 작성해 보겠습니다.

제안명: 생활소음의 감지 진단을 통해 쾌적한 생활환경 유지를 위한 소음탐지 장치 및 응용 시스템 개발

먼저 프롬프팅을 하기 전에 제가 생각하는 정답부터 제시하였습니다.

> **Input**
> 사업 제안서를 작성할 거야.
> 관련한 내용은 아래와 같아.
>
> #사업 제안 내용 시작
> 생활소음 탐지를 통해서 위험상황을 인지하고 소음원을 분석해서 소음 발생을 차단하기 위한 사업. 예를 들어서 아파트 단지 내에서는 오토바이 소음이 주로 발생하는 시간대를 알아내서 사전에 오토바이 소음을 차단함으로써 소음을 차단함. 우리 제품 및 서비스는 소음탐지기와 응용소프트웨어임.
> #사업 제안 내용 끝
>
> #질문 시작
> 사업 제안서의 개요만 작성해 줘.
> 상대방이 이해가 빠르도록 쉽게 설명해 줘.

Output

사업명: 생활소음 탐지 및 차단 시스템 개발 사업

1. 사업 목적
    - 생활소음을 탐지하고 분석하여 위험 상황을 인지하고 소음 발생을 사전에 차단하는 시스템 개발
    - 아파트 단지 등 주거 환경에서의 소음 문제 해결 및 주거 환경 개선

2. 주요 내용
    - 소음 탐지기 및 응용 소프트웨어 개발
    - 소음원 분석 및 패턴 파악 기술 개발
    - 소음 발생 시간대 예측 및 사전 차단 시스템 구축

생략

출처: '라온' service base by AI:DRIVE with HBC data 26w,2024. 4turns

위의 예시를 그대로 응용하게 되실 경우 약간의 오류가 있습니다. 제가 의도했던 것은 소음 발생을 차단하기 위한 서비스이지 소음 발생을 차단하는 장치나 서비스가 아닙니다. 하지만 제가 프롬프팅에 명령을 하면서 '소음 발생을 차단하기 위한'이라는 문구가 들어가서 잘못된 내용으로 나왔습니다. 이에 5번째 Turn에서 수정해서 물어보겠습니다.

Input

정보를 잘못 제공했어. 소음 발생을 차단하는 시스템이 아니라 소음을 진단 분석하여 소음이 발생되는 것을 예측하여 관리자가 미리 예방할 수 있도록 도와주는 시스템이야.

Output

사업 제안서의 개요를 다음과 같이 작성해 드리겠습니다:

사업명: 생활소음 탐지 및 예방 시스템 개발

> 1. 사업 목적
>   - 생활소음을 탐지하고 분석하여 위험 상황을 사전에 인지하고 예방하는 시스템 개발
>   - 아파트 등 주거 환경에서의 소음 문제 해결을 통한 주거 환경 개선
>
> 2. 주요 제품 및 서비스
>   - 소음 탐지기: 생활 소음을 실시간으로 감지하는 하드웨어 장치
>   - 응용 소프트웨어: 소음 데이터를 분석하고 관리하는 소프트웨어
>
> 생략

출처: '라온' service base by AI:DRIVE with HBC data 26w.2024. 5turns

이제야 제가 의도했던 대로 나왔으며 사전에 제시한 '제안명'하고 차이가 별로 없습니다.

생성형 인공지능이 답변하는 것을 확인하니 어떠신가요? 이제 머릿속에 있던 불투명한 것들이 조금 해결되지 않았나 생각해 봅니다.

위 내용을 참조하여 사업 목적 즉 과제명 또는 사업명 또는 아이디어 제안으로 제목을 설정하시면 되겠습니다.

제안 배경

제안 배경은 사업을 제안하게 된 배경을 이야기합니다. 배경을 설명하기 전에 프롬프팅 결과로 생성형이 일부 만들어 냈다면 그것을 포함해서 활용하시는 것도 나쁘지 않습니다. 다만, 생성형에 의지를 하게 되면 창의성이 떨어져서 의도하지 않은 방향으로 흘러갈 수도 있습니다.

제안 배경에는 아이디어를 제안하게 된 배경에 대해서 설명을 해야 합니다. 주로 사업 아이디어를 제안하게 되는 배경에는 '사장님이 시켜서'가 정답이겠지만, 그럼에도 불구하고 우리는 조사가 필요합니다. 보통의 제안 배경에는 해당 사업이 돈이 된다는 이유입니다. 즉 시장의 니즈가 있다는 이야기입니다. 먼저 매우 심플하게 생성형을 시켜서 제안 배경을 물어보고 난 다음 좀 더 인사이트 있는 것을 말씀드리겠습니다.

> **Input**
>
> 사업 제안 배경 작성해 줘.
>
> **Output**
>
> 사업 제안 배경을 다음과 같이 작성해 드리겠습니다:
>
> 사업 제안 배경
>
> 1. 소음으로 인한 생활 불편 해소 필요성
>   - 아파트 단지 등 주거 지역에서 오토바이 소음 등 생활소음으로 인한 주민 불편이 지속적으로 발생하고 있습니다.
>   - 소음 발생 시간대와 원인을 정확히 파악하여 체계적으로 관리할 수 있는 시스템이 필요한 상황입니다.
>
> 2. 스마트 기술을 활용한 소음 관리 솔루션 개발
>
> 생략

출처: '라온' service base by AI:DRIVE with HBC data 26w,2024. 1turn

앞선 대화를 기반으로 충분히 잘 설명한 것 같습니다. 특히 기술적 배경을 포함해서 작성된 것이 바람직해 보입니다. 하지만, 냉정하게 생각을 하면, 핵심이 빠져 있습니다. 이제 앞서서 말씀드린 인사이트 있는 답변을 요청해 보겠습니다. 인사이트 있는 답변을 요청하기 위해서는 추가 정보가 필요합니다.

구글 등 검색엔진을 활용해서, 소음관련 정보를 추가 수집하십시오. 그리고 그 추가 수집 정보를 '파일등록' 기능을 활용하여 등록합니다.

Input

사업 제안서를 작성할 거야.
관련한 내용은 아래와 같아.

#사업 내용 시작
생활소음 탐지를 통해서 위험상황을 인지하고 소음원을 분석해서 소음 발생을 차단하기 위한 사업. 예를 들어서 아파트 단지 내에서는 오토바이 소음이 주로 발생하는 시간대를 알아내서 사전에 오토바이 소음을 차단함으로써 소음을 차단함. 우리 제품 및 서비스는 소음탐지기와 응용소프트웨어임.

#사업 내용 끝

#사업의 제안 배경 작성해 줘.
이때 지금 등록한 자료를 참조해서 작성해 줘.

Output

사업 제안서의 제안 배경을 다음과 같이 작성해 드리겠습니다:

사업 제안 배경

1. 소음 공해 문제의 심각성 증가
최근 도시화와 인구 밀집으로 인해 생활 소음 문제가 심각해지고 있습니다. 특히 아파트 단지 등 공동주택에서는 오토바이 소음, 층간 소음 등으로 인한 주민 간 갈등이 빈번히 발생하고 있습니다. 이에 따라 효과적인 소음 관리 시스템의 필요성이 대두되고 있습니다.

2. 기존 소음 관리의 한계
현재의 소음 관리는 사후 대응적 성격이 강해, 소음 발생 후 민원 접수 등을 통해 조치가 이루어지는 경우가 많습니다. 이는 근본적인 문제 해결에 한계가 있으며, 지속적인 주민 불편을 초래합니다. 따라서 사전 예방적이고 체계적인 소음 관리 시스템이 요구되고 있습니다.

생략

출처: '라온' service base by AI:DRIVE with HBC data 26w,2024. 1turn

정부 발표 자료를 참조하니 좀 너 매끄럽게 작성이 되있습니다. 이러한 방법이 이른바 RAG를 활용하여 최신성을 반영한 방법이고 이때 우리가 프롬프팅을 어떤 식으로 변형해서 이야기해야 하는지에 대한 방법을 설명해 드렸습니다.

진행 계획 및 세부 사항

진행 계획 및 세부 사항 항목 작성 시 주의해야 할 것은 단계별 작성을 해야 한다는 것입니다. 근데 사업을 진행하는 모든 단계에 대해서 설명할 필요는 없습니다. 중요 사항만 단계별로 표현을 하고 각 단계별 핵심 과업에 대해서 설명을 해야 합니다. 이때 핵심 과업에 대한 세부 사항을 기록하면 더욱 보기 좋습니다. 이 부분은 특별한 방법이 있기보다 일종의 정해진 규칙이 있으니 바로 생성형을 활용하겠습니다.

Input

진행 계획 및 세부 사항에 대해서 작성해 줘.
진행 계획은 순서대로 나와야 하고 각 순서당 핵심 과업에 대해서 설명해 줘.

Output

사업 제안서의 진행 계획 및 세부 사항을 다음과 같이 작성해 드리겠습니다:

1. 제품 개발 단계
   - 소음탐지기 하드웨어 설계 및 제작
   - 소음 분석 알고리즘 개발
   - 응용 소프트웨어 개발(관리자용 인터페이스 포함)
   핵심 과업: 정확한 소음 탐지 및 분석 기능 구현

생략

출처: '라온' service base by AI:DRIVE with HBC data 26w,2024. 2turns

진행 계획 및 세부 사항 작성에는 제가 등록한 사업 계획서가 많이 있어서 충분히 우수한 결과가 바로 나왔습니다.

예상 성과 및 기대 효과

　예상 성과 및 기대 효과는 대부분 결정되어 있습니다. 이것을 통해서 얼마만큼의 재무적 성과를 달성하는지가 중요합니다. 쉽게 목표 매출 ○○○억 이런 식이 될 것입니다. 하지만 너무 아마추어적인 생각입니다.

　결국 결정권자가 보는 것은 '얼마 넣고 얼마 벌어?'입니다. 그래서 투입 비용이 얼마, 수익 발생 시점 언제, 예상되는 금액은 얼마와 같이 이런 것들이 한 번에 나와야 합니다.

　먼저 투입되는 비용은 대략적으로 계산하는 방법 말고는 없습니다. 투입 비용을 계산하기 어렵다면, 안타깝지만 사업 계획은 못 하십니다. 두 번째로 예상되는 수익 발생 시점을 가늠해야 합니다. 물론 수익 발생 시점을 가늠하기 위해서는 좀 더 재무모델을 돌려 봐야 하지만 그래도 목표로 하는 것은 있어야 합니다. 본 책에서는 이러한 구체적인 내용이 제시되어 있지 않지만 대략적으로 어떤 내용들이 들어가서 어떤 형태로 나와야 하는지 말씀드리겠습니다.

Input

위 사업에 대해서 초기 투입 비용은 10억이야. 수익 발생 시점은 착수부터 2년 뒤야. 5개년도 매출 규모는 35억이야.

예상 매출 제시
수익 발생 시점 제시
매출 근거 제시
투입 비용 제시
작성해 줘.

Output

1. 예상 매출 제시:
　　- 5개년도 매출규모: 35억 원

2. 수익 발생 시점 제시:
　　- 착수부터 2년 후

> 3. 매출 근거 제시:
> - 구체적인 매출 근거는 주어진 정보에 명시되어 있지 않습니다. 다만 생활소음 탐지 및 분석 시스템, 소음탐지기와 응용소프트웨어를 제품 및 서비스로 제공하는 사업이라는 점에서 이와 관련된 수요가 있을 것으로 추정됩니다.
>
> 생략

출처: '라온' service base by AI:DRIVE with HBC data 26w,2024. 3turns

마지막으로 지금까지 작성했던 내용을 한 번에 모아서 정리하겠습니다.

> **Input**
> 위 사업 내용에 대해서 아이디어에 대한 세 줄 미만의 핵심 내용 그리고 비용 중심 예상 성과 작성해 줘.
>
> **Output**
> 생략

출처: '라온' service base by AI:DRIVE with HBC data 26w,2024. 4turn

이번 쿼리에 대해서는 따로 결과를 보여 드리지 않았습니다. 하지만 직접 해 보시면 바로 확인 가능하십니다. 서류 작성에 앞서 연습을 포함해서 총 기획 연습 5턴+추가 1턴+4턴 총 10턴으로 보고서 작성이 마무리되었습니다. 독자분들마다 제가 제시한 프롬프팅 기법들과 기획 방법론을 동원하여 개별적인 프롬프팅 방법을 터득하시면 아마 10턴보다 더 줄어들 것입니다.

그럼 이제 고객사에 우리 제품이나 서비스를 제안하는 제안서를 작성해 보겠습니다.

고객사에 우리 상품을 소개하는 제안서 작성법

정말 수많은 기업들이 자사의 제품이나 서비스를 판매하기 위하여 제안서를 작성합니다. 제안서의 품질에 따라서 고객사가 연락을 하기도 하고 안 하기도 합니다. 보통 고객사가 연락을 안 하는 경우는 우리 제안서가 매력적이지 않아서 그렇습니다. 그래서 우리는 또 제안서를 수정합니다. 하지만 그게 정답일까요? 공공기관에 제안을 하는 제안서 그리고 일부 기업의 경우 자신들이 요구하는 제안서의 형식이 있습니다. 그렇게 형식이 결정된 것 이외에는 제안을 하는 기업의 자율 양식입니다. 보통의 경우 다음과 같은 제안 순서를 보여 줍니다.

1. 회사 개요
2. 대표자 인사말
3. 비전과 미션
4. 경영 이념
5. 회사 연혁
6. 회사의 사회적 달성 사항
7. 사업장 소개 및 제품 소개
9. 제안 사항

우리가 자주 사용하고 그리고 자주 보는 형태의 제안서 형식입니다. 저는 이러한 제안서의 양식을 매우 싫어합니다. 제안을 하려면 무엇을 제안하는지 바로 이야기를 해야지 회사 개요부터 궁금하지도 않은 비전과 미션 등등 너무 형식적인 제안서를 보면, 우리가 이걸 이 기업이랑 해야 하나? 하는 생각이 듭니다. 제품 소개서도 마찬가지입니다. 자기들이 달성한 결과만 잔뜩 열거합니다. 사실 하나도 안 궁금합니다. 내가 궁금한 건 나의 애로를 해결할 것인가 말 것인가입니다. 미팅을 잡을 때 아무런 협의 없이 갑자기 방문하는 경우가 있나요? 절대 그런 일은 존재하지 않습니다. 최소한 유선으로 또는 공식 미팅 이전에 사전 미팅이라는 것을 진행합니다. 그럼, 상대방이 무엇에 대한 욕구가 있는지 충분히 파악됩니다. 만약 그런 파악이 제대로 되지 않았더라도 크게 걱정을 안 해도 되는 것이 우리를 방문하거나 내가 방문한다면 최소한 그 회사에 대해서 조금의 사전 지식이 있는 상태에서 방문하기에 우리는 우리의 사업 제안을 또는 제품 소개 하는 내용을 다음과 같이 작성 가능할 것입니다.

1. 고객의 문제 및 원인
2. 해결 방법
3. 제품 설명
4. 기대 효과

제안서 내용은 길게 작성할 필요 없습니다. 문제 및 원인 그리고 해결 방법, 마지막으로 이걸 이용하면 예상되는 기대 효과, 이렇게 마무리됩니다.

	주요 내용	예상 페이지
1. 고객의 문제 및 원인	문제 원인에 대한 내용	1~2p 가급적 1p
2. 해결 방법	문제를 해결하는 방법	1~2p
3. 제품 설명	우리가 제공하는 제품	-
4. 기대 효과	고객사의 기대 효과	1p

생성형을 이용하여 작성 방법에 대해 알아 가기 전에 먼저 이해가 필요합니다. 고객사는 분명 우리의 도움이 필요해서 온 것입니다. 만약 우리가 불특정 다수에 제안서를 보낸다 하여도 우리 제품이나 서비스가 필요한 곳에 보내게 되어 있습니다. 그래서 고객의 문제 및 원인은 이미 일정 부분 나와 있습니다. 만약 이때 고객사 조사를 통해 사전 정보가 있다면 좀 더 구체적으로 제시가 가능할 것입니다.

다음 예시는 저희 회사에서 제공하는 용역 서비스 중 '서비스 디자인 설계'에 대해서 제안서의 내용을 예시로 들겠습니다. 저희에게 '서비스 디자인'을 의뢰하는 기업들은 새로운 서비스를 개발하고자 하는 기업들은 거의 없습니다. 대부분 기존에 서비스가 존재하고 서비스에 대한 문제가 있어 이것을 해결하고자 연락을 합니다. 가장 최근에 진행했던 서비스 디자인 과제인 내부 웹페이지 고도화 및 일반 사용자 페이지 개발에 대한 것을 예시로 들겠습니다.

고객의 문제 및 원인

고객사는 아마도 매출이 줄었을 것입니다. 또는 원하는 수준의 매출액이 나오지 않을 것입니다. 그래서 매출을 올리기 위한 방법으로 서비스 개선을 요청하는 경우가 많이들 계십니다. 하지만 과연 서비스 개선을 통하면 매출액이 오를까요? 보통 오릅니다. 실제로 오릅니다. 그러니 연락 주세요. 저희 잘합니다.

Input

고객사 제안 문서 작성을 진행할 거야.
#선행 조사 내용 시작
과업명: 서비스 고도화
수요처 개요: 3D 에셋을 이용해서 의류디자인을 하는 기업이야. 내부적인 의류디자인 플랫폼은 가지고 있고 많은 수의 에셋을 가지고 있어. 보통 이런 기업은 디자인 툴을 이용하지만 자체적인 툴은 가지고 있지 않아. 하지만 여긴 내부 혁신을 위해서 이런 도구를 개발한 거야.
수요처 요구사항: 기존 개발한 내부용 3D 디자인 도구를 고도화하기를 원해. 고도화를 하는 이유는 사용하기 불편하다고 해, 그리고 새로운 웹페이지를 개발해서 일반인들도 기존에 개발한 도구를 이용해서 간단하게 의류 디자인을 하는 것을 희망하고 있어.
문제: 아마도 고객사는 매출액이 오르지 않는 이유가 가장 급할 거야, 보통 다 그래. 그래서 무언가 변화를 주고 싶어 하는데 주로 새로운 것을 도입하려고 해. 하지만 우리는 그런 문제가 진짜 새로운 시스템이 도입되면 해결된다고 판단하지 않아, 전체적인 상황을 보고 진단해서 실제로 필요로 하는 것을 찾아서 해결해야 한다고 생각해.
#선행 조사 내용 끝

우리가 제공하는 내용: 서비스 경험 디자인을 통한 서비스 개선

질문
질문 목적: 고객사에 우리 서비스를 제안
요청 내용: 문제 및 원인을 작성해 줘
세부조건: 고객사의 문제 및 원인을 전문가가 바라보는 관점에 대해 작성해 줘
광고 문구처럼 핵심 카피가 필요해
핵심 카피가 제일 먼저 나오게 해 줘

Output

"혁신은 내부에서 시작됩니다: 사용자 경험 개선으로 성장의 열쇠를 찾다"

고객사의 주요 문제 및 원인(전문가 관점):

1. 사용성 문제:
   - 내부 3D 디자인 도구의 불편한 사용성으로 생산성 저하
   - 사용자 중심 설계 부족으로 도구의 잠재력 미활용

> 2. 시장 확장 한계:
>   - 일반인 대상 서비스 확장 시 현 사용성 문제로 진입 어려움 예상
>   - 일반 사용자용 인터페이스 및 기능 최적화 필요
>
> 3. 매출 정체:
>   - 새 시스템 도입만으로는 근본 문제 해결 어려움
>   - 기존 자원 최적화와 사용자 경험 개선이 매출 증대의 핵심
>
> 4. 혁신 방향성:
>   - 신기술 도입보다 기존 시스템 개선에 초점 필요
>   - 내부 프로세스 및 사용자 경험 향상이 실질적 혁신 동력
>
> 5. 고객 니즈 파악:
>   - 일반인 대상 서비스 확장 전 시장 수요 분석 필요
>   - 사용자 중심 서비스 설계가 성공적 시장 진입의 열쇠

출처: '라온' service base by AI:DRIVE with HBC data 26w,2024. 8turns

위 내용을 도출하기 위해서 8턴을 소비했습니다. 8턴을 소비해서 제가 얻은 프롬프팅 기법 입니다.

결과물을 대략 편집하면 1장으로 고객사의 문제를 파악하는 방법으로 충분히 사용 가능합니다. 위 내용은 크게 편집 없이 사용해도 되는 수준으로 나왔습니다. 다만 추가를 조금 한다면, 고객사의 문제점을 너무 강조했습니다. 이런 부분은 개인 호불호가 있습니다. 그리고 생성형 인공지능이 제시한 내용은 반드시 사람이 편집을 해야 합니다. 저는 위의 프롬프팅에 한 번 더 제시를 해서 조금 부드럽게 제안을 하고자 합니다.

* 추가 프롬프팅 내용: 고객사의 문제점을 너무 강조한 거 같아. 고쳐 줘.

해결 방법

문제에 대해서 확인을 했으니 이제 이것을 해결하는 방법을 제시해야 합니다. 문제를 해결하는 방법의 결론은 우리 제품의 특장점입니다. 결론이 나온 뒤 '3. 제품 설명'에서

우리 제품을 설명하면서 사용 예시까지 보여 주면 너무 좋습니다.

Input

이제 문제에 대해서 파악을 했어.
그럼 이제 문제를 해결해야 하는 방법을 제시해야 해.
우리 서비스를 직접 설명하기보다는 문제를 해결하는 방법을 제시하면서 우리 서비스의 특징을 중심으로 제시해 줘.

우리가 제공하는 서비스는 서비스 경험 디자인이고 사용자를 관찰해서 그들의 문제를 찾아서 해결하는 거야, 특히 자체 개발한 도구들을 사용해서 좀 더 빠르고 객관적으로 분석 가능해.

해결 방법 작성해 줘.

Output

1. 사용자 중심 접근:
   - 실제 사용자를 관찰하여 숨겨진 니즈와 문제점 파악
   - 사용자의 행동 패턴과 선호도를 심층적으로 분석하여 개선 포인트 도출

2. 객관적 데이터 기반 분석:
   - 자체 개발한 고급 분석 도구를 활용하여 사용자 경험 데이터를 정확하고 신속하게 수집
   - 정량적, 정성적 데이터를 통합하여 종합적인 인사이트 도출

생략

출처: '라온' service base by AI:DRIVE with HBC data 26w,2024. 1turn

전체적인 내용을 책에는 다 표현을 못하지만 맥락적으로 의도했던 방향성으로 제시를 하였습니다. 이것을 참조하여 해결 방법을 작성하면 될 것입니다.

제품 설명

이제 다음으로는 우리 제품에 대해서 설명을 해야 합니다. 현재 예시를 드는 것은 저희가 제공하는 '서비스 경험 디자인'에 대한 것이므로 서비스에 대한 설명을 하는 것이

바람직합니다. 특히 우리 서비스의 특징에 대해서 구체적으로 제시하는 것이 바람직합니다.

Input

이제 우리가 제공하는 서비스에 대해서 설명하는 문서를 작성할 거야.

첫 번째로, 우리 서비스가 경쟁사보다 강한 이유는 서비스에 참여하는 인력 모두 전문자격사이고 최소 석사 이상의 학력을 보유하고 있어. 또 한국디자인진흥원에 등록된 산업디자인 전문기업이야.

두 번째로 우리는 서비스 경험 디자인을 위한 도구를 자체적으로 확보하고 있어. 기존의 일반적인 도구들을 우리가 직접 경험하면서 한국식으로 변화를 주었고 이를 간편하게 하기 위하여 디지털화했어.

세 번째로, 우리는 서비스 경험 디자인을 제공하지만 경영컨설팅 전문기업이야. 그래서 기업의 당면한 문제도 해결할 수 있지만 추가로 더욱 다양한 서비스를 제공할 수 있어.

우리 서비스 설명하는 문서 작성해 줘.

Output

1. 최고 수준의 전문가 팀
    - 전 인력이 전문자격사 및 석사 이상의 학력 보유
    - 한국디자인진흥원 등록 산업디자인 전문기업
    - 깊이 있는 이론적 지식과 실무 경험의 완벽한 조화

2. 혁신적인 자체 개발 도구
    - 한국 기업 환경에 최적화된 서비스 경험 디자인 도구
    - 실제 경험을 바탕으로 개선된 사용자 중심 디지털 솔루션
    - 빠르고 정확한 분석으로 효율적인 프로젝트 진행

생략

출처: '라온' service base by AI:DRIVE with HBC data 26w, 2024. 1turn

생성형이 제시한 결과물이 실제로 그런가? 하는 착각이 들 정도로 거짓말을 잘하는 결과를 받았습니다. 하지만 완전 거짓말이 아닌 사실에 근거하여 미사어구가 추가된 문장입니다.

기대 효과

이제 마지막 기대 효과 작성입니다. 기대 효과는 우리가 경험하는 기대 효과가 아닙니다.

여기에서 조심해야 할 것은 우리가 제시한 기대 효과 역시 재무적인 성장이 중심일 것인데 우리 서비스나 제품을 사용했을 때 고객사가 재무적인 성과가 창출되지 않는다면, 그건 누가 책임을 질까요? 그래서 보통 고객사에 재무적 성과를 제시하지 않습니다. 하지만, 누구나 다 돈 벌려고 하는 건데 재무적 성과를 이야기 안 하면 이게 설득될까요?

구체적으로 일반 제품이라면, 해당 제품을 사용했을 때 고객들이 얻게 되는 재무적 성과, 예를 들어서 기존에는 한 달에 5만 원씩 사용해서 1년에 60만 원을 지출했는데 귀사 제품을 사용하게 되면 한 번에 50만 원을 내야 해서 10배 이상 비싸다고 하면, 1년을 따졌을 때에는 10만 원을 절약하게 되는 것 아닙니까? 또 다른 예시로는 우리 제품을 이용했을 때 유지보수 비용에서 훨씬 더 절약을 할 수도 있는 것입니다. 즉 고객사가 얻게 되는 재무적 비용을 계산하여 일정 부분 가이드를 반드시 줘야 합니다. 보장이 아닌 제시, 즉 가이드 수준입니다.

Input

고객사가 느끼는 기대 효과를 제시해 줘.
우리 서비스를 이용하는 고객들은 평균적으로 내부혁신성이 강화로 생산성이 증가되었어. 보통 15% 이상 원가 절감이 되었다고 해.
그리고 정확하지는 않지만 서비스가 개선돼서 당장 매출이 늘어나지 않지만 잠재적으로 증가할 가능성이 높아.

기대 효과 작성해 줘.

Output

1. 내부 혁신성 강화
   - 사용자 중심의 프로세스 도입으로 조직 문화 개선
   - 직원들의 창의성과 생산성 향상
   - 혁신적인 아이디어 창출 및 실행 능력 증대

2. 생산성 증가
   - 평균 15% 이상의 원가 절감 효과
   - 업무 프로세스 최적화를 통한 효율성 제고
   - 불필요한 작업 감소로 인한 시간 및 자원 절약

3. 서비스 품질 향상
   - 사용자 경험 개선으로 고객 만족도 상승
   - 서비스 접근성 및 사용 편의성 증대
   - 브랜드 이미지 및 고객 충성도 강화

생략

출처: '라온' service base by AI:DRIVE with HBC data 26w,2024. 1turn

    본 챕터에서는 기안서와 제안서 작성에 어려움을 확인하여 이것을 생성형을 통해 보충하는 방법에 대해 알아봤습니다. 이러한 제시 방법이 정답일 수도 있고 아닐 수도 있습니다. 하지만 일반적인 제안서나 기획서 작성 방법보다는 제가 제안드리는 방법이 더 효과적이지 않을까요? 물론 기존 방법보다 더 어렵습니다. 하지만 너무 걱정 마십시오. 따라 하면 시나브로 일잘러가 됩니다.

따라 하면 성공하는 **소비자 조사**를 통한 가격 결정 기법

소비자 가격 조사, 기호도 조사 방법에 대해서 이해하고 생성형을 활용하는 방법을 확인합니다. 그리고 조사 결과에 대해 차트 보는 법에 대해 이해합니다.

본 챕터에서 시작해서 챕터 18까지는 소비자 조사를 기반으로 하는 가격 결정 방법에 대해서 집중적으로 하겠습니다. 이 부분을 많이 설정한 이유는 특별한 이유가 없습니다. 우리가 영리 활동을 할 때 가장 중요한 게 '가격'이기 때문입니다.

> 요약 1. 4P 중 단연 으뜸은 PRICE, 가격
> 요약 2. 소비자 조사하는 방법에 대해서 설명

마케팅 전략에서 가장 중요한 요소는 이른바 4P라고 하는 '제품, 프로모션, 유통, 가격'이 있습니다. 이 중에서 소비자에 가장 큰 영향을 주는 것이 '가격'입니다. 우리는 가격을 적합하고 적절하게 결정함으로써 시장에서 성공하는 방법을 찾아 가겠습니다.

소비자 가격 조사 방법

마케팅을 하면서 가장 어려운 것 중 하나가 나의 소비자는 어디 있느냐는 것입니다. 특정 대상을 다수로 하게 되면 해당 시장을 직접 추정하고 소비자를 특정 가능하지만 그렇지 않은 경우 소비자 조사가 가장 어렵습니다. 그래서 불특정 다수를 대상으로 하는 조사는 중소기업이나 스타트업의 경우 하지 않는 것이 바람직합니다. 본 책에서는 어디에 있는지 모르는 소비자를 대상으로 하는 것이 아닌 어디에 있는지 추정 가능한 집단을 대상으로 하는 방법에 대해 알아보겠습니다.

설문 조사를 통한 방법

가장 일반적인 방법이며 가장 효과적인 방법입니다. 온라인상에서 다소 특정하기 어려운 집단을 대상으로 설문 조사를 하고 그들을 잠재적 소비자로 확보하고 그들을 통해서 가격을 조사하는 방법입니다.

설문 조사에 앞서서 조사 대상을 특정해야 하는데 '성별, 나이, 기호도'는 일정 부분 조사가 되어야 합니다. 기호도 조사는 유료 광고 서비스나 유료 조사 서비스를 이용하시면 좀 더 정확하게 조사가 가능하지만 직접 조사를 할 때 필요한 것들에 대해서 말씀드립니다.

성별, 나이, 기호도는 확인이 되어야 합니다. 확인하는 방법은 설문지에 다음과 같이 작성을 하면 됩니다.

"귀하는 ○○○ 제품을 선호하십니까?"
네/아니오

너무 쉽습니다. 중요한 것은 '아니오'라고 답변한 설문은 전략 데이터로 사용하지 않습니다. 관심도 없는 제품에 가격이 이렇다 저렇다 하는 건 노이즈로 작용합니다. 하지만 '아니오'라고 답변한 사람에게 추가적인 질문을 하지 않으면 안 되므로 데이터는 수집을 합니다.

"귀하의 성별은 무엇입니까?"
남/여

어렵지 않습니다. 설문지에 그냥 하면 됩니다. 성별 매우 중요합니다.

"귀하의 나이를 여쭤봅니다."
20~25, 26~30, 30~35, 46~40

너무 쉽습니다. 다만 주의하셔야 할 것은 나이를 구체적으로 특정하면 답변하지 않고 일부러 잘못 기입하는 경우가 많습니다. 그리고 두 번째로 20대 후반에서 30대 중

반까지는 직장 수준에 따라 소비 수준이 다릅니다. 그래서 좀 더 세분화해서 설정을 해도 좋습니다.

"아래 제품은 ○○○입니다. 기능은 ○○○이며 ○○○에 특화된 제품입니다. 귀하께서 아래 제품을 구입하신다면 적정한 가격은 얼마입니까?"
① 1,000원 ② 2,000원 ③ 3,000원

어렵지 않습니다. 그냥 물어보면 됩니다. 이때 이미지가 들어가면 더 좋습니다.

이때 주의해야 하는 것은 이러한 설문지를 최소 3종으로 만들어야 합니다.

최소 3종을 만들어야 하는 이유는 제품 가격을 조사하면 대부분 가장 저렴한 가격을 선택합니다. 이것은 자신이 해당 물건을 살지 안 살지 결정하지 않았지만 무조건 싸게 사고자 하는 일종의 보호심리가 있기에 무조건 저렴한 가격을 결정하게 됩니다. 그러므로 설문 조사 3종을 만들어서 기준 가격이 되는 설문 조사에서 가격 3가지를 물어보기(낮은 가격, 높은 가격)를 진행하고 그 자료를 기준으로 데이터를 편집해서 사용하게 되는 것입니다. 예를 들어 말씀드리면 다음과 같습니다.

"아래 제품은 ○○○입니다. 기능은 ○○○이며 ○○○에 특화된 제품입니다. 귀하께서 아래 제품을 구입하신다면 적정한 가격은 얼마입니까?"

낮은 가격 설문
① 1만 원 ② 2만 원 ③ 3만 원

기준 가격 설문
① 3만 원 ② 4만 원 ③ 5만 원

높은 가격 설문
① 4만 원 ② 5만 원 ③ 6만 원

여기서 가격은 적절하게 구분하여 낮은, 기준, 높은 가격으로 설문을 진행합니다.

"향후 제품 출시와 함께 다양한 프로모션을 진행합니다.
이메일 주소 부탁드립니다."

이 외에 설문 조사를 하는 방법이 좀 더 구체적으로 있지만, 그런 설문 조사는 전문 마케팅 조사기관 또는 연구기관에서 하는 것 또는 논문에 사용되는 경우 연구윤리에 의해 조사가 진행됩니다. 우리는 이런 중간 어딘가에 있으므로 설문 형식을 반드시 지킬 필요는 없습니다.

인터넷을 활용한 방법

가장 편한 방법이 크롤링을 하는 방법입니다(스크래핑). 이커머스를 대상으로 크롤링을 하는 방법인데 크롤링은 불법적인 요소가 있을 수 있습니다. 구체적으로 해당 사이트의 수집 거부를 밝히거나 또는 시스템에 접근이 로봇에 의해 거부를 하면 절대 수집하면 안 됩니다. 이 외에는 자유롭게 수집을 하셔도 좋습니다. 합법적인 방법으로는 API를 할당받아 프로그램으로 수집을 하는 방법이 있습니다. 이는 별도의 방법이 필요하므로 인터넷 검색을 통해서 확인하십시오.

(책을 쓰는 시점인 2024년 6월 기준 온라인에는 무료로 크롤링하는 방법이 많이 있고 크롤러를 외부에서 개발하여 납품받는다면 대략 100만 원 정도 발생하는 것으로 조사되었습니다.)

이런 방법을 제외하고는 직접 데이터를 수집하는 방법이 있습니다.

소비자의 가격 결정 기준 3가지

소비자 가격 결정 방법에 대한 메커니즘은 매우 복잡하고 어렵습니다. 그래서 딱 한 가지만 알고 넘어가겠습니다.

최저 수용 가격

해당 가격 미만으로는 제품을 구입하지 않습니다. 예를 들어 우리가 알리익스프레스 같은 곳에서 구입하는 제품들을 보면 말도 안 되는 가격에 제품을 구입하면서 특별히 무언가를 기대하지 않습니다. 판매자가 하는 광고 자체를 신뢰하지 않고 그냥 '싸니까 산다'라는 개념으로 물건을 구입합니다. 그러한 이유가 최저 수용 가격에 가까운 가격이면 품질에 대해 의심을 하거나 아니면 구입을 하지 않습니다.

준거 가격

우리가 구입하게 되는 가격 범위로 경쟁사 제품과의 비교, 지인을 통한 확인 등에 의해 결정되며, 우리가 일반적으로 구입하는 비용은 전부 이 안에 있습니다.

유보 가격

너무 비싸서 판매를 유보하는 것입니다. 저의 예를 들어서 말씀드리면, 이어폰에 대한 저의 가격은 에어팟 일반 가격이 기준입니다. 에어팟 일반도 충분히 음질이 좋고 전화기와 사용하기 적합한 제품이기에 그렇습니다. 하지만 음악 감상을 위해서는 에어팟 음질이 좋지 않습니다. 그리고 음악플레이어를 따로 들고 다니는 저로서는 고음질의 이어폰이 필요한 상황입니다. 저의 심리적 이어폰 가격은 20만 원이 안 됩니다. 그래서 에어팟2를 아직도 사용하고 있고 앞으로도 사용할 것입니다. 그래서 20만 원이 넘어가는 고가의 이어폰을 구입은 저의 입장에서 매우 어려운 선택으로 제가 음악 감상으로 사용하는 이어폰은 3만 원대의 유선이어폰을 이용하고 있습니다. LG 전자 제품으로 매우 좋습니다.

이제 간단하게 소비자 리서치 방법에 대해서 알아보았습니다. 가격을 결정하는 방법을 터득하고 난 이후, 방금 말씀드렸던 소비자의 기호도 측정 방법과 마케팅 예측 방법을 포함하여 전부 알아보겠습니다.

어렵지만 따라 하면 성공하는 **필수 엑셀 함수**

> 요약 1. 적용하는 함수에 대해서 기능은 무엇인지 맥락적으로 이해해야 한다.
> 요약 2. 기능을 이해하고 특정 키워드를 알고 나면, 그다음은 생성형 시키면 된다.
> 요약 3. 이것만 잘하면 나는 이미 데이터 전처리 전문가, 요약 전문가 된다.

본 챕터에서는 저의 주관적인 생각으로 결정한 엑셀 필수 함수에 대해서 알아보겠습니다. 사실 조금 어렵습니다. 저 또한 아직 그렇게 익숙하지 않은 것도 사실입니다. 하지만 뭔가 분석을 하려면 이 함수들은 기본적으로 다뤄야 가능합니다. 특히 해당 함수가 작동하는 개념을 명확하게 이해하면, 나중에 간단한 파이썬 코드도 이해하실 수 있습니다. 조금 어렵지만 반면 본 챕터에서 키워드 중심으로 해당 함수의 사용방법을 이해하면, 생성형을 시켜서 매우 쉽게도 접근이 가능합니다.

먼저 하자, 데이터 전처리

차트 보고 파악하는 데이터 확인 방법

먼저 데이터의 경향성을 보고 그다음 전처리를 진행합니다. 데이터 전처리라고 하니 이게 뭔 소리인가 하는 생각이 들고 또다시 어렵다는 생각부터 들고 있지만, 정말이지 따라 하면 됩니다. 진짜 별거 없습니다. 하지만, 우리가 이 글을 읽고 따라 하는 궁극적인 이유가 바로 일을 잘하려고 하는 거다 보니 우리는 우리가 데이터를 보는 관점을 조금 포괄적으로 알아야 스스로 시각이 넓어집니다. 그리고 나중에 어디 가서 많이 잘난 척을 할 수 있습니다. 그렇기 위해서는 숫자들을 보고 이른바 '경향성'을 읽어야 하는데 글을 읽고 계시는 선생님을 포함해서 대부분 이걸 안 하십니다. 경향성을 안 보고 보통의 경우 평균이나 보고 무언가를 결정하려고 합니다. 대부분 그런 거 같습니다. 그렇기에 우리는 종종 판단에 오류가 생기는 것입니다. 그리고 이러한 경향성을 확인하기 위해서는 먼저 데이터를 전처리해야 합니다. 데이터에 오류가 있을 수도 있고, 빈칸이 있을 수도 있습니다. 우리가 최초에 확보한 정제된 데이터라 하더라도, 전산에서 다운받는다고, 그 숫자가 다 정확하다는 생각 자체를 버리셔야 합니다. 경험을 해야 터득을 합니다. 지금 처음 전처리를 하시는 분이시라면, 우여곡절 끝에 '내가 데이터 전처리를 잘해야 하는구나' 하는 생각이 드실 것입니다. 그럼 이제, 데이터를 전처리하는 방법, 그리고 경향성 보는 방법을 설명드리겠습니다. 다소 고난도가 예상되나 데이터를 읽는 방법을 익숙하게 하시면 그다음은 너무 쉽습니다. 그러니 따라 하시면 됩니다.

먼저 데이터를 하나 보겠습니다.

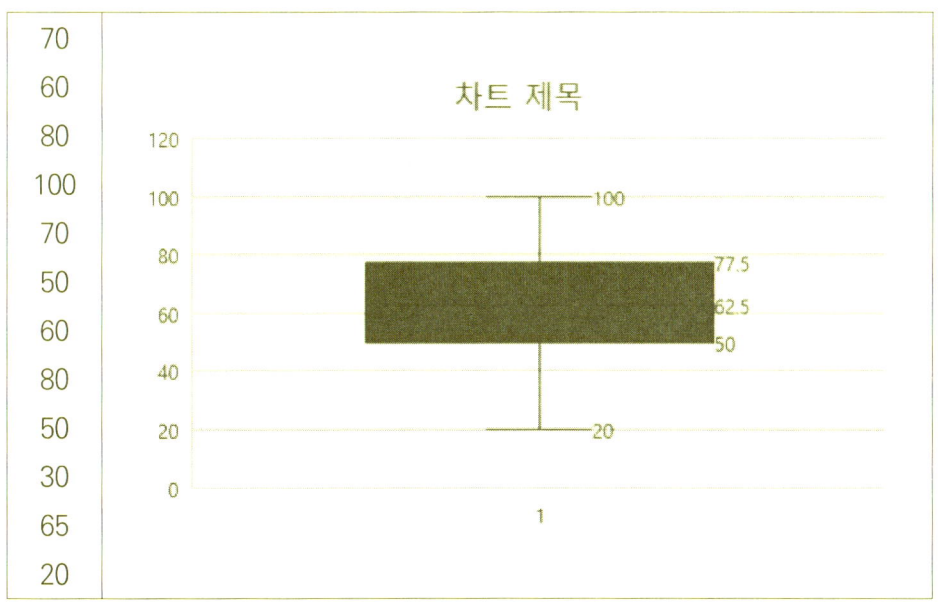

왼쪽의 숫자들을 보면 이게 뭐가 뭔지 모릅니다. 근데 이 숫자가 3,000개, 5,000개 되면 더 파악하기 어렵습니다. 더군다나 빅데이터 개념으로 접근을 하면 수만 개 수준을 넘어서는 수준이 됩니다. 이렇게 큰 숫자들을 보면 일단 막막한데, 별거 없습니다. 숫자 영역을 선택하고 엑셀에서 차트-수염상자를 하면 오른쪽 그래프가 나옵니다. 그래프에서 가운데 박스에서 우클릭, 레이블 추가하면 사진과 같은 이미지가 나옵니다. 이제 경향성 파악이 끝났습니다.

박스플롯(수염상자)을 보는 가장 큰 이유는 숫자들의 경향성을 보는 것입니다. 소위 말하는 4분위를 보는 건데 보통 최솟값, 1사 하위 25% 값, 중위수(2사), 3사 상위 25%, 최댓값(4사)을 봅니다.

아래부터 최솟값 20, 1사 50, 중위수 62.5, 3사 77.5 최댓값 100 끝났습니다. 이렇게 경향성을 보는 것입니다. 그럼, 이제 전처리로 와서 전처리 진행에 앞서, 이렇게 경향을 보면 숫자의 최솟값과 최댓값이 실제 필요할까요? 이른바 극단치라 불리는 숫자들은 사실 필요 없습니다. 특히 마케팅에서는 이러한 값을 보여 주는 것은 우리의 목표가 아니기에 드롭을 해도 좋습니다. 저는 항상 드롭합니다. 극단치는 필요 없습니다. 구체적으로 극단치의 값들이 평균, 최빈값, 중앙값하고 벗어난 수준을 보는데(보통 기준으로부터 Z점수가 ±3 또는 ±2.5 벗어나는 경우, 사분위에서 1.5배 이상인 경우, 평균에서 표준편차 3배 이상 등이 있습니다.) 이제 이 차트를 보고 파악하는 수준은 이 정도면 충분합니다. 딱 4분위만 보시고 그다음 극단치를 제거할지 말지 그냥 임의로 설정하셔도 좋습니다. 왜냐하면 우리는 실제 그렇게 높은 수준의 정교함을 요구하지 않기 때문입니다.

전처리 방법

데이터 전처리에 대해서 어렵게 생각하시면 안 됩니다. 무언가 프로그래밍이 들어가고 복잡한 방정식이 들어가는 것이 아니기 때문입니다. 실제 중소기업 환경 또는 단일조직 단위에서 처리하는 데이터 수준은 빅데이터 환경이 아닌 경우가 대부분으로 아래 말씀드리는 것만 하셔도 충분합니다.

'데이터 처리=내가 원하는 자료로 변경'

보통 우리가 많은 수의 데이터를 처리한다고 하여도 중소기업 또는 단일조직에서 한 번에 처리하는 단일데이터 항목 시료(샘플)는 1만 개를 넘기기 쉽지 않습니다. 제가 데이터 전처리 방법에 앞서서 중소기업, 소규모라고 강조하는 이유는 생각보다 데이터가 많지 않다는 것입니다. 예를 들어 제가 확인한 이커머스 기업 중 제법 규모가 큰 기업의 사용자 데이터를 보니 전체 사용자가 80만 명이 넘었습니다. 이들이 일간 거래하는 비율을 보니 3% 수준으로 하루에 약 24만 명이 이용을 했고 이 중에서 2% 수준으로 매입 매출 활동하는 것을 확인했습니다. 즉 하루에 4만 8천 명의 거래가 있었습니다. 이 기업은 중소기업이지만 대기업의 계열사 중 하나였습니다. 대기업 계열사의 활성화된 이커머스 수준이 80만 명이니 대부분의 중소기업들은 훨씬 더 작은 숫자라는 것입니다. 즉 엑셀로도 처리가 가능한 수준임을 다시 한번 강조하면서 단일 항목의 시료가 1만 개 수준이라면, 항목이 5~6개가 된다면 처리해야 할 숫자는 5~6만 개입니다. 이 정도 숫자의 수준이면 엑셀로 충분합니다. 다만 이렇게 자신 있게 주장하면서 살짝 퇴출구로 하나 더 말씀드리면, 제 사용하는 컴퓨터는 전체 셀 개수가 2만 개가 조금 넘어가면 속도 부하가 걸리기에 파이썬을 먼저 활용하곤 합니다. '엑셀이 전부다'라는 말을 하자마자 바로 파이썬을 활용한다는 말을 하면서 말을 이어 가겠습니다. 약간 맥락적으로 제가 드리는 말씀을 이해해 주셨으면 합니다.

데이터 전처리를 하는 이유는, 위 말씀드린 대로 내가 원하는 자료로 바꾸기 위함입니다. 내가 원하는 정보를 찾기 위해서는 딱 맞는 데이터만 가지고 해야 하는데 그러지 않고 많은 데이터를 한 번에 처리하다 보면 노이즈가 생기고 이러한 노이즈로 인하여 의도하는 방향에 정확도가 떨어지게 됩니다. (여기서 말하는 노이즈란 의도하지 않은 모든 데이터를 총칭합니다.)

전처리 방법은 매우 간단합니다.

확인-제거-변환

이렇게 3단계만 진행하면 되는 매우 간단한 방법입니다.

① 확인
수염상자로 데이터를 확인 합니다. 위에 말씀드린 4분위에 대해서 확인합니다.

② 제거
극단치 숫자는 제거합니다.
제거되는 숫자들은 필요 없는 숫자들입니다. 4분위를 보면서 극단치를 제거합니다. 저는 습관적으로 극단치를 제거합니다. 그리고 보통, 제거 방법으로 필터 함수를 이용해서 합니다. 이것을 이용하면 한 번에 삭제가 가능하기 때문입니다. 필터를 이용해서 한 번에 지우는 방법을 추천드리고 다른 하나는 변환 후 제거 방법으로 아래 설명드리겠습니다.

중복되는 데이터를 제거합니다.

데이터 저장 방법 설계가 완벽하지 않기에 항상 중복 데이터는 존재합니다. 종종 존재하는 것이 중복 데이터입니다. 또는 특정 데이터가 동일하게 반복적으로 저장되었다면 그것은 노이즈로 판단하는 게 바람직하기에 중복 데이터는 제거하는 것이 좋습니다. 엑셀에서 '데이터-중복 제거'를 하면 쉽게 제거됩니다. 이때 주의하실 것은 일괄 제거 방식이기에 목적으로 하는 데이터가 제거되지 않게 주의합니다.

의도하지 않은 숫자들 제거합니다.

가끔 이상한 숫자들이 잔뜩 나옵니다. 이름 데이터라고 하면 보통 이름은 3자, 2자로 됩니다. 가끔 4자인 경우도 있지만, 전국에 이름이 4자인 사람은 몇 명 안 되기에 이런 것들은 다 제거합니다. 제거를 하는 이유가, 통일되지 않으면 분석이 어렵고 함수식이 꼬여 버리기 때문입니다. 다른 예시로는 성별을 확인하는 데이터는 1, 2, 3, 4 이렇게 4개입니다. 하지만 성별에 5, 6 이런 숫자들이 있다면 제거합니다. 데이터 입력 시 실수로 입력되었다 하더라도 분석 대상에서 제거를 해야 합니다.

빈칸을 제거합니다.

당연하지만 빈칸을 제거합니다.

③ 변환

데이터를 확인하다 보면, 이상한 숫자나 잘못 입력된 데이터들이 있습니다. 이러한 데이터를 변환하는 것입니다. 또는 동일한 목적의 데이터가 2개의 값으로 저장된 경우에도 하나로 변환을 해 줍니다. 조금 복잡하게 가면 데이터의 정규화를 해 주면 되는데 정규화까지는 이 책에서 다루는 내용이 아니므로 생략하겠습니다. 데이터의 변환 방법으로 가장 쉬운 것은 찾아서 바꾸기입니다. 예를 들어서 성별을 구분하는 셀에서 1은 남자, 2는 여자, 3은 남자, 4는 여자일 때 1, 2, 3, 4가 모두 있으면 어려우니 성별 데이터 칼럼을 블록 잡고 찾아 바꾸기로 해서 3은 1로 바꾸고 4는 2로 바꾸면 모두 통일됩니다.

마지막으로 다시 수염상자를 돌려서 데이터 경향성을 한 번 더 확인합니다. 그럼 수정된 경향성을 확인하실 수 있습니다.

이러한 과정에서 특정 항목의 데이터를 중심으로 제거하면 해당 항목을 기준으로 다른 항목들의 데이터는 남아 있습니다. 그래서 데이터의 제거 방법 중 필터를 활용하면서 데이터 제거하시는 방법을 추천드립니다.

이렇게 하시면 데이터 전처리는 완료되었습니다. 이제 함수를 알아보겠습니다.

아는 거 같지만 사실 잘 모르는 함수 모음

평균을 구할 때, AVERAGE 함수

딱히 설명을 드리지는 않겠지만, 이 함수를 선택한 이유는 흔히들 하시는 착각이 평균의 착각입니다. 평균 숫자가 나오면 흔히 그것을 중간이라고 생각을 하시는데, 평균과 중간은 다릅니다. 그래서 평균함수를 사실 잘 모르는 함수로 정했고, 아래 다시 한번 설명드리겠습니다. 그리고 MEAN값 역시 평균을 나타냅니다. 엑셀에서는 글씨만 다르지 같은 사용을 합니다. AVERAGE는 약간 문과 느낌이고 MEAN은 약간 이과 느낌입니다.

중앙값은 메디안, MEDIAN 함수

이게 중간입니다. MEDIAN 함수로 저는 치약부터 떠오릅니다. 메디안 치약, 이가 고르게 일자로 돼서 중간인가? 하는 아저씨 생각을 하면서 이 중앙값이 매우 중요하다는 것을 말씀드립니다. 이유는 중앙값이 딱 중앙에 있는 숫자인데 이 중앙은 평균이랑 다릅니다. 또는 같을 수도 있고 말입니다. 같은 경우를 생각하면 중앙값이 가장 많은 빈도수를 보여 주면 그것이 평균이 될 수도 있습니다. 중앙값을 찾는 것은 평균함수 찾는 것과 같습니다.

IF 함수

IF 함수는 매우 자주 쓰는 함수고 여기저기 다 갖다 붙여 쓰는 함수입니다. 저의 경우 아래 소개해 드리는 잘 안 쓰는 함수 중에 COUNT, COUNTA 함수와 함께 COUNTIF, COUNTIFS, COUNTAIF, COUNTAIFS를 사용합니다. 여기에 좀 더 추가를 한다 해도

SUMIF 정도 합니다. 어렵습니다. 이 모든 것을 외울 필요 없고 연습할 필요도 없습니다. 그냥 그런가 보다 하시고 아래 연습에서 한 번만 따라 하시면 됩니다. 하지만 IF 함수 사용 방법은 알고 계셔야 합니다. 너무 심플합니다.

IF(조건, 참일 때, 거짓일 때)
너무 쉽습니다. 조건을 보여 주고 조건이 맞으면 바로 다음에 오는 것을 보여 주는 거고 그게 아니면 그다음 것을 보여 주는 것입니다. 좀 과격하게 설명을 드리면,

IF(이건 이거야 맞아?, 네 이것을 보여 드립니다, 아뇨 이거를 보여 드릴게요)

이 순서만 명확하게 이해를 하셔야 합니다.

IFS(조건1, 참일 때 값, 조건2, 참일 때 값, 조건3, 참일 때 값, 아닐 때 값)
IF 함수하고 똑같습니다. 계속해서 조건이 붙는 것입니다. 그럼 하나 이상한 것은 보통 우리가 IF 함수를 쓸 때 IFS라고 안 하고도 계속해서 조건을 답니다. 하지만 저는 IFS로 이해하고 있습니다. 이유 설명은 아래 하겠습니다.

최댓값과 최솟값을 구하는 함수
MAX 함수: 최댓값을 구하는 함수입니다.
MIN 함수: 최솟값을 구하는 함수입니다.

익숙해지면 자주 사용하는 함수
LARGE 함수: 지정한 등수대로 높은 순서로 찾는 함수입니다.
SMALL 함수: 지정한 등수대로 낮은 순서로 찾는 함수입니다.
예시) 조건이 2등을 찾고자 할 때이며 조건 숫자가 A1에 입력을 한 후
=LARGE(B1:B10,A1)   / A1에 입력된 것을 기준으로 B1:B10 사이에서 두 번째로 큰 숫자를 찾음
=SMALL(B1:B10,A1)   / A1에 입력된 것을 기준으로 B1:B10 사이에서 두 번째로 작은 숫자를 찾음

나중에 엑셀 자료 편집할 때 사용하는 함수

   COUNT 함수: 숫자가 있는 셀의 숫자를 구해 줍니다. 즉 범위 내에 숫자가 있는 셀의 총 숫자를 찾아서 가르쳐 줍니다.

   COUNTA 함수: 범위 내에서 빈 셀을 제외한 모든 셀을 찾아 줍니다. 즉 오류를 포함하여 숫자를 세어 줍니다.

   저는 사실 잘 안 쓰는 함수들입니다. 잘 안 쓰는 이유인즉, 이 함수들은 주로 자료를 편집하기 전에 데이터에 대한 경향성을 볼 때 참조하기 위해서 사용하는 함수인데, 이것보다 차라리 파이썬 코드로 경향보고 전처리하는 게 3배 정도 빠르고 편하기 때문입니다. 본 책을 쓰면서 파이썬 사용법을 조금이라도 알려 드리고 싶지만 책의 난이도 조절을 위해서 생략하고, 엑셀 수준에서 충분히 전처리하기 위하여 사용하는 것입니다.

매우 자주 쓰는 함수

   COUNTIF 함수: 빈도수를 세는 함수입니다.

   COUNT 함수가 범위 내 숫자를 찾아 준다고 말씀드렸는데, 여기 조건을 달아 사용하면 빈도수 카운팅이 가능합니다. 아주 중요한 함수입니다.

   예시) COUNTIF(범위, 조건)

   COUNTIF(A1:A100, ">50")　/ 범위 내에서 50보다 큰 셀의 숫자를 보여 줍니다.

   COUNTIF(A1:A100, "홍승민")　/ 범위 내에서 홍승민 텍스트를 포함하는 셀의 개수를 보여 줍니다.

   이 외에도 여러 함수가 자주 사용되지만, 주로 데이터 전처리에 사용되는 함수들입니다. 또는 데이터의 요약 보고를 위한 함수들입니다. 저의 경우 여러 요약 보고는 필터로 하기에 엑셀 함수를 통해 요약을 목적으로 하시는 분은 다른 책을 참조하시는 것을 추천드립니다.

조금 어렵지만 꼭 이해해야 하는 함수

행과 열에서 찾아 줘요, INDEX 함수

   함수식: INDEX(array, Row_num, Column_nem)

INDEX 함수는 자주 사용하는 함수 중에 하나입니다. INDEX 함수를 모르고는 분석된 데이터에서 원하는 것을 빠르게 찾지 못합니다. INDEX 함수는 범위 내에서 행과 열, 즉 가로세로에서 찾고 그 값을 찾아서 보여 줍니다. 함수식은 INDEX(범위, 가로 순서, 세로 순서)로 예를 들어서 INDEX(A1:B10,1,1) 이렇게 입력을 하면 A1~B10까지이니 전체 20개의 데이터에서 가로 1번 세로 1번을 찾아 주므로 A1 입력된 값을 찾아서 기록해 줍니다. 만약 A1에 '홍승민'이라고 입력이 되었으면 홍승민을 기록해 줍니다.

같은 것을 찾아 줘요, MATCH 함수

함수식: MATCH(lookup_value, lookup_array, [match_type])

MATCH 함수 역시 자주 사용합니다. 우리가 MATCH 함수를 이해해야 하는 이유는 수많은 데이터에서 우리가 원하는 것만 찾아서 확인을 해야 하기 때문입니다. 그래서 MATCH 함수는 특정 값과 일치하는 것을 찾아 주는 함수로 기억하시면 됩니다. 특히 INDEX 함수와 MATCH 함수는 같이 또는 따로 매우 자주 사용하는 함수입니다.

함수식에서, lookup_value, 룩이니까 찾는 거, 즉 찾고자 하는 값입니다. lookup_array, 어레이니까 열거되어 있는, 즉 범위입니다. match_type, 매치 기준을 설정하는 것입니다. 매치 기준은 1, 0, -1 이렇게 3개고 순서대로 어떠한 범위에서 찾고자 하는 것이 1은 오름차순으로 찾는 기준으로 찾을 값과 근사치를 찾습니다. 0은 동일한 것을 찾아 주는 명령어이고 -1은 내림차순으로 찾을 값과 근사치를 찾아 줍니다.

함수식은 MATCH(찾는 값, 범위, 매치 기준)으로, 예를 들어 MATCH(B1,A1:A10,0) 이렇게 C1 셀에 입력을 한다면, B1 값을 A1:~A:10에서 찾는데 '0' 일치하는 것을 찾아서 해당되는 순번을 찾아 주는 것입니다. 매치 함수를 읽다가 '순번' 하니 다시 알쏭달쏭 하실 것입니다. 왜 순번을 찾는지 아래 예시를 참조해서 설명드리겠습니다.

	A	B	C	D	E	F	G
1							
2			제품1	제품2	제품3		판매단가
3		이마트	100	121	65		5,000
4		롯데마트	44	120	55		
5		쿠팡	66	54	77		
6		홈플러스	54	22	111		
7		백화점	22	44	112		
8							
9		제품	제품2	2			
10		매장	쿠팡	3			
11		판매숫자		55			
12		매출액		275000			
13							

〈본 자료는 챕터 말미에 다운로드 주소 있습니다.〉

위와 같이 데이터가 입력되었고 찾고자 하는 목적이 어떤 제품이 어떤 매장에서 몇 개가 팔렸고 매출액은 얼마인지 궁금할 때 INDEX 함수와 MATCH 함수를 동시에 사용합니다.

D9셀의 함수식은 =MATCH(C9,C2:E2,0)입니다. 즉 C9 '제품2'라는 항목은 제품1~3 사이에 몇 번째인지 찾는 함수를 입력했고 그 결과 '제품2'는 두 번째여서 '2'라고 보여 주었습니다.

D10셀의 함수식은 =MATCH(C10,B3:B7,0)입니다. 즉 C10 '쿠팡'은 항목 이마트~백화점에서 몇 번째인지 찾는 함수를 입력했고 그 결과 '쿠팡'은 세 번째여서 '3'으로 보여 주었습니다.

그럼 여기서 궁금한 것은 판매 숫자입니다. 제품2가 쿠팡에서 몇 개 팔렸는지 궁금한 것입니다.

D11셀에는 =INDEX(C3:E7,D9,D10) 함수식이 들어갔고 찾고자 하는 범위 C3~E7 전체 범위에서 입력된 값을 찾는데 가로 참조는 D9, 세로 참조는 D10으로 해당하는 셀의 값인 '55'를 보여 주었습니다.

참조값과 일치하는 항목을 찾아 주는 LOOKUP 함수

함수식: XLOOKUP(lookup_value, lookup_array, return_array, [if_not_found], [match_mode], [search_mode]

구 버전 엑셀에서는 VLOOKUP 함수, HLOOKUP 함수를 적절하게 혼용하여 사용하였는데 이제는 그러지 말고 XLOOKUP 하나로 해결 가능합니다.

함수식이 매우 길고 복잡하지만, 특정 단어 확인하셨나요? 그렇습니다. LOOKUP이 들어가서 무언가를 찾는 것이고 일치하는 것을 뽑아 내는 함수입니다. 순서대로 말씀드리면 =XLOOKUP(참조셀, 조회범위, 뽑아 내는 범위, 못 찾으면 뽑는 값, 일치 옵션, 검색 방향)입니다.

다소 이해하기 어렵습니다만, 개념 원리는 INDEX 함수를 통해서 찾는 과정과 MATCH 함수를 통해서 일치하는 것을 찾는 것과 같습니다. 즉 두 개의 함수를 하나의 함수로 해 둔 것입니다. 앞서는 가로세로 달라서 VLOOKUP, HLOOKUP 함수였지만 지금은 합쳐져서 XLOOKUP입니다.

(사족입니다만, X라는 용어에 대해서 잠깐 이해하고 넘어 가겠습니다. 이게 참 재미 있는 논리여서 말씀드리면, X는 어떤 확장의 개념으로 사용합니다. VLOOKUP은 Vertical(수직) 찾기, HLOOKUP은 Horizontal(수평) 찾기, MATCH는 Match(일치) 찾기 이 3개를 합쳐서 X입니다. 미국에서 어떤 확장판이 X라고 하면 이건 혼합된 것입니다. X박스가 그 예시라고 할 수 있겠습니다.)

예시를 들어서 설명하겠습니다.

XLOOKUP				
		제품1	제품2	제품3
	이마트	100	121	65
	롯데마트	44	120	55
	쿠팡	66	54	77
	홈플러스	54	22	111
	백화점	22	44	112
	제품	제품2	121	
	매장	이마트	121	

위 이미지에서 제품2는 이마트에서 몇 개가 팔렸는지 숫자를 찾고 싶고, 이마트에서는 제품2가 몇 개 팔렸는지 확인하고자 할 때 함수식을 적용하였습니다.

제품 함수식 =XLOOKUP(C28,C21:E21,C22:E22,0)

매장 함수식 =XLOOKUP(C29,B22:B26,D22:D26,0)

INDEX 함수와 MATCH 함수, XLOOKUP 함수는 자주 사용하는 함수로 이해도 중요하지만, 응용하실 수 있어야 합니다. 이 함수들이 비슷한 기능을 함에도 불구하고 하나씩 설명드린 이유는 그때그때 사용 방법이 다르기 때문입니다. 그리고 일일이 함수식을 외우지 마시고, INDEX 함수가 뭔지 MATCH 함수가 뭔지 이해하시면 그것을 생성형에 물어보면 생성형이 친절하게 가르쳐 줍니다.

다운로드 주소

챕터 15 함수식 예제 https://blog.naver.com/wang5177/223529294419

따라 하면 성공하는 **액셀 해찾기** 개념과 응용

엑셀의 해찾기 기능에 대해서 이해하고 응용하는 방법을 연습합니다.

> 요약 1. 해찾기 활성화 방법을 확인하여 딱 한 번 실행한다.
> 요약 2. 해찾기는 수많은 계산을 내가 아닌 엑셀 시키는 방법이다.
> 요약 3. '제한 조건에 종속'이 가장 중요하다. 개념만 알자, 생성형이 다 가르쳐 준다.
> 요약 4. Evolutionary 이것만 한다.

엑셀에는 해찾기 기능이 있습니다. 해찾기 기능은 이해하기 조금 어려운 개념이지만, 우리는 이 해찾기가 어떤 원리로 움직이고 작동하는지 알 필요 없이 그냥 잘 사용하면 됩니다. 내용 자체는 매우 가볍습니다. 하지만 깊게 알아야 일잘러가 됩니다.

해찾기 기능 활성화

해찾기 기능을 사용하신 경험이 없으면 활성화가 되어 있지 않습니다. 그래서 먼저 활성화를 시켜 줘야 합니다. 따라 하면 됩니다.

파일-옵션-추가기능-이동 클릭-(분석도구, 분석도구-VBA-해찾기 추가기능) 활성화 (이동 버튼은 EXCEL 옵션 창 아래 부분에 있습니다.)

이제 활성화가 되었습니다. 엑셀을 다시 여시면 '데이터' 탭에서 해찾기와 분석도구 모음이 활성화된 것을 확인 가능합니다. 저는 VBA 편집기와 통계 도구도 활성화를 말씀드렸으므로 전부 활성화가 되었지만, VBA나 통계 분석 도구는 사용하지 않으시더라도 전혀 프로그램에 부담이 안 되므로 그냥 활성화를 한 상태에서 사용하겠습니다.

해찾기 개념

해찾기에 대한 개념을 말씀드리면, 말 그대로 '해'를 찾는 것입니다. 영어로는 Goal Seek입니다. 말 그대로 정답을 찾아 가는 과정이고 사용자가 제시한 조건으로 미친 듯이 계산을 하고 조건에서 가장 최적화를 제시합니다. 여기서 가장 최적화라 말씀드렸으니 정답은 아니라는 것을 말씀드립니다만, 대부분 정답에 가깝습니다.

이미지를 보면서 하나씩 설명드리겠습니다. 먼저 데이터를 보면서 분석 목적부터 확인해야 해찾기를 사용할 수 있습니다.

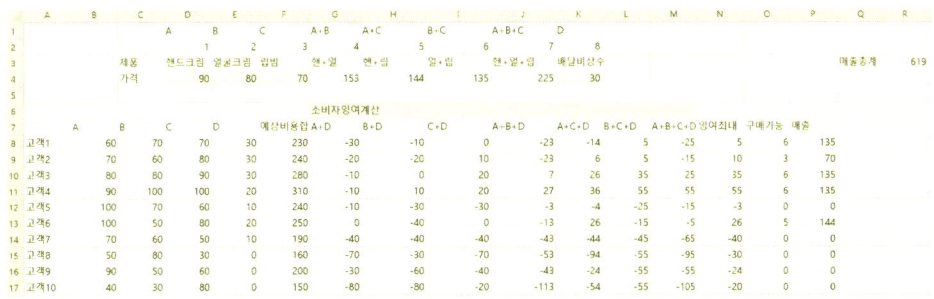

〈복합상품에서의 묶음 가격 찾기 예시 파일 챕터 18에서 구체적으로 설명드립니다.〉

위 파일을 보시면 뭐가 뭔지 모르지만 'R3' 셀을 매출 총계하고 있습니다. 즉 매출이 가장 높은 것을 찾는 게 위 데이터의 분석 목표라고 할 수 있습니다. 그럼 어떻게 하면 매출 총계가 가장 높을까를 생각하면 '소비자 가격 조사를 통해서 소비자가 구입 가능한 금액으로 판매하는 것'이 가장 소비자의 니즈를 충족시키니 가장 많이 팔리지 않을까요? 여기에서 소비자 조사 방법을 제외하고 고민해 보면 제품의 판매 단가가 아닐까 생각합니다. 제품의 판매 단가를 경쟁사와 다르게 하는 건 당연하지만, 무조건 다르게 하는 게 아니고 어떤 것은 저렴하고 어떤 것은 비싸게 팔아야 하지 않을까요? 왜냐하면 소비자마다 기호가 다르기 때문입니다. 그래서 여기서 수정해야 하는 데이터는 (변수) D4-J4의 판매 가격입니다. 그럼 이제 해찾기를 알아보겠습니다.

해찾기 이용하기

데이터-해찾기를 클릭하시면 보기 화면이 나옵니다.

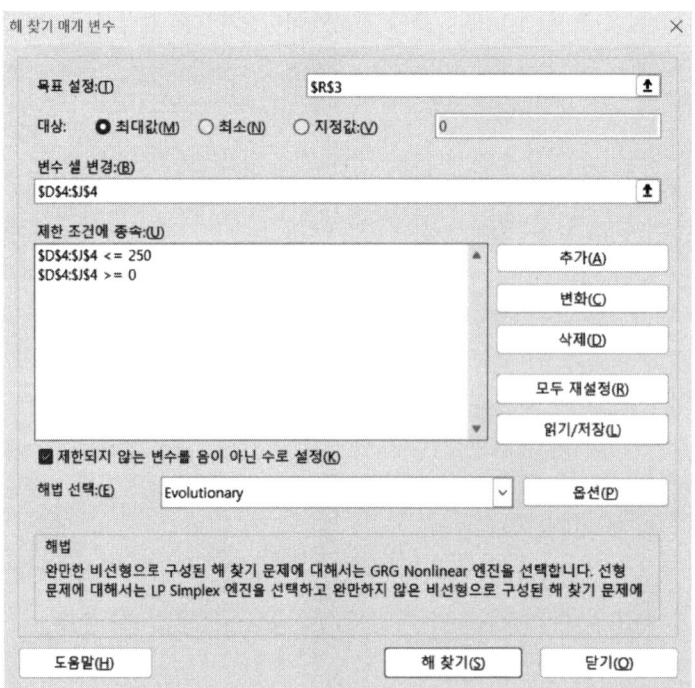

목표 설정: 구하고자 하는 최종값입니다. R3 셀이 매출 총계이므로 이것이 목표입니다. 이때 파일을 보시면서 이미 계산식이 있는데? 하고 의아하실 수 있는데 그건 제가 파일에서 이미 해찾기 기능을 구현해서 저장한 상태로 배포해서 그렇습니다.

최댓값: 계산을 해서 최댓값이 나오는 변수로 변수 셀 변경
최솟값: 계산을 해서 최솟값이 나오는 변수로 변수 셀 변경
지정값: 계산을 해서 지정값이 나오는 변수로 변수 셀 변경

변수 셀 변경: 이 부분이 목표를 찾기 위한 변수들, 즉 변하는 숫자들입니다. 위에 설명드린 대로 R3가 최댓값이 되기 위해서 D4-J4셀의 값들을 변경합니다.

제한 조건에 종속: 이게 가장 어렵습니다. 변수들에 대한 제한 조건을 설정해 주는 것

입니다. 조건이 다양할수록 좀 더 정확한 해가 나옵니다. 현재 설정된 변수들의 조건은 제가 임의로 설정한 것입니다. 이 '임의' 설정 때문에 제한 조건 설정이 가장 어렵습니다.

제가 설정한 조건을 설명드리면, \$D\$4:\$J\$4의 가격이 250보다 작거나 같습니다. 왜 하필 250을 설정했느냐 하면 소비자 조사를 통해서 나온 최대 지출 비용값 경향을 보니 최댓값이 310으로 나왔는데 310을 지출하는 사람들은 극단치라 제거를 하고 평균을 내 보니 250이 적당한 거 같아서 250으로 했습니다.

\$D\$4:\$J\$4의 가격이 0보다 크거나 같은 것은 해찾기 결과를 해서 마이너스 값이 나오면 안 됩니다. 내가 손해 보면서 소비자의 니즈를 충족시켜 줄 필요는 크게 없습니다. 제가 설정한 방법에 대해 설명드렸으며 이것이 익숙해지기 전까지는 생성형을 통해서 조건을 가져올 것입니다. 그러니 그냥 따라 하시면 됩니다.

위 변수 조건을 설정하는 것에 따라 목표가 달라지게 되므로 변수 설정이 가장 중요합니다.

해법 선택: 해법 선택은 총 3가지입니다. '단순LP', 'GRG 비선형', 'Evolutionary'. 단순LP는 선형회귀법 그러니까 그래프를 보고 이게 딱 일직선이다 그럼 선택, 일직선이 아니다 하면 GRG, Evolutionary 진화된 방법 우리는 Evolutionary 방법만 사용합니다. 각 장단점이 있지만 그냥 Evolutionary 이것만 사용합니다.

이 외 다른 조건들은 통계에 대한 개념이 있어야 이해 가능하므로 생략하겠습니다.

엑셀로 따라 하면 성공하는 **가격 평가** 방법

수요 곡선을 통해 가격을 추정하고 최적값을 제시함으로써 이익을 극대화할 수 있습니다. 다른 챕터에서 다뤄야 할 내용인 환각 현상과 숫자 내용도 중요하기에 본 챕터에 같이 넣었습니다.

> 요약 1. 가격 평가를 해야만 항상 베스트 금액에 팔 수 있어서 마진을 늘릴 수 있다.
> 요약 2. 우리가 알고 싶은 건 얼마에 팔아야지 제일 많이 팔리냐이다.
> 요약 3. 가격 평가 이거 정말 쉽다. 그냥 따라 하면 된다.
> 요약 4. 공부 더 하고 싶으면 진짜 Deep하게 하니까, 적당하게 하고 다 아는 척하자.

환각 현상과 숫자

생성형 인공지능을 접할 때 환각 현상에 대해서 많은 이야기를 합니다. 환각 현상이 가장 큰 문제이자 해결해야 하는 이슈입니다. 뉴스 그리고 온라인 블로그를 조금이라도 검색하신 분들은 충분히 인지하고 계신 내용들이고 이것을 해결하기 위하여 RAG를 많이 사용하시는 것도 이미 알고 계실 것입니다. 저의 경우 그런 환각을 더 개선하기 위하여 다양한 프롬프팅을 개발하고자 노력했고 이를 시스템 프롬프팅에 반영한 것, 그리고 RAG를 돌리는 모델을 선택해서 사용하고 있고 독자분들이 사용하시는 서비스가 바로 그것입니다.

그럼 왜 환각 현상이 생기는 것인지 확인부터 하겠습니다. 그것은 생성형이 어떤 식으로 쿼리가 왔다 갔다 하는지를 이해하시면 되는데요, 쉽게 이야기해서 사용자들이 프롬프팅을 해서 입력을 하면 즉 쿼리를 던지면, 그것을 벡터화하고 이것에 대해 적합한 답변을 하는 과정에서 일종의 '색인' 개념의 답변을 생성해서 우리에게 다시 던지는 것입니다. 이러한 과정에서 정보가 섞이면서 환각 현상이 발생하는 것입니다. 좀 더 복잡하게 들어가면 앞선 챕터 5에서 설명드린 트랜스포머 모델을 참조하시면 좀 더 이해가 빠를 것인데, 본 책에서는 이런 것들에 대해 강의하는 책이 아니므로 좀 더 인사이트 있는 정보가 필요하시면 별도의 방법으로 추가 학습 하시는 것을 추천드립니다. 이러한 생각을 기반으로 제가 생각하는 생성형 인공지능을 알아 가는 보통의 과정을 5단계로 나누어 보았습니다.

단계	알아가기	조치 및 상황
1	인공지능이 다 해 주니 대단해 보임	조치 없음
2	프롬프팅 조금 하니 더 잘되네, 내 전용 인공지능을 만들고 싶음	프롬프팅 공부 하지만 환각 현상 해결 못 함
3	내 데이터를 넣으면 더 좋다고 하니 더 전문적으로 만들어 봐야겠음	RAG 구현 방법 연구 일부 환각 현상이 해결되었다 판단함
4	적당한 거짓말은 알고 있지만 약간 숫자 계산이 이상하고 특히 엑셀은 그때그때 다름	엑셀 활용 연구 엑셀 계산 자체를 못 믿음
5	기획이 중요하구나	기획+RAG+프롬트팅의 중요성

아무리 편하게 글을 써 내려간다 하여도 딱딱하고 어려운 것을 알기에 복잡한 것을 하기 전에 약간 공감을 하고자 단계를 구분해 보았습니다.

제가 환각 현상에 대해서 다시 한번 강조하는 이유는 환각 현상(구체적으로 거짓 정보가 아니라 환각 현상)은 필요합니다. 거짓 정보는 필요가 없기 때문입니다.

이 부분을 강조하는 이유는 문서 작성의 경우 적당한 수준에서의 환각 현상은 필요하나 숫자가 들어가는 경우에도 이 환각 현상이 발생합니다. 그렇기에 2024년 7월 기준 절대 생성형에 데이터 분석을 해 달라고 하면 안 되고 어떤 계산을 요구하면 안 됩니다. 생성형은 교묘하게 숫자를 자기 마음대로 바꿔 버립니다. 물론 기술이 좀 더 발달하면 해결이 되겠지만, 지금은 그렇지 않습니다. 생성형을 통해 데이터 분석을 하는 유튜버나 블로거들을 보면, 어설프게 한번 해 본 거 가지고 자기가 마치 전문가인 양, 콜럼버스가 신대륙을 발견한 양 자랑스럽게 이야기하는 것을 보면 자신의 무지를 모르는 사람들이 안타깝게만 느껴지고 또 그걸 보고 사실로 믿는 일반 대중들을 보면, 내가 더 열심히 해야겠다는 생각을 합니다.

갑작스럽지만 이런 것을 먼저 강조드리고 본 챕터를 시작하는 이유는, 시중에는 생성형 인공지능을 통해서 데이터 분석을 하는 자료가 너무 많이 있습니다. 저는 상당히 의아한 게 그들의 방법으로는 절대 해결되지 않습니다. 그런 주장을 하는 사람들을 대상으로 제가 하는 합리적인 추론은, '알고 떠드나?' 입니다.

그렇기에 본 책에서는 데이터 분석을 시키는 행위는 하지 않고 어떠한 자료를 보고 판단해야 하는지에 대해서 방법론 중심으로 설명을 드리고자 합니다.

가격 평가를 왜 하나?

규칙적으로 물건을 판매하고 계신다면, 그리고 그러한 판매 기간이 1년 정도 시간이 흘렀다면 한 번은 고민해 봐야 하는 것이 '과연 지금 판매하는 제품의 가격은 합리적인가?' 입니다. 보통 시장가격을 기준으로 가격이 형성되거나 또는 경쟁사 제품의 가격을 기준으로 가격을 결정하는데 과연 그게 우리에게 유리한가에 대한 의문입니다. 이건 굉장히 어려운 과정이기는 하지만 반면 매우 쉬운 과정이기도 합니다. 왜냐하면 알고 보면 별거 아니기 때문입니다. 그것도 빅데이터 같은 정말 많은 데이터를 활용하는 것도 아닌 그냥 우리가 가지고 있는 데이터만 활용해서 하는 것입니다. 우리는 이러한 분석을 통해서 적합한 가격을 평가하여 이익을 극대화할 수 있습니다. 만약 충분한 매출이 나와서 더 이상 매출이 중요하지 않다면? 당연히 이익을 극대화하는 게 바람직하지 않을까요?

준비하기

원가를 명확하게 이해하기

원가를 명확하게 알아야 합니다. 고정비와 변동비로 나뉘는데 고정비 변동비 어려운 말 말고 정확하게 개당 원가가 얼마인가를 알아야 합니다. 원가를 결정함에 있어 주의해야 하는 것은 직접 인건비(직접 해당되는 인력에 대한 인건비), 간접 인건비(지원 인력 인건비), 그리고 관리 비용을 포함해야 합니다. 이때 간접 인건비는 계산이 어렵고 관리 비용 계산이 어려운 경우 이 두 가지 비용의 총합을 먼저 계산하시고 적정하게 나누어서 개당 원가에 포함하시는 것으로 하겠습니다(계산하기 어려우면 다 더해서 나누기 생산(판매) 숫자).

가격 변동을 통해 판매 수량을 확인할 수 있는 데이터 준비하기

가격 변동에 따른 판매 수량을 다른 말로 '가격 탄력성'이라고 합니다. 가격에 따라 수량이 변하는 것인데, 탄력성이 1보다 크면 탄력적이라 할 수 있고 1보다 작으면 탄력적이지 않다고 할 수 있습니다. 탄력적 가격이라 하면 그때그때 가격을 다시 설정해야 하는 것이고 탄력적이지 않다고 하면 크게 가격 분석을 할 필요가 없는 것입니다. 이런 것을 포함하여 우리는 가격 평가를 위한 데이터가 필요합니다. 즉 누적된 데이터를 활용하는 것입니다.

내·외부 데이터 가져오기

가격을 평가하기 위해서는 내부 데이터도 필요하고 외부 데이터도 필요합니다. 내부 데이터가 가장 정확하지만, 만약 내부 데이터가 없다면 외부 데이터를 가져와야 합니다. 먼저 내부 데이터라 하면, 우리가 물건을 판매하면서 특정 금액을 기준으로 판매 가격을 올리거나 내릴 때 판매 수량이 필요합니다. 이런 데이터는 ERP나 이커머스 관리자 모드에서 충분히 확보 가능한 데이터입니다. 만약 매일 같은 금액이라고 하면 동일한 제품 또는 가장 유사한 경쟁사 제품의 가격을 조사하고 그 제품의 판매 수량을 가장 객관적인 방법으로 수집을 해야 합니다. 그리고 그렇게 수집한 가격을 데이터화해서 사용하는 방법을 말씀드립니다. 다시 말씀드리면 데이터의 수집 확보가 없으면 안 됩니다. 현재 없다면 위 말씀드린 방법으로 수집을 해야 합니다. 우리 데이터가 없어서 외부 데이터를 확보해야 한다면 API를 활용하는 방법, 금지되지 않은 방법으로 스크래핑하는 방법이 있습니다.

이제 준비물이 모두 완료되었다고 가정을 하고 예제를 보면서 연습해 보겠습니다.

선형 수요 곡선과 거듭제곱 수요 곡선

단어가 어렵지만 직관적으로 이해를 하셨으면 합니다. 선형은 말 그대로 선입니다. 직선인 것입니다. 그러니까 증가하는 비율 감소하는 비율이 유사할 때 사용합니다. 비록 감소율이 서로 달라서 직선이 삐뚤빼뚤하더라도 일정한 비율을 유지한다면 선형 수요 곡선을 사용하는 것이고 거듭제곱 수요 곡선을 이용하는 이유는 이러한 비율이 규칙적이지 않은 매우 복잡한 시장을 분석할 때입니다. 예를 들어서 어떤 제품이 비싸면 안 팔리고 싸면 팔려야 하는데 싸면 정말 많은 숫자가 팔리는 반면 비싸게 했을 때 판매 숫자가 현저하게 줄어드는 것이 아닌 비싸게 해도 판매 숫자가 천천히 감소를 하게 된다면 그래서 그 값들이 계산하기 어렵게 마이너스가 된다면 일직선이 아닌 꺾인 선 J 자 형태의 선이 되므로 우리는 이런 것들을 거듭제곱을 해서 무조건 선형으로 만들어야 합니다. 그래야만 계산이 되기 때문입니다. 이러한 방법에서 문제는 데이터가 없을 때 수요를 예측하기 위한 방법도 있는데 이런 방법, 수요를 예측하는 방법은 좀 더 어렵고 난이도가 있어 이른바 모델링을 해야 하기에 다른 챕터에서 다루겠습니다. 본 챕터에서는 이러한 모델링을 적용하지 않은 수요에 대한 데이터가 있다는 가정 아래 가격을 평가하는 방법을 알아보겠습니다.

선형 수요 곡선일 때 가격을 평가하기

가격	판매실적
2,500	1,800
2,600	1,650
2,700	1,600
2,800	1,500
2,900	1,300
3,000	1,000
3,100	900
3,200	800
3,300	700
3,400	500
3,500	200

〈본 예제는 챕터 말미에 다운로드 주소 있습니다.〉

위와 같이 판매되고 있다고 가정하겠습니다.

그리고 앞서서 말씀드린 '원가'는 반드시 알고 있어야 하므로 원가는 판매 최저가인 2,500원보다 비싸야 하는 건 당연한 것입니다.

먼저 가격 탄력성을 검토해야 합니다. 가격 탄력성은 가격 변화에 따라 판매량이 변하는 정도를 확인하기 위한 것입니다. 1보다 큰지 작은지에 따라 탄력성이 높다 낮다가 나오게 되는데 만약 2 이상이라면 매우 탄력적이니 그때그때 가격 결정을 해야 하는 것입니다.

　탄력성 공식은 간단합니다. 탄력성=수요 변화율%/가격 변화율%

　본 책에서는 예제를 제공하고 있으니 그 양식 그대로 사용하시면 되지만, 생성형 인공지능을 일 시키기 위해서는 간단하게 물어보고 공식을 확인할 수 있습니다.

> **Input**
>
> 엑셀에서 가격 탄력성 구하는 방법
>
> **Output**
>
> 엑셀에서 가격 탄력성을 구하는 방법을 단계별로 설명하겠습니다. 가격 탄력성은 가격 변화율에 대한 수요 변화율의 비율을 나타내며, 일반적으로 다음 공식을 사용하여 계산됩니다:
> 가격 탄력성=%수요 변화율/%가격 변화율
>
> 생략

출처: '라온' service base by AI:DRIVE with HBC data 28w,2024. 1turn

　공식을 이해하는 과정이 아니므로 공식은 생성형 인공지능에 물어보면 되고 위 데이터를 기준으로 탄력성을 결정해야 하는데 다음과 같이 계산이 됩니다.

가격	판매실적	가격변화율	판매변화율	가격 탄력
2,500	1,800			
2,600	1,650	0.04	-0.083333333	-2.08333
2,700	1,600	0.038461538	-0.03030303	-0.78788
2,800	1,500	0.037037037	-0.0625	-1.6875
2,900	1,300	0.035714286	-0.133333333	-3.73333
3,000	1,000	0.034482759	-0.230769231	-6.69231
3,100	900	0.033333333	-0.1	-3
3,200	800	0.032258065	-0.111111111	-3.44444
3,300	700	0.03125	-0.125	-4
3,400	500	0.03030303	-0.285714286	-9.42857
3,500	200	0.029411765	-0.6	-20.4

〈판매 변화율이 수요 변화율입니다. 생성형에 표현되었으나,
본 책에 표시를 안 한 부분은 엑셀 파일 클릭하시면 함수식이 포함되어 있습니다.〉

이제 다음 부분은 상황에 따라 다르게 해야 하는데, 가격 탄력이 10개가 되다 보니 어떤 것을 기준으로 해야 하는지 결정해야 합니다. 보통 편하게 하는 방법은 그냥 평균으로 하는 방법이 가장 편하고 가중평균을 부여해서 하는 방법이 있으며 구간별 별도의 탄력성을 부여하는 방법이 있습니다. 가중평균 방법은 특정 가격 탄력을 더 무겁게 사용하는 것이고 구간별 탄력성의 경우 말 그대로 특정 구간 예를 들어 2,500~2,700원 가격대는 해당 가격대의 탄력성만 평균으로 사용하는 것입니다. 본 예시에서는 전체 평균으로 하겠습니다. 전체 평균 탄력성은 -5.52로 매우 탄력적인 가격으로 가격을 잘 결정해야 이윤과 매출액이 바람직한 결과나 나옵니다. 탄력성으로 해석 가능한 것은 하나 더 있습니다. -5.52%는 절댓값으로 했을 때 5.52%입니다. 즉 가격이 1% 증가를 하면 판매량은 5.52% 감소하게 되어 있습니다. 하지만 우리가 궁금한 것은 비율이 궁금한 게 아니고 가격을 얼마로 올리거나 내릴 때 발생하는 판매 숫자가 궁금한 것입니다. 이때 필요한 것은 이러한 시계열 데이터의 추세선을 구하고 추세선을 이용하여 선형 수요 곡선 방정식을 구하면 됩니다. 다른 방법으로는 회귀분석을 하는 방법도 있습니다.

제가 글을 작성하고 여러 번 읽으면서, 아무리 쉽게 설명하려고 해도 너무 어렵습니다. 과거의 저라면 '추세선'이라는 단어에서부터 발작할 것 같습니다. 이러한 공식이나 개념에 대한 이해가 물론 중요하지만, 이런 것은 천천히 공부하고 엑셀에서 바로 하는 방법을 생성형에 물어보겠습니다.

Input

가격	판매실적
2,500	1,800
2,600	1,650
2,700	1,600
2,800	1,500
2,900	1,300
3,000	1,000
3,100	900
3,200	800
3,300	700
3,400	500
3,500	200

이 데이터를 참조해서 선형 수요 곡선 방정식 구하는 방법 가르쳐 줘.

Output

1. 데이터 입력

   엑셀에 주어진 데이터를 입력합니다:

2. 차트 만들기

   데이터 범위 선택: A1에서 B11까지의 데이터를 선택합니다.

   삽입: 엑셀 상단 메뉴에서 [삽입] 탭을 클릭합니다.

   차트 삽입: [삽입] 탭에서 [차트] 그룹에서 '분산형 차트(Scatter Plot)'를 선택합니다. 이 경우 '점 연결선이 없는 분산형 차트'를 선택합니다.

3. 선형 추세선 추가

   차트 클릭: 생성된 차트를 클릭하여 활성화합니다.

   추세선 추가:

   차트의 데이터 점 중 하나를 오른쪽 클릭합니다.

   [추세선 추가]를 선택합니다.

   추세선 옵션: 추세선 형식을 선택할 수 있는 창이 열립니다.

   '선형' 추세선을 선택합니다.

4. 추세선 방정식 및 결정계수 표시

   추세선 형식 창에서 옵션 선택:

   '차트에 추세선의 방정식 표시'와 '차트에 R-제곱 값 표시' 옵션을 체크합니다. 이는 추세선의 방정식과 결정계수를 차트에 표시합니다.

   완료: 창을 닫고, 차트에 추가된 추세선과 방정식을 확인합니다.

출처: '라온' service base by AI:DRIVE with HBC data 28w,2024. 1turn

그냥 시키는 대로 하면 아래와 같이 나옵니다. 엑셀 여시고 그냥 시키는 대로 하면 됩니다.

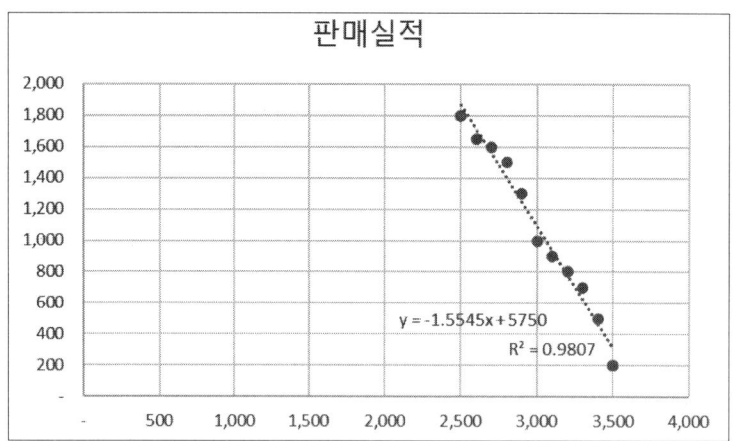

그럼, 이제 해석하는 방법과 응용하는 방법을 말씀드립니다. 사실 이게 제일 중요합니다. 위에 방정식이 어떤 원리로 나오는지 이해하시려면, 절편이니 기울기니 조금 복잡하기 때문에 그냥 결론을 가지고 해석하는 것을 잘하는 방법을 가르쳐 드리는 것입니다.

먼저 R^2이 말하는 것은 '결정계수'라는 것인데 위에서는 0.98이니 98%로 설명이 된다는 것입니다. 그럼, 뭐가 뭔지는 몰라도 일단 매우 신뢰해도 되는 결과라는 것입니다. 그럼 무엇을 신뢰하는지는 바로 위에 있는 공식입니다(R^2(알 제곱) 또는 알값이라고 흔히 부릅니다).

y=-1.5545x + 5750

y는 판매 수량이고 x는 가격입니다. 즉 가격이 변하면 몇 개가 팔리느냐에 대한 공식입니다. 예를 들어서 가격을 3,000원으로 한다면

y=-1.5545×3000+5750
y=-4663.5+5750=1086.5

즉 3,000원이면 1,086개가 판매된다고 예상이 되는 것입니다. 실제 데이터하고 비

교하면 약 86개 정도 차이가 나는데 오차가 10% 미만으로 나오니 매우 정확하다 할 수 있습니다.

거듭제곱 수요 곡선일 때 가격을 평가하기

거듭제곱 수요 곡선 조금 더 복잡한 경우에 사용합니다. 현재 예시에는 별도의 마케팅 기법을 적용한 것이 아닌 '가격'을 기준으로만 계산하는 방법이라는 것을 먼저 말씀드립니다.

우리가 판매하는 어떤 제품들은 가격이 낮을 때는 많이 팔리는 것이 눈에 보이는데 반대로 가격이 올라가면 판매량이 줄어들어야 하지만 생각보다 크게 줄어들지 않는 그러니까 완만하게 줄어드는 경우에 해당하면 거듭제곱 수요 곡선으로 추정하는 것이 바람직합니다. 설명을 위해서 두 개의 그래프를 먼저 보여 드리면서 설명드리고, 언제 선형을 쓰고 또 언제 거듭제곱을 사용하는지 명확하게 인지하고 있어야 합니다.

다음 분산형 차트는 앞서 설명드린 차트와 새로운 예시(거듭제곱)를 구분하기 위한 차트입니다.

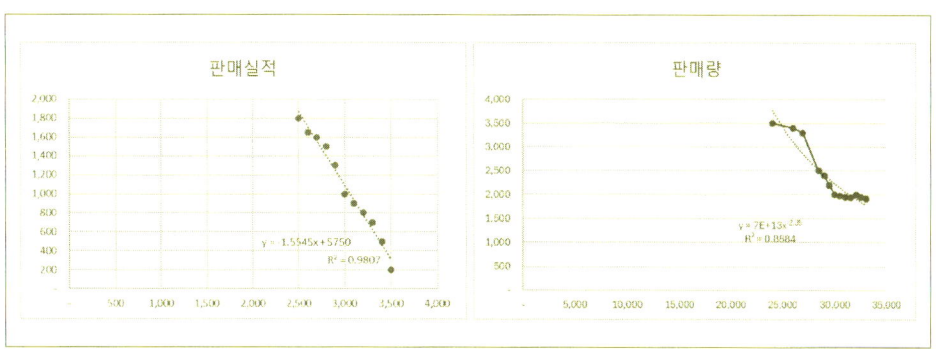

〈왼쪽: 앞선 선형 수요 곡선, 오른쪽: 비선형 수요 곡선〉

먼저 왼쪽 그래프는 비교적 일직선에 가깝습니다. 그러니까 중간을 기준으로 늘어나는 값과 줄어드는 값 모두 일정한 비율이 된다는 것입니다. 오른쪽의 경우 급격하게 가격 변동이 보이는 반면 특정 영역에서는 매우 완만하게 변합니다. 즉 J 형태의 그래프를 보여 주고 있습니다. 오른쪽의 경우 거듭제곱을 사용합니다(구체적으로는 둘 다 회귀식을 돌려서 설명력이 높은 것을 선택하는 게 맞습니다).

이번 설명에서는 가격 탄력성도 중요하지만, 가격 탄력성을 제외하고 바로 인공지능에 물어보겠습니다.

Input

데이터를 참조해서 거듭제곱 수요 곡선 방법으로 방정식 구하는 방법 가르쳐 줘.

Output

엑셀에서 거듭제곱 수요 곡선 방정식을 구하는 방법은 다음과 같습니다:
주어진 데이터를 엑셀 시트에 가격과 판매량 열로 입력합니다.
새로운 열을 만들고, 가격(P)과 판매량(Q)의 로그값을 계산합니다.
C열: =LN(A2), A열의 가격 값에 자연로그(LN) 함수 적용
D열: =LN(B2), B열의 판매량 값에 자연로그(LN) 함수 적용
데이터 탭의 데이터 분석 그룹에서 '회귀분석'을 선택합니다.
입력 Y 범위에는 판매량의 로그값(D열)을, 입력 X 범위에는 가격의 로그값(C열)을 선택합니다.
레이블이 포함되어 있음을 체크하고, 출력 범위를 선택한 후 '확인'을 클릭합니다.
회귀분석 결과에서 '계수' 부분의 절편(Intercept)과 X 변수 1의 값을 확인합니다.
수요 곡선 방정식은 Q = a * P^b 형태로, a는 e^(절편), b는 X 변수 1의 값입니다.
예를 들어, 회귀분석 결과 절편이 12.34이고 X 변수 1이 −1.56이라면, 수요 곡선 방정식은 다음과 같습니다:
Q = e^12.34 * P^(−1.56)

출처: '라온' service base by AI:DRIVE with HBC data 28w,2024. 1turn

생성된 답변을 보면 로그를 구하고 이렇고 저렇고 하는 방법을 제안하였습니다. 거듭제곱 방법을 활용하게 되면 로그값을 이용해서 해야 합니다. 이유는 위의 그래프에서 보이듯이 직선이 아니고 곡선이기 때문에 이러한 곡선 즉 비선형관계가 보이는 것을 선형관계로 만들어서 해야 하기 때문입니다. 이러한 방법이 조금 복잡해서, 그리고 도식화보다는 회귀식을 구하는 방법이 더 정확해서 인공지능이 이런 방법으로 설명을 해 주었다 판단합니다. 위 방법은 회귀식을 이용하는 방법으로 엑셀에서 데이터 → 데이터 분석 → 회귀방정식을 선택해서 결괏값을 봐야 합니다. 회귀식은 예측하는 과정에서 항상 나오는 것이지만, 회귀식을 해석하는 방법과 회귀식을 이용해서 방정식을 구하는 방법에 대해 설명하기보다는 빠르고 쉽게 하는 방법인 분산형 차트를 이용해서 하는 방법으로 다시 물어보겠습니다.

Input

차트를 통해서 찾는 방법 가르쳐 줘.

Output

네, 엑셀 차트를 활용하여 거듭제곱 수요 곡선 방정식을 찾는 방법은 다음과 같습니다:

주어진 데이터를 엑셀 시트에 가격과 판매량 열로 입력합니다.
가격과 판매량 데이터를 선택한 후, 삽입 탭에서 '차트' 버튼을 클릭하고 '분산형' 차트를 선택합니다.
생성된 분산형 차트를 마우스 오른쪽 버튼으로 클릭하고 '추세선 추가'를 선택합니다.
추세선 옵션에서 '거듭제곱'을 선택하고, '방정식 표시'와 'R-제곱 값 표시'를 체크합니다.
차트에 표시된 방정식이 거듭제곱 수요 곡선 방정식입니다. 방정식은 y = a * x^b 형태로 표시됩니다.
방정식에서 a와 b값을 확인하고, 수요 곡선 방정식 Q = a * P^b에 대입합니다.
예를 들어, 차트에 표시된 방정식이 y = 1E+07x^-1.56이라면, 수요 곡선 방정식은 다음과 같습니다:

Q = 1E+07 * P^(-1.56)

이 방법은 회귀분석을 사용하지 않고 시각적으로 거듭제곱 수요 곡선 방정식을 찾는 방법입니다. 차트를 통해 얻은 방정식과 회귀분석을 통해 얻은 방정식은 동일한 결과를 나타냅니다. 주어진 데이터를 활용하여 직접 엑셀 차트에서 방정식을 도출해 보시기 바랍니다.

출처: '라온' service base by AI:DRIVE with HBC data 28w,2024. 1turn

위와 같이 답변을 해서 그래프를 그려 보기 전에 하나 확인하셔야 할 게 있습니다. 눈치가 있으신 분은 벌써 찾으셨을 거라 생각합니다. 다름이 아니라 거짓말입니다. 회귀식과 그래프를 이용한 방정식이 다릅니다. 숫자는 같은데 말이죠.

회귀식	Q = 1E+07 * P^(-1.56)
그래프	y = 1E+07x^-1.56

심지어 시키는 대로 그래프를 그려도 그래프에 보여 주는 값이랑 다른 결과를 보여 줍니다.

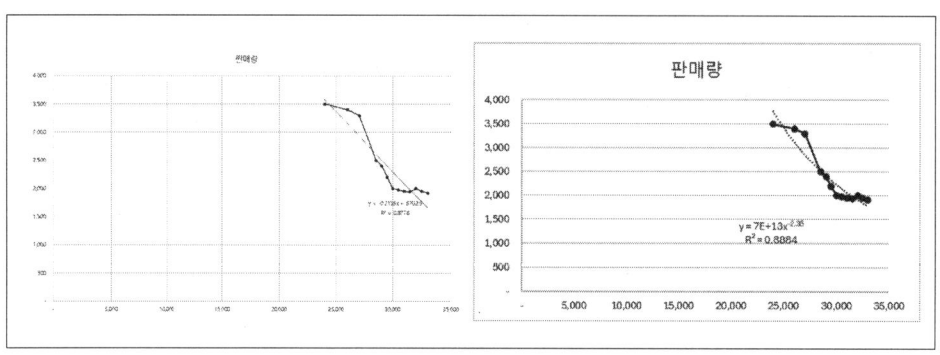

〈좌측 차트: 가격, 판매량 기준, 선형 선택, 우측 차트: 가격, 판매량 기준, 거듭제곱 선택〉

즉 생성형이 답변한 것을 기준으로는 -1.56만 같고 나머지는 다릅니다. 아니 여기서 말하는 -1.56도 자기가 지어낸 거지 어떤 공식으로 해서 나온 결과가 아닙니다. 여기에 추가로 이 데이터는 비선형 데이터를 선형으로 바꾼 뒤 즉 거듭제곱을 만들고 난 다음 (로그값) 차트를 그려야 하는데 그런 내용에 대해서 생성형은 답변하지 않았습니다. 이런 것이 바로 할루시네이션이고 그래서 제가 앞서서 환각 현상에 대해서 장황하게 말씀드렸고, 이러한 할루시를 줄이고 적당하게 사용하는 방법을 이 책에서 말씀드린다고 장황하게 설명드린 것입니다. 즉 위 차트를 통해서 찾은 방법이 모두 현재 기준으로 숫자에 대한 할루시 못 잡습니다. 생성형은 데이터 분석 불가능합니다. 2024년 7월 기준으로 데이터 분석한다고 하는 분들은 믿고 거르셔도 됩니다.

위 예시 값들을 활용해서 거듭제곱을 활용한 방정식의 정답은 다음과 같습니다.

> Y = e^(31.9339223 + (-2.3498849)*ln(X))

이러한 오류를 뒤로 하고 인공지능이 가르쳐 준 방법으로 분산형 차트를 그리고 추세선을 추가한 결과는 다음과 같고, 앞서 비교한 분산형 차트와 다시 한번 비교해서 조금 자세하게 설명드리겠습니다.

먼저 인공지능이 가르쳐 준 대로 로그값을 계산해서 넣어야 합니다. 그래야만 곡선이 선형이 되기 때문이며 이러한 선형으로 다시 회귀식을 구할 수 있기 때문입니다. 그래서 먼저 로그값을 입력을 하면(생성형이 시키는 대로)

C열: =LN(A2), A열의 가격 값에 자연로그(LN) 함수 적용
D열: =LN(B2), B열의 판매량 값에 자연로그(LN) 함수 적용
(앞서서 회귀식 구하는 방법으로 인공지능이 가르쳐 준 내용입니다.)

가격	판매량	in(가격)	in(판매량)
24,000	3,500	10.0858091	8.1605182
26,000	3,400	10.1658518	8.1315307
27,000	3,300	10.2035921	8.1016777
28,500	2,500	10.2576594	7.824046
29,000	2,400	10.2750511	7.783224
29,500	2,200	10.2921455	7.6962126
30,000	2,000	10.3089527	7.6009025
30,500	1,980	10.325482	7.5908521
31,000	1,950	10.3417425	7.5755847
31,500	1,940	10.3577428	7.5704433
32,000	2,000	10.3734912	7.6009025
32,500	1,950	10.3889954	7.5755847
33,000	1,920	10.4042628	7.5600805

이후 선형이 완료된 in(가격), in(판매량) 데이터를 이용해서 차트 → 분산형 → 추세선 추가를 진행합니다. 이때 주의하셔야 할 것은 추세선을 나타낼 때 거듭제곱을 체크하지 마시고 선형을 체크하셔야 합니다. 왜냐하면 이미 거듭제곱을 위해 로그를 적용했기 때문입니다. 그럼 결과는 다음과 같고 앞서 말씀드린 다른 것과 비교해 보겠습니다.

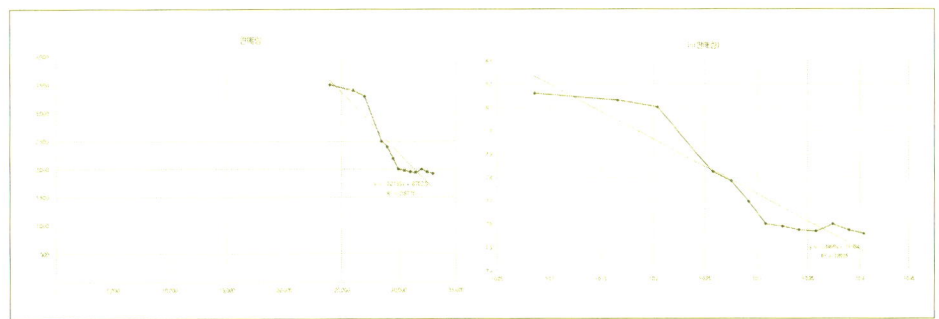

〈좌측 차트: 가격, 판매량 기준, 선형 선택, 우측 차트: 로그값 선택, 선형 선택〉

왼쪽 그래프는 거듭제곱 방식을 사용하지 않고 '가격, 판매량' 정보를 가지고 선형함수식을 적용했을 때 결과이고 오른쪽은 로그화한 후 선형함수식을 적용한 결과입니다.

두 개다 맞는 결과이지만, 해당 방정식의 설명력(쉽게 정확도라고 하셔도 됩니다. 사실 정확도는 아닙니다.) 왼쪽이 87.76% 오른쪽이 89.35%로 이러한 데이터에서는 거듭제곱을 사용하는 게 맞습니다. 이때 로그값을 기준으로 하고 왜 또 선형을 선택하느냐 하면 로그값을 함으로써 거듭제곱을 또는 비선형을 안 해도 되기 때문입니다. 이렇게 그래프를 이용하면 매우 간단하게 방정식이 구해집니다.

여기서 나온 함수식은 다음과 같습니다.

Y = -2.349885x + 31.93392

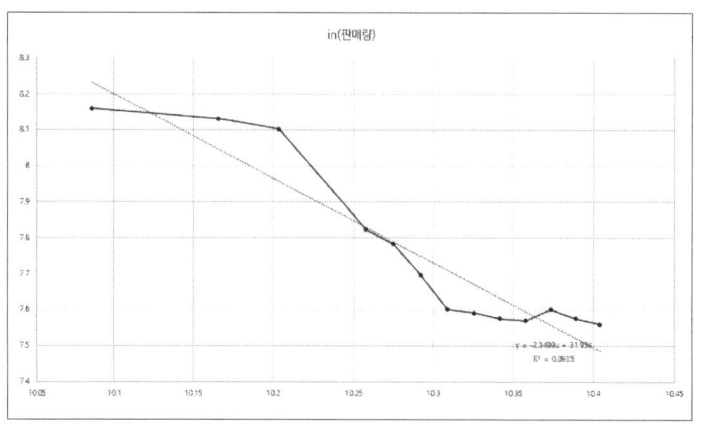

그래프에 함수식이 나왔는데, 여기에서 중요하게 넘어가야 하는 것은 위에 도출된 함수식은 선형회귀 함수식입니다. 왜냐하면 앞서서 말씀드린 대로 비선형은 계산을 못 하니 로그값을 주어서 직선으로 만들고 그것을 회귀분석했기 때문입니다. 그래서 다시 로그를 처리해 주면 이젠 비선형방정식이 됩니다(조립은 분해의 역순).

Y = e^(31.9339223 + (-2.3498849)*ln(X))

여기서 Y는 판매량입니다. 그리고 e의 뜻은 자연상수라고 2.71828로 고정되어 있는 불변의 숫자입니다. 그리고 31.93339는 Y절편으로 숫자를 가르쳐 줬고 역시 -2.34988도 값을 가르쳐 주었고 마지막으로 LN(X)는 입력할 가격을 로그한 것입니다.

예를 들어서 가격이 30,000원일 때 몇 개가 판매될지를 계산하면,

Y= 2.71828^(31.9339223 + (-2.3498849)*ln(3○○○)) / 엑셀에 붙여넣기 하시면 됩니다.

숫자는 2228.457이 나와서 실제 판매 수량보다 220개 정도 더 팔리는 결과가 나왔습니다.

회귀식 방법과 함수에 대해서 짧게 설명드립니다.

회귀식을 찾는 함수는 LINEST입니다. 이 함수를 이용해도 회귀식을 매우 간단하게 나타낼 수 있습니다. 다만, 엑셀 버전마다 조금씩 다르기에 사용하지 않았습니다. LINEST 함수를 활용하게 되면 다음과 같습니다.

```
=LINEST(D2:D14, C2:C14, TRUE, TRUE)
```

-2.3498849	31.93392
0.2446493	2.51774
0.8934709	0.079105
92.258218	11
0.5773179	0.068834

요약 출력

회귀분석 통계량	
다중 상관계수	0.94523592
결정계수	0.89347095
조정된 결정계수	0.88378649
표준 오차	0.07910519
관측수	13

분산 분석

	자유도	제곱합	제곱 평균	F 비	유의한 F
회귀	1	0.5773179	0.5773179	92.25822	1.1E-06
잔차	11	0.0688339	0.0062576		
계	12	0.6461518			

	계수	표준 오차	t 통계량	P-값	하위 95%	상위 95%	하위 95.0%	상위 95.0%
Y 절편	31.9339223	2.5177402	12.683565	6.57E-08	26.39241	37.47543	26.39241	37.47543
X 1	-2.34988489	0.2446493	-9.6051142	1.1E-06	-2.88835	-1.81142	-2.88835	-1.81142

마지막 데이터(거듭제곱 방식)를 기준으로 회귀식을 돌린 요약 출력입니다. 위 두 가지 숫자를 비교하시면 충분히 방정식을 만드실 수도 있습니다만, 이것을 하려면 회귀식의 기본 개념부터 알아야 하기에 그냥 넘어가는 것으로 하겠습니다. 위 표를 출력하는 방법은 데이터를 선택하고 그다음 데이터 탭-데이터 분석-회귀식을 누르고 해당하는 데이터를 구역 설정해 주면 위와 같이 나옵니다.

반 발자국 뒤로

아래 내용은 위에 예시에 비하면 너무 쉬운 것 그리고 현실적인 것에 대해 설명드립니다.

우리가 가격 결정을 할 때 사실, 경쟁기업의 가격을 보고 결정하는 경우가 대부분입니다. 도무지 얼마에 팔아야지 돈이 되는지를 모르고 무조건 경쟁기업보다 싸게 또는 유사하게 판매를 합니다. 그리고 하는 인사이트 있고 브릴리언트 있는 마케팅 전략이라는 것은 "키워드 기준으로 홍보"를 결정하면서 마치 자기가 마케팅 전문가인 것처럼 떠들고 다닙니다. 우리는 솔직히 이런 걸 '하나 마나 한 이야기'라고 합니다. 당연한 것 아닌가요? 싸게 팔면 잘 팔리고 비싼 키워드 쓰면 잘 팔리고, 이걸 누가 모릅니까. 초등학교 2학년 우리 아들도 압니다. 진짜 초등학교 2학년도 알고 있습니다. 심지어 일부 대기업 마케팅팀도 그렇습니다. 10년 경력자도 그렇습니다. 하지만 제가 이제 그런 어설픔에서 벗어나게 해 드리겠습니다.

이번에 말씀드릴 내용은 위의 전문가들, 그런 분들에 날개를 달아 드리기 위한 것입니다. 사실 이거는 너무 쉬워서 아무나 다 할 수 있는 내용들 임에도 불구하고 이런 방법을 안 사용하시기에 제가 이렇게 책도 만들고 강의도 하고 이렇게 여러분께 말씀도 드려 봅니다.

해결 방법은 최적 판매 가격 찾기입니다. 무조건 많이 팔리는 게 중요한 게 아니고 우리한테 이익이 얼마가 남느냐가 가장 최적입니다. 그렇기에 판매 수량이 월등할 필요도 없습니다. 우리는 물건을 많이 파는 게 아니고 '이익'이 많이 남는 게 목적입니다. 이 이익을 많이 남기기 위해서는 우리가 결정한 금액을 기준으로 우리가 목적하는 숫자만큼 판매를 하면 되기에 기존의 판매 숫자 중심의 마케팅 기획에서 이익 중심의 마케팅 기획이 되니 너무나도 당연한 것입니다.

위에 내용들이 사실 다 그런 것입니다. 하지만 우리는 자세한 정보가 부족한 경우가 많이 있습니다. 이러한 상황을 고려하여 지금부터 말씀드리는 게 진짜 현실적인 전략이 될 수도 있습니다.

준비물

원가 또는 매입가, 가장 많이 팔린 숫자 또는 목표로 하는 가장 많이 팔릴 숫자와 해당 가격 가장 적게 팔릴 숫자와 해당 가격(단 이때 적당하게 높은 가격이여야 합니다.) 그리고 중간 가격(우리 가격이 아니고 중간 가격) 이렇게 3개만 있으면 됩니다.

실행 방법

먼저 엑셀에 다음을 입력합니다.

원가	1000	
	가격	수량
저가	1200	1000
중가	1500	700
고가	1700	500

판매단가	
판매수량	
영업이익	

원가 또는 매입 가격을 알아야 하고, 여기서 저가의 정보는 인터넷을 직접 검색하시거나 아니면 별도의 스크래퍼를 통해서 가장 합리적으로 저렴하게 팔리는 가격을 검색하십시오. 이때 중요한 건 합리적인 저가입니다. 이유는 어떤 사람들은 단순하게 판매 수량을 늘려서 상위 노출되고 그다음 단가를 올리려는 전략을 사용하는 경우가 많아서 가장 합리적인 저가를 찾아야 합니다(우리는 지금 단순하게 무조건 저가 판매를 통한 최대 판매 수량 목적이 아닌 합리적인 비용으로 판매하여 이익 중심으로 하기 때문입니다). 역시 중가, 고가 이런 방식으로 찾습니다. 그럼 바로 설명드린 것으로 조사를 진행하였고 그 결과 저가, 중가, 고가를 확인하였으며 이때 발생하는 판매 수량에 대한 조사가 되었다고 하겠습니다.

판매 단가, 판매 수량, 영업 이익 함수식 넣기

이거 너무 쉬워요. 먼저 우리의 목적인 영업 이익부터 함수식을 넣으면 영업 이익=판매 수량*(판단가-원가) 이렇게 하면 영업 이익의 총합이 됩니다. 너무 쉽습니다. 가감승제 못 하면 초등학교 2학년입니다. 두 번째로 판매 수량입니다. 근데 아직 몰라요. 왜냐하면 결국에는 이러한 방법이 얼마에 팔아야 몇 개를 파느냐이기 때문에 지금 몰라요. 하지만 그건 위에서 더 어려운 방법으로 연습했듯이 그래프에서 함수식으로 보여 줍니다. 아직 차트 안 그렸으니 차트 나오면 설명드립니다. 마지막으로 판매 단가 역시 아직 몰라요. 우리는 이 판매 단가를 알고 싶은 것입니다. 과연 얼마에 팔아야지 영업 이익이 최대가 되는 판매 수량을 알 수 있느냐이기 때문입니다. 조금 어렵지만 쉽게 생각해서

요. 목적은 영업 이익이지만 아직 판매 수량을 몰라요. 단가도 모르고 오직 아는 건 영업 이익에 대한 계산식입니다.

다음 단계로 이러한 가격의 기본 구조를 이해해야 합니다. 앞선 내용에서 말씀드린 대로 저가, 중가, 고가 이런 관계가 일정 비율로 줄어들고 늘어난다면 선형관계, 만약 이런 관계가 갑자기 급변하면 거듭제곱(J 형태)입니다. 지금 말씀드릴 것은 다항식입니다. 다항식 개념은 그냥 항이 여러 개일 때 다항식이고 이 항의 숫자가 2개면 2항식 3개면 3항식입니다.

위의 보자마자 느끼셔야 하는 건 비율대로 줄지 않으니 선형은 아니고 그럼 J 형태인가를 봐야 하는데 그러기에는 정보가 3개밖에 없습니다. 그래서 이건 다항식으로 1000 → 700 → 500 이렇게 두 번 꺾이니 2차 다항식입니다. 어렵지 않습니다.

세 번째로 이걸 도식화해서 일단 방정식을 찾아야 합니다.
영역을 드래그하고 → 삽입 → 차트 → 분산형 선택
차트에서, 점하나 클릭 우클릭 하고 → 추세선 추가 → 다항식 선택
이때 차수는 2로(2차항이니) → 수식 차트 표기, R제곱 표기 그러면 끝입니다.

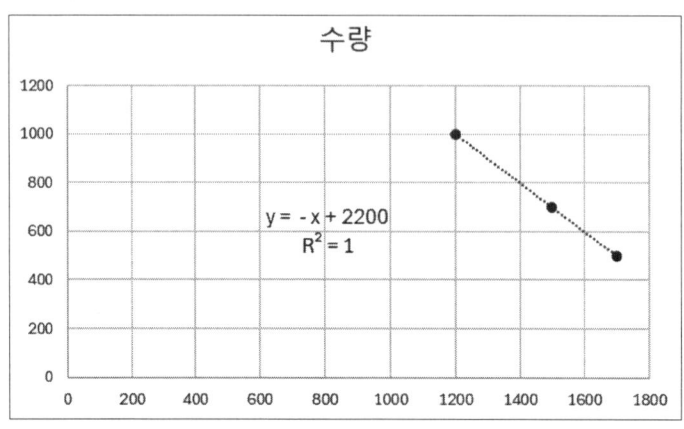

위와 같은 그래프가 나오고 여기에 보이는 방정식이 가격에 따라 결정되는 예상되는 판매 수량입니다. 기억나시죠? 이게 바로 판매 수량 칸에 넣어야 하는 수식입니다. 그러면 y는 판매 수량, x가 판매 금액 기억나시죠? 그래서 이걸 엑셀에 넣으면 즉 우리가 지금 확보한 데이터를 활용하여 차트를 그려 보니 방정식이 나왔고 그 방정식은 판매 수량을 예측하기 위한 방정식입니다. 그래서 '-x + 2200'입니다. 즉 방정식대로라면 '= -판

매 가격 + 2200'에 대한 결과가 판매 수량입니다. 그래서 판매 수량 입력 셀인 I4에 함수식을 넣습니다. 샘플 예제에서는 I3이 판매 가격 셀입니다. 여기까지가 준비 사항이고 이제부터는 생성형의 도움이 필요합니다. 이번에는 호기롭게 반말로 해 보겠습니다.

Input

어이, 엑셀로 내가 가격과 수량 정보를 활용해서 영업 이익을 목표로 하는 최적 판매 숫자를 찾을 거야. 구체적으로 최저 가격은 E6, 중간 가격은 E7, 최고 가격은 E8, 판매 단가 셀은 I3, 판매 수량 셀은 I4야. 이때 I4에는 "-판매 단가 + 2200"이라는 방정식 입력했어, 영업 이익은 I5야. 이때 엑셀에서 해찾기를 통해서 영업 이익(I5)이 최대가 되는 판매 단가를 찾는 방법 가르쳐 줘.

Output

엑셀에서 '해찾기' 기능을 사용하여 영업 이익이 최대가 되는 판매 단가를 찾는 방법은 다음과 같습니다.

1. 데이터 입력 확인: 주어진 데이터를 정확히 입력했는지 확인하세요.
   최저가격 (E6)

생략

3. 해찾기 설정:
   '데이터' 탭을 클릭한 후 '분석' 그룹에서 '해찾기'를 선택합니다.
   '해찾기' 대화상자가 나타나면 다음과 같이 설정합니다:
   목표 셀: I5 (영업 이익)
   목표값: 최댓값 (이 부분은 공란으로 두면 됩니다)
   변경할 셀: I3 (판매 단가)
4. 제약 조건 추가:
   '제약 조건 추가'를 클릭합니다.
   다음 제약 조건을 추가합니다:
   I3 ≥ E6
   I3 ≤ E8
   제약 조건을 추가한 후 '확인'을 클릭합니다.

출처: '라온' service base by AI:DRIVE with HBC data 28w, 2024. 1turn

위 명령어에서는 가격에 대한 판매 수량 정보를 가르쳐 주지 않아서 쿼리가 도착했을 때 약간 다를 수도 있습니다. 하지만 해찾기를 통해서 어디 셀에 무엇을 입력해야 하는지 자세하게 설명을 해 주면 좀 더 정확하게 알려 줍니다.

위와 같은 방법으로 시키는 대로 하면

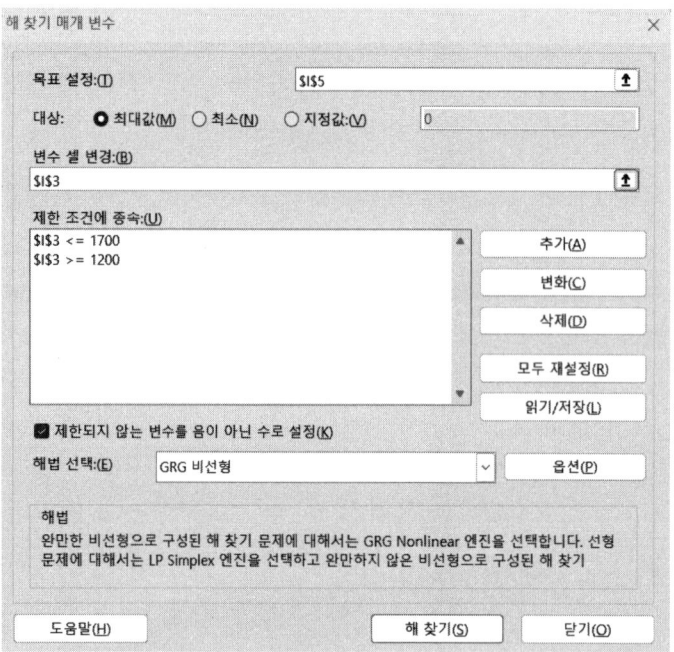

이렇게 입력을 하면 되고 결과는

판매단가	1600
판매수량	600
영업이익	360000

즉 판매 단가를 1,600으로 결정하면 판매 수량은 600개가 되고 영업 이익은 360,000이 됩니다.

그럼 우리는 판매 단가를 목적으로 마케팅 활동을 하는 게 아니라 판매 수량을 달성하기 위한 전략으로 하게 되면 마케팅적으로 좀 더 진보적인 결정을 하게 됩니다.

다운로드 주소

선형 수요선 예제 https://blog.naver.com/wang5177/223529343829
거듭제곱 예제 https://blog.naver.com/wang5177/223530854494
최적 판매 가격 찾기 예제 https://blog.naver.com/wang5177/223530861250

따라 하면 성공하는 묶음 가격으로
손해 안 보고 **재고떨이** 하는 방법

잉여에 대한 개념을 명확하게 이해해서 묶음 상품 전략을 구성함으로써 고객들의 이익잉여를 부여하고 우리는 수익을 극대화할 수 있습니다. 일단 제품이 남으면 해당 제품을 다른 제품들과 묶어서 판매 하는 방법, 즉 묶음 상품 방법을 이용해서, 재고도 털고 이익도 극대화하는 방법을 알아보겠습니다.

> 요약 1. 묶음 상품으로 갖다 팔면, 고객도 좋고 나도 좋고 둘 다 좋다.
> 요약 2. 잉여에 대한 개념은 서로 다르니 전략적 사고가 필요하다.
> 요약 3. 해찾기 실전, 생성형 함께 이용하면 안 어렵다.

묶음 가격에 대해서 많이 들어 보셨을 것입니다. 아니 들었다기보다는 수시로 보고 있습니다. 오늘도 마트에서, 편의점에서 수시로 묶음 상품을 봤습니다. 흔히들 말하는 원플원(1+1)인데 요즘에 마트를 가면 과연 뭐가 1+1인지 왜 1+1인지 모를 정도로 매우 흔합니다. 마트에서는 왜 이렇게 행사를 하는지도 사실 모르고 어느새인가 1+1이 기본인 세상입니다. 이런 것을 묶음 가격이라 하고 묶음 가격을 만드는 방법이 마케팅적으로 효과가 있으니 이 방법 역시 도전해 볼 만한 영역입니다. 우리는 개념만 알면 됩니다. 그 다음 영역은 생성형 인공지능을 시켜 버리면 생성형이 알아서 함수식을 만들어 주니 그냥 만들어 주는 대로 실습만 하면 끝. 참 쉽습니다.

잉여에 대한 개념 명확하게 하기

잉여란 무엇일까요? 말 그대로 남는 것인데 이 잉여에 대한 개념은 흔히 나의 입장에서만 생각하는 잉여입니다. 예를 들어 잉여 시간, 잉여 비용 등 그렇기에 '잉여'에 대해 생각하기 조금 어려울 수도 있습니다. 제가 말씀드리는 잉여에 대한 개념은 나와 상대방 입장이 아닌 숫자 관점에서 즉 '마케팅 관점에서의 잉여'입니다.

잉여란 말 그대로 남는 것입니다. 잉여라 하면 내가 원하는 것을 확보하고 난 다음 남는 것들입니다. 그래서 원가를 다 뽑고 목적하는 수익을 뽑으면 그다음을 잉여라 판단하는 것이 맞습니다. 저 역시 그런 개념으로 접근합니다. 즉 물건을 사고팔면서 내가 원하는 목적을 달성하고 난 다음의 나머지들 이것을 '잉여'라고 판단합니다. 이때 주의해야 하는 것은 잉여에 대한 명확한 개념입니다. 이걸 다시 한번 말씀드리는 이유가 다음 예시를 보고 설명드리겠습니다.

총 재료비	1,000원
제작된 숫자	10개
판매 가격	200원
5개 판매 시 매출	1,000원
10개 판매 시 매출	2,000원

우리가 현업에서 항상 간과하는 것이 잉여에 대한 개념입니다. 만약 10개의 물건을 모두 판다면 우리는 매출 2,000원, 수익 1,000원이 발생합니다. 만약 이때 6개를 판다고 하면 매출은 1,200원이 되고 마진은 200원이 되는 것입니다. 항상 만든 물건을 모두 판매 가능하다고 착각들을 하고 매출 목표를 하는데, 그게 아니고 매출액 1,200원, 내부 마진 20%로 하게 된다면 1,000원을 투자하고 5개를 판매해서 투자 비용이 회복되었고 여기에 2개를 더 팔아서 내부 수익 20%도 달성했습니다. 그럼 못 팔고 남은 4개는 '잉여'가 되는 것입니다. 이때 '나는 장사의 신이고 마케팅 천재니까 물건 다 팔 수 있어'라는 분은 이런 개념이 필요 없을 것입니다. 그 정도 능력자라면 이미 '개인능력'이 매우 훌륭한 분이니까요. 하지만 저는 그런 분을 평생 본 적이 없습니다. 하지만 이건 내 입장에서의 잉여이고 우리 물건을 구입하는 고객 입장에서 잉여에 대한 개념을 알고 계실까요? 고객 역시 우리랑 같습니다. 어떠한 소비를 함에 있어 목적을 달성하고 남는 것들을 잉여라 할 수 있습니다.

특히 이러한 잉여가 소비자 본인이 생각했을 때 마이너스로 가게 되면 소비를 하지 않게 되고 플러스로 가게 되면 소비를 하게 됩니다. 위에 예시로 볼 때 원래 200원이던 제품이

200원에도 사던 제품인데 만약 150원에 판매를 하게 되면 나한테는 크게 필요하지 않지만 구입을 할까요? 안 할까요? 심지어 그게 물리적으로 나에게 불필요하게 되더라도 말이죠? 이때 잉여에 대한 것을 적용하면 소비자는 원래 200원에 사던 건데 150원에 사게 되면 50원에 대한 잉여가 생기게 되는 것입니다. 즉 우리가 묶음 상품을 구입할 때 그 물건이 크게 필요 없지만 뭔가 나에게 남는 거 같다고 생각을 하면 구입을 하는 것이고 뭔가 불필요하다 하면 구입을 하지 않는 것입니다. 우리는 이때, 즉 고객의 잉여가 플러스로 가게 될 때 해당되는 것들을 묶음 상품으로 만들어서 소비자가 불필요하게 구입하는 것을 유도하는 것입니다. 개념 이해가 살짝 어려울 수도 있지만 이거 별거 아닙니다. 따라 하면 성공합니다.

예를 들어 설명하겠습니다. 제가 좋아하는 맥주를 예시로 들어서 하겠습니다.

헤페바이젠	5,000원
포엑스	4,000원
아사히 슈퍼드라이	3,000원
테라	2,000원
필라이트	1,000원

실제 판매되는 금액은 아니지만 대략 비슷하지 않나요?

만약에 맥주 가격이 전부 5,000원이라 하면 대부분 고객들은 아마도 헤페바이젠 맥주를 구입하고 우리는 5,000원의 매출이 발생합니다. 반면 우리가 맥주 가격을 모두 4,000원으로 하게 되면 고객들은 헤페바이젠과 포엑스에 집중이 될 것이고 우리는 8,000원 매출이 발생합니다. 여기서 '나는 한 병만 마시는데?'라는 이상한 생각은 안 하겠습니다. 어떻게 맥주를 하나만 마실 수가 있나요! 다시 만약에 3,000원으로 통일하면 헤페바이젠, 포엑스, 아사히 슈퍼드라이가 몰릴 것이고 우리는 9,000원의 매출이 발생합니다. 전부 2,000원으로 하게 되면 헤페바이젠, 포엑스, 아사히 슈퍼드라이, 테라에 집중될 것이고 총 8,000원의 매출이 발생합니다. 전부 1,000원으로 하게 되면 5,000원 매출이 발생합니다. 그럼, 얼마로 가격을 하는 게 적당할까요? 매출 관점에서는 가장 많은 수익이 예상되는 3,000원으로 설정하고, 매출은 9,000원이 되는 것입니다.

그럼 이제 우리가 맥주 한 개씩 판매하지 않고 5가지 모두 사는 데 15,000원에 판매한다고 하면 고객들은 맥주를 사러 와서 하나를 사고 싶어도 15,000원을 내고 맥주 5개를 사야 합니다. 어쩔 수 없죠, 이게 판매하는 사람의 규칙이라는데 말이죠.

개당 비용 적용 시 5병 비용	15,000원
묶음 상품 적용 시 5병 비용	15,000원

다시 말씀드리면, 헤페바이젠부터 필라이트까지 개별 판매가 아니라 무조건 세트로 판매한다고 하면 전체 비용은 5개에 15,000원입니다. 이럴 경우 앞선 가격 정책에서의 1인당 예상 최대 매출이 9,000원에서 15,000원으로 약 65% 추가 매출이 발생합니다. 앞서서는 개당 3,000원에 판매하기 때문에 5개를 사게 되면 전체 15,000원입니다. 그리고 개당 한 개씩 묶음 상품으로 하고 묶음 상품 판매 금액을 15,000원이라고 하면 소비자는 테라나 필라이트를 사고 싶지 않아도 어쩔 수 없이 사야 합니다. 하나씩 사나 묶음으로 사나 가격은 15,000원이 되므로 원하지 않는 제품이 포함되더라도 크게 손해 안 나기에 구입을 합니다. 오히려 만약 테라를 주로 마시는 분들이라면 저렴한 가격에 헤페바이젠, 포엑스를 살 수 있으니 오히려 플러스 잉여가 됩니다. 자, 다시 설명드립니다.

가격 정책을 종류당 하나씩 5개 묶음 상품을 구입하게 만들면, 개당 하나씩 살 때도 15,000원, 묶음으로 사도 15,000원이므로 손해가 나지 않습니다. 이때 만약 테라를 주로 마시는 분들이라면 테라만 사지 못하고 종류당 하나씩 사야 하는데 이러한 패키지에는 비싼 맥주도 들어가 있어서 어차피 지출하는 비용 15,000원이 아깝지 않다고 판단합니다.

이런 걸 번들 상품이라고 합니다. 이렇게 묶음(번들) 상품을 하면 어떤 사람들은 필라이트를 안 살 수도 있어서 특정 제품에 쏠림 현상도 완화되고 전체적으로 재고를 소진할 수 있게 됩니다.

완전 묶음

다른 소비자 잉여를 활용하는 방법을 보겠습니다.

상품	고객1	고객2
마우스	1,000원	500원
키보드	500원	1,000원

위와 같이 비용이 결정되었다고 하겠습니다. 마우스와 키보드는 매우 가까운 제품군입니다. 고객1은 키보드보다 마우스에 더 높은 가격으로 평가를 하는 것이고 고객2는 마우스보다 키보드를 더 높은 가격으로 평가하는 것입니다. 이때 만약 마우스와 키보드 모두 1,000원이라고 하면 고객1은 키보드에는 500원만 소비할 목적이 있으므로 마우스

만 구입합니다. 반대로 고객2는 키보드는 구입하지만 마우스에 1,000원을 투입하지 않습니다. 둘 다 천 원으로 하면 고객1, 2를 통해 얻을 수 있는 수익은 최대 2,000원인 것입니다. 반면 마우스는 1,000원, 키보드는 500원 하게 되면 고객1은 1,500원 매출, 고객2 1,000원 매출이 발생하여 총 2,500원 매출이 발생합니다. 하지만 이 두 상품을 묶어서 무조건 1,500원에 팔면 매출은 3,000원이 됩니다. 즉 고객에게 전체 상품을 구입하게 하든가 아니면 사지 못하게 구성하는 것이 완전 묶음입니다. 이러한 것은 고객 관찰을 통해서 고객이 충분히 가치를 부여하는 제품에 추가로 필요하지만 그렇게 시급하지 않은 제품을 묶어서 강제로 구입하게 한다면 충분히 매출이 늘어나는 것을 확인 가능합니다. 다시 말씀드려서 데이터를 보고 판단해야 하는 것입니다. 하지만 데이터가 없더라도 책을 판매하면서 완전 묶음으로 키보드를 준다면 아무도 사지 않겠죠?

혼합 묶음

소비자들은 동일한 제품이라도 저마다 심리적인 가격선이 다릅니다. 우리는 이런 것을 크게 3가지로 구분합니다. 최저 수용 가격, 준거 가격, 유보 가격 순서에 있듯이 심리적으로 너무 낮거나 높으면 안 사고 적당한 가격일 때 산다는 것입니다. 본 챕터에서는 이러한 심리적인 것에서 주로 준거 가격 기준과 유보 가격 기준일 때 사용이 적합한 혼합 묶음에 대해서 알아보고 응용하는 것을 연습하겠습니다. 아래는 소비자 조사를 통해서 우리 매장에서 제품 구입을 희망하는 고객들에 대해 적합한 소비자 가격을 조사하였고 그 결과는 다음과 같다고 하겠습니다. 이미 소비자 조사를 완료한 것을 전제하고 있는 것입니다.

고객	마우스	키보드
1	800원	800원
2	900원	700원
3	1,000원	600원
4	1,100원	500원

고객 당 마우스 키보드 합쳐서 총 1,600원에 대한 지불 의사가 있고 고객3의 경우 마우스는 1,000원 키보드는 600원까지 지불 의사가 있다는 것이 조사되었습니다. 결국 모두 1,600원을 지불하는 것입니다. 이런 전제 아래 가격 묶음을 계산하겠습니다.

단품으로 가격을 설정하게 될 경우 구매 의향이 있는 고객들은 다음과 같습니다.

마우스 가격: 1,000원

키보드 가격: 600원

에 판매를 하게 되면 이 경우 구매의사가 있는 고객은

마우스: 고객3, 고객4

고객3: 1,000원 >= 1,000원 (마우스 구매 가능)

고객4: 1,100원 >= 1,000원 (마우스 구매 가능)

키보드: 고객1, 고객2, 고객3

고객1: 800원 >= 600원 (키보드 구매 가능)

고객2: 700원 >= 600원 (키보드 구매 가능)

고객3: 600원 >= 600원 (키보드 구매 가능)

따라서 총 이익은

마우스: 1,000원(고객3) + 1,000원(고객4) = 2,000원

키보드: 600원(고객1) + 600원(고객2) + 600원(고객3) = 1,800원

총 이익: 2,000원 + 1,800원 = 3,800원

단순합니다. 내가 고객 당 최대 지불은 1,600원임을 확인했고 우리가 가격을 차등적으로 부여할 때 각 소비자마다 구입하는 제품이 다른 것입니다.

혼합 묶음일 때는 다음과 같습니다.

마우스 가격: 900원

키보드 가격: 600원

묶음 가격: 1,400원

이 경우 구매의사가 있는 고객은

마우스: 고객2, 고객3, 고객4

고객2: 900원 >= 900원 (마우스 구매 가능)

고객3: 1,000원 >= 900원 (마우스 구매 가능)

고객4: 1,100원 >= 900원 (마우스 구매 가능)

키보드: 고객1, 고객2, 고객3

고객1: 800원 >= 600원 (키보드 구매 가능)

고객2: 700원 >= 600원 (키보드 구매 가능)

고객3: 600원 >= 600원 (키보드 구매 가능)

```
묶음: 고객1, 고객2, 고객3, 고객4
고객1: 800원 + 800원 >= 1,400원 (묶음 구매 가능)
고객2: 900원 + 700원 >= 1,400원 (묶음 구매 가능)
고객3: 1,000원 + 600원 >= 1,400원 (묶음 구매 가능)
고객4: 1,100원 + 500원 >= 1,400원 (묶음 구매 가능)
따라서 총 이익은
마우스: 900원(고객2) + 900원(고객3) + 900원(고객4) = 2,700원
키보드: 600원(고객1) + 600원(고객2) + 600원(고객3) = 1,800원
묶음: 1,400원(고객1) + 1,400원(고객2) + 1,400원(고객3) + 1,400원(고객4) = 5,600원
```

완전 묶음일 때는 다음과 같습니다.

```
묶음 가격: 1,400원
이 경우 구매의사가 있는 고객은
묶음: 고객1, 고객2, 고객3, 고객4
고객1: 800원 + 800원 >= 1,400원 (묶음 구매 가능)
고객2: 900원 + 700원 >= 1,400원 (묶음 구매 가능)
고객3: 1,000원 + 600원 >= 1,400원 (묶음 구매 가능)
고객4: 1,100원 + 500원 >= 1,400원 (묶음 구매 가능)
따라서 총 이익은
총 이익: 1,400원 * 4 = 5,600원
```

결과적으로 단품으로 할 때는 3,800원, 혼합은 5,600원, 완전은 5,600원입니다. 혼합과 완전 모두 같은 매출을 발생할 수 있습니다. 하지만 혼합 묶음 전략은 추가로 단품 구매를 유도할 수 있으므로 잠재적으로 더 큰 이익을 가져올 수 있습니다.

그럼 이제 가격에 대해서 계산을 해야 하는데, 위 예시처럼 계산한 것을 생성형 인공지능에 물어보면 분명 거짓말을 합니다. 앞서서 말씀드린 대로 숫자가 들어가는 순간 매우 심각한 환각 현상에 놓입니다. 생성형에는 단순 계산이라도 안 하는 것이 바람직합니다. 그래서 위 예시는 우리 선생님들이 학습하는 용도로 이해를 중심으로 읽어 주셨으면 합니다. 다음으로 직접 엑셀 파일을 보면서 직접 묶음 가격 결정하는 방법을 배워 보고 이 때 어려운 부분은 생성형을 활용해서 해결하는 방법을 알아보겠습니다.

실제 적용 가능한 예시를 보여 드리면서 하나씩 설명드릴 예정입니다. 예시를 보기 전에 선행 작업 내용에 대해서 반드시 확인하셔야 합니다. 아래 예시는 화장품에 대한 예시고 스마트스토어 중심으로 유통을 하시는 분을 대상으로 하며, 스마트스토어에 충분히 경쟁사 파악과 가격 조사가 마무리되었다는 것을 전제로 합니다.

예시를 통한 실전 연습

이제 예시 파일을 열어 보겠습니다. 아래 예시는 우리가 사용하는 네이버 스마트스토어 또는 자사몰에서 충분히 수집 가능한 데이터를 예시로 들었습니다. 예시 파일의 '기본 시트'입니다.

1. 현재 설정한 제품에 대한 가격 정보

	A	B	C	A+B	A+C	B+C	A+B+C	D
	1	2	3	4	5	6	7	8
제품	핸드크림	얼굴크림	립밤	핸+얼	핸+립	얼+립	핸+얼+립	배달비상수
가격	90	80	70	153	144	135	225	30

핸드크림, 얼굴크림, 립밤을 판매하고 계시고 내부적인 전략 결정에 의해 가격이 정해졌다고 하겠습니다. 그 부분이 노란색 셀입니다. 세트 상품은 해당 세트 상품 합계 금액의 10% 할인 금액으로 현재 판매하고 있다고 가정하였습니다. 그리고 배달비는 상시로 무조건 30원 발생하는 것도 설정을 하였습니다. 보통의 경우 재조 원가 또는 매입 가격에 적정 마진을 붙이고 경쟁사 비용과 비교해서 결정하게 됩니다.

여기서 ABC는 각각 핸드크림, 얼굴크림, 립밤 식별을 위해서 제가 임의로 설정한 문자입니다. 보통 이런 것을 이름표 또는 라벨이라고 합니다. 그리고 또 업무 자동화를 위해서 A=1, B=2 이런 식으로 연번을 부여하였습니다. 보통 이런 것을 코딩이라고 합니다(코딩이 꼭 컴퓨터 코드를 말하는 건 아닙니다). 그럼 A, B, C는 단품이고 A+B, A+C, B+C, A+B+C는 묶음 상품이고 D는 배달비입니다.

2. 시장 조사를 통해서 도출한 고객별 구입 예상 가격

우리의 당면한 문제를 가정하겠습니다. 왠지 물건이 잘 팔리지 않는지 수익이 소원하지 않는지 무언가 문제가 있는 거 같지만 잘 모르겠고 그래서 가격 전략이 새로이 필요하였고 묶음 상품을 포함하여 최적의 가격을 도출하고 싶은 욕구가 생겼습니다. 그렇죠? 그래야 합니다. 그래서 먼저 우리와 유사한 다른 스마트스토어 등을 직접 조사했고 경쟁사 그러니까 다른 장사 잘되는 스토어는 제품 판매 단가가 어떤 식으로 결정했는지에 대한 조사를 실시했고 그 결과를 아래와 같이 정리하였습니다.

	A	B	C	D
고객1	60	70	70	30
고객2	70	60	80	30
고객3	80	80	90	30
고객4	90	100	100	20
고객5	100	70	60	10
고객6	100	50	80	20
고객7	70	60	50	10
고객8	50	80	30	0
고객9	90	50	60	0
고객10	40	30	80	0
평균가격	75	65	70	

자료 조사한 내용을 보는 방법을 보겠습니다. 우리와 동일한 제품을 판매하는 스마트스토어다 보니 우리랑 상품 구성이 같아야 합니다. 물론 실제 조사하다 보면 우리랑 100% 일치하는 스마트스토어 찾기는 생각보다 어렵습니다. 우리랑 일정 부분 비슷하거나 아니면 우리보다 많은 제품(상품)을 판매하는 점포가 대부분입니다. 그래서 우리는 이러한 조사를 통해서 경쟁사의 상황을 좀 더 구체적으로 관찰해야 하고 지금 하고 계시는 것입니다. 위 엑셀 파일은 이러한 조사 결과를 나타낸 것인데, 예컨대 고객1은 우리 경쟁사에서 주로 물건을 구입하는 고객을 나타내는 것이고 그 고객1은 경쟁사1이라는 곳에서 실제 소비를 하는 대부분의 고객이라 하겠습니다. 즉 '고객1=경쟁사1=경쟁사의 상품군 판매 제품을 분석한 비용'입니다. 지금 어려워하시면 안 됩니다. 아직 시작 안 했습니다. 그러니까 경쟁사1을 조사해 보니 제품 단가는 저렇게 나오는 것이고 그 경쟁사에서 물건을 구입하는 고객들이 우리의 잠재적인 고객이니 고객1로 한 것입니다. 어렵지 않습니다. 따라 하시면 됩니다.

고객1의 경우 핸드크림을 구입하는 비용에는 60원을 쓴다고 생각합니다. 그리고 얼굴크림은 80원, 립밤은 70원에 구입을 희망합니다. 아니 실제로 구입을 했습니다. 그리고 배달비도 지불하는 것으로 조사를 했습니다.

같은 해석으로 고객8의 경우 핸드크림은 50원, 얼굴크림은 80원, 립밤은 30원 마지막으로 배달비는 지불하지 않는 것으로 조사되었습니다. 이러한 조사를 정리한 것이 아래 그림입니다.

	A	B	C	A+B	A+C	B+C	A+B+C	D		
	1	2	3	4	5	6	7	8		
제품	핸드크림	얼굴크림	립밤	핸+얼	핸+립	얼+립	핸+얼+립	배달비상수		매출총계 619
가격	90	80	70	153	144	135	225	30		

소비자잉여계산

	A	B	C	D	예상비용합	A+D	B+D	C+D	A+B+D	A+C+D	B+C+D	A+B+C+D	잉여최대	구매가능	매출
고객1	60	70	70	30	230	-30	-10	0	-23	-14	5	-25	5	6	135
고객2	70	60	80	30	240	-20	-20	10	-23	6	5	-15	10	3	70
고객3	80	80	90	30	280	-10	0	20	7	26	35	25	35	6	135
고객4	90	100	100	20	310	-10	10	20	27	36	55	55	55	6	135
고객5	100	70	60	10	240	-10	-30	-30	-3	-4	-25	-15	-3	0	0
고객6	100	50	80	20	250	0	-40	0	-13	26	-15	-5	26	5	144
고객7	70	60	50	10	190	-40	-40	-40	-43	-44	-45	-65	-40	0	0
고객8	50	80	30	0	160	-70	-30	-70	-53	-94	-55	-95	-30	0	0
고객9	90	50	60	0	200	-30	-60	-40	-43	-24	-55	-55	-24	0	0
고객10	40	30	80	0	150	-80	-80	-20	-113	-54	-55	-105	-20	0	0
평균기격	75	65	70		225										

위 이미지에 대해 부연 설명 하겠습니다. 먼저 '예상비용합'은 각 고객별 예상되는 소비 비용의 합계입니다. 그리고 소비자 잉여는 각 소비자가 제품별로 실제 구입을 희망하는 가격과 내가 판매하는 가격과의 갭입니다. 예를 들어 G8셀은 -30원인데 고객1이 핸드크림에 부여하는 금액은 60원입니다. 이때 배달비 30원을 포함해서 최대 90원을 부여합니다. 하지만 내가 판매하는 금액은 핸드크림이 90원, 배달비가 30원 총 120원에 판매를 해서 고객 입장에서 우리 쇼핑몰에서 구입을 하게 되는 경우 다른 쇼핑몰 대비 -30원의 손해가 발생합니다. 그래서 핸드크림만 구입을 하는 우리 고객은 다른 경쟁사 대비 '-30'이라는 음의 잉여가 발생합니다.

다른 예시로 I11셀의 값은 20원입니다. 고객4는 립밤 구입에 100원 소비할 의사가 있는 것이고 배달비는 20원만 지불할 의사가 있어서 립밤만 구입하게 되는 경우 최대 120원의 소비까지 진행할 것입니다. 우리가 판매하는 립밤은 70원 그리고 배달비는 30원이므로 총 100원이 발생됩니다. 소비자가 립밤을 경쟁사가 아닌 우리 쇼핑몰에서 구입하면 20원의 이득, 즉 양의 잉여가 발생합니다. 위는 그런 예시입니다. 그리고 '잉여최대' 값은 소비자에 발생하는 잉여 중에 가장 높은, 즉 '소비자가 얻게 되는 최대 잉여'가 얼마인지에 대한 표시이고 그때 구입하는 제품의 연번이 '구매가능'입니다. 그러니까 고객1은 6번 얼굴+립밤의 경우 세트 상품으로 하면 우리 쇼핑몰에서 구입 가능하고 그때 매출이 135원이 발생되는 것입니다. 마지막으로 '매출총계'는 R3로 했습니다. 생성형을 시키기 전에 하나 더 확인해야 합니다. 왜냐하면 가끔씩 대표님들이 세트 상품 만들면서 단품보다 싸게 세트 상품을 하는 경우가 종종 있습니다. 세트 상품이 단품보다 싸면 굳이 비싼 돈 주고 하나를 살 필요는 없습니다. 그냥 세트 상품의 가격은 단품 구입

때보다 반드시 싸야 합니다. 그래야 소비자들은 잉여로 구입하는 것임에도 불구하고 세트 상품을 구입하기 때문입니다. 그러한 검토가 S22 근처에 따로 계산을 해 두었습니다.

U칼럼은 세트 상품이고 V칼럼은 세트 상품 구입 시 소비자 잉여를 계산했고 W칼럼은 소비자 손해를 표기하였습니다. 소비자가 손해를 보면서 물건을 구입하는 것은 아예 배제한 것입니다.

이제 필요한 건 과연 제품의 가격을 어찌 조정해야 우리 쇼핑몰이 최대 매출이 나오느냐입니다. 이제 생성형을 시켜 보겠습니다.

Input
엑셀의 해찾기 기능을 활용해서 최적 가격을 설정하고자 해.
어떻게 해야 하지?

Output
물론입니다! 엑셀의 해찾기 기능을 사용하는 콘텐츠 제작을 도와드릴게요. 필요한 모든 정보를 제공합니다. 아래에 해찾기를 활용하는 과정을 한국어로 설명해 드릴게요.

엑셀 해찾기 기능을 사용하는 방법

엑셀 해찾기(Excel Solver)는 매우 강력한 도구로, 다양한 최적화 문제를 해결하는 데 사용할 수 있습니다. 특히 마케팅, 생산, 재무 등의 분야에서 자주 사용됩니다. 엑셀 2010을 기준으로 해찾기 기능을 사용하여 최적화 문제를 해결하는 과정을 단계별로 설명하겠습니다.

1. 해찾기 추가 기능 활성화
엑셀 2010이나 엑셀 2013을 사용하는 경우:
1. '파일' → '옵션'을 선택합니다.
2. '추가 기능' 섹션 아래쪽의 '관리' 옵션에서 'Excel 추가 기능'을 선택하고 '이동…' 버튼을 클릭합니다.

생략

출처: '라온' service base by AI:DRIVE with HBC data 28w,2024. 1turn

친절하게 해찾기 설정하는 방법부터 가르쳐 주었으니 시키는 대로 하면 됩니다. 생성형이 시키는 대로 먼저 해찾기 활성화부터 해서 준비합니다. 이제 다음 질문을 하겠습니다.

Input

1. 묶음 가격 전략을 구성하려고 해.
2. R3는 매출 총계로 목표값이야. 목표값이 최대치로 나와야 해.
3. D4부터 J4가 제품군의 가격이야.
4. 해찾기를 활용하는 방법 가르쳐 줘.

Output

해찾기를 사용하여 묶음 가격 전략의 매출을 극대화하는 방법을 단계별로 설명해 드리겠습니다.

1. **해찾기 도구 활성화:**
   엑셀에서 [파일] → [옵션] → [기능] → [해찾기]를 찾아 체크하여 활성화합니다.

2. **변수 설정:**
   - R3 셀에 매출 총계를 계산하는 수식을 입력합니다.
   - D4~J4 셀에 각 제품군의 설정된 가격을 입력합니다.

3. **수식 작성:**
   - 각 제품군의 매출을 계산하는 수식을 D5~J5 셀에 작성합니다.
     예: D5 셀이 '=수량*D4' 형태로 가격을 곱한 형태로 계산합니다.
   - R3 셀에 모든 제품군의 매출 합계를 SUM 함수 또는 더하기 형태로 작성합니다.
     예: '=SUM(D5:J5)' 또는 '=D5+E5+⋯+J5'

4. **해찾기 설정:**
   - [데이터] 탭 → [분석] 그룹 → [해찾기]를 클릭합니다.
   - **변경 셀**: R3 (매출 총계 셀)
   - **목표값**: 최대화
   - **변경할 셀**: D4:J4 (제품군의 가격셀)

5. **제약 조건 추가:**
   - 가격의 최솟값 및 최댓값을 설정하여 실질적인 제품 가격 범위를 지정합니다.
     예: D4>=1, D4<=100 (각 셀마다 범위를 설정)

> 6. **해찾기 실행:**
>   - [확인] 버튼을 클릭하여 해찾기를 실행합니다.
>   - 해찾기 진행이 완료되면 최적의 가격이 D4~J4 셀에 업데이트됩니다.
>
> 이렇게 해서 해찾기를 활용하여 묶음 가격 전략의 매출을 극대화할 수 있습니다. 해찾기는 목표값을 최대화하기 위해 설정된 변수 내에서 최적의 값을 찾아주는 엑셀 도구입니다.

출처: '라온' service base by AI:DRIVE with HBC data 28w,2024. 2turns

    제가 따라 하시면 된다고 말씀드렸는데, 진짜 그대로 따라 하시면 됩니다. 그럼 됩니다. 하지만 이게 왜 이렇게 되지? 하고 이해를 요구하는 분들이 계시니 제가 만든 템플릿을 설명드리겠습니다. 이 템플릿은 실제 소비자가 경쟁사에 우리와 같은 제품을 구입할 때 발생하는 잉여를 계산하고 해당 제품을 우리 스마트스토어에서 구입할 때 발생하는 잉여를 계산한 다음 소비자 입장에서 최대 잉여 즉 경쟁사 대비 가장 합리적인 가격을 도출하고 그것을 구입한다는 가정이 들어갔습니다. 즉 단품이 경쟁사보다 싸거나 비쌀 수 있고 묶음 상품이 경쟁사보다 비싸거나 쌀 수 있습니다. 이러한 것을 각 경쟁사별로 하나하나 다 계산을 해서 우리 제품의 가격을 변경해서 가장 최적값을 찾겠다는 이야기입니다. 이걸 수행하려면 매우 많은 계산이 필요하니 이런 계산을 엑셀에게 시키는 것입니다. 그걸 '해찾기'를 통해서 하겠다는 이야기이며 해찾기 설정이 어려우니 이건 생성형의 도움을 받겠다는 이야기입니다.

    그리고 하나 더, 제가 입력한 유저 프롬프팅을 보면 매우 구체적으로 했습니다. 프롬프팅이 처음에 어려울 수도 있습니다. 하지만 이렇게 매우 구체적으로 작성하면 생성형이 친절하게 가르쳐 줍니다. 그럼 다시 본론으로 넘어가서 생성형이 시키는 대로 하는데 사실 시키는 대로 하고 위에 제가 설명한 것을 봐도 이해하기 어려울 수 있습니다. 특히 해찾기 매개변수 설정이 너무 어렵습니다.

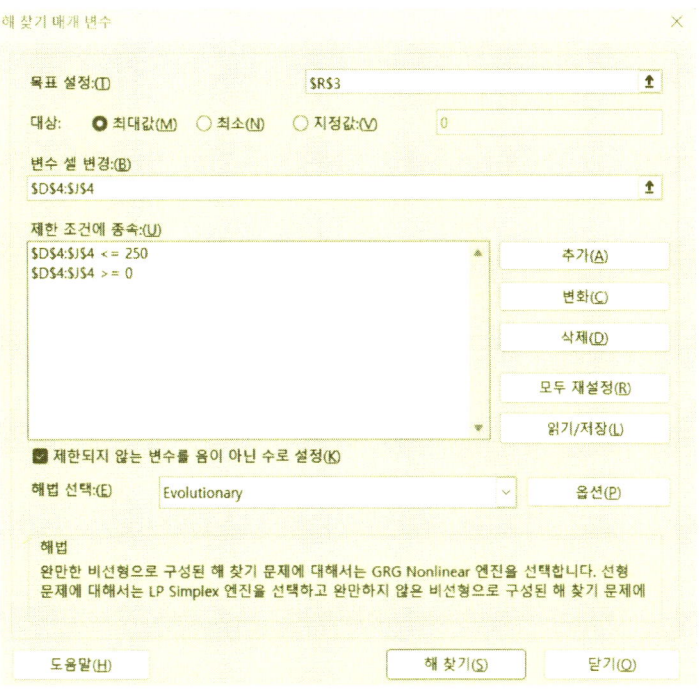

〈제가 설정한 해찾기, 데이터 → 해찾기 누르면 위와 같이 제가 설정한 것이 나옵니다.〉

    생성형에 일 시키기 전에 간단하게 말씀드리면 목표 설정을 클릭해서 R3을 클릭합니다. 왜냐하면 매출 총계가 늘어나는 것이 목적이기에 '목표 설정'을 그렇게 하였습니다.

    대상은 당연히 최댓값으로 해야 하고 '변수 셀 변경'은 말 그대로 변하는 숫자입니다. 지금 내가 설정한 가격을 변화시켜야 하기에 D4부터 J4까지 숫자가 최적값으로 변해야 합니다. 그래서 설정을 해 주었고 마지막으로 제일 어려운 '제한 조건에 종속' 부분이 제약 식인데 제가 설정한 것은 제품 단가는 무조건 0원보다 커야 하고 최대 250원을 안 넘기는 것으로 설정하였습니다. 여기는 제가 임의 설정한 것임을 말씀드리고, 특히 제한 조건은 눈으로 보고 주관적으로 설정을 해야 합니다. 예를 들어 당연히 가격은 0원보다는 커야 하고 그리고 판매 가격은 최대 310원(고객4의 비용 합계)보다 낮아야 합니다. 그래서 저는 임의로 250원을 설정한 것입니다. 이것보다 싸게 팔기 위함이기 때문입니다. 하지만 이러한 설명에도 처음 하시게 되면 어렵습니다. 그래서 생성형에 자세히 물어보겠습니다.

Input

제약 조건 설정을 잘 모르겠어. 어떻게 하면 최적의 제약 조건을 설정하는지, 제약 조건 작성 방법 가이드를 가르쳐 줘. 구체적으로 현재 설정된 D4부터 J4의 가격은 D4=90, E4=80, F4=70, G4=153, H4=144, I4=135, J4=225로 설정을 했어.

Output

제약 조건 설정은 최적화 문제를 해결하는데 중요한 요소입니다. 제약 조건은 변수들의 값을 제한하여 문제의 해를 찾는데 도움을 줍니다. 아래는 제약 조건 설정 방법과 제약 조건 작성 방법에 대한 구체적인 설명입니다.

1. **목표 파악**: 최적화 문제에서는 주로 최대화 또는 최소화해야 하는 목표가 있습니다. 예를 들어, 매출을 최대화하거나 비용을 최소화하는 것이 목표일 수 있습니다.

2. **변수 정의**: 최적화 문제에서 조정할 변수들을 정의합니다. 예를 들어, 제품 가격, 생산량 등이 될 수 있습니다. 현재 설정된 변수는 D4부터 J4의 가격입니다.

3. **제약 조건 식별**: 문제의 조건에 따라 변수에 제한을 두어야 합니다. 예를 들어, 가격은 항상 양수여야 하고, 특정 값 이상으로 설정할 수 없다는 등의 제한이 있을 수 있습니다.

4. **제약 조건 작성**:
   - **불평등 제약**: 변수들이 일정 범위 안에 있도록 설정합니다. 예를 들어, 가격이 0보다 크거나 같아야 한다.
      D4 >= 0
      E4 >= 0
      F4 >= 0

생략

출처: '라온' service base by AI:DRIVE with HBC data 28w, 2024. 3turns

실제 생성형을 돌리시면 매우 자세하게 이야기를 해 줍니다. 그리고 각 가격에 대한 제한 가격도 매우 구체적으로 작성해 줍니다(왜냐하면 제가 시스템 뒷단에서 RAG로 해 찾기 잘하라고 데이터를 등록하고 일정 부분 강화 학습 비슷한 것을 했기 때문입니다).

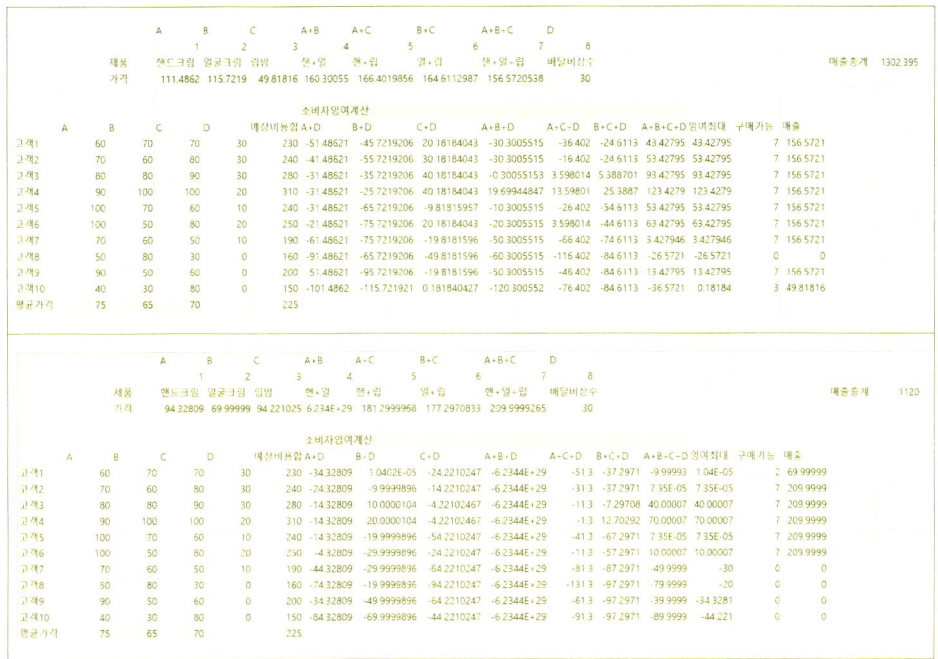

〈위: 계산 결과 1, 아래: 계산 결과 2〉

계산 결과에서 보여 주듯이 서로 다른 값을 도출했습니다. 이유는 단순하게도 조건식이 다르기 때문입니다. 위 예시에서 제가 대표자라면 위에 것을 선택하겠습니다. 이유는 대부분의 고객을 만족하기 때문입니다.

두 개의 서로 다른 결과를 비교하여 설명드리면 먼저 계산 결과 1은 처음에 생성형이 시키는 대로 제한식을 넣은 결과입니다. 제가 임의로 250원 설정한 것 기억나실 것입니다. 해당 제한식에 대한 결과고 아래 이미지는 좀 더 구체적인 제한식이 적용된 것입니다.

이때 왜 두 번째 즉 상세한 제한식보다 대략적인 제한식의 결과를 제가 선택한다고 했냐 하면, 계산 결과 2는 4개의 고객을 드롭했습니다. 반면 계산 결과 1은 드롭되는 고객이 없습니다. 그래서 계산 결과 1을 선택했습니다.

이러한 계산 결과를 위한 '제한식'은 실제 데이터를 넣고 돌려 보시면서 스스로 최적값을 찾아야 합니다.

따라 하면 됩니다.

다운로드 주소

복합상품에서의 묶음 가격 찾기 예시 https://blog.naver.com/wang5177/223539434856

따라 하면 성공하는 초기 고가 전략과 가격 할인 전략

초기 고가 결정 방법에 대해 이해하고, 응용하며 가격 할인 전략 설정에 대해서 알아보겠습니다. 왜 초기 고가를 결정해야 하고 이후 가격을 할인하는 것이 바람직한지 전략적으로 확인하겠습니다.

> 요약 1. 아직 해찾기는 간단한 수준에서만 확인한다.
> 요약 2. 무엇보다 첨부 파일이 중요. 그거 보고 따라 하면 된다.
> 요약 3. 이제 가격 할인 전략 전문가.
> 요약 4. 초기 고가 전략 마무리되면 바로 가격 할인 전략.

신제품을 만들거나 하이테크 제품을 출시하면 초기에 비싸게 판매하고 나중에는 저렴하게 판매합니다. 다른 챕터에서는 S 곡선과 BASS 모델을 활용해서 하이테크 제품의 확산 공식에 의해 시장에서 몇 개가 팔릴지 예측하는 것을 다루겠지만, 본 챕터에서는 내 제품을 구매해 줄 소비자 모수가 있다는 전제 아래 예측하는 방법을 말씀드리겠습니다.

소비자 모수 측정 방법

소비자 모수를 측정하는 방법은 매우 다양하게 있지만, 구체적인 모수를 측정하는 것은 통계학을 배우지 않고는 어려운 분야이므로 모델식을 활용해서 모수를 측정하는 것은 다루지 않겠습니다.

제가 스타트업에 강의를 하거나 지도를 가게 되면, 종종 지도하는 소비자 모수 측정방법이 있습니다. 별것 아닌 합리적 판단에 의한 도출 방법입니다. 일부 몰상식한 사람들이 TOM-SOM-SAM 하는 것과는 질적으로 차이가 있습니다. 이런 TSS 같은 건 출처가 어디인지 이게 왜 계속해서 사용되는지 정말 안타깝습니다. 그리고 이걸 강의하고 잘난 척하는 몰상식한 작자들에 해당되시면 당장 그런 거 하지 마십시오.

온라인을 중심으로 돌아가는 유통 구조이지만, 지역 편차가 있는 것 이해하시나요? 다양한 이유로 지역 편차가 있지만, 어렵고 다양한 건 뒤로하고 말씀드리면 지역별 편차가 발생하는 주된 원인은 커뮤니티 영향을 받기 때문입니다. 직장에서, 학교에서, 동호회에서 '뭐가 좋더라' 하는 그런 커뮤니티 영향이 큽니다. 그래서 저는 유통 전략 시장 분석을 하기 앞서서 제일 먼저 지역을 특정하라고 먼저 말씀드립니다(B2B 역시 지역 설정을 해야 합니다. 다만 B2C보다 범위가 넓은 것입니다).

지역 설정을, 제가 거주하는 경기도를 중심으로 하겠습니다. 그중에서 여성을 대상으로 할 것이며 나이대는 30~40대까지를 대상으로 한다고 가정하겠습니다. 그러면 모수가 나옵니다. 자료 조사 방법은 다음과 같습니다.

> KOSIS 국가통계 포털-국내통계-주제별통계-인구-주민등록인구현황-시군구/성/연령(5세) 주민등록인구

해당 자료를 찾아보시면 위에 설정한 대상 소비자 모집단에 대한 숫자가 특정됩니다. 30~40대를 대상으로 하니 약 200만 명이 특정됩니다.

〈출처: 통계청 국가통계 포털〉

반면 이런 조사를 통해 도출된 모수 숫자가 200만 명이라면 실제 수요로 많은 숫자가 되어서 부담이 될 수도 있습니다. 그럴 경우 지역을 좀 더 세분화하여 특정할 수도 있습니

다. 통계청에서 계속 자료를 찾아도 되고 아니면 해당 지자체 통계 자료를 찾으면 인구 정보를 쉽게 찾을 수 있습니다. 이렇게 수집된 모집단을 대상으로 앞선 챕터 14에서 연구한 소비자 조사를 통해서 20,000명의 잠재적 소비자 정보를 수집하였으며 그들을 대상으로 충분한 가격 조사가 되었다는 전제로 초기 고가 전략 그리고 가격 할인 전략을 연습해 보겠습니다.

초기 고가 전략

초기 고가 전략이 중요한 이유

초기 고가 전략이 중요한 이유는 일일이 설명하기 어렵습니다. 당연히 신제품 만들면 개발 비용 생각나고 빨리 매출도 늘리고 수익도 늘리고 싶은 것이 사람 심리이며 욕심입니다. 초기 고가 전략이 중요한 가장 큰 이유는 영어 단어에서 보이듯이 '초기 고가 =SKIMMING PRICE' 즉 걷어 내는 가격인 것입니다. 걷어 낸다는 의미는 무언가 위에 떠 있는 것을 그것만 추려서 걷어 내는 것을 말합니다. 마치 물 위에 기름을 제거하듯이 말이죠. 이게 초기 고가 전략입니다.

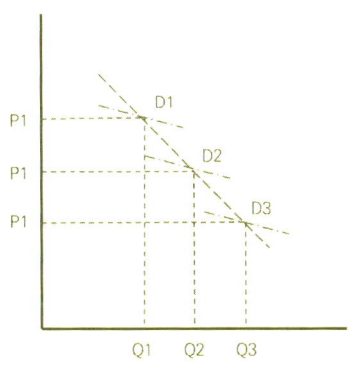

〈D1, D2, D3은 각각 소요와 공급이 만날 때의 적합한 숫자이다.〉

스키밍 전략이 가능한 이유는 바로 신제품에 대한 호기심이 많이 있는 집단 그중에서도 가장 최선도 집단이 '이노베이터' 그룹입니다. 즉 위 이미지에서 이노베이터 그룹은 D1에 해당되게 됩니다. 이들은 자기 분야에 적합한 신제품이 나오면 매우 강한 구매 욕구가 있습니다. 얼리 어답터랑은 조금 다릅니다. 얼리 어답터는 남들보다 빨리 만져 보고 싶어 하고 자랑하기 좋아하는 반면 이노베이터 집단은 제품의 성능과 품질과 관계없고 심지어 가격도 관계없습니다. 이들은 일단 써 봅니다. 하지만 자랑은 잘 안합니다. 그렇기에 우리가 신제품을 출시하고 우리 제품에 대한 잠재적 소비자 집단에 대한 데이터가 확보되었다면, 그들을 대상으로 그리고 그들이 파생시킬 수 있는 일부 얼리 어답터 집단을 대상으로 초기 고가 전략을 진행하여 빠른 수익을 확보하고 이후 얼리 어답터, 얼리 머저리티(초기 실용주의자)를 대상으로 매출을 올리는 전략을 진행하고 이후에는 시장 확대를 통해 추가적인 매출을 달성하는 전략을 구성하는 방법에 대해서 알아보겠습니다. 어렵지 않습니다. 따라 하면 됩니다.

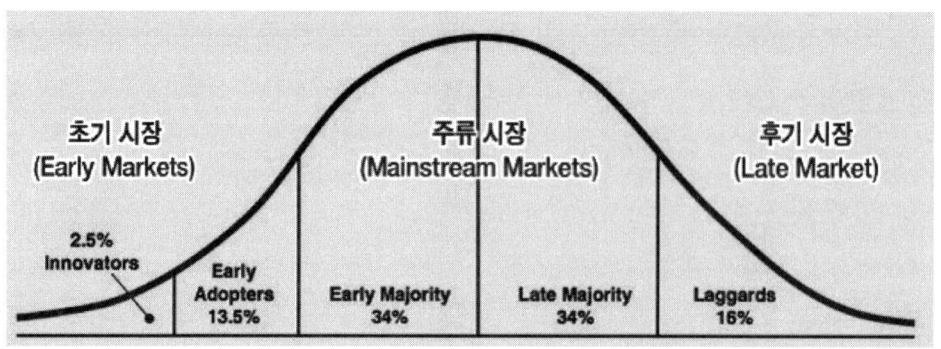

〈신제품 수용 곡선 형식이며 각 단위의 %는 이상적인 형태일 때를 말합니다.〉

초기 고가 전략 실무

초기 고가 전략을 수립하기 위해서는 전제 조건이 먼저 수립되어야 합니다. 이러한 전제 조건은 어떠한 규칙이 있기보다는 매우 구체적인 선행 조사에 따른 결과입니다. 우리는 이러한 선행 조사를 면밀하게 진행했다고 가정하고 초기 고가 전략 수립방법을 같이 연구해 보겠습니다.

가정 1. 현재 우리는 우리 소비자에 대한 최대 모수를 알고 있습니다. (200만 명)

가정 2. 이 중 설문 조사 및 외부 기관의 도움을 받아서 우리 제품이 출시될 경우 구입을 희망하는 소비자 집단을 도출하였고 그 숫자는 20,000명이라 하겠습니다. 20,000명을 대상으로 다시 조사한 결과 고객 모수가 우리 제품에 부여하는 여러 가치 중 가장 민감한 것은 '가격'이라고 가정하겠습니다.

가정 3. 20,000명의 잠재적 소비자들은 저마다 제품에 대한 가치가 다르게 평가하고 있고 각 소비자들은 1,000원 단위로 우리 제품에 대해서 가치를 부여한다고 가정하겠습니다. 예를 들어 1번 소비자가 느끼는 우리 제품의 가치는 1,000원이고 2번 소비자는

2,000원, 세 번째 소비자는 3,000원으로 가치를 판단하고 있다고 하겠습니다.

먼저 엑셀 파일을 확인하시어 설정 먼저 확인하겠습니다.

초기 고가 전략 예시				
		예상되는 최대 소비자		
		20,000		
T	가격	비 구입	판매량	매출
1	15000	14000	6,000	90,000,000
2	15000	14000	0	-
3	15000	14000	0	-
4	15000	14000	0	-
5	15000	14000	0	-
6	15000	14000	0	-
7	15000	14000	0	-
8	15000	14000	0	-
9	15000	14000	0	-
10	15000	14000	0	-
11	15000	14000	0	-
12	15000	14000	0	-
			6,000	90,000,000

소비자 조사를 통해 우리 제품(서비스) 이용 예상 고객의 총합은 20,000원(D3)이라고 하겠습니다. 이보다 높은 숫자는 물리적으로 판매를 못 하는 것입니다. 다음으로 우리가 앞선 선행 조사를 통해 초기 고가로 제시하는 가격을 15,000원(C5)으로 결정했다고 가정하겠습니다. 15,000원의 결정은 앞선 챕터에도 유사하게 설명드렸지만, 조사를 통해서 조사자가 정한 가장 최적화된 초기 고가라고 하겠습니다. 먼저 칼럼B 'T'는 시간으로 우리가 1개월부터 12개월까지 해당 제품(서비스)을 판매한다는 전략입니다. 현실적으로 2만 명에 15,000원에 신제품 판매를 하는 것은 아이템 따라 가능한 비용입니다. C칼럼 '가격' 칼럼은 일단 초기 설정한 15,000원으로 통일하겠습니다. '재고' 칼럼은 조금 이해가 요구됩니다.

재고 칼럼을 보시면 현재 14999로 되어 있습니다. 여기 적용된 함수식은 'D5=C5-1'입니다. 왜 하필 -1을 했는지가 중요합니다. 이유는 이노베이터의 특성 때문에 그렇습니다. 이들은 가격에 상관없이 무조건 구입하는 특성이 있습니다. 지금 조사한 적정한 가격이 15,000원이라고 했지만 이노베이터들은 15,000원이든 18,000원이든 무조건 구입을 합니다. 하지만 이러한 이노베이터의 숫자는 최대 20,000을 넘지 않습니다. 왜냐하면 예상되는 최대 소비자 숫자가 20,000이니 너무 당연합니다. 하나 더 우리가 초기 가격을 15,000원에 결정을 했지만 18,000원일 수도 있습니다. 하지만 우리가 가격을 조사했으니 조사한 가격보다 비싼 가격은 아마도 소비자들이 구입하지 않을 것입니다. 그들이 이노베이터 그룹이라 할지라도 말이죠. 이는 소비자의 가격 결정에서 오는 심리 때문입니다. 챕터 14 '소비자의 가격 결정 기준 3가지' 즉 우리가 매출을 위하여 조사한 금액보다 높게 간다면 아무리 이노베이터라도 사지 않는다는 것입니다. 그래서 가격은 15,000원입니다. 그럼 이제 가격에 대해서 어떤 전략으로 진행되는지에 대한 이해가 되셨다 판단을 하고 다시 'C5-1'에 대해 고민을 해야 하는데 이유는 생각보다 단순합니다. 먼저 C5는 가격 15,000원입니다. 그럼, 15,000원일 때 사는 이노베이터 그룹이 몇 명이냐를 생각해야 하는데 이와 정반대 개념으로 15,000원일 때 절대로 안 사는 사람들은 14,999원에서는 구입을 합니다. 15,000원이 아니라 14,999원이니까 말이죠. 즉 현재 시점에 구입하는 않는 사람들의 숫자는 현재 가격으로 무조건 구입을 하지 않지만 현재 가격보다 1원이라도 싸면 구입을 합니다. 그래서 현재 재고는 직전 가격에서 -1을 해 주는 것입니다. 다시 말씀드리면 지금 가격일 때 절대로 안 사는 사람들의 숫자는 현재 가격일 때 판매하고 남은 재고 즉 앞으로의 잠재적인 수요 숫자입니다.

다음으로 판매량 칼럼 E칼럼의 함수식은 직전 재고에서 현재 재고를 빼면 판매량 E칼럼이 나오게 되고 판매량 * 가격 = 매출 F칼럼이 나오게 되는 것입니다.

마지막으로 합계인 F17은 매출의 총합인데, 이 매출의 총합이 높으려면 무조건 비싸게 팔아야 합니다. 그래서 해찾기를 할 때 이 값이 최댓값이 되게 설정을 하면 됩니다.

약간 어렵지만, 계속해서 엑셀을 보면서 개념을 터득하면 별거 아닙니다. 그리고 우리에게는 생성형이 있습니다.

시작-임시 파일 업로드-엑셀 파일 업로드

Input #업로드 파일에 대한 개요
첨부한 파일은 엑셀 파일이고 첫 번째 시트만 이용할 거야.
확인했으면 '네'라고 대답해 줘.

Output

네.

Input #퍼소나 설정

너는 엑셀 전문가야, 매우 쉽게 설명해 줘야 해. 대답은 네.

Output

네.

Input #분석하고자 하는 것에 대한 설명 마크다운 형태

분석 목적: 엑셀에서 해찾기를 이용해서 가장 높은 매출을 올리는 가격을 확인할 거야.
질문: 해찾기를 할 거야. 목표는 F17이고 최댓값으로 할 거야. 변수 셀은 C5~C16이야
제한 조건에 종속 설정을 도와줘.

Output

엑셀에서 해찾기 기능을 사용하여 가장 높은 매출을 올리는 최적의 가격을 찾기 위해 다음과 같은 단계를 따르면 됩니다. 목표 셀(F17)을 최댓값으로 설정하고, 변수 셀(C5~C16)을 조정하는 방법을 설명하겠습니다.

생략

Input #프롬프팅 수정

제약 조건은 한 가지로 해 줬는데 가장 합리적인 제약 조건들을 전부 가르쳐 줘.

Output

네, 가장 합리적인 제약 조건들을 설정하기 위해 다음과 같은 여러 제약 조건을 추가할 수 있습니다. 해찾기에서 각 조건을 추가하는 방법을 안내드리겠습니다.

생략

출처: '라온' service base by AI:DRIVE with HBC data 25w,2024. 5turns

위 생성형 프롬프팅 예시를 보시면 제가 앞서서 말씀드렸던 예시와 조금 다릅니다. 그리고 무려 5턴이나 진행했습니다. 이렇게 제가 다른 것과 다르게 하나하나 다 보여 드리는 이유는, 2024년 6월 기준으로 초거대 언어모델에 무언가 추론하는 것을 지시하는 것은 아직까지는 한계가 있습니다. 이들은 추론을 못 합니다. 심지어 숫자 계산은 더 못합니다. 그러므로 여러 번의 프롬프팅을 통해 정답을 찾아가게 해야 하는 그런 번거로움이 있습니다. 이걸 하나하나 설명드리는 이유는 위와 같이 직접 한 땀 한 땀 프롬프팅을 통해서 직접 해찾기를 이용하는 방법에 대해 개념을 이해하셨으면 하는 바람입니다. 해당 해찾기를 쉽게 구현하는 방법은 유튜브 등 제가 다른 방법으로 직접 실행하는 방법을 따로 보여 드리겠습니다.

그럼 위에 것을 무시하고 생성형에 한 번에 물어보는 것으로 다시 생성형을 활용 하겠습니다.

Input

엑셀에서 해찾기를 통해 최적값을 찾을 거야.
목적은 가격 스키밍 전략을 하기 위한 것으로 내가 수집한 모집단 (D3) 숫자를 대상으로 초기 고가 전략을 내가 진행할 때 시간의 흐름 B칼럼에 따른 가격 변동 C칼럼을 확인하고 싶어. 구체적으로 최대 판매 가능 숫자는 D3셀로 수요자의 총합이야. 판매 수량은 절대로 이 숫자를 넘지 못해.

B칼럼은 시간의 흐름으로 B5는 1월, B16은 12월이야. 그러니까 이러한 시간적 전제는 12개월간만 판매를 하겠다는 거야.

C칼럼은 가격이고 제한 조건에 해당돼.
C5:C16이 해찾기를 통해 변하는 숫자이고 총 12개월이며 매월 가격이 변해야 해.

D칼럼은 재고 수량 칼럼이야.
C칼럼 즉 가격 칼럼에서 -1을 했어, 이유는 판매 가격 C칼럼값보다 1원이라도 높으면 해당 금액에 물건을 사지 않으니까 반대로 해당 칼럼 금액보다 -1을 하면 그 숫자가 물건을 안 사는 숫자 즉 재고가 되기 때문이야.

E칼럼은 판매량이야.
판매량은 E5:E16까지 매월 다르고 당해 판매량은 직전 재고 숫자에서 현재 재고 숫자를 빼 주면 판매량이 돼.

F칼럼은 매출액으로 재고 * 판매량이야.

F17은 매출액의 합계로 해찾기의 목표이고 최댓값이 설정되어야 해.

질문할게.
1. 스키밍 가격 전략을 위해 내가 정의한 방법이 합리적인지 주요 주제별로 분석해 줘.
2. F17이 최댓값이 나오도록 해찾기 설정 가르쳐 줘.

Output

네, 귀하의 엑셀 모델과 스키밍 가격 전략에 대해 분석해 드리겠습니다.

1. 스키밍 가격 전략 분석:
   a) 시간 흐름: 12개월 기간 설정은 적절합니다. 이는 연간 판매 주기를 반영하며 계절성을 고려할 수 있습니다.
   b) 가격 변동: 매월 가격이 변하도록 설정한 것은 스키밍 전략의 핵심을 잘 반영합니다. 초기에 높은 가격을 설정하고 시간이 지남에 따라 가격을 낮추는 전략을 구현할 수 있습니다.
   c) 재고 수량: 가격보다 1원 낮은 금액을 기준으로 재고를 계산하는 방식은 합리적입니다. 이는 가격 민감도를 정확히 반영합니다.
   d) 판매량 계산: 직전 재고에서 현재 재고를 빼는 방식은 적절합니다. 이는 각 기간의 실제 판매량을 정확히 계산합니다.
   e) 매출액 계산: 가격과 판매량을 곱하는 방식은 정확합니다.
   f) 제한 조건: 총 판매 가능 수량을 D3 셀로 제한한 것은 현실적인 제약 조건을 반영합니다.

전반적으로, 귀하의 모델은 스키밍 가격 전략을 구현하기에 적합하며 현실적인 제약 조건을 고려하고 있습니다.

2. 해찾기 설정 방법:
   a) '데이터' 탭에서 '해찾기'를 선택합니다.
   b) '해찾기' 대화상자에서:
      - '목표 셀 설정'에 F17을 입력합니다(총 매출액).
      - '목표 값'에 '최대화'를 선택합니다.
      - '변경 셀'에 C5:C16을 입력합니다(월별 가격).
   c) '제한 조건 추가'를 클릭하고 다음 조건들을 추가합니다:
      - C5:C16 >= 0 (가격은 음수가 될 수 없음)
      - SUM(E5:E16) <= D3 (총 판매량은 최대 판매 가능 수량을 초과할 수 없음)
      - C5 >= C6 >= C7 >= … >= C16 (시간이 지남에 따라 가격이 감소하도록)
   d) '해찾기' 버튼을 클릭하여 최적 해를 찾습니다.

이 설정을 통해 F17 셀의 총 매출액이 최대화되는 최적의 월별 가격을 찾을 수 있습니다.

출처: '라온' service base by AI:DRIVE with HBC data 25w,2024. 1turn

프롬프팅 결과가 길게 나왔지만 이번에는 생략 없이 다 표기를 했습니다. 물론 앞서서 말씀드린 대로, 항상 동일한 답변을 하지 않아서 선생님께서 진행하실 때에는 위와 유사하게 답변을 할 것입니다. 이러한 결과를 놓고 제가 하나 말씀드리고 싶은 것은 유저 프롬프팅은 자세하게 작성을 하면 정확한 답변을 해 줍니다. 프롬프팅 별거 아닙니다.

해찾기 결과 12,000에 걸쳐서 계산을 했고 그 결과는 다음과 같습니다. 해찾기와 동시에 확인 부탁드리며 아래 예시는 '예시1'입니다. 다른 예시2, 3, 4는 각각 다른 제한 조건을 설정한 것입니다.

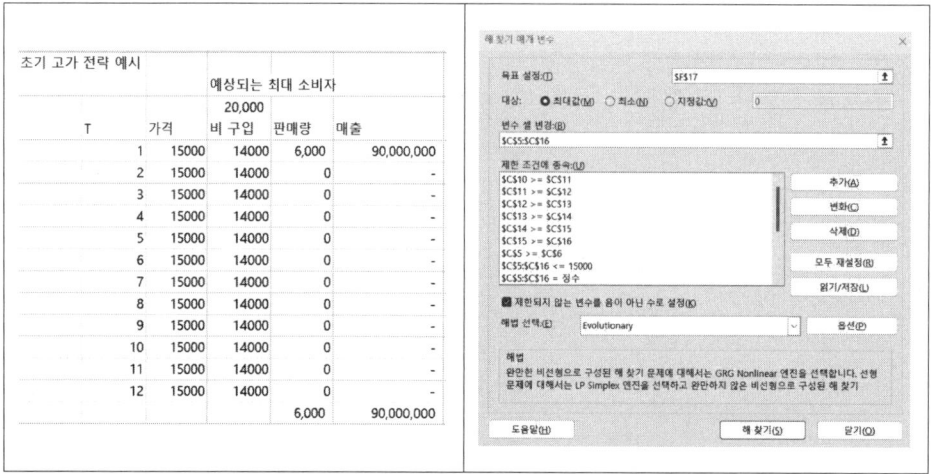

결과 해석

결과 해석 자체도 결과를 그대로 드래그해서 생성형에 물어보면 생성형이 적합하게 해석을 해 줍니다. 하지만 생성형이 제대로 했는지 안 했는지에 대해서는 검토가 필요하니 먼저 제가 해석해 보겠습니다.

12개월 기간 동안 항상 고가 전략을 구사할 수 없고, 초기 가격이 15,000원인데 후기로 갈수록 가격을 할인하는 것도 적정 수준이 요구되므로 최저 가격을 최초 판매 가격의 30%라고 가정하고 그리고 초기 투자 비용을 고려해서 목표 매출을 약 5천만 원이라고 한다면 T1에서 목표를 달성하게 됩니다. 그래서 초기 가격은 15,000원으로 진행하고 7,000개가 판매되는 시점 즉 매출이 약 1억 정도 이후에 30% 할인 가격 적용으로 진행을 하고 이후 70% 할인된 가격을 적용하여 재고를 소진하고자 합니다. 이건 저의 생각이고 생성형이 무엇이라 이야기하는지 확인하겠습니다.

Input

위 내용은 초기 고가 전략을 위해 내가 계산한 결과야. 합리적인 판단을 도와줘.

Output

네, 제공해 주신 초기 고가 전략 데이터를 바탕으로 합리적인 판단을 도와드리겠습니다.

1. 가격 설정:
   - 초기 가격(14,999원)은 적절해 보입니다. 고가 전략의 특성을 잘 반영하고 있습니다.
   - 가격 하락 속도가 일정하지 않아 보이는데, 이는 시장 반응에 따라 조정한 것으로 보입니다. 이는 유연한 전략 수립의 증거로 볼 수 있습니다.
2. 판매량:
   - 초기에 높은 판매량(5,002개)을 기록한 것은 긍정적입니다. 이는 초기 수요가 강했음을 의미합니다.
   - 전체 판매량(19,644개)이 예상 최대 소비자 수(20,000명)에 근접한 것은 전략이 효과적이었음을 시사합니다.
3. 매출:
   - 총 매출(약 1,752억 원)은 상당히 높습니다. 초기 고가 전략의 주요 목적인 높은 수익 창출을 달성했다고 볼 수 있습니다.

생략

Input

좀 더 구체적으로 내부 상황을 이야기할게, 이 사업을 통해서 매출액 달성 목표는 5천만 원이야 그리고 계산된 총 매출은 1억 7천5백만 원이야. 숫자 혼동하지 마.
숫자를 제외하고 내가 할 수 있는 합리적인 판단을 도와줘.

Output

네, 이해했습니다. 내부 상황을 고려하여 더 구체적인 조언을 드리겠습니다.

1. 목표 초과 달성:
   - 매출 목표를 크게 초과 달성했다는 점은 매우 긍정적입니다. 이는 초기 고가 전략이 효과적이었음을 보여줍니다.
   - 하지만 목표와 실제 성과 간의 큰 차이는 초기 목표 설정이 다소 보수적이었을 가능성을 시사합니다.
2. 가격 전략 재검토:
   - 목표를 크게 초과 달성했다는 점에서, 초기 가격을 더 높게 책정할 여지가 있었을 수 있습니다.
   - 향후 유사한 제품 출시 시, 초기 가격 설정을 더 공격적으로 할 수 있을 것 같습니다.

생략

출처: '라온' service base by AI:DRIVE with HBC data 25w,2024. 2turns

결과를 놓고 보면 저의 의도와는 많이 다르지만, 구체적인 정보를 제공하지 않았기에 이런 결과가 나왔다고 판단합니다. 하지만 나쁜 제안은 아닌 것 같습니다.

가격 할인 전략

가격을 왜 할인해 줘야 할까요? 단순합니다. 비싸면 안 삽니다. 지금 선생님 입장에서 생각해 보겠습니다. 할인할 때 사실 건가요? 할인 안 할 때 사실 건가요? 너무 당연한 이야기 아닌가요?
그럼, 우리가 마트에 가서 물건을 구입할 때를 생각해 보겠습니다. 정기적으로 어떤 물건을 구입한다고 했을 때 우리는 해당 물건에 대해서 가치를 따지게 됩니다. 정가가 1,000원이라고 하면, 이 1,000원에서 할인을 하게 되면 800원, 900원 이런 식으로 할인을 하고 있습니다. 그러면 우리는 이 물건을 살 때 할인할 때도 사지만, 최저 가격이 아닐 때도 구입을 합니다. 이러한 것은 물건에 대한 가치 부여 때문입니다. 상황에 따라서는 매우 비싸게도 삽니다. 시간적 상황이 녹록지 않을 때는 말이죠.

우유	가격 수준
유보 가격	3,400원
준거 가격	2,500원
최저 수용 가격	1,800원

예를 들어 우리가 우유를 구입한다고 했을 때 우리는 보통 2,500원에 구입을 합니다. 이때 우유의 가격이 3,300원까지는 구입을 하는데 3,400원부터 구입을 하지 않습니다. 또 2,500원에서 1,800원까지는 우유를 사는데 1,800원 미만으로는 사지 않습니다. 이것은 우리가 스스로 결정한 가치 기준이기 때문입니다. 그래서 우리는 우유를 구입할 때 약간 비싸도 사고 약간 싸도 삽니다. 한 가지 더 이해해야 하는 것이 우유는 소모품이니까 우유를 다 먹으면 마트에 가서 구입하게 됩니다. 근데 이때도 역시 가격 기준이 적용됩니다.

이러한 개념을 기준으로 소비자 조사를 통해서 소비자가 여기는 물건에 대한 가치를 알고 있다면 그때그때 가격을 다르게 해도 되지 않을까요? 예를 들어 시장 내 최대 수용 숫자가 1,000명이라고 했을 때 이 1,000명 중 2,500원을 기준으로 우유에 가치를 부여하는 사람들은 3,400원일 때는 사지 않다가 2,500원이 되면 삽니다. 왜냐하면 우유는 보통 2,500원이니까요. 그리고 또 1,000명 중 3,400원으로 가치를 부여하는 사람들은 무조건 삽니다.

그럼 언제 싸게 팔고 언제 비싸게 팔지 정할 수 있습니다. 바로 해찾기를 활용해서 가능합니다. 아래 예시를 보면서 해찾기와 생성형을 동시에 활용하여 가격 할인 전략 구축 방법에 대해 말씀드리겠습니다. 이거, 따라 하셔요. 이 정도 수준은 대기업 마케팅팀 수준에서의 분석이니 꼭 따라 하셔서 성공하십시오.

			인원수	구입비율	비구입비율						
	신규 유입자		300	50%	50%						
	구입 이월재구매			50%	50%						
	가격단계	평가가치									총 매출
	1	1800									327439999.9
	2	2500									
	3	3400						3400	2500	1800	
기간	단계	가격	고가 구매자	고가 비구매자	중가 구매자	중가 비구매자	저가 구매자	저가 비구매자	고가판매	중가판매	저가판매	매출
1	3	3400	200	200	200	200	200	200	200	0	0	680000
2	3	3400	450	250	550	150	550	150	450	0	0	1530000
3	1	1800	625	375	850	150	850	150	625	850	850	4185000
4	1	1800	837.5	462.5	725	575	725	575	837.5	725	725	4117500
5	1	1800	1031.25	568.75	1087.5	512.5	1087.5	512.5	1031.25	1087.5	1087.5	5771250
6	1	1800	1234.375	665.625	1206.25	693.75	1206.25	693.75	1234.375	1206.25	1206.25	6564375
7	1	1800	1432.8125	767.1875	1446.875	753.125	1446.875	753.125	1432.813	1446.875	1446.875	7787812.5
8	1	1800	1633.59375	866.40625	1626.5625	873.4375	1626.5625	873.4375	1633.594	1626.563	1626.563	8796093.75
9	1	1800	1833.203125	966.796875	1836.7188	963.28125	1836.7188	963.28125	1833.203	1836.719	1836.719	9911953.125
10	1	1800	2033.398438	1066.601563	2031.6406	1068.35938	2031.6406	1068.35938	2033.398	2031.641	2031.641	10974023.44
11	1	1800	2233.300781	1166.699219	2234.1797	1165.82031	2234.1797	1165.82031	2233.301	2234.18	2234.18	12062988.28
12	1	1800	2433.349609	1266.650391	2432.9102	1267.08984	2432.9102	1267.08984	2433.35	2432.91	2432.91	13138505.86
13	1	1800	2633.325195	1366.674805	2633.5449	1366.45508	2633.5449	1366.45508	2633.325	2633.545	2633.545	14220747.07
14	1	1800	2833.337402	1466.662598	2833.2275	1466.77246	2833.2275	1466.77246	2833.337	2833.228	2833.228	15299626.46
15	1	1800	3033.331299	1566.668701	3033.3862	1566.61377	3033.3862	1566.61377	3033.331	3033.386	3033.386	16380186.77
16	1	1800	3233.334351	1666.665649	3233.3069	1666.69312	3233.3069	1666.69312	3233.334	3233.307	3233.307	17459906.62

이 모델을 돌리기 위해서는 가정이 필요합니다. 이러한 가정은 모델을 만드는 당사자가 결정하는 것입니다.

가정 1. 소비자 조사를 통해서 3가지의 가격을 결정하였다.
가정 2. 신규 유입자는 매 기간 새로이 유입이 되고 새로이 유입되는 소비자 중 50%는 우리 제품을 구입한다.
가정 3. 직전 기간 우리 제품을 구입하지 않은 소비자는 이번 기간 잠재적 소비자이다.
가정 4. 직전 기간 구입한 소비자들 중 중 50%는 우리 것을 구입한다.

여기서 비율 결정은 실제 데이터를 보고 결정을 해야 합니다. 하지만 데이터 분석이 어려우실 경우 대략적인 판단으로 일단 설정을 하시고 그다음 세부적인 설정들을 조정해 나가도록 하겠습니다.

	기간	단계	가격	고가 구매자	고가 비구매자	중가 구매자	중가 비구매자	저가 구매자	저가 비구매자	고가판매	중가판매	저가판매	매출
8													
9	1	3	3400	200	200	200	200	200	200	200	0	0	680000
10	2	3	3400	450	250	550	150	550	150	450	0	0	1530000
11	3	1	1800	625	375	850	150	850	150	625	850	850	4185000
12	4	1	1800	837.5	462.5	725	575	725	575	837.5	725	725	4117500
13	5	1	1800	1031.25	568.75	1087.5	512.5	1087.5	512.5	1031.25	1087.5	1087.5	5771250

기간은 시간의 흐름입니다. 총 24기간 즉 2년의 기간을 염두에 두고 만들었습니다. 이것을 활용하실 때에는 일 단위로 계산하셔도 좋지만 일 단위는 너무 빠르니 최소 2주간 하시는 것이 바람직합니다. 실제 업무에서 이러한 방식을 사용하실 때 제가 추천드리는 기간은 역시 1달간이며 매달 결과나 나올 때마다 데이터를 튜닝하면서 점점 고도화하는 것입니다. 방법은 아래 부분에 다시 말씀드리겠습니다.

가격 단계는 제가 함수식을 간단하게 하기 위하여 넣은 것으로 이 단계가 변하는 변수이기에 해찾기를 실행할 때마다 변하게 됩니다.

고가 구매자 D8부터 저가 판매 L8까지는 계산이 되는 영역으로 해찾기를 하기 앞서서 우리는 함수식을 부여해야 합니다. 이 함수식 부여가 생각보다 어렵습니다. 개념적으로 이해하면 별거 아니지만, 그 개념을 이해하기 어렵기 때문입니다. 먼저 D9에서 I9까지는 임의 숫자로 넣으시는데 가장 근사한 값으로 미리 입력을 해야 합니다. 그렇기에 함수식이 들어가는 행은 10열부터 들어갑니다. 이러한 이유는 초기에 구입하는 숫자들이 없으면 함수식 성립이 되지 않기 때문입니다. 이제 함수식을 설정할 것입니다. 직접 설명과 생성형을 활용하는 것 두 가지를 이용해서 설명드리겠습니다.

B칼럼은 변수이므로 현재 1로 전부 입력을 해 두었습니다. 이제 해찾기를 통해서 B열이 변하게 되고 여기에 따른 총매출 최댓값을 위한 숫자들이 결정됩니다.

C칼럼의 함수식은 B칼럼 '단계'가 변함에 따라 해당 단계의 평가가치 즉 가격이 들어옵니다. 가격 결정은 D5:E7에 만들어 놨고 1은 저가, 2는 중가 3은 고가로 미리 만들어 두었습니다. 당연한 이야기지만 이러한 값은 시장 조사에 의해서 나온 값들이어야 합니다. 이제 C칼럼에 함수를 넣어야 하는데, 어떤 함수를 적용해야 하는지 기억나시나요? 참조값과 일치 하는 항목을 찾아 주는 함수식 VLOOKUP입니다.

Input

C9는 B9의 값과 일치하는 항목 참조에서 찾아서 넣을 거야. 조회하는 범위는 D5:E7이야. 함수식 찾아 줘.

Output

엑셀에서 VLOOKUP 함수를 사용하여 B9 셀의 값을 기준으로 D5 범위에서 해당 항목을 찾아 C9 셀에 값을 넣는 방법을 설명드리겠습니다.

중략

=VLOOKUP(B9, D5:E7, 2, FALSE)

생략

출처: '라온' service base by AI:DRIVE with HBC data 27w,2024. 1turn

2024년 6월 30일 기준 Xlookup 함수가 아닌 Vlookup으로 먼저 가르쳐 주는 것으로 보아, 사용이 더 좋은 Xlookup을 좀 더 학습시키도록 하겠습니다(학습이라기보다는 약간 강화 학습 비슷하게 좋아요 싫어요를 통해서 하는 것입니다).

생성형이 시키는 대로 함수식을 입력하기 전에 먼저 주의하실 것은, 생성형이 함수식 역시 약간 거짓말을 한다는 것입니다. 주로 거짓말하는 것은 셀의 위치를 이상한 것을 특정하곤 합니다. 그러니 함수식을 그대로 적용하기보다는 한 번 정도 셀 경로를 확인하시는 것이 좋습니다.

이제 고가 구매자의 함수식이 적용되는 D10을 알아보겠습니다(D9는 임의로 입력을 한 상태입니다).

Input
D10은 고가 구매자를 구하는 함수식이 들어가. 함수식 구해 줘.

Output
D10 셀에 "고가 구매자"를 구하는 함수식을 작성하기 위해 XLOOKUP 함수를 사용할 수 있습니다.

생략

Input #앞선 설정 차단
함수식이 아니고 다시 물어볼게. 고가 구매자의 숫자를 계산하는 방법 가르쳐 줘.

Output
고가 구매자 수를 계산하는 방법을 단계별로 설명드리겠습니다.

중략

고가 구매자 수 = 신규 유입자 수 × 고가 구매 비율

생략

출처: '라온' service base by AI:DRIVE with HBC data 27w, 2024. 2turns

생성형이 질문자가 의도하지 않은 답변을 마구 해서, 특정 프롬프팅 연결을 해지하는 명령을 했고 함수식이 아닌 개념을 물어보기 위한 질문을 했습니다. 그 결과는 위의 계산식이 나왔고 이를 응용해서 생각해 보겠습니다. 현재의 답변은 앞선 답변처럼 그대로 사용하지 못합니다.

고가 구매자수 즉 구매자 수는 신규 유입자 수와 우리 것을 구입하는 비율 그리고 직전 우리 것을 구입하지 않은 잠재적 고객들이 해당될 것입니다. 이러한 내용은 처음에 설정한 가정을 기준으로 합니다.

앞선 가정에서 있듯이 구매자는 우리 것을 구매하는 잠재적인 숫자입니다. 이 구매자와 실제 판매한 숫자와는 당연히 다를 것이고요 이걸 좀 더 깊게 생각해 보면.

가정 1의 적용
이미 적용을 해서 D5:E7에 적용하였습니다.

가정 2의 적용
신규 유입자의 50%는 제품을 구입하고 남은 50%는 구입을 하지 않으므로 '이번 달 구매자 중 신규 구매자=신규 유입자*50%'가 됩니다.

가정 3의 적용
직전 기간 우리 제품을 구입하지 않은 숫자들은 잠재적인 소비자들입니다. 여기서 가격이 고가, 중가, 저가 중 고가에 물건에 가치를 두는 사람들은 가격과 상관없이 사지만, 중가나 저가는 자신들이 생각하는 가치보다 높을 경우 구입을 하지 않습니다.

가치 기준	구입
고가	고가 구매자
중가	고가, 중가 구매자
저가	고가, 중가, 저가 구매자

우리가 이번 달에 고가로 판매를 하면 고가 구매자만 구입을 하게 되고, 중가, 저가 판매자는 구입을 하지 않으므로 잠재적 고객이 됩니다. 우리가 이번 달에 중가로 판매를 하면 고가, 중가 구매자가 우리 구매자가 되므로 잠재적인 소비자는 저가 판매자만 해당됩니다.

즉 '이번 달 구매자=직전 달 비구매자+(구매자-판매 숫자)'가 됩니다. 다시 말씀드립니다. 구매자 숫자와 판매 숫자는 다릅니다.

만약 고가로 판매를 했다면, '구매자=직전 달 비구매자+(직전 달 고가 구매자-직전 달 판매 숫자)'가 됩니다. 이때 고가로만 판매를 했고 판매한 숫자 역시 고가만 판매했으므로 '구매자=비구매자+0'이 됩니다. 그러니까 고가일 때 비구매자의 합이 고가로 구입한 이번 달 구매자가 되기 때문입니다.

가정 4의 적용
직전 기간 구입한 소비자의 50%가 다시 구입을 하게 되므로 '구매자=직전 판매 숫자*50%'가 됩니다.

이렇게 가정 2~가정 4를 모두 더하면

구매자=직전 비구매자+(직전구매자-판매 숫자) +직전 판매 숫자*50%+신규 유입*50%

해당 수식을 고가 구매자, 중가 구매자, 저가 구매자에 모두 적용을 하면 됩니다. 그렇게 되면 고가로 판매되었을 때, 중가로 판매되었을 때, 저가로 판매되었을 때 모두 판매 숫자와 비교해서 수식이 들어갑니다.

한참 읽어 보셔야 이해가 되실 수 있습니다. 하지만 우리는 생성형이 있습니다.

Input
내가 구한 구매자를 구하는 공식이야 타당성 검토해 줘.
구매자=직전 비구매자+(직전구매자-판매 숫자)+직전 판매 숫자*50%+신규 유입*50%

Output
주어진 공식의 타당성을 분석하기 위해 각 항목을 검토해 보겠습니다.

중략
공식의 타당성 확인
생략

출처: '라온' service base by AI:DRIVE with HBC data 27w,2024. 1turn

생성형은 공식에 오류가 없다고 합니다. 이 부분이 조금 어려우실 수 있습니다. 이유는 생성형 인공지능은 무언가 창작해 내는 과정에서 맥락적으로는 잘 창작을 하나, 논리적 사고가 아니라 맥락적 사고이므로 계산식을 물어보게 되면 종종 논리가 어긋나는 결과를 제시합니다. 이러한 논리 오류를 극복하기 위하여 예시에서 사용하는 생성형 인공지능은 상당 부분 데이터 조정을 한 자료입니다. 하지만 그럼에도 여전히 논리에서는 오류가 있습니다. 반면 타당성을 물어보게 되면 매우 성실하게 분석을 해 줍니다. 그래서 계산식을 물어보기보다 생각하시는 계산식에 대한 타당성을 물어보는 것이 더 바람직한 방법이라 생각합니다.

이제 E열의 고가 비구매자 함수식을 알아보겠습니다.

앞선 설명에서와 같이 고가, 중가, 저가 모두 같은 함수식이 적용되고 비구매자 함수식도 같은 함수식을 적용하면 됩니다.

비구매자 계산식은 매우 간단합니다. '비구매자=신규 유입자*50%+직전 구입자*50%' 입니다.

먼저 가정을 할 때 신규 유입자 중 50%만 구입을 한다고 했으니 반대로 50%는 비구입자입니다. 그리고 역시 직전 구입자의 50%만 다시 구입을 하고 50%는 다시 구입을 하지 않으니 역시 50%로 계산을 한 것입니다. 이때 판매 숫자의 50% 계산에서 판매 숫자가 '0'이라면 해당 숫자는 0이 되므로 신규 유입자만 반영되는 결과가 됩니다.

이제 판매 숫자에 대한 함수식을 알아보겠습니다.

먼저, 고가 판매 숫자의 계산은 항상 고가 판매 숫자와 일치합니다. 이유는 고가 판매 숫자는 고가 구매자에 해당되고 이들은 가격이 높든 낮든 항상 구입을 합니다. 다만, 매출에는 항상 고가로 영향을 주는 것이 아닌 해당 시점의 판매 금액으로 영향을 주게 됩니다. 그래서 고가 판매 J10의 함수식은 '=D10'이 됩니다.

중가 판매 숫자는 조금 생각을 해야 합니다. 만약 고가로 가격을 결정하면 중가는 판매되면 안 됩니다. 이유인즉 앞선 '중가 구매자' 함수식은 항상 구매자 숫자가 있기 때문에 이 숫자들은 의미가 없기 때문입니다. 그래서 IF 함수식을 활용해야 합니다. 먼저 우리말로 하면 '가격이 중가라면 중가 구매자 숫자가 나와야 하고 중가보다 높다면 (고가) 역시 중가 구매자 숫자가 나와야 하고 만약 저가라면 0이 나와야 함', 즉 중가랑 같거나 이보다 크면 중가 구매자 정보가 나와야 하고 아닌 경우 0이 나와야 합니다.

저가 판매량의 결정도 중가와 같습니다. 결과적으로 앞서서 말씀드린 것과 같이 가격이 고가로 되면 고가만 판매가 되는 것이고, 가격이 저가로 되면 고가, 중가, 저가 모두 판매가 됩니다. 반면 고가 구매자들도 저가에 구입하고 중가 구매자들도 저가에 구입하게 되는 것입니다. 이러한 것은 매출에만 영향을 주면 되니 매출액 함수는 '(고가 판매+중가 판매+저가 판매)*가격'이 됩니다.

이제 모든 함수식이 들어갔으니 해찾기를 해 보겠습니다.

Input

해찾기를 할 거야.
목표는 M15, 최댓값으로 할 거야.
변수는 B9:B32
변수는 1,2,3 중에 하나만 해당돼.
제한 조건에 종속 제안해 줘.

Output

생략

이번 해찾기는 이미 질문 쿼리에서 다 제시를 했기 때문에 쉽고 간단하게 도출되었습니다.

B9:B32 <= 3
B9:B32 = 정수
B9:B32 >= 1

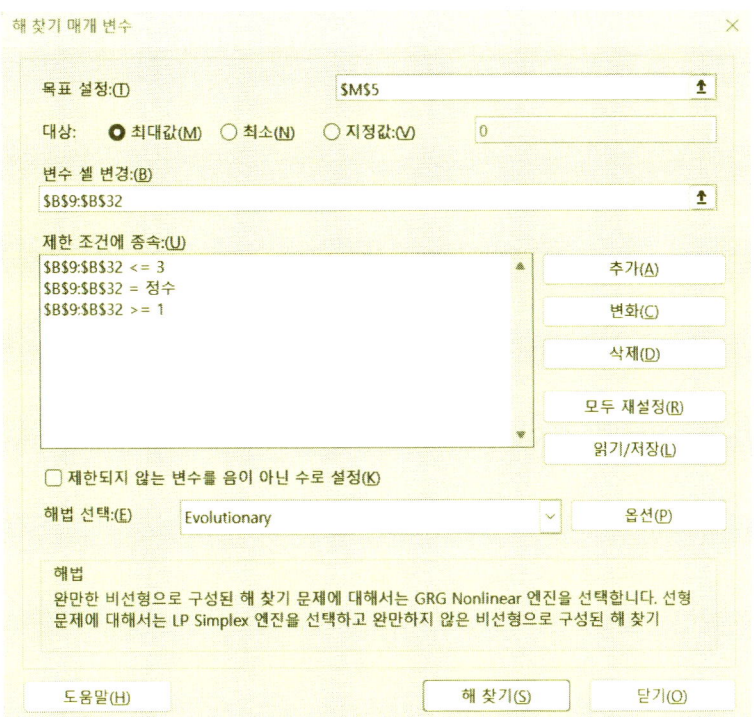

엑셀에서 함수식이 복잡해지니, 해찾기가 너무 간단해 졌습니다.

이제 본 챕터 마지막으로 이 공식을 고도화하는 방법을 알아보겠습니다.

최초에 만든 공식을 기준으로 해찾기를 통해 나온 결과를 가지고 마케팅을 진행하시면서 실제 판매 결과의 값들을 보면서 금액을 하나하나 튜닝을 해 주면 좀 더 손실이 적고 최대 매출이 나오지 않을까요? 아마 그럴 것입니다. 왜냐하면 이마트가, 롯데마트가, 하이마트가 그렇게 하고 있습니다. 매일 가격이 다릅니다. 하지만 우리는 이 도구를 통해서 그냥 고가, 중가, 저가만 결정하면 됩니다. 이 숫자만 바꿔 주면 됩니다. 진짜 따라 하면 성공합니다.

다운로드 주소

초기 고가 전략 예시 https://blog.naver.com/wang5177/223539855772

따라 하면 성공하는 **마케팅 효과 예측**하기

회귀식에 대해서 이해만 하고 바로 응용해서 마케팅 효과를 분석하고 이런 결과를 바탕으로 마케팅을 더 할지 줄일지 그리고 홍보채널을 변경할지 말지를 결정하는 기준을 만들어 보겠습니다.

> 요약 1. 이는 통계다. 통계 어렵다. 그러니까 그냥 외우자.
> 요약 2. 외우기 어렵다면 그냥 지정된 숫자들만 바꿔서 응용하여 사용한다.
> 요약 3. 홍보채널도 그때그때 다르게 설정 가능하다.

예측 기법

회귀식 들어 보셨나요? 처음 들어 보시는 분이 더 많으실 것입니다. 회귀식이 한문이어서 조금 어려운데 영어로 하면 바로 이해가 됩니다. Regression, 퇴행·퇴보·회귀라는 뜻입니다. 무언가 뒤로 간다는 것인데 이런 방법을 응용해서 마케팅 효과를 예측하고자 합니다. 즉 과거의 규칙적인 패턴을 파악해서 미래를 예측하는 것인데 100% 정확하게 예측하는 것은 없으니 몇 %대로 예측이 가능하고 그 값은 얼마라는 것이 예측 가능합니다.

이러한 예측 기법의 대표가 '회귀식'이라 하고 실제 빅데이터를 통한 예측 분석의 가장 기본 개념이 회귀식입니다. 즉 회귀식은 대부분 예측할 때 사용합니다. 종류로는 단순, 다중, 로지스틱, 다항, 비선형회귀 등 너무 종류가 많고 어렵습니다. 하지만 매우 간단한 개념만 이해하고 바로 응용하는 것을 연습해 보면 할 수 있지 않을까요?

회귀식의 결론은 항상 회귀방정식으로 나오는데, 이러한 방정식에 숫자를 입력하면 결과가 도출됩니다. 우리는 이런 방정식을 구할 것인데, 방정식, 이거 어렵지 않습니다.

이미 앞선 챕터에서 충분히 회귀방정식을 응용하셨습니다. 하지만 제가 표현을 하지 않은 것뿐입니다. 그만큼 쉽다는 것이고 무엇보다 결정적으로 우리는 이런 방정식 구하는 것도 생성형에게 시키고 해석하는 방법도 생성형에게 시키고 편하게 엑셀 숫자만 입력하면 결과가 나올 것입니다.

회귀식에 대한 정의

회귀식은 앞서서 말씀드린 것처럼 퇴행, 퇴보입니다. 즉 뒤에 것을 가지고 앞에 것을 예측하는 것입니다. 회귀식 중 가장 많이 사용하는 선형회귀식을 기준으로 간단하게 예를 들겠습니다.

시간(T)	1	2	3	4	5	6
판매	110	120	130	140	150	???

T6 자리에 몇이 올까요? 설마 '시장 환경에 따라 다르기 때문에 예측하기 어렵다. 그만큼 시장은 변동이 크기 때문이다'라고 하시는 분은 이제 안 계실 거라 생각하겠습니다. 왜냐하면 이미 우리는 이미 일잘러이기 때문입니다. 정답은 160이 옵니다. 다만, 이때 160이 될 확률이 몇 %냐를 가지고 따져야지 160이 오냐 안 오냐를 가지고 따지는 게 아닙니다. 이걸 방정식으로 해 볼까요?

```
Y(S)=10T+100
160=10*6+100
```

아주 쉽습니다. 회귀식(회귀방정식) 이거 너무 쉽습니다. 즉 과거만 잘 분석하면 미래가 보인다는 것입니다. 구체적으로 위의 예시는 선형방정식인데(선형회귀) 이게 왜 선형회귀인지 말씀드리겠습니다. 아래 예시를 보고 선형, 비선형에 대해서도 이해해 주셨으면 합니다. 당장 이해 안 되도 아래 또 말씀드리니 일단 그래프만 보고 개념만 살짝 짚고 넘어 가겠습니다.

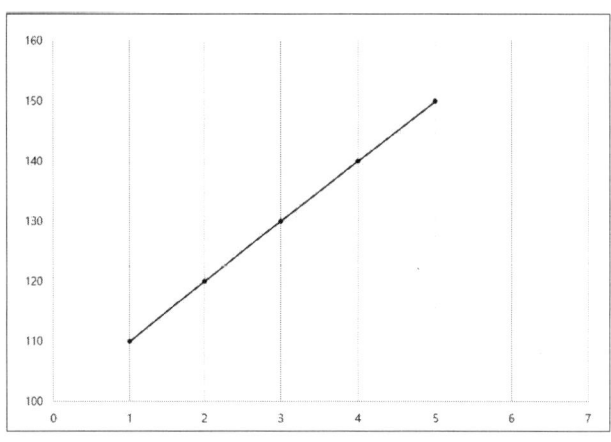

제가 쉽다 어렵다를 왔다 갔다 하지만, 쉽죠 아직까지는? 앞으로도 쉬울 것입니다. 이게 방정식으로 나왔지만, 데이터를 차트화하면(상관차트) 일직선입니다. 그래서 선형입니다. 그럼 선형이 아닌 건? 비선형입니다. 이름이 다르니 당연히 선형일 때 적용하는 함수식과 비선형일 때 적용하는 함수식이 다를 것입니다. 일단 여기까지만 이해하겠습니다. 우린 통계를 공부하는 것이 아니니 회귀식을 만들기 위한 전제 조건과 가정 등은 가장 기본적인 개념만 가지고 넘어가겠습니다.

마케팅 효과 예측

마케팅 효과에 대해서 항상 대부분의 사람이 예측하기 어렵다고 합니다. 저 역시 마케팅을 공부하기 전까지는 그런 사람 중의 하나였습니다. 이게 예측 자체가 불가능합니다. 글을 읽으시는 대부분의 독자님들이 그러실 것이라 판단하지만 이제 우리는 '그러지 않아도 된다'라는 말씀을 드리면서 마케팅 효과를 왜 예측할지 생각해 보겠습니다.

마케팅 활동, 그중에서 특히 광고는 하기도 모호하고 안 하기도 모호합니다. 분명한 건 돈을 넣고 돌리면 결과가 나옵니다. 하지만 당장 티가 나는 것이 아니고 특정 비용 이상 집행을 해야 마케팅이 효과가 나오기 때문에 좀처럼 감을 잡기 어렵습니다. 간혹, 키워드 몇 개 잘 건져서 갑자기 대박을 친 경우를 두고 홍보 전문가인 척하는 분들이 너무 많은데 우린 그러면 안 됩니다. 우린 진짜 마케터 '일잘러'이니까요. 이 마케팅 효과 예측이 그만큼 어렵고, 그 어려운 걸 우리는 '예측'이라는 것을 통해서 확인해야 한다는 것입니다.

하지만 일정 수준에서 예측이 된다면, 우리는 홍보 예산을 수립할 수 있고 예산을 투입했을 때 기대되는 매출을 확인할 수 있습니다. 그렇게 되면 비용을 매우 효율적으로 사용 가능하다는 것이 바로 인지되셨을 것입니다. 즉 우리는 마케팅 효과를 측정해야 합니다.

어떤 마케팅 효과

우리는 어떤 마케팅 효과를 특정해야 할까요? 무엇을 측정하느냐에 따라 달라지고 그리고 측정할 것은 당연히 많이 있습니다. 하지만 그런 많은 것을 하기 위해서 가장 먼저 정의해야 할 것은

우리가 원하는 것 = 마케팅 예산을 투입했을 때 예상되는 매출액

즉 홍보비로 얼마를 넣으면 예상되는 매출이 얼마이니 홍보비를 투입할지 말지, 투입한다고 하면 얼마를 해야 할지, 그리고 언제 투입해야 하는지 우리는 이런 것을 알아야 합니다. 그럼 스마트스토어를 예시로 보겠습니다.

초기 창업자에 적합한 단순회귀식

우리가 물건을 팔고자 하면, 특히 국내에서 물건을 팔고자 하면 제일 먼저 스마트스토어에 들어가서 광고를 합니다. 자사몰이 있어도 스마트스토어에서 광고를 하고 스마트스토어만 있어도 스마트스토어 광고를 합니다. 그러다 매출이 발생하면 점점 확장을 하기 시작합니다. 그래서 이른바 '단순회귀식=1차방정식'을 이용해서 우리가 스마트스토어에 광고를 얼마 집행하면 얼마의 매출이 발생되는지를 확인하겠습니다. 이러한 확인에 앞서서 '키워드' 광고를 할 때 키워드마다 조회수가 달라집니다. 그렇기에 키워드 중심이 아닌 홍보비 중심으로만 보겠습니다.

다음 예시는 우리가 실제 네이버 키워드 광고를 하면서 경험하게 되는 것입니다. 키워드 광고 시스템 특성상 한 번에 광고비를 다 소진하는 것이 쉽기도 하지만 어렵기도 합니다. 그래서 전제가 필요한데,

전제 1. 광고캠페인은 하나다.
전제 2. 캠페인에 대한 광고비 지급 지출 기준은 1주일이다.

전제 3. 광고비 집행한 기간은 총 30주이다.

전제 4. 주마다 늘어나는 조회수(경험치)에 연동해서 광고비를 규칙적으로 증가시켰다.

이 네 가지 전제를 기준으로 말씀 예시를 보겠습니다. 그리고 1, 2, 3 기준은 가정에 따라 달라집니다. 기간을 조정하셔도 되고(1달, 1일 등) 총 광고 기간을 조정하셔도 됩니다. 광고비가 증가하는 것은 일정 비율로 해 줘야 합니다. 고정값으로 가면 '상수'가 되므로 예측이 불가능해 집니다.

시간	광고비	매출액
1	10,000	400,000
2	11,000	500,000
3	12,000	600,000
4	13,000	420,000
5	14,000	400,000
6	15,000	620,000
7	16,000	650,000
8	17,000	650,000
9	18,000	670,000
10	19,000	600,000
11	20,000	620,000
12	21,000	680,000

생략

제일 먼저 할 것은 무조건 차트 확인입니다.

광고비와 매출액을 블록 잡고 삽입 → 차트 → 상관형

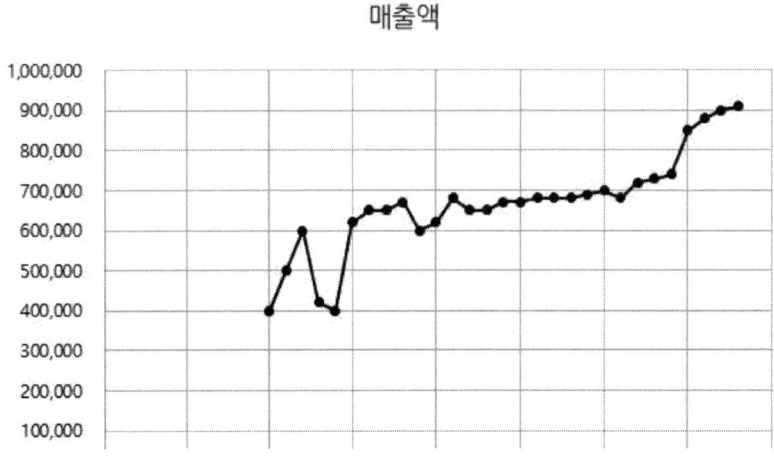

차트를 보면 광고비의 흐름에 따른 매출액 증가를 볼 수 있습니다. 중간에 못생긴 점이 두 개 있지만 전체적으로 선형을 유지하니 극단치라 보기 어렵습니다. 좀 더 구체적으로 확인하기 위해서는 상자수염을 이용해도 좋습니다. 하지만 저는 제거하지 않고 하겠습니다. 이러한 분석은 제가 임의로 한 것입니다. 사실 위 그래프는 크게는 한 번 꺾였고 작게는 두 번 정도 꺾였습니다. 그래서 선형이라고 보기 어렵고 다항식이라고 보는게 맞습니다. 그리고 극단치 문제도 극단치에 대한 정의가 먼저 정의돼야 하는데 이런 복잡한 것을 제외하고 눈으로 딱 보고 대략 선형을 유지하니 선형으로 분석하겠습니다.

해석

해석하는 방법은 생각보다 어렵습니다. 먼저 추세선을 넣고 식을 만들었던 것 기억하시는지요? 차트에서 우클릭 → 추세선 추가 → 선형 → 수식 표기, R^2 표기

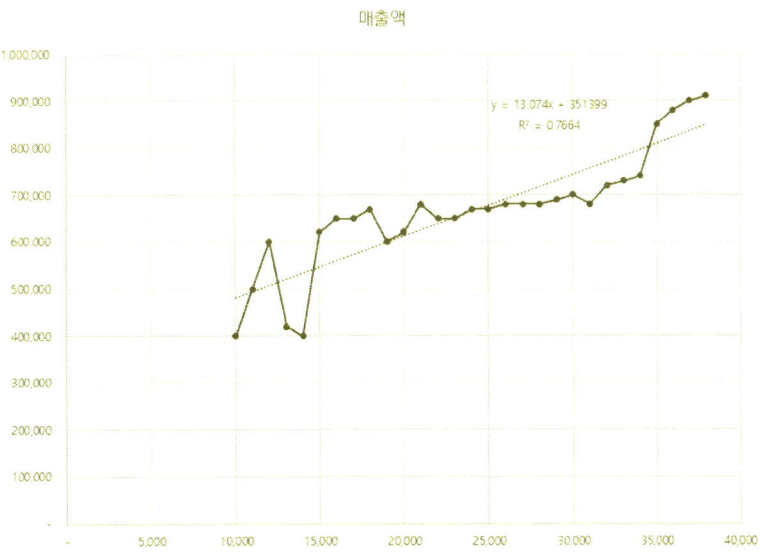

함수식이 나왔습니다. 간략하게 설명드리면 함수식은 y=13.074x * 351399, R^2=0.7664입니다. 이럴 경우 예상 매출액은 13.07 * 광고비 + 351399입니다. 즉 설명력 = 예측 수준 = 0.7664, 76.6%입니다. 이러한 예측력을 기준으로 광고비x를 넣으면 매출액y가 나옵니다.

하지만 우리는 이런 그래프를 그리고 이렇게 해석하려고 하는 것이 아닙니다. 생성형을 시켜서 함수식을 도출하고 분석 결과를 해석시키겠습니다. 그러기 위해서는 엑셀에서 먼저 데이터 분석을 해야 합니다.

데이터 → 데이터 분석 → 회귀분석 클릭

Y축은 X에 의해서 나오는 결과이므로 Y는 매출액, X는 광고비입니다. 나머지는 건드리지 마시고 출력 범위는 분석 결과가 나타나는 공간이니 적합한 곳을 클릭해서 선택해 주면 아래와 같이 통계 분석이 진행 완료됩니다.

요약 출력								
회귀분석 통계량								
다중 상관계수	0.888185							
결정계수	0.788873							
조정된 결정계수	0.781333							
표준 오차	62052.82							
관측수	30							
분산 분석								
	자유도	제곱합	제곱 평균	F 비	유의한 F			
회귀	1	4.03E+11	4.03E+11	104.6217	5.83E-11			
잔차	28	1.08E+11	3.85E+09					
계	29	5.11E+11						
	계수	표준 오차	t 통계량	P-값	하위 95%	상위 95%	하위 95.0%	상위 95.0%
Y 절편	345322.2	34010.82	10.1533	6.87E-11	275654.2	414990.2	275654.2	414990.2
X 1	13.38821	1.308916	10.22847	5.83E-11	10.70702	16.0694	10.70702	16.0694

이 복잡한 숫자들과 모르는 용어가 남발되어도 문제없습니다. 생성형 시키면 됩니다. 해당 문자를 이미지 또는 드래그하여 생성형에 붙여넣기 합니다.

Input

위에 값들은 선형회귀식 결과야.

1. 해석해 줘.
2. 방정식 구해 줘.
3. 방정식을 예를 들어 설명해 줘.

Output

1. 해석해 줘.

이미지의 결과는 단순 선형회귀분석을 통해 도출된 것입니다. 주요 결과는 다음과 같습니다:
요약 출력
다중 상관계수(Multiple R): 0.88819

생략

Input

도출된 요약 출력을 신뢰할 수 있어?

Output

도출된 회귀분석 요약 출력을 신뢰할 수 있는지 평가하려면 다음 요소들을 고려해야 합니다.

중략

결론적으로, 주어진 요약 출력 결과를 바탕으로 모델은 데이터를 잘 설명하고 있으며, 통계적으로 유의미하다고 판단할 수 있습니다. 하지만, 잔차의 분포 및 기타 모델 검증을 통해 추가적인 검토가 필요할 수 있습니다.

출처: '라온' service base by AI:DRIVE with HBC data 27w,2024. 2turns

　　자세한 것은 생성형을 이용하시면 위 내용과 유사하게 도출됩니다. 이것을 통해서 우리는 회귀식 결과에 대해서 일일이 해석하지 말고 결과를 그대로 생성형에 붙여넣기 하고 해석을 시키면 됩니다.

생성형에 다양하게 질문을 했는데 결론은 이 함수식을 이용해도 좋다고 합니다. 요약 분석을 조금 구체적으로 설명드리고 다른 예시를 추가로 보여 드리면서 좀 더 Deep한 설명을 드리겠습니다.

결정계수=R^2 값은 해당 방정식이 얼마나 설명을 잘하느냐입니다. 이 방정식의 결과는 0.78, 즉 78%로 정확합니다. 이 정도 숫자면 높은 숫자입니다. 마케팅에서는 0.4 이상이 되면 사용 가능한 수치입니다. 회귀분석이 아닌 위의 그래프에 도출된 방정식과 비교를 해도 0.76보다 높은 숫자이므로 회귀식을 돌려서 사용하시는 것을 추천드립니다.

단순선형회귀를 이용한 마케팅 예측은 이런 식으로 합니다. 약간 수정을 하면 x값이 광고비가 아니고 다른 것을 이용하면 좀 더 다양한 분석이 가능합니다.

위 내용에는 사실 오류가 있습니다. 엄격한 관점에서의 오류라 하겠습니다. 엄격한 관점에서의 오류도 저의 주장이고, 사실 이런 통계는 틀린 것입니다. 통계를 공부하신 분들은 이 부분을 반드시 지적을 할 것이라 판단해서, 그리고 우리 선생님들에 정확한 판단을 위해 부연 설명드리겠습니다. 먼저 위 방정식에서 사용할 수 있는 방정식은 회귀분석 결과만 사용 가능합니다. 다른 방정식 그러니까 상관그래프를 이용해서 나온 함수식을 사용하는 것이 아니라 회귀분석을 통해서 나온 값을 이용해야 합니다. 그럼 왜 홍승민은 이렇게 하느냐? 틀린 것을 왜 이용하느냐? 하는 부분을 말씀드리면 통계를 사용할 때 정확하게 분석하는 것이 당연하지만, 다소 설명력이 부족해도 실무적 관점에서 사용해도 됩니다. 왜냐하면 우리는 연구 분석하는 게 아니고 실전을 하고 있는 것이니 말이죠. 그리고 연구랑 다르게 실무에서는 항상 데이터가 업데이트됩니다. 그래서 계속해서 설명력이 증가하게 되는 것입니다.

그럼 구체적으로 무엇이 '통계' 관점에서 잘못되었냐 하면, 먼저 다항식인데 선형으로 해서 해석했습니다. 그리고 예시 파일의 '경향성확인'을 보시면 다항식, 선형 모두 적용하여 함수식을 도출했습니다. 그래서 3가지 방법으로 분석을 했고 이 중 가장 합리적인 것은 회귀방정식을 통한 방법입니다. 하지만 설명력 기준으로 보면

0.7664 / 0.7675 / 0.7888

각 설명력마다 최소 오차는 0.0011 큰 오차는 0.0224 차이가 납니다. %로 하면 0.14~2.92%입니다. 엄격한 데이터 분석에서는 차이가 크지만 매우 크지만, 3% 오차가 난다고 해도 1억 원을 홍보비에 투자하나 1억 3백만 원을 홍보비에 투자하나 크게 차이가 있나요? 그러니 가장 편하고 가장 용이한 방법을 사용하는 게 맞습니다. 그러면서 시시각각 변하는 데이터를 보면서 조정하는 게 가장 바람직하다는 저의 주장 때문에 위와 같이 설명하였습니다.

한 발자국 더

실제 우리가 광고비를 집행하게 되면, 규칙적으로 집행을 해도 되지만 그러지 못한 경우도 비일비재합니다. 먼저 앞선 예시에서는 규칙성이 있었지만, 실제 업무를 하다 보면 특히 홍보에서는 예산이 수시로 변합니다. 정말 큰 기업이거나 또는 홍보를 매우 중요하게 생각하는 기업이 아니라면 홍보비가 수시로 변합니다. 이렇게 규칙적으로 홍보 비용을 집행하는 것은, 사실 규칙적으로 하기는 여간 어려운 것이 아닙니다. 다음 예시는 광고비도 들쭉날쭉이고 여기에 대응하는 매출액도 들쭉날쭉인 경우를 해석하는 것입니다. 아래 데이터는 첨부 파일에 '한 발자국 더'에 해당되고 광고비와 매출액은 제가 임의로 넣었습니다.

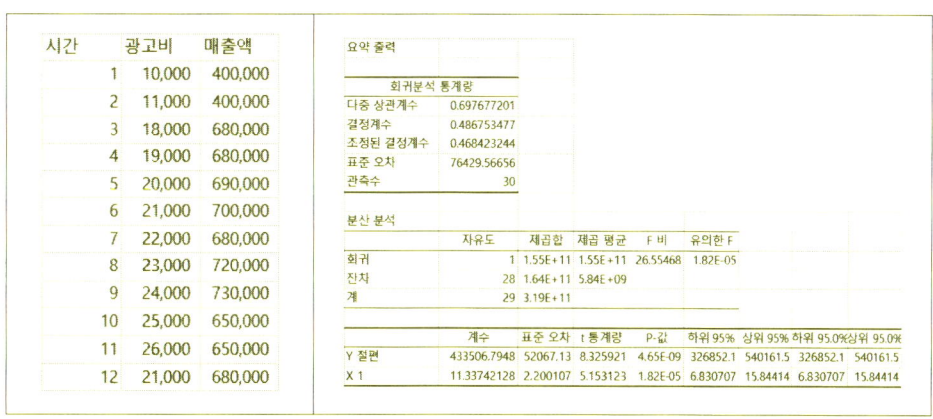

〈이미지가 잘 안 보이면, 엑셀 파일 참조 하십시오.〉

회귀방정식 결과 '요약 출력' 나오는 것은 앞선 예시를 참조하시면 됩니다.
요약 출력을 보면, 결정계수가 0.4867입니다. 앞서 말씀드린 대로 이 정도 설명력이 실제 합리적인 설명력입니다. 혹시 몰라 다시 말씀드리면 0.4 이상일 때 사용할 만합니다. 그리고 높을수록 좋은 것입니다. 이 결정계수를 해석하면 '방정식을 48% 수준으로 설명 가능하다'는 이야기이기 때문입니다.

우리가 실제 업무를 하면서 이런 회귀식을 돌리다 보면 0.4 미만으로 나오는 경우도 많이 있습니다. 그런 경우 전처리를 하거나, 아니면 데이터 조정을 통해서 결정계수가 0.4가 나오게 해야 합니다. 그렇지 않으면 해당 방정식은 사용을 못 합니다. 즉, 데이터부터 다시 해야 합니다. 무조건 0.4 이상입니다.

여러 채널에서 홍보를 할 때 예측하기

위에 설명드린 것은 하나의 채널에서 하나의 광고를 할 때입니다. 즉 조건이 하나일 때 해당되는 것입니다. 하지만 우리가 홍보를 하다 보면 여러 가지 채널에서 동시다발적으로 진행을 합니다. 이제 시작한 스타트업에서 매출액이 제법 발생을 하게 되므로 더욱 다양한 방법으로 홍보를 해야 합니다. 다음 예시는 같은 스마트스토어라도 동시에 여러 가지 캠페인을 할 때라든가, 아니면 복수의 홍보 채널에서 할 때 예시입니다. 우리가 분석할 각 캠페인 또는 홍보채널별로 별도의 매출액이 나오기에 더 자세하게 분석 가능하지만, 그 부분은 도출된 함수에 가격을 곱해 주면 되므로, 이번 분석에서는 광고비에 따른 발주 건수로 하겠습니다.

	광고합	발주합	카광고	카카오발주	네광고	네이버발주	인광고	인스타발주
1	150,000	440	50,000	120	50,000	140	50,000	180
2	190,000	550	60,000	130	60,000	160	70,000	260
3	190,000	680	60,000	150	60,000	260	70,000	270
4	200,000	680	60,000	130	70,000	270	70,000	280
5	210,000	710	60,000	140	80,000	280	70,000	290
6	220,000	750	60,000	160	80,000	290	80,000	300
7	230,000	770	70,000	170	80,000	300	80,000	300
8	230,000	600	70,000	180	80,000	120	80,000	300

위 이미지와 같이 우리가 카카오에도 광고하고 네이버에도 광고하고 인스타에도 광고를 한다고 하겠습니다(여기서 광고는 특정 채널에서 진행하는 캠페인이라 해도 됩니다). 이때 우리가 궁금한 것은 먼저 광고를 하는데 예상되는 발주 건수가 몇 개인가(매출)

이게 제일 궁금합니다. 바로 위에 예시에서는 하나에서 발생하는 것이니 단순선형회귀였지만 이번에는 변수들이 3가지가 되다 보니 다중회귀를 해야 합니다.

먼저 데이터의 경향성부터 보겠습니다.

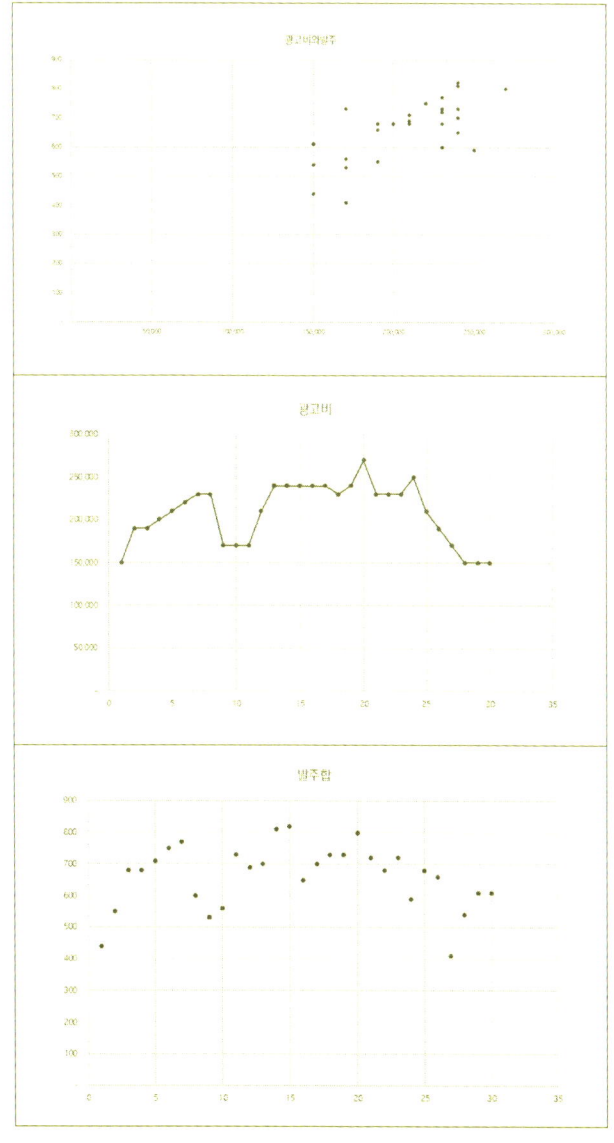

차트를 보니 광고비와 발주는 두껍게 모여 있는 것을 보아 극단치는 없습니다. 광고비와 발주합을 보니, 선을 그리지 않아도 유사하게 형성되는 것을 확인하였습니다. 위와 같은 그래프가 우리가 광고를 할 때 보게 되는 가장 일반적인 그래프입니다. 그래프만 보고 우리가 추정 가능한 것은 광고비를 집행하면 비교적 규칙적으로 발주 건수가 늘어난다는 것입니다.

'전처리1' 시트는 전체 합을 기록한 시트입니다. '전처리2' 시트는 발주와 광고 비용만 따로 분리한 것입니다.

'전처리2_요약' 시트가 회귀식에 대한 결과입니다. 회귀식을 구성하는 방법은 위에 설명드려서 생략을 하고 요약 출력을 보겠습니다.

요약 출력					
회귀분석 통계량					
다중 상관계수	0.685911				
결정계수	0.470474				
조정된 결정계수	0.409375				
표준 오차	77.61904				
관측수	30				
분산 분석					
	자유도	제곱합	제곱 평균	F 비	유의한 F
회귀	3	139174.1	46391.36	7.700176	0.000767
잔차	26	156642.6	6024.715		
계	29	295816.7			

여기에서 중요하게 여겨야 할 부분이 있지만, 제가 말씀드리기보다, 생성형이 이를 잡아내는지를 먼저 확인하겠습니다.

Input

요약 출력을 복사 붙여넣기
해석해 줘.

Output

회귀분석 결과를 해석하겠습니다.

요약 출력
다중 상관계수(Multiple R): 0.685911
회귀모델이 데이터와 어느 정도 일치하는지 보여줍니다. 1에 가까울수록 모델이 데이터를 잘 설명하는 것입니다.
결정계수(R Square): 0.470474
독립변수들이 종속변수의 변동성을 얼마나 설명하는지를 나타냅니다. 47%의 변동성을 설명합니다.

중략

Y 절편과 X1 변수는 비교적 유의미한 영향을 미치고 있습니다. (P-값 < 0.1)
X2와 X3 변수는 통계적으로 유의하지 않은 것으로 보입니다. (P-값 > 0.1)

생략

출처: '라온' service base by AI:DRIVE with HBC data 27w,2024. 1turn

먼저, 결정계수에 대해서 많이 말씀드려서 0.47이라는 스코어는 사용 가능한 스코어입니다. 즉 회귀식을 활용해서 예측을 해도 전혀 문제가 없습니다. 다만 주의해야 할 것은 마지막에 보면 '유의하지 않은 것'이라는 말이 있습니다. 이 말의 뜻으로 인해서 전체 회귀식은 신뢰할 수 있지만 개별적인 회귀식은 신뢰하지 못한다는 이야기입니다. 무슨 뜻이냐 하면 지금 조사한 자료는 광고비를 기준으로 주문 건수를 비교했는데, 앞선 전처리 내용을 보면 '네이버 광고 비용의 합'과 '인스타 광고 비용의 합'은 각각 2,090,000원, 2,110,000원으로 통계적으로 차이가 없습니다. 즉 같은 금액을 집행한 것입니다.

예시 파일에 보면 통계 계산을 한 것이 있지만 이것의 해석은 그대로 긁어서 생성형에 물어보시는 것으로 말씀드리고 이러한 결과가 나오는 이유를 다중공선성이라고 합니다. 구체적으로는 다시 분석을 통해야 다중공선성인지 아니면 상관계수만 높은 것인지 구분이 되나 우리는 그러한 통계적 의미를 찾는 것이 아니라 실무에서 써먹는 법을 알아야 하기에 말씀드리면, 광고비를 집행함에 있어 네이버와 인스타 차이가 없으므로 조치가 필요합니다.

그래서 발주 금액이 아닌 발주 건수를 기준으로도 다시 분석을 해 보니 역시 통계적으로 차이가 없습니다. 즉 네이버를 통한 광고 효과나 인스타를 통한 광고 효과나 동일한 효과입니다. 그래서 이 두 가지 채널을 동시 사용하셔도 되고 둘 중 하나만 사용하셔도 된다는 말씀을 드립니다.

본 챕터에서는 상관분석에 대해서 다루지 않았습니다. 다른 챕터에서 '다중회귀와 상관분석' 자료를 활용해서 상관분석을 통해 무엇을 하는지 왜 하는지 어떻게 해석하는지 알아보겠습니다.

다운로드 주소

단순선형회귀분석 https://blog.naver.com/wang5177/223540705030
다중회귀와 상관분석 https://blog.naver.com/wang5177/223540705030
* 같은 주소입니다.

따라 하면 바로 적용 가능한
홍보 효과 똑같은 채널 구분 방법

앞선 챕터에서 이용한 데이터를 활용해서 채널 구분하는 방법을 알아보겠습니다. 어떤 채널이 서로 간섭이 있는지 없는지, 있으면 어느 정도 있는지를 확인해서 좀 더 효율적인 홍보비 활용 방법을 알아보겠습니다.

> 요약 1. 상관분석 T검정으로 마케팅 채널별 분석하고 필요 없는 채널 비용 절감
> 요약 2. 홍보 채널 간 관계를 보고 어떠한 조치도 가능하다.

마케팅 채널

마케팅 채널 하면 약간 어감이 이상한데, 보통 채널이라는 표현을 사용합니다. 내가 마케팅을 하면서 신문에도 하고 온라인도 하고 매장에도 하고 하면, 마케팅 채널이 3개입니다.

온라인으로 보겠습니다. 온라인 홍보를 카카오도 하고 네이버도 하고 인스타도 하고 페이스북도 하고 유튜브도 하고 뭐 다양하게 합니다. 이러한 것을 우리는 마케팅 채널이라고 합니다.

디폴트로 당연한 것이 채널이 많고 광고를 많이 하면 무조건 매출은 오릅니다. 하지만 이게 가만 보면 오르다가 일정 부분 한계에 다다르고 더 이상 오르지 않습니다. 하지만 비용을 줄이면 매출이 갑자기 뚝 떨어집니다. 이거 왜 그럴까요? 혹시 마케팅 채널별로 관심을 가진 사람들이 유사하지 않을까요? 만약 그렇다면 둘 중 하나는 안 해도 되지 않을까요? 이런 실험을 직접 하게 되면 매출이 바로 떨어지니 쉽게 도전 못 합니다. 그리고 솔직히 구분하기 어려워서 뭐가 맞는지 잘 모릅니다. 하지만 이제 상관분석과 쌍체비교를 통해 그 문제를 해결하겠습니다.

상관분석

상관분석의 개념은 말 그대로 상관이 있는가를 보는 것입니다. 데이터 두 개를 놓고 이 데이터가 서로 상관이 있는지 없는지를 보는 것이죠. 만약 상관이 있다면 거기에 따른 대응을 하면 되는 거고 상관이 없으면 각각 독립적으로 생각을 하면 되는 그런 개념입니다. 다음 예시를 보겠습니다.

	Column 1	Column 2	Column 3
Column 1	1		
Column 2	0.1844	1	
Column 3	0.255621	0.864677	1

뭐가 보이시나요? 혹시 뭔가 유사한 거 보신 경험 있으실까요? 히트맵이 떠오르시지 않나요? 그 히트맵이 상관분석 결과입니다. 저 숫자들을 자극적으로 보이게 하기 위하여 색상을 넣고 보여 주는 거죠. 진짜 별거 아닌 거 같고 아는 척들을 많이 하는데요. 그렇게 단순하게 '아우~ 빨가면 안 되지~' 하는 무식쟁이 말고 '왜 색상이 다르지? 그리고 다른 것의 기준은 뭐지? 그래서 어찌 사용하지?'를 알아 가는 과정이 다음 설명에 나와 있습니다.

상관분석을 하는 이유는 앞서서 말씀드린 대로 데이터 간 상관이 있는지 없는지를 확인하는 것입니다. 위 이미지를 기준으로 설명드리면 칼럼1은 칼럼1과 1의 상관계수가 나옵니다. 1은 100%입니다. 당연하죠, 자기가 자기랑 비교하니 100% 일치합니다. 그런 식으로 각 칼럼 간 비교를 한 것입니다. 즉 데이터 간 비교를 통해 얼마나 상관있는지를 보는 것인데 보통의 상관기준은 0.4~0.6입니다. 이 정도 상관계수가 나오면 상관이 어느 정도 있다는 것이고 저는 주로 0.4 이상을 상관있다고 규명합니다(실제 통계 분석해서 상관계수와 P값을 동시에 보고 해석을 해야 합니다).

그럼 다시 위 이미지를 해석하면 칼럼1과 칼럼2는 0.18 수준으로 상관이 있고 칼럼1과 칼럼3은 0.25 마지막으로 칼럼2와 칼럼3은 0.86으로 나왔습니다.

그럼 아직 잘은 모르지만 왠지 0.86은 똑같은 거 아닐까요?

이제 데이터를 보고 상관분석을 돌리겠습니다.

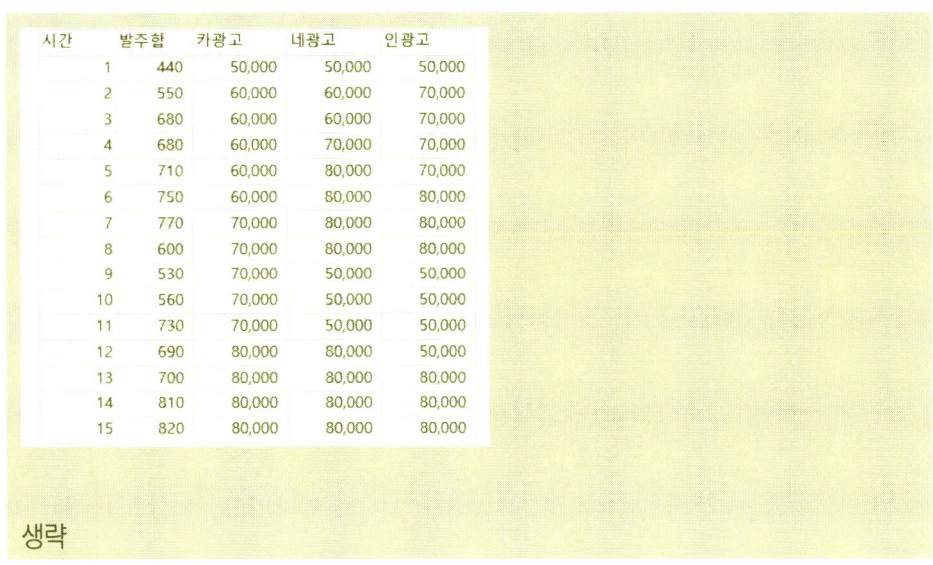

생략

챕터 20에서 사용한 다중회귀분석을 위한 자료와 동일합니다. 이때 우리가 궁금한 것을 과연 카카오 광고와 네이버 광고와 그리고 인스타 광고가 각각 상관이 있을까 없을까 입니다. 만약 상관이 없다면 계속 따로따로 광고비를 집행하는 게 맞고 상관이 높다면 한 번은 고민해야 하지 않을까요?

상관분석을 하는 방법은 어렵지 않습니다.
데이터 분석 → 상관분석 클릭

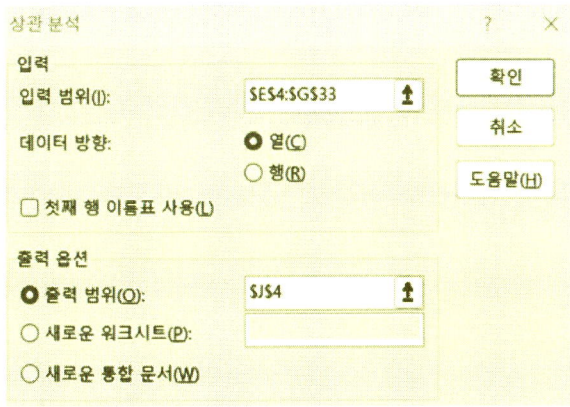

이제 값들을 넣고 돌리면 이런 결과가 나옵니다.

	Column 1	Column 2	Column 3
Column 1	1		
Column 2	0.1844	1	
Column 3	0.255621	0.864677	1

결과에 대한 해석은 앞서서 충분히 했으니 넘어가겠습니다.

T검정-쌍체비교

칼럼2 '네이버 광고'와 칼럼3 '인스타 광고'는 0.86으로 동일한 수준을 보여 주고 있습니다. 그럼 이제 어떠한 조치가 필요한데 그런 조치를 하기 전에 먼저 검토해야 하는 것들을 보겠습니다.

쌍체비교 또는 T검정으로 불리는 분석을 하면 두 변수 간의 관계가 실제 차이가 있는지 없는지 분석이 됩니다. 각 변수 간(데이터 간) 평균 차이가 있는지 없는지를 확인해서 만약 평균에 차이가 있으면 서로 다른 것이고 평균에 차이가 없으면 같은 것입니다.

데이터 → 데이터 분석 → T검정 쌍체비교

지금 우리가 확인하려는 것은 네이버 광고와 인스타 광고의 비교이므로 아래 이미지와 같이 변수를 입력하고 확인을 눌러 주면 됩니다.

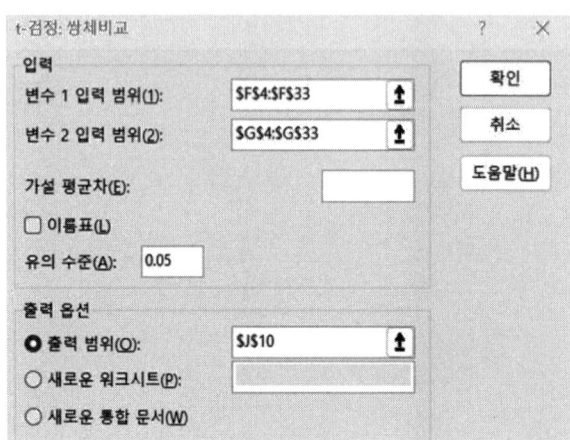

그래서 나온 결과는 아래와 같습니다.

t-검정: 쌍체 비교		
	변수 1	변수 2
평균	69666.67	70333.33
분산	2.24E+08	2.31E+08
관측수	30	30
피어슨 상관 계수	0.864677	
가설 평균차	0	
자유도	29	
t 통계량	-0.46521	
P(T<=t) 단측 검정	0.322629	
t 기각치 단측 검정	1.699127	
P(T<=t) 양측 검정	0.645257	
t 기각치 양측 검정	2.04523	

이제 생성형에 비교 내용을 그대로 복사 붙여넣기로 물어보면 됩니다. 하지만 먼저 제가 분석하는 방법으로 설명드리고 그다음 생성형을 이용하겠습니다.

먼저 변수1은 네이버 광고이고 변수2는 인스타 광고입니다.

평균은 69,666 / 70,333으로 600 정도 차이가 납니다. 600 차이면 평균 차이가 제법 나는 거네요. 그럼 다르다고 할 수 있는데 진짜 그럴까요? 일단 숫자는 다르지만 P값을 보면 단측일 때도 0.3, 양측일 때는 무려 0.6으로 일반적인 유의 수준인 0.05보다 훨씬 큽니다. 즉 95% 수준으로 변수 간 평균에 차이가 없다고 보는 것이 정확합니다. 비록 눈에는 600 정도 차이 나지만 사실 이건 같은 것입니다.

이를 생성형에 넣고 돌려 보겠습니다. 먼저 엑셀 파일 내용을 그대로 복사해서 생성형에 붙여넣기를 합니다.

> **Input**
>
> 위 내용은 쌍체비교에 대한 결과야. 해석해 줘.
>
> **Output**
>
> 쌍체비교 결과 해석:
> 1. 평균: 변수 1의 평균은 69666.67, 변수 2의 평균은 70333.33입니다.
> 2. 피어슨 상관계수: 0.86으로, 두 변수 간에 강한 양의 상관관계가 있습니다.
> 3. t 통계량: -0.465로, 절댓값이 작습니다.
> 4. P-값 (양측 검정): 0.645로, 일반적인 유의수준(0.05)보다 훨씬 큽니다.
> 5. t 기각치 (양측 검정): ±2.045
>
> 결론:
> 1. 두 변수는 강한 양의 상관관계를 가집니다.
> 2. P-값이 0.05보다 크므로, 두 변수의 평균 간에 통계적으로 유의미한 차이가 없다고 볼 수 있습니다.
> 3. t 통계량(-0.465)이 t 기각치(±2.045) 범위 내에 있어, 귀무가설을 기각할 수 없습니다.

출처: '라온' service base by AI:DRIVE with HBC data 27w,2024. 1turn

어려운 말을 잔뜩 했지만 제가 한 이야기를 매우 세부적으로 해 준 것입니다. 즉 평균에 차이가 없이 같은 것이라는 결론이 나왔습니다.

그럼 이제 조치를 해야 하는데, 냉정하게 생각해 보겠습니다.

네이버 광고를 하나 인스타 광고를 하나 결과는 같습니다. 그래서 둘 중 하나에 어떤 조치를 해야 합니다. 왜냐하면 두 개를 모두 하게 되면 비용도 비용이지만, 관리가 어렵습니다.

이러한 조치 전에 혹시 몰라서, 발주 건수를 기준으로 위에 작업을 그대로 수행했습니다. 자세한 결과는 첨부 파일을 참조하시기를 부탁드리고 분석 결과를 말씀드리면 먼저 발주 건수에 관련해서는 각 변수 간 상관 정도가 적습니다. 즉 매출관점으로는 같지만 발주 건수로는 다릅니다. 이때 다시 T검정을 네이버와 인스타를 기준으로 돌리니 P값이 0.44로 발주 건수 평균에 차이가 없습니다. 즉 네이버와 인스타에 어떠한 조치를 진행해도 매출이나 발주 건수에는 아무런 변화가 없습니다. 예를 들어 인스타 들어가는 비용을 전부 네이버에 넣어도 발주 건수와 매출액의 차이는 없습니다. 그래서 둘 중 하나를 줄임으로써 관리 포인트가 하나 줄어드는 긍정적인 효과가 나오게 됩니다. 반면 발주서 개념으로는 서로 독립적인 형태를 보이니 힘들게 구축한 홍보 채널을 하나 없애는 건 바람직하지 못한 결과가 나올 수도 있습니다.

그래서 저는 아무런 조치를 하지 않는 것으로 결정을 하겠습니다.

챕터를 마무리하면서, 우리가 어떠한 결정을 할 때 해당 결정에 대해서 그 결정이 바람직한지 아니면 바람직하지 않은지 많은 고민을 하게 됩니다. 이때 이러한 통계적 분석이 반영된다면, 항상 베스트는 아니지만 최적의 결과는 나오지 않을까 생각합니다.

따라 하면 바로 적용 가능한
이동평균법과 계절요인 제거하는 방법

이동평균법에 대해 알아보고 계절요인을 제거하거나 활용하는 방법에 대해 알아보겠습니다.

평균도 마구잡이로 하는 게 아니고 평균을 도출해 내는 방법이 있습니다. 그리고 또 규칙적 패턴에 의해 발생되는 이벤트들 그러니까 시즌별 발생하는 이벤트들 우리는 이러한 이벤트를 '계절요인'이라고 합니다. 이러한 계절요인은 전체 평균에 부정적 영향을 주는바 이런 것들을 효과적으로 제어해야 합니다. 그런 방법을 이제 구체적으로 그런 것들을 알아보겠습니다. 어떻게 할까요? 따라 하면 됩니다.

> 요약 1. 평균이 이동하는 게 이동평균
> 요약 2. 평균법을 이번 챕터에서 3가지를 학습
> 요약 3. 추세식을 구하고 추세식에 계절지수를 곱하는 시계열 분석 방법
> 요약 4. 이거보다 더 정확한 게 ARIMA 기법인데 책을 쓰는 시점에서 저도 스터디 필요

이동평균법

이동평균법에 대해서 들어 보셨나요? 말 그대로 평균을 이동하는 것입니다. 그럼, 이동평균법을 이야기하기 전에 왜 우리는 평균을 사용하는지에 대해 생각해 보셨나요? 우리가 평균을 이용하는 주된 목적 중 하나가 앞으로 일어날 무언가에 대해서 대략적인 예측을 하기 위한 것 아닐까요? 예를 들어 보면, '이번 달 평균 사용 요금이 3만 원이니 다음 달에도 3만 원 정도를 소진하게 되므로 3만 원을 사용하지 말고 저축해 두자!' 이렇게 과거 내용을 확인하여 미래를 예측하기 위한 것입니다. 다음 사례에 대해서 충분히 고민해 보겠습니다.

냉면을 판매하는 음식점의 마케팅 전문가가 1년 치 판매 데이터를 분석하면서 "5월 들어 이상기온으로 온도가 올라가고 있으니, 6월, 7월, 8월은 냉면이 잘 팔리는 최고 정점이 될 것 같습니다. 올해는 예년 대비 15일에서 20일 정도 빠르게 시작되었으므로 작년보다 매우 실적이 좋은 한 해가 되겠습니다."라고 분석을 했습니다.

어떤 생각이 드시나요? 정점, 이상기온이라는 단어 그리고 15일이니 20일이니 등등 뭔가 제대로 분석한 것 같나요? 어떤 분들은 제대로 된 분석이라 이야기를 할 것입니다. 왜냐하면 나도 알고 쟤도 알고 지나가는 춘식이도 알고 누구나 다 이해하는 내용이기 때문입니다. 물론 당연하게도, 의사소통에서는 상대방이 알아듣기 편한 말로 해야 하는 것은 맞습니다. 저 역시 항상 이런 부분에서 고민하고 연구하고 있습니다. 그래서 이 책의 경우 문체가 마치 대화하는 듯한 '구어체'로 작성하는 것입니다. 하지만, 이런 하나 마나 한 이야기를 한다면, 그것이 분석일까요? '날씨가 더우니 냉면이 잘 팔린다', '배가 고프니 밥을 먹고 싶다', '누워서 하품을 하는 것을 보니 잠을 자겠구나' 이런 게 예측인가요? 이런 게 분석인가요? 우리는 말을 잘해서 글을 잘 써서 청자나 화자에 공감을 얻어 내야지 그냥 대충 아무나 하는 그런 하마말(하나 마나 한 말)을 하면 그게 '일잘러'인가요? 아니죠, 듣보잡이죠? 제 주장에 설득력 느껴지시나요? 챕터 22이니 이제 느껴지셔야 합니다. 그럼 먼저 '평균절대오차' 방법을 이용한 이동평균법에 대해서 연구해 보겠습니다.

평균절대오차

평균은 평균인데 평균절대오차는 무엇일까요? 평균절대오차는 이동평균을 이용했을 때 나오는 결괏값이 실제 관측값과의 차이를 평균한 것을 말합니다. 이때 차이가 음수가 될 수도 있기에 이를 절댓값(결과는 음수이나 실제로는 실수인 경우) 처리해 준 것입니다. 생성형 인공지능에 평균절대오차에 대해서 물어보겠습니다.

Input

엑셀에서 평균절대오차 개념이 뭐야?

Output

엑셀에서 "평균절대오차"란 예측값과 실제값 사이의 차이를 나타내는 지표입니다. 평균절대오차는 실제값과 예측값의 차이의 절댓값을 모두 더한 후에 해당 값을 전체 데이터 개수로 나누어 구합니다. 이것은 예측 모형의 정확성을 나타내는 중요한 지표 중 하나로 사용됩니다. 만약 이 지표가 낮을수록 모형이 실제값을 정확하게 예측한다고 볼 수 있습니다. 평균절대오차를 계산하면 모형이 얼마나 정확하게 예측을 수행하는지 평가할 수 있습니다. 이때 오차가 작을수록 모델의 예측이 정확하다고 평가할 수 있습니다. 평균절대오차는 모형의 예측 능력을 판단하는 중요한 지표 중 하나입니다.

출처: '라온' service base by AI:DRIVE with HBC data 26w,2024

설명을 쉽게 해 달라고 시스템 세팅을 했지만, 여전히 어려운 설명을 해 줍니다. 그래서 제가 다시 아주 쉽게 예를 들어 설명드리면 다음과 같습니다.

	실측값	2년 이동평균	오차값	절대오차값
1	12	N/A	N/A	N/A
2	14	13	-1	1
3	10	12	-2	2
4	14	12	-2	2

절대오차값의 평균이 평균절대오차입니다.

그러니까 평균절대오차값 또는 평균절대오차는 예측모델을 사용함에 있어 실제값과 예측값의 차이를 말하며 이러한 차이의 평균을 평균절대오차라고 합니다. 잔차와는 다릅니다. 오차와 잔차가 다소 헷갈릴 수 있는데 잔차는 관측값과 예측값의 차이이고 오차는 실측값과 예측값의 차이입니다.

그럼 이를 활용한 판매량을 예측한 모델을 보겠습니다.

연도	실제 판매량	3개월	오차 절댓값	5개월	오차 절댓값
1월	1,548				
2월	1,065				
3월	1,383				
4월	1,342	1,332	10		
5월	1,105	1,263	158		
6월	1,007	1,277	270	1,289	
7월	1,220	1,151	69	1,180	
8월	1,422	1,111	311	1,211	211
9월	1,496	1,216	280	1,219	277
10월	1,305	1,379	74	1,250	55
11월	1,001	1,408	407	1,290	289
12월	1,206	1,267	61	1,289	83
1월			182		183

1년 치 판매 데이터가 있다고 가정하겠습니다. 그리고 우리는 1월에 판매되는 것을 예측하고 싶은 것입니다. 3개월 평균은 1월, 2월, 3월 평균값입니다. 그걸 드래그앤드롭해서 12월까지 만든 것입니다. 오차 절댓값은 4월을 보면 실제 판매량은 1,342인데 3개월 평균값은 1,332로 '-10'입니다. 하지만 이게 안 팔린 게 아니고 실제 팔린 것이기 때문에 음수가 아닌 실수입니다. 그래서 절댓값을 해 줘야 합니다.

Input

엑셀에서 절댓값 구하는 함수식 가르쳐 줘.

Output

엑셀에서 절댓값을 계산하는 함수는 "ABS"입니다. ABS 함수는 인수로 전달된 숫자의 절댓값을 반환합니다. 예를 들어, =ABS(-5)를 입력하면 5가 반환됩니다. ABS 함수는 특정 셀이나 값의 절댓값을 쉽게 구할 때 사용됩니다. 따라서 엑셀에서 절댓값을 구하는 함수식을 사용하려면, 예를 들어 특정 셀에 있는 값의 절댓값을 구하고 싶다면 "=ABS(셀번호)"와 같은 방식으로 ABS 함수를 사용하면 됩니다.

출처: '라온' service base by AI:DRIVE with HBC data 26w,2024

함수식이 ABS입니다. 예제 파일에서 해당 셀을 클릭하면 바로 인지가 가능하십니다.

그렇게 나온 오차 절댓값의 평균을 보면 3개월 평균은 182가 나오고 5개월은 183이 나옵니다. 사실 이 정도 차이는 통계적으로 의미는 없는데 그래도 1 차이가 나니 3개월 평균으로 1월을 예측하는 것이 좀 더 바람직해 보입니다. 이런 방법을 '이동평균법'이라고 합니다. 즉 전체 평균을 하기보다 3개월간 평균값을 이용하는 게 더 바람직하다 판단합니다.

가중이동평균

가중이동평균법은 관측치에 가중치를 적용하는 것이 가중이동평균입니다. '관측치' 즉 실제값에 '가중치' 무게를 넣는 것입니다. 예를 들어서 3개월 이동평균법을 가중이동평균을 적용하게 되면 다음과 같습니다.

연도	실제 판매량	3개월	가중치
1월	1,548		
2월	1,065		
3월	1,383		
4월	1,342	1,332	10%
5월	1,105	1,263	10%
6월	1,007	1,277	10%
7월	1,220	1,151	10%
8월	1,422	1,111	10%
9월	1,496	1,216	10%
10월	1,305	1,379	10%
11월	1,001	1,408	10%
12월	1,206	1,267	20%
1월			100%

이러한 가중치는 마지막인 12월 자료에 무게를 높게 설정해서 최신 정보를 더 신뢰하기 때문입니다. 관측치 그러니까 실제 판매량 12월에 높게 의미를 부여하는 것이고 이렇게 가중치를 사용자가 임의로 부여를 하게 되는데 이때 중요한 것은 전체 값이 100%를 넘어가면 안 된다는 것입니다. 그럼 4월의 식은 1342*0.9=1,207.8 / 3개월 평균은 1,332 오차 절댓값은 124.2가 됩니다. 이렇게 강조하고 싶은 데이터에 무게를 넣고 가볍게 할 것에는 무게를 빼는 방법을 적용하는 가중이동평균입니다.

지수평활법

이동평균법에 대해서 충분히 이해를 하셨다면 가중이동평균은 그냥 함수식 하나 추가되는 것이라 어렵지 않을 것입니다. 가중이동평균이 이동평균보다는 좀 더 분석하는 사람의 주관과 직관이 적용되지만, 이를 좀 더 효율적으로 하는 방법 중 하나가 지수평활법입니다.

지수평활법은 작업자의 직관에 의해 결정한 평활지수를 적용함에 있어 모든 관측치에 적용을 하고 각 관측치는 매 시점마다 적용이 되므로 최신성을 반영하게 됩니다.

월	매출(Actual)	평활지수(0.2)
1	654	
2	354	654.0
3	354	594.0
4	135	546.0
5	984	463.8

예시를 들어 설명드리면 평활지수를 0.2로 작업자가 직관적으로 판단을 했고 이러한 데이터는 3월, 4월, 5월, 6월 모두 동일하게 적용됩니다. 앞서 연구한 이동평균법과 가중이동평균법보다 높은 수준으로 최신성을 반영하게 됩니다. 활용 예시를 보면서 설명드리겠습니다.

월	매출(Actual)	평활지수(0.2)	절대오차	평활지수(0.7)	절대오차	a	1-a
1	654					0.2	0.8
2	354	654.0	300.0	654.0	300.0		
3	354	594.0	240.0	444.0	90.0	0.7	0.3
4	135	546.0	411.0	381.0	246.0		
5	984	463.8	520.2	208.8	775.2		
6	354	567.8	213.8	751.4	397.4		
7	321	525.1	204.1	473.2	152.2		
8	654	484.3	169.7	366.7	287.3		
9	987	518.2	468.8	567.8	419.2		
10	357	612.0	255.0	861.2	504.2		
11	753	561.0	192.0	508.3	244.7		
12	654	599.4	54.6	679.6	25.6		

13	852	610.3	241.7	661.7	190.3
14	321	658.6	337.6	794.9	473.9
15	321	591.1	270.1	463.2	142.2
16	321	537.1	216.1	363.7	42.7
17	312	493.9	181.9	333.8	21.8
18	630	457.5	172.5	318.5	311.5
19					
		평균절대오차	261.7		272.0

먼저 평활지수 설정에 대한 설명을 드리면 평활지수를 결정한건 0.2입니다. 그리고 1-평활지수는 0.8입니다. 관측값에 0.2의 무게를 부여하고 평활지수를 적용한 직전 예측값에 0.8의 무게를 적용하겠다는 이야기입니다.

구하는 방법은 먼저, 2월 평활지수는 1월에 대한 예측치가 없으므로 1월의 관측값을 그대로 가져옵니다. 그래서 295입니다. 2월에 대한 값의 설정은 다음과 같습니다.

=C5*$I$4+D5*$J$4
관측값 * 평활지수 + 직전예측값*(1-평활지수)

절대오차는 매출과 평활지수의 오차값

이 값들의 평균절대오차값이 평활지수 0.2에서는 261.7이고 0.7에서는 272.0입니다. 이 두 개를 비교하게 된다면, 오차가 적은 0.7을 적용하는 것이 바람직합니다. 즉 지수평활법을 이용하게 되면 평균절대오차가 적은 0.7을 적용하는 것이 바람직합니다.

이러한 바람직한 방법에서 우리가 고민해야 할 것은 과연 평활지수를 몇으로 해야 하는 것이냐입니다. 사실 다 계산을 해 봐야 하는 건데 다행히도 우리는 앞에서 해찾기라는 방법을 연구했습니다.

해찾기를 돌리면 다음과 같이 나옵니다.

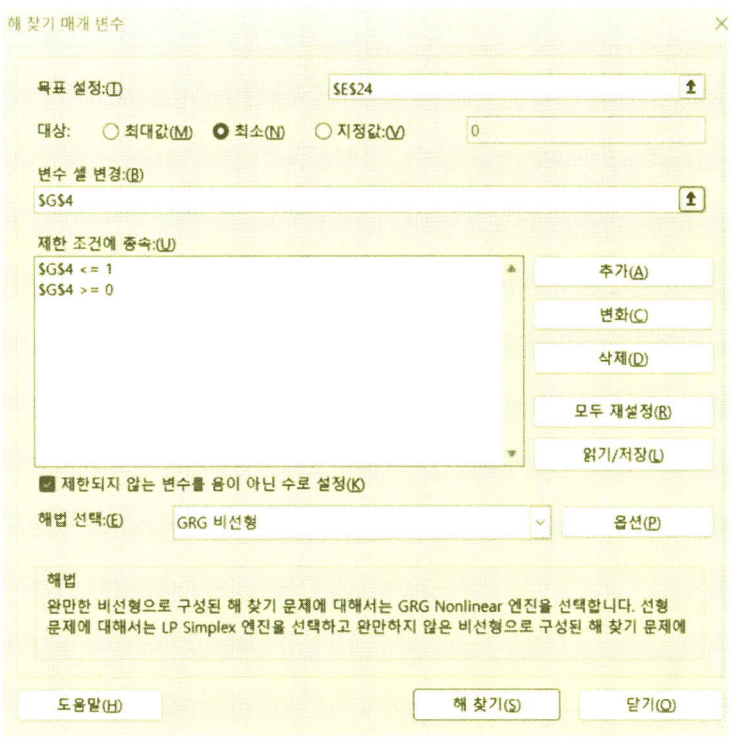

	평활지수	
월	매출(Actual)	평활지수(0.2)	절대오차	a	1-a
1	654			0.010678	0.989322
2	354	654.0	300.0		
3	354	650.8	296.8		
4	135	647.6	512.6		
5	984	642.2	341.8		
6	354	645.8	291.8		
7	321	642.7	321.7		
8	654	639.3	14.7		
9	987	639.4	347.6		
10	357	643.1	286.1		
11	753	640.1	112.9		
12	654	641.3	12.7		
13	852	641.4	210.6		
14	321	643.7	322.7		
15	321	640.2	319.2		
16	321	636.8	315.8		
17	312	633.4	321.4		

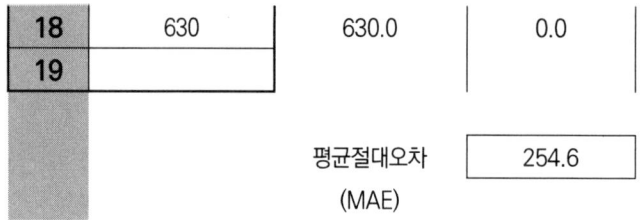

계절요인분석

계절요인은 말 그대로 계절 즉 시즌의 영향력을 고려하여 예측하는 방법입니다.

예를 들어 설명드리면, 우리가 매출액을 예측할 때 분기별 특징이 있을 수 있습니다. 여름에는 많이 팔리는데 겨울에는 안 팔리는 것들. 우리는 이런 것을 고려해서 이동평균법과 가중이동평균법이라는 것을 적용하여 이 '계절요인'이라는 것을 최대한 상쇄시키는 방법에 대해서 알아봤습니다. 이러한 방법을 쓰면, 특히 가중이동평균을 쓰면 이동평균보다 계절적 요인을 덜 타게 되는 예측이 가능한 것입니다. 그럼, 혹시 이 계절적 요인 적용을 적극적으로 하는 건 어떨까요? 그럼 분석이 좀 더 정확하지 않을까요? 구체적으로 매 분기별 이동평균을 하는데 여기에 계절요인을 분석해서 계절지수를 적용하면 좀 더 정확한 예측이 되지 않을까요? 그럼 계절지수를 적용하는 방법에 대해 연구하겠습니다.

계절요인분석을 적용하는 방법은 앞서서 공부한 모든 예측 기법을 전부 적용하는 것입니다. 이것을 이해하고 응용 가능하면 회귀식을 이용한 예측분석 끝판왕입니다. 이것을 잘하면, 빅데이터 분석? 그까짓 거 아무나 다 하는 거 됩니다. 그 정도로 이 방법은 높은 이해력을 요구하고 조금 어렵습니다. 하지만 약간의 이해와 생성형의 도움을 받으면 할 수 있습니다. 다음 예시를 보겠습니다.

해마다 매출액 높을 때도 있고 낮을 때도 있지만 점진적으로 성장하고 있고 분기별 매출액의 등락폭이 크다고 가정하겠습니다. 실제로 성장하는 기업들이라면 일반적인 형태의 가정입니다. 쉽게 말해 1, 2분기에는 안 팔리다 3, 4분기에 많이 팔리는데 점진적으로는 성장을 하는 형태입니다.

순서	연도	분기	매출(백만원)
1	2020	1	321
2	2020	2	456
3	2020	3	789
4	2020	4	987
5	2021	1	378
6	2021	2	489

생략

분기별 매출액 추이를 16개 즉 4년 치 데이터를 수집하였습니다. ('20~'23)
 먼저 (1) 전체적인 추세를 보고 추세식부터 구해야 합니다. 추세식을 구하는 여러 방법이 있는데 가장 손쉬운 방법인 차트를 이용하는 방법으로 하겠습니다. 앞선 챕터에서 해서 우리는 다 알고 있습니다. 하지만 일이 바빠서 잠깐 생각이 안 나니 생성형에 물어 보겠습니다.

Input

엑셀에서 매출액 데이터로 미래 매출을 예측하려고 해, 차트를 이용해서 추세식을 구하는 방법을 가르쳐 줘.

Output

차트에서 추세식을 구하는 방법은 엑셀을 사용하여 데이터셋을 통해 추세선을 추가하는 것입니다. 먼저, 엑셀에서 적절한 차트(예: 분산형 차트)를 생성하고 데이터를 표시합니다.

생략

출처: '라온' service base by AI:DRIVE with HBC data 26w,2024

아주 잘 뱉어 내고 있습니다. 데이터셋 블록 잡고 차트-분산형차트-추세선 결정입니다.
 이번에는 평상시와 다르게 점 형태가 아닌 선 형태로 보겠습니다(분산형 기본은 점 형태입니다).

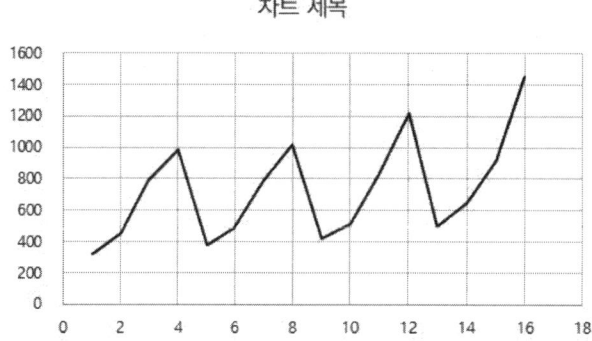

차트가 오르락내리락하지만, 뭔가 올라가는 거 같습니다. 근데 자세히 보시면(중2 수준입니다.) 꺾이는 게 3번 꺾였습니다. 우리는 이런 것을 3차항 또는 다항이라고 합니다. 그럼 추세선을 넣어 보겠습니다. 추세선을 넣은 것은 이미 생성형이 가르쳐 줬습니다.

그대로 하면 '추세선 추가-다항식 클릭-수식차트 표기, R-제곱 표기'입니다.

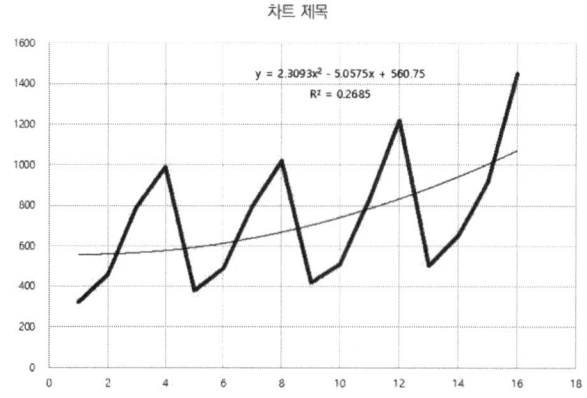

그럼 이 추세식을 가지고 추세식에 따른 계산을 먼저 하겠습니다.

(추세식은 다항식 회귀분석으로 데이터-회귀분석을 진행해도 같은 결과가 나옵니다. 이때 독립변수는 거듭제곱으로 하나 더 만들어야 합니다. x, x^2)

추세식은 다음과 같습니다.

$y = 2.3093x^2 - 5.0575x + 560.75$

$R^2 = 0.2685$

그럼, 추세식을 기준으로 2차항은 2.3093이고, 1차항은 -5.0575, 절편은 560.75입니다. 이때 우리는 함수식을 사용해야 하니 이것을 한쪽에 수기로 입력을 하겠습니다.

이쯤에서 무언가를 찾아야 합니다. 느낌적인 느낌이 딱 와야 하는데, 그것은 R^2 값 RSQ값이 너무 낮은 것을 확인해야 합니다. 이 추세식대로 예측한 결과는 0.26%만 설명이 되는 것입니다. 이거 못 써먹습니다. 기억나실 거라 판단하지만, 일단 계속하겠습니다.

Input

엑셀에서 E7에 들어가는 함수식을 만들어 줘.
추세식은 2차항은 2.3093이고, 1차항은 -5.0575, 절편은 560.75야.
이때 X는 a7이야.

Output

질문에 대한 답변은 아래와 같습니다. 분석 중인 데이터는 2차항이 2.3093이고, 1차항이 -5.0575, 그리고 절편이 560.75인 추세식을 엑셀의 함수로 나타내는 것입니다. 이때 X는 A7입니다. 이 값들을 이용하여 E7에 들어가는 함수식을 만들어 보겠습니다.

생략

출처: '라온' service base by AI:DRIVE with HBC data 26w,2024

함수식 설정이 어렵더라도 생성형이 다 가르쳐 줍니다. 계속해서 말씀드리면 위의 함수식을 넣고 그다음 셀 고정($)하고 난 다음 더블클릭으로 모든 셀에 추세식을 기준으로 예측값을 도출하겠습니다.

그러면 우리가 궁금한 2024년도 1, 2, 3, 4분기 매출액이 나옵니다. 하지만 이 값을 신뢰할 수 있을까요? 신뢰할 수 있습니다. 무려 0.2% 수준으로 말이죠. 사실 못 써먹습니다. 그래서 우리는 계절요인을 적용해야 하는 것입니다.

지금 자료는 3개년도 자료이고 각 연도별 1~4분기 패턴이 있으니 1년씩 이동평균을 구하겠습니다. 그래서 F8의 함수식은 다음과 같습니다.

=AVERAGE(D7:D10)

이걸 다시 더블클릭을 하면 쭉 이동평균이 계산됩니다. 이때 14분기부터는 구할 수가 없습니다. 이유는 14분기부터는 4분기가 아니라 3분기, 2분기 이런 식으로 값이 줄어들기 때문입니다.

					2차항	2.3093	
					일차항	-5.057	
					절편	560.75	
순서	연도	분기	매출(백만원)	추세식	이동평균	가중이동평균
1	2020	1	321	558		
2	2020	2	456	559.87	638	
3	2020	3	789	566.36	653	
4	2020	4	987	577.47	661	
5	2021	1	378	593.2	662	
6	2021	2	489	613.54	670	
7	2021	3	792	638.51	681	
8	2021	4	1,021	668.09	686	
9	2022	1	420	702.29	696	
10	2022	2	511	741.11	746	
11	2022	3	832	784.55	766	
12	2022	4	1,221	832.61	801	
13	2023	1	500	885.28	823	
14	2023	2	650	942.57	881	
15	2023	3	920	1004.5		
16	2023	4	1,452	1071		
17	2024	1		1142.2		
18	2024	2		1217.9		
19	2024	3		1298.3		
20	2024	4		1383.3		

그럼 이제 가중이동평균을 적용해 보겠습니다. 가중이동평균을 적용하는 이유는 특정 데이터에 무게를 더 높게 주기 위함입니다. 즉 이동평균보다 더 정확합니다. 그리고 현재 이동평균까지만 구한 시점에서 실제 관측값하고 예측값하고 비교하면 차이가 어마어마합니다. 왜냐하면 아직까지는 신뢰하기 어려운 값이 나올 수밖에 없습니다(그럼에도 추세식을 이용하는 것보다는 오차가 적습니다).

가중이동평균을 적용하면서 가중치를 계산해야 하는데 이것은 사용자의 직관에 의해 결정됩니다. 현재 저는 1~4분기 중에 1, 2분기는 매출이 낮고 3, 4분기는 매출이 높아서 어떤 분기에 매출을 높인다기보다는 매출이 낮은 것도 인정하고 높은 것도 인정하기 위해서 1, 2/3, 4 이렇게 50%씩 하기로 결정했습니다. 다시 말씀드리면 이동평균 결괏값 2개를 가중이동평균으로 하고 5:5 비율로 하겠습니다. 이렇게 되면 이동평균 결과 2개의 평균을 적용하게 됩니다.

그래서 G9의 함수식은 다음과 같습니다.

=AVERAGE(F8:F9)

이후 더블클릭으로 빈칸을 채워 줍니다. 이제 계절지수를 입력해야 하는데, 계절지수를 입력하는 방법은 가중이동평균값을 관측값으로 나누어 주면 됩니다.

				2차항	2.3093		
				일차항	-5.057		
				절편	560.75		

순서	연도	분기	매출(백만원)	추세식	이동평균	가중이동평균	계절지수
1	2020	1	321	558			
2	2020	2	456	559.87	638		
3	2020	3	789	566.36	653	645	1.222545
4	2020	4	987	577.47	661	657	1.503141
5	2021	1	378	593.2	662	661	0.571753
6	2021	2	489	613.54	670	666	0.73451
7	2021	3	792	638.51	681	675	1.172899
8	2021	4	1,021	668.09	686	683	1.494329
9	2022	1	420	702.29	696	691	0.607815
10	2022	2	511	741.11	746	721	0.708738
11	2022	3	832	784.55	766	756	1.100529
12	2022	4	1,221	832.61	801	783	1.55864
13	2023	1	500	885.28	823	812	0.615953
14	2023	2	650	942.57	881	852	0.763247
15	2023	3	920	1004.5		881	1.044861
16	2023	4	1,452	1071			
17	**2024**	**1**		1142.2			
18	**2024**	**2**		1217.9			
19	**2024**	**3**		1298.3			
20	**2024**	**4**		1383.3			

각 분기별 계절지수를 구했습니다. 근데, 계절요인을 정확하게 적용하기 위해서는 각 분기별 다른 계절지수를 입력해야 합니다. 하지만 구한 계절지수 자체도 각 연도별 다르므로 각 분기별 평균으로 20, 21, 22, 23년도 각 1분기의 계절지수의 평균을 구하고 각 분기별 계절지수의 또 평균을 구한 다음 각분기별 계절지수에서 평균계절지수를 나눠주면 그것이 수정된 지수입니다. 이것은 계산하기 편하게 K:M에 넣겠습니다.

	계절지수	수정지수
1	0.60	0.60
2	0.74	0.74
3	1.14	1.14
4	1.52	1.52
	1.00	1.00

함수식 요령을 말씀드리면, 하나하나 분기별 찾아서 평균을 구하는 방법인데 함수식이 길어지고 복잡할 수도 있으니 조건에 맞으면 평균을 구하고 조건이 다르면 안 구하는 함수식을 이용하겠습니다.

AVERAGEIFS

L9의 함수식 =AVERAGEIFS($H$9:$H$21,$C$9:$C$21,K9)

함수식을 해석을 하면, H9:H21 즉 계절지수에서 목적과 같은 값을 찾아서 평균을 구하는데 C9:C21에서 칼럼에서 일치하는 것을 찾아서 평균을 구하는 것이고, 참조 칼럼은 K칼럼. 다시 말씀드리면 K하고 일치하는 것이 C에 있으면 해당하는 H값들을 추려서 평균으로 계산하게 만든 것이 위에 있는 AVERAGEIFS 함수식입니다.

수정지수는 계절지수 평균으로 나누어 준 것입니다.

M9=L9/$L$13

이제 예상 매출을 구해야 하는데, 예상 매출은 추세식을 같이 사용해서 구하겠습니다. 그러니까 앞서서 구한 추세식을 이제 다시 한번 이용하는 것입니다.

추세식 * 수정된 계절지수

I9=E9*M11

즉 3분기의 추세식값에 3분기의 수정된 계절지수를 곱한 것입니다.
근데 우리는 VLOCKUP 함수를 배웠으니 이를 적용하면

=E9*VLOOKUP(C9,$K$9:$M$12,3,0)
=추세식*VLOOKUP(분기가, K9부터 M12까지 같은 것을 찾아서 세 번째 숫자를 제시하고 아니면 0을 제시)

이제 더블클릭을 해서 우리가 궁금한 2024년도 예상 매출액을 확인하겠습니다. 마지막으로 이러한 결과를 과연 몇 % 정도 믿어야 하느냐는 RSQ값 R² 확인해야 하는데요. 이건 함수식으로 하면 됩니다.

=RSQ(I7:I22,D7:D22)

관측값하고 예측치하고(이때 22셀까지만 실제값이므로) RSQ를 구하면 0.93이 나오는 매우 높은 결과가 나옵니다.

즉 추세식으로는 낮지만, 이동평균을 이용해서 계절지수를 적용하니 RSQ가 비약적으로 올라갔습니다.

계산 중심의 예측이 다소 어렵게 느껴지실 수도 있으나 앞선 내용들을 충실히 하셨으면 매우 쉽습니다. 그냥 따라 하면 다 됩니다. 심지어 이 양식을 가지고 대략적으로 따라 하시면 됩니다.

복잡하고 어려우니 하나하나 다시 설명을 해서 복습하겠습니다.
먼저. 관측값(실제 매출)을 기준으로 순서를 종속변수, 매출액을 독립변수로 해서 분산형 차트를 그리고 차트에서 추세식(함수식)을 구했습니다. 그리고 그 함수식을 활용해서 이때 2차항으로 했습니다. 항 계수의 결정은 그래프를 보고 합니다. 본 예제에서는 그것과 상관없이 그냥 2차항으로 했습니다. 이때 설명력은 0.2로 사용하기 어려운 수준입니다.

두 번째로 매출액 4개를 기준으로 이동평균을 구해서 계절효과를 줄였습니다(4/4분기).

세 번째로 이동평균 데이터를 하나씩 보니 1, 2, 3, 4, 계속 올라가다 다시 1분기에 내려가서 1, 2분기 50%, 2, 4분기 50%로 가중이동평균을 구했습니다.

네 번째로 가중이동평균 예측값과 매출액을 나누어 주어 계절지수를 1차로 구했습니다.

다섯 번째로 계절지수를 각 분기별 1, 2, 3, 4, 구분해서 구했고 이것을 평균 1로 맞추면서 각 지수별 평균값으로 나누어 수정된 계절지수를 도출했습니다.

여섯 번째로 먼저 도출한 추세식에 수정된 계절지수를 곱하여 예상 매출을 구했습니다. 마지막으로 설명력 확인을 위해 관측값과 예측값을 기준으로 설명력을 계산하니 0.93으로 높은 설명력을 보여 줬습니다.

마지막으로 이 방법은 시계열 데이터 분석함에 있어 추세식을 구하고 추세식에 계절지수를 곱함으로써 예측하는 방법입니다.

이 예시를 통해 지금까지 배운 모든 통계 함수식 중 다중회귀 빼고 다 넣었습니다.
마지막으로 이렇게 복잡한 통계를 적용해서 어떠한 예측을 하는 것이, 실제 우리가 마케팅을 하면서 어떤 인사이트를 주게 하는지를 알아보면 대략 다음과 같을 것입니다.

다음 분기의 매출을 예측, 제안하는 방법을 사용하면 계절성과 추세를 고려하여 다음 분기의 매출을 예측할 수 있습니다. 실제 본 챕터의 주제는 다음 분기의 매출 예측입니다. 매출 예측이 된다면 관련해서 현금흐름도 분석이 가능하고 다양한 경영지표를 예측 가능합니다.

장기적인 매출 추세 파악, 위와 유사한 개념으로 추세식을 통해 전반적인 매출의 증가 또는 감소 추세를 파악할 수 있습니다.이걸 통해서 언제 매출이 오르고 언제 매출이 오르지 않고 등이 파악 가능합니다.

단기적 매출 추세 파악, 위에 내용과 동일한데 좀 더 미시적인 관점에서 가능합니다.

마케팅 전략 수립, 계절성이 높은 분기에 맞춰 프로모션이나 마케팅 활동을 계획할 수 있습니다. 앞선 챕터에서 우리가 다룬 것 중 하나인 마케팅 효과 예측하고 접목을 하면 이런 모델이 매우 강력하고 정교한 모델이 됩니다. 이런 모델을 통해서 수리적 관점에서의 예측을 기반으로 자원을 효율적으로 사용하는 것입니다.

재고 관리, 예측된 매출을 바탕으로 적절한 재고 수준을 유지할 수 있습니다. 이유는 계절요인에 대비하기 위하여 재고를 확보하는데 몇 개가 팔리고 몇 개가 남을지 파악이 가능합니다. 그리고 홍보 비용에 얼마를 투입하면 매출이 얼마가 늘어나니 재고를 몇 개 더 구입해야 하는지 매우 구체적인 마케팅 전략이 가능합니다.

이런 것들을 우리는 예산 수립이라 합니다. 향후 예상 매출을 기반으로 더 정확한 예산을 수립할 수 있습니다.

비즈니스 의사결정, 이미 일잘러이십니다.

다운로드 주소

추세와 계절변동 https://blog.naver.com/wang5177/223541237834

다양한 데이터를 기반으로 따라 하면 성공하는
다중회귀 판매 예측 방법

앞선 챕터 21을 여러 번 실습을 해서 충분히 다루실 수 있다면, 다중회귀는 쉽습니다. 아직 챕터 21이 어렵다면 똑같은 방법을 딱 3번만 그대로 하시면 그렇게 같은 것을 3번 정도 반복하면 조금 쉬워집니다. 하지만 챕터 22는 5번은 연습하셔야 합니다. 어쩜 그 이상 그만큼 어려운 챕터가 챕터 22입니다. 그렇게 어려운 다양한 분석 방법론을 뒤로 하고 이제 다시 쉬운 회귀분석을 보겠습니다.

회귀분석은 일차항 즉 선형은 상대적으로 간단한데 비선형 즉 다항식은 어렵습니다. 그래서 다상식 회귀분석을 돌릴 때는, 비선형을 선형으로 만들고 다음으로 변경한 데이터를 이용하여 회귀식을 만들고 회귀식의 R^2이 0.4 이상인 것을 확인하면서 동시에 P값 0.05보다 작은지를 확인하는 것이 제일 어렵습니다. 이때 회귀식에서 다항식 적용에서 제가 추천드리는 것은 분석하고자 하는 독립변수(예를 들어 월별 매출액)를 오리지널 독립변수, 독립변수 제곱항, 독립변수, 세제곱항 이렇게 3차 항 까지만 추천드립니다. 앞선 내용 중 다항식 회귀에 대해서 짧게 말씀드리면서 본 챕터를 시작하겠습니다.

이번 챕터의 주제인. 다중선형회귀에 대해서 이해하고 실무 적용 방법을 확보하여 다양한 예측, 특히 판매 예측을 효과적으로 하는 방법에 대해서 알아보겠습니다.

요약 1. 다중선형회귀에 대한 기본 개념을 몰라도 시키는 대로 하면 된다.
요약 2. 샘플이 있으니 일단 따라 하자.
요약 3. 자기상관은 자기가 스스로 간섭하는 것이다. 주로 시계열에 나타난다.
요약 4. 다중공선성 그거 별거 아니다. 그냥 선들이 여러 개가 있어서 하나로 보이는 거다.
요약 5. 이거 다 하면 당신은 통계 고수.

다중회귀 판매 예측

다중회귀식을 통해 판매를 예측할 것입니다. '다중' 들어가자마자 어렵고 짜증나고 그렇습니다. 하지만 이거 별거 아닙니다. 그냥 데이터 보고 공유드리는 템플릿을 이용해서 거기에 데이터 넣고 돌리면 됩니다. 절대 어렵지 않습니다. 다만, 이 글을 읽으실 즈음해서는 엑셀도, 생성형 인공지능도 일정 부분 활용 가능하시기에 충분히 하실 수 있습니다. 그래서 앞선 챕터에서 다루지 않은 부분인, 특히 이번 챕터의 조금 어려운 부분으로 '다중공선성', '이분산성', '자기상관' 등 조금 어려운 것들을 구체적으로 알아보겠습니다. 어려운 것을 알아보는 이유는 너무 간단합니다. '내가 예측한 데이터의 신뢰성을 올리기 위해서' 너무 당연한 이야기지만 사실 앞선 챕터예시는 이런 구체적인 것은 다루지 않았습니다. 이제 본 챕터는 한번 시작하면 최소 1시간은 쭉 따라오셔야 하니 '각 잡고, 흐름 안 끊어지게' 가겠습니다. 한 번에 오셔야 합니다.

다양한 데이터를 기준으로 다중회귀분석 하기

먼저 분석을 시작하기 앞서서 확인부터 하나 하겠습니다.

앞서서 시계열 중심으로 계속해서 데이터를 예측하고 분석하는 것을 확인하였습니다. 하지만 아래 예시 데이터는 그런 시계열 데이터가 아니라 특정 시점에 일괄적으로 조사한 데이터입니다. 즉 이동평균법 적용이 불가능합니다. 우리는 이런 조사를 '횡단조사'라고 합니다. 그래서 시계열 조사는 '종단조사'라고 합니다(가로세로 개념).

횡단조사, 종단조사 방법의 활용은 연구 조사자에 의해 달라지며 방법에 따라 그때그때 적용을 해야 하지만, 우리는 통계 전문가가 아니다 보니, 우리끼리만 개념을 이해하기 위해서 이렇게 하겠습니다. 데이터가 연속으로 있다면 종단조사, 데이터가 여러 개가 없고 나름 검증된 데이터가 일시에 있다면 횡단조사, 이렇게 하겠습니다. 이런 이유로 아래 데이터 예시는 횡단조사이고, 특정일에 정부에서 발표한 자료 또는 직접 조사한 자료를 가지고 예측하는 방법을 알아보겠습니다.

가정: HBC 회사의 서비스를 고객사별 조사를 했고 관련한 매출액을 일시에 조사를 함. 이제 고객사 직원 수별 그리고 고객사 업종별 매출액을 추정하고자 함.

고객사	직원수당, 우리 제품 매출	고객사 매출	우리제품 매출	직원수	업력	제조	서비스1	서비스2	서비스3	서비스4
		단위 백만원				더미변수				
A	4	7	350	2	1	1	0	0	0	0
B	2	70	3500	35	2	0	1	0	0	0
C	2	111	12000	70	9	0	0	1	0	0
D	3	240	12000	80	12	0	0	0	1	0
E	0	12	6540	65	8	0	0	0	0	1
F	2	130	6510	65	8	0	0	0	1	0
G	2	91	4560	40	18	0	0	1	0	0
H	8	460	23000	60	12	0	1	0	0	0
I	8	480	24000	60	12	1	0	0	0	0
Z	5	260	13000	50	10	0	1	0	0	0
K	3	150	15000	50	10	0	0	1	0	0
L	4	250	16000	70	16	0	0	0	1	0
M	2	157	7850	70	12	0	0	0	0	1

예시 파일을 보면 고객사의 숫자는 A~Z까지 총 26곳을 대상으로 자료를 수집하였습니다. 이러한 데이터를 수집한 목적은 '기업의 형태에 따라, 직원 1인당 우리 제품 매출액'이 얼마인지를 파악하고 거기에 맞게 신규 고객사 발굴 시 매출목표를 수립하고자 하며 특히 예상 매출보다 낮은 곳은 프로모션을 집중하고 높은 곳은 적절한 수준으로 프로모션하기 위한 기초 데이터로 활용하기 위해서입니다. 특정 기업에서 발생 가능한 최대 예상 매출액이 있고 반대로 예상 매출보다 낮은 기업이 있을 것인데 이 모든 기업에 같은 방법으로 프로모션을 하게 되면 자원을 효율적으로 사용하지 않는 것이 됩니다. 즉 마케팅 용도로 활용하기 위함입니다.

조사한 자료 설명부터 드리면 다음과 같습니다.

고객사 매출, 고객사 직원 수, 업력 데이터를 기준으로 고객사 직원 수별 우리 제품 매출액을 계산하여 맨 왼쪽 C 칼럼에 계산하기 편하게 넣었습니다. 그리고 제조, 서비스1, 서비스2, 서비스3, 서비스4는 고객사별 기업의 업종을 표현하였습니다. 제조업 그리고 서비스업 종류별로 우리 제품에 대한 사용 수준이 다를 것이라 판단해서입니다. 즉 내가 확인하고 싶은 것은

'업종과 매출액 그리고 직원 수별로 우리 제품의 예상 매출액'

을 계산하고 싶은 것입니다. 이것을 통해서 어떤 업종에 집중적으로 영업을 해야 하는지 또 직원 수 대비 예상 매출액을 파악하여 어느 정도 마케팅 예산을 편성해야 하는지를 구체적으로 확인하기 위함입니다.

용어 하나만 확인하고 가겠습니다. 우리가 회귀방정식을 만들 때, 숫자가 아닌 것을 통계에 활용할 때가 있습니다. 위 예시에서는 제조업, 서비스1, 2, 3, 4 같은 경우 업종이기에 숫자로 표현이 불가능 합니다. 하지만 통계에 넣기 위해서 업종에 해당되면 1, 해당 안 되면 0으로 표현하였습니다. 이렇게 숫자로 표현된 어려운 이름표 형식의 변수를 '명목형 변수' 명목척도라고 하고 이렇게 숫자로 바꾸는 방법을 이진변수 처리 명목형 변수라고 하며 보통 '더미변수'라고 합니다. 이때 제조업, 서비스업1, 2, 3, 4는 총 4가지 종류에 한정되어 있어 범주형 데이터입니다. 범주형 데이터는 종종 '다중공선성'이 나타나게 되므로 이 중 하나는 생략하고 방정식을 돌립니다. 자세한 설명은 아래 '다중공선성' 파트에서 자세하게 다루겠으며 일단 따라 하시면 됩니다.

이제 생성형을 동시에 사용할 것입니다. 앞서서 했던 방법과 조금 다르게 CoT라는 방법을 약간 차용해서 하겠습니다.

Input

너는 엑셀을 활용한 통계 전문가야.
마치 어린아이에게 설명해 주듯 답변해 줘.

첨부 파일 참조해서 어떤 방법으로 '직원 수당 우리 제품 매출'을 예측할 수 있는지 가르쳐 줘.

Output

엑셀을 활용하여 '직원 수당 우리 제품 매출'을 예측하기 위한 방법은 다음과 같습니다. 회귀분석을 통해 예측할 수 있으며, 여기서는 기본적인 선형회귀분석 방법을 소개합니다.
1. 데이터 준비

생략

Input

첨부 파일 다시 확인해 봐.

Output

첨부 파일을 바탕으로 '직원 수당 우리 제품 매출'을 예측하는 방법에 대해 다시 설명드리겠습니다. 기본적으로 회귀분석을 활용하여 예측할 수 있으며, 이를 통해 독립 변수들이 종속 변수에 어떤 영향을 미치는지 분석할 수 있습니다. 다음은 엑셀을 이용한 회귀분석 절차입니다.

생략

출처: '라온' service base by AI:DRIVE with HBC data 27w, 2024 2turns

생성형이 답변한 내용들을 보면, 먼저 선형회귀분석 방법으로 한다고 하네요. 이건 잘못된 답변입니다. 왜 잘못되었을까요? 앞서서 설명드린 것 중에, 종단조사, 횡단조사를 말씀드렸습니다. 현재 우리가 가지고 있는 데이터는 일시적인 시점에 수집한 데이터 즉 횡단데이터입니다. 하지만 선형회귀는 시계열 데이터 즉 종단조사입니다. 그래서 선형회귀를 사용하지 못합니다. 그래서 다시 물어봤고 두 번째로 회귀분석을 한다고 나왔는데 다중회귀분석을 '회귀분석'으로 했습니다. 이는 엑셀에는 '다중회귀'라는 것이 없고 '회귀분석'을 이용해서 '다중회귀'를 하기 때문에 그렇게 답변한 것으로 추측합니다. 일반적인 생성형에 물어보면 인공지능은 바로 '다중회귀'를 가르쳐 줄 수 있습니다. 하지만 '다중회귀'라는 용어를 안 쓰고 '회귀분석'이라는 용어를 쓴 이유를 추측하면 예시를 든 서비스는 제 데이터를 기반으로 RAG를 돌리기에 그리고 엑셀 에서는 다중회귀가 아니라 회귀분석으로 다중회귀까지 한 번에 되기 때문에 이런 선행학습 그리고 RAG로 인해서 그런 것이 아닌가 추측합니다. 보통 일반적인 생성형에 이런 질문을 하면서 '엑셀' 이라는 단어를 사용하지 않으면 다중회귀를 말해 주며 엑셀이 아닌 파이썬이나 통계 프로그램을 통해 얻는 다중회귀를 가르쳐 줍니다.

이제 엑셀에서 충분히 회귀식을 할 수 있는 것을 확인하였으니 다음 작업을 하겠습니다. 생성형이 가르쳐 준 대로(본 예시에는 보여 드리지 않았으나 생성형 인공지능을 참조하시면 됩니다. 그리고 이미 앞서서 많이 연습했습니다.) 데이터-데이터 분석-회귀방정식 클릭하시면

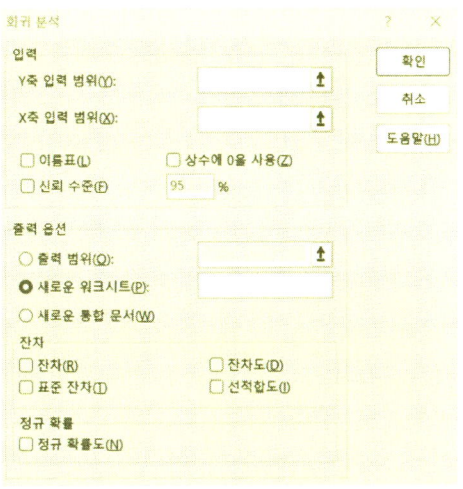

Y축 입력 범위 설명을 다시 드리면 이것은 종속변수입니다. 종속변수는 우리가 알고 싶은 결괏값이므로 그 결괏값에 해당되는 것이 원본 데이터에서 '직원 수당 우리 제품 매출'입니다. 이 데이터를 블록을 잡고 X축 입력 범위 설명을 드리면, 이건 독립변수입니다. 즉 우리가 종속변수를 얻기 위해 넣어야 할 데이터들입니다. 고객사 매출부터 서비스4까지가 전부 독립변수입니다. 하지만 서비스4는 뭐다? '다중공선성' 때문에 제외

하고 모델을 돌리는 겁니다. 그래서 출력범위 설정하시고, 이때 필요한 것은 '잔차' 꼭 활성화시키고 '확인'을 클릭하면 아래처럼 나옵니다.

요약 출력								
회귀분석 통계량								
다중 상관계수	0.987136							
결정계수	0.974438							
조정된 결정계수	0.962409							
표준 오차	0.35624							
관측수	26							
분산 분석								
	자유도	제곱합	제곱 평균	F 비	유의한 F			
회귀	8	82.24201	10.280251	81.00604	5.2E-12			
잔차	17	2.157423	0.1269072					
계	25	84.39943						
	계수	표준 오차	t 통계량	P-값	하위 95%	상위 95%	하위 95.0%	상위 95.0%
Y 절편	2.764979	0.217198	12.730248	4.05E-10	2.306732	3.223225	2.306732	3.223225
우리제품 매출	0.013592	0.000993	13.692421	1.3E-10	0.011497	0.015686	0.011497	0.015686
고객사 매출	5.21E-05	2.28E-05	2.2782738	0.035909	3.85E-06	0.0001	3.85E-06	0.0001
직원수	-0.04137	0.00478	-8.6553521	1.23E-07	-0.05145	-0.03129	-0.05145	-0.03129
업력	-0.00388	0.020793	-0.1866132	0.854173	-0.04775	0.03999	-0.04775	0.03999
제조	0.051795	0.283691	0.182579	0.85729	-0.54674	0.650331	-0.54674	0.650331
서비스1	-0.02553	0.242071	-0.1054627	0.917243	-0.53626	0.485196	-0.53626	0.485196
서비스2	-0.3375	0.232568	-1.4486938	0.165618	-0.82902	0.15402	-0.82902	0.15402
서비스3	-0.3767	0.236058	-1.5957839	0.128958	-0.87474	0.121341	-0.87474	0.121341

잔차 출력			
관측수	건수당,우리	잔차	
1	2.843515	0.656485	0.5343606
2	2.417358	-0.41736	
3	1.629997	-0.04428	
4	2.918792	0.081208	
5	0.54844	-0.36382	
6	1.774002	0.225998	
7	2.179775	0.100225	
8	7.660099	0.006568	
9	8.06131	-0.06131	
10	4.842692	0.357308	
11	3.13974	-0.13974	
12	3.661092	-0.08966	
13	2.365057	-0.1222	
14	-0.04576	0.434645	
15	2.170336	0.119664	
16	5.733326	-0.04583	
17	2.272896	-0.2729	
18	2.576041	-0.32604	
19	2.769134	-0.26913	
20	2.634389	-0.28439	
21	2.027711	0.229432	
22	2.337206	-0.33721	

요약 출력과 잔차가 출력되었는데 이것 또한 생성형을 시켜서 해석하기 전에 먼저 제대로 보는 방법 말씀드립니다.

결정계수 또는 조정된 결정계수가 0.9 이상으로 매우 높은 설명력을 보여 줍니다. 즉 90% 이상 수준으로 설명 가능하다는 이야기입니다. 그러니 신뢰할 수 있습니다.

분산분석에서 '유의한 F' 값이 '5.2E-12'인데 이건 숫자가 너무 길어서 줄어든 것이고 매우 높은 수준에서 분산분석에 대해 설명해 주므로 의미가 있다고 판단합니다.

본 챕터에서 '분산분석'에 대해서 앞서서 간단하게 다루고 다시 등장을 했는데, 분산분석은 데이터 집단 간 변동을 비교 분석하는 것입니다. 분산분석은 집단 간 평균의 차이가 있는지 없는지 확인하는 것입니다. 그래서 집단 간 평균의 차이가 없다면 그것은 같은 것이고(네이버 광고, 인스타 광고) 집단 간 차이가 있다면 이것은 다른 것입니다. 그렇다면 분산분석을 이야기하면서 바로 예시를 든 '네이버 광고, 인스타 광고' 예시에서 분산분석이 아닌 상관분석을 하고 그다음 T검정을 돌렸습니다. 하지만 이번에는 상관이 아닌 분산이라고 했습니다. 즉 평균의 차이를 보는 것은 같은데, 상관 2개의 비교를 중심으로 선형관계에서의 변수가 어찌 변하는지를 보는 것이고 분산분석은 세 개 이상의 그룹 간 평균 차이가 있는지 보는 것이고 각 집단 간 영향력 정도를 보는 것입니다. 새로운 용어가 나와서 잠깐 어려워졌는데, 여하튼 분석 결과 각 변수 간 서로 다른 것이라고 확인을 했습니다. 다시 본론으로 들어가서 글을 이어 가겠습니다.

회귀방정식을 구하기 위한 값들을 보면, P값에서 못생긴 애들이 나옵니다.

업력부터 서비스3까지는 못생긴 애들입니다. 이놈들은 P값이 0.05보다 큽니다. 즉 사용하지 못하는 인자들입니다. 그래서 실제로 사용 가능 인자들은 '우리 제품 매출, 고객사 매출, 직원 수' 이렇게 3가지입니다. 업력부터 서비스까지는 사용하기 부적합한 데이터들입니다. 하지만 우리가 이런 것을 다 이해할 필요 없이 생성형에 물어보면 됩니다.

요약 출력을 그대로 드래그를 해서 생성형에 붙여넣기를 하고 다음과 같이 지시합니다.

Input

결과에 대해서 해석해 주고, 사용 가능한지에 대해서도 설명해 줘.
사용 가능하다면 다중회귀식을 만들어 줘.

Output

제공된 회귀분석 결과에 대한 해석과 사용 가능성에 대해 설명드리겠습니다:

1. 모델 적합도:
   - 다중 상관계수(0.987)와 결정계수(0.974)가 매우 높아 모델의 설명력이 우수합니다.
   - 조정된 결정계수(0.904)도 높아 독립변수 수를 고려해도 모델 설명력이 좋습니다.
   - F 통계량(81.00)과 유의확률(5.2e-12)을 보면 모델이 통계적으로 매우 유의합니다.

2. 개별 변수의 유의성:
   - X1, X2, X3는 P값이 0.05 미만으로 통계적으로 유의합니다.
   - 나머지 변수들(X4-X9)은 P값이 0.05보다 커서 통계적으로 유의하지 않습니다.

생략

출처: '라온' service base by AI:DRIVE with HBC data 27w, 202412turn

제가 앞서서 설명드렸던 것보다 생성형이 더 수준 높게 나왔습니다.

이제 잔차에 대해서 이야기해 보겠습니다. 잔차를 이용하는 이유는 좀 더 정확한 방정식을 구하기 위함입니다. 이제 잔차를 스윽 드래그해서 생성형에 붙여넣기 하세요.

Input

다음은 위에 도출한 회귀식에 대한 잔차 데이터야.
이때 '0.534606'은 표준오차에 1.5를 곱한 것으로 이것을 넘어서면 극단치 취급을 할 거야. 분석해 줘.

Output

1. 표준오차에 1.5를 곱한 값인 0.534606은 극단치를 판단하는 기준이 됩니다. 이 값을 넘어서는 잔차는 극단치로 간주됩니다.

> 2. 데이터를 살펴보면 다음과 같은 극단치들이 있습니다:
> - 관측 수 1: 잔차 0.656485116 > 0.534606
> - 관측 수 25: 잔차 0.610766977 > 0.534606
>
> 생략

출처: '라온' service base by AI:DRIVE with HBC data 27w, 2024 1turn

여기서 극단치 처리는 매우 작은 수와 매우 큰 수여서 그냥 제가 이해가 빠르게 극단치라고 말씀드렸습니다만, 구체적으로는 '아웃라이어'라고 하고 아웃라이어는 보통 표준오차의 1.5배에서 2배를 합니다. 이때 절댓값으로 합니다. 극단치는 말 그대로 극단치인데 이 극단치가 가끔 아웃라이어가 아닐 수도 있습니다. 그리고 또 아웃라이어는 통계적으로 규명하기 어려운 데이터를 아웃라이어라 합니다. 그래서 극단치와 아웃라이어는 비슷한 개념이지만 다른 개념입니다.

그러면 여기까지 생성형을 시켜서 분석을 했으면 이제 어떻게 할까요? 먼저 회귀방정식에서 못 써먹는 못생긴 애들을 제거해야겠죠? 그래야 설명력이 올라가고 좀 더 정확한 방정식이 나오지 않을까요? 그리고 실제 데이터에서 관측 수 1과 관측 수 25는 극단치이므로 이놈들을 제거해야 합니다. 그러면 더욱 정확한 결과가 나올 것입니다. 이러한 작업은 엑셀에서 직접 하셔야 합니다. 엑셀에서 직접 제거하시고 다시 회귀식을 돌리시면 마무리가 되겠습니다. 그렇게 데이터를 다시 처리하고 나온 최종 회귀식은 다음과 같습니다.

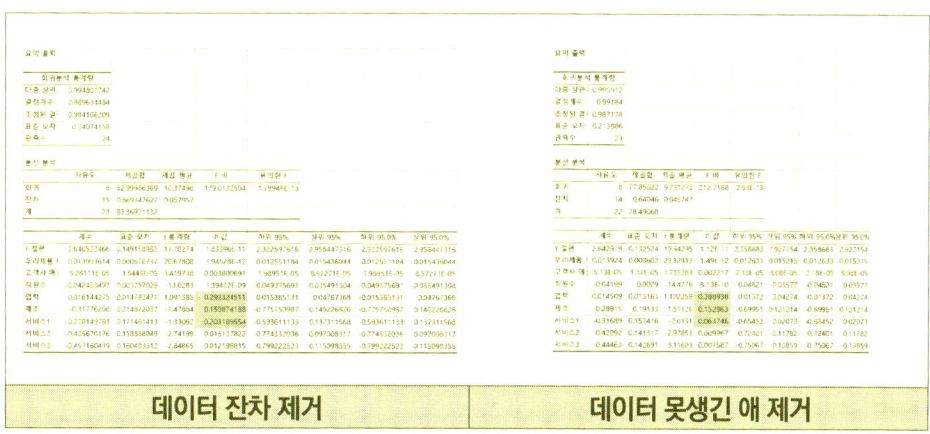

〈책에서는 텍스트가 작아서 안 보일 수 있습니다.
첨부 예시 파일 참조 부탁드립니다.〉

사실 잔차를 제거하나 안 하나 크게 변함이 없습니다.

잔차 제거를 진행하였고 이제 최종 필요 없는 변수인 업력, 제조, 서비스1, 2, 3, 4 모두 제거하고 다중회귀를 다시 돌리겠습니다. 그리고 그 결과는 다음과 같습니다.

요약 출력								
회귀분석 통계량								
다중 상관계수	0.992274							
결정계수	0.984608							
조정된 결정계수	0.982178							
표준 오차	0.25216							
관측수	23							
분산 분석								
	자유도	제곱합	제곱 평균	F 비	유의한 F			
회귀	3	77.28257	25.76086	405.141	2.16E-17			
잔차	19	1.208113	0.063585					
계	22	78.49068						
	계수	표준 오차	t 통계량	P-값	하위 95%	상위 95%	하위 95.0%	상위 95.0%
Y 절편	2.422044	0.10623	22.80006	2.91E-15	2.199703	2.644385	2.199703	2.644385
우리제품	0.013294	0.000652	20.39791	2.23E-14	0.01193	0.014658	0.01193	0.014658

이제 방정식을 구해야 합니다. 역시 생성형을 활용할 예정입니다.

엑셀 파일에서 나온 요약 출력을 전부 드래그해서 생성형에 붙여넣기 하고 다음 작업을 수행합니다.

Input

요약 출력

회귀분석 통계량

다중 상관계수 0.994803

결정계수 0.989634

중략

해석해 줘. 그리고 회귀방정식 도출해 줘.

Output

이 회귀분석 결과를 다음과 같이 해석할 수 있습니다:

> 1. 모델 적합도:
>   - 다중 상관계수(R)는 0.992로 매우 높습니다. 이는 독립변수들이 종속변수를 잘 설명하고 있음을 의미합니다.
>   - 결정계수(R^2)는 0.985로, 독립변수들이 종속변수 변동의 98.5%를 설명한다는 뜻입니다.
>   - 조정된 R^2는 0.982로 여전히 높습니다.
>
> 중략
>
> 5. 회귀방정식:
> Y = 2.422 + 0.013*(우리 제품 매출) + 0.000059*(고객사 매출) − 0.040*(직원 수)
>
> 이 모델은 전반적으로 매우 적합하며, 모든 독립변수가 종속변수에 유의한 영향을 미치는 것으로 나타났습니다.

출처: '라온' service base by AI:DRIVE with HBC data 27w, 2024 1turn

Y = 2.422 + 0.013*(우리 제품 매출) + 0.000059*(고객사 매출) − 0.040*(직원 수)

인사이트 있는 요약 출력 해석

위 예시는 제가 책을 작성하기 위해서 만들어 둔 가상의 예시입니다.

그래서 사실 데이터가 완전 순수하게 사용 가능한 예시인가? 하는 질문에서는 다소 자유롭지 못합니다. 왜냐하면 제가 콘텐츠 제작을 위해 가공한 데이터이기 때문입니다. 하지만, 최대한 실제 데이터에 가깝게 만들었습니다. 이런 것을 기준으로 인사이트 있게 해석을 추가해서 말씀드리면, 우리는 지금 회귀방정식을 도출하고 그 이후 잔차를 확인하면서 제 주장에 따른 극단치 원래는 아웃라이어를 제거해서 좀 더 설명력이 높은 방정식을 구했습니다. 하지만, 수정 전후 주정된 결정계수를 비교 하면 결정계수가 0.96241, 0.989634, 0.982178입니다.

이 정도 설명력 차이면 굳이 아웃라이어 제거가 필요 없습니다.

앞서서 다른 챕터에서도 말씀드렸듯이 설명력이 0.4 이상이면 사회과학 분야에서는 수용합니다. 하지만 이건 0.9 이상입니다. 심지어 더미변수가 5개나 되는데도 말이죠. 매우 높은 설명력을 보여 주는 것은 사실 이런 잔차 처리가 필요 없습니다. 하지만 가장 정확한 방법은 앞서서 말씀드렸던 것처럼 각 모델별 잔차 처리 그러니까 MAE를 보고 가장 최적화 모델을 선택하시는 것입니다.

여기에 한 가지 더 말씀드리면, 이런 다중회귀방정식으로 통해서 X1~X9까지의 P값들을 확인하니 사실 불필요한 값들이 많이 존재합니다. 이번 예시에서도 무려 5개나 존재합니다. 이 자료들을 제거하시고 사용하는 것이 당연하니, 업종에 따라 적합하게 처리하셔서 사용하시는 것에는 크게 문제없는 도구입니다.

방정식 응용 방법

그럼 이렇게 나온 방정식을 사용하는 방법을 보겠습니다.

우리가 A라는 고객사 확장을 위해 마케팅 전략을 짜면서 기대할 수 있는 매출액은 잔차 출력값을 봤을 때 215만 원입니다. 이때 이 기업에 우리가 프로모션을 제공할 때 그 프로모션에 대한 전체 비용이 얼마가 적당할까요? 매출액이 300만 원도 안 나오는데 굳이 프로모션 비용을 300만 원을 사용해서 215만 원의 매출을 달성해야 할까요? 전혀 그렇지 않습니다. 굳이 프로모션을 하지 않아도 되며 프로모션을 진행한다고 하여도 저의 개인적인 기준에 따라 매출액의 10%를 넘기고 싶지 않습니다. 그래서 저는 20만 원 수준만 집행을 할 것입니다. 20만 원은 매우 미미한 비용입니다. 즉 20만 원은 안 하니만 못 한 것이라 판단해서 아예 프로모션을 하지 않을 것입니다. 저라면 말이죠.

반면 I기업의 경우 예상 매출액은 780만 원입니다. 역시 위와 같은 조건으로 10%의 프로모션 비용을 집행한다면 80만 원이 됩니다. 반면 저는 이것을 할 것입니다. 그 이유는 해당 기업에서는 충분히 매출 성장이 가능하다 판단해서(기업 자체가 큼) 작은 회사의 10%는 안 하지만 큰 회사의 10%는 하려고 합니다.

즉 예상 매출액을 보면서 해당 기업의 잠재적인 매출액을 추정 가능하고 그 잠재적 매출액을 우리의 영업매출 목표 KPI로 산정을 해도 됩니다. 아니, 매우 바람직한 활동입니다.

다른 예시로 신규 고객사 영업을 할 때를 보겠습니다. 우리가 예상되는 매출액을 달성하기 위해서는 필요한 데이터는 '우리 제품에 대한 매출액, 고객사 매출, 직원 수, 업력, 업종' 이렇게 필요합니다. 이때 신규 기업이니 우리 제품에 대한 매출액은 자료가 없습니다. 그래서 해당 업종의 평균값 또는 전체 평균을 적용할 것이고(134만 원) 다른 데이터들은 고객사 매출액은 7,500만 원이라고 가정하겠습니다. 직원 수는 40명이고 업력은 5년 그리고 제조업 평균 3입니다.

도출한 방정식은 아래와 같습니다.

Y = 2.422 + 0.013*(우리 제품 매출) + 0.000059*(고객사 매출) - 0.040*(직원 수)

데이터를 넣은 후 방정식은 아래와 같습니다.

Y = 2.422 + 0.013*134+0.000059*7500-0.040*40
Y = 3.0065백만 원 즉 약 300만 원입니다.

이렇게 전략을 짜고 시작하는 것이 제대로 된 마케팅 기획입니다. 인사이트 있게, 똑똑하게, 정말 일잘러 말입니다.

한 발자국 더

위 자료를 가지고 상관성에 대해서 이야기해 보겠습니다.
앞서서 자료를 분석하면서 X4~X9는 못생긴 애들로 사용하지 않는다고 말씀드렸습니다.
이것은 더미변수이므로 더미변수가 보여 주는 전형적인 형태입니다. 그러니 방정식에 이것을 넣고 사용하는 것이 바람직합니다. 하지만 다른 데이터들을 보겠습니다.

위에 예시는 고객사의 직원 수와 우리 제품 매출이 선형관계에 있습니다. 그러니까 직원 수가 1인당 발생 가능한 매출은 정해져 있는 것입니다. 하지만 만약에 비선형관계라면 어떡해야 할까요? 예를 들어서 판매 숫자에 영향을 주는 것이 가격이 중요하게 영향을 주지만, 홍보 비용도 영향을 줍니다. 이건 너무 상식입니다. 하지만 이때 가격이 증가하다 임계점을 넘어서는 수준으로 증가되면, 갑자기 수요가 줄어드는 경우는 어떨까요? 앞서서 다루었던 비선형관계가 나옵니다. J 커브 형태가 되니 말이죠. 하나 더 고민해 보겠습니다. 너무 상식인데 광고를 많이 하면 당연히 판매가 촉진됩니다. 하지만 경험이 있으시듯 가격에 민감한 제품이라면 소비자 수용 가격의 임계치를 넘어서면 아무리 광고를 해도 판매가 되지 않습니다. 즉 가격과 광고 비용 사이에 서로 간섭하는 현상이 있는 것이죠, 이런 것을 통계적으로는 '상호작용'이라고 합니다. 갑자기 통계용어로 조금 어려워졌지만 우리는 이런 관계가 정의 관계이든 음의 관계이든 잘 모르지만 일단 느낌적인 느낌으로 관계가 있을 것입니다.

다만 우리는, 이게 정확하게 무엇이라 정의를 못 하는 거지 우리는 항상 이런 갈등에 있고, 갈등을 애써 외면하면서 결론을 만들어야 합니다. 이러한 경우는 우리가 실제 제품이나 서비스를 판매하면서 경험하게 되는 것인데요, 이걸 지금 극복하겠습니다. 이제 느낌적인 느낌 또는 감 뭐 이런 걸로 판단하지 않습니다. 다음 사례를 보겠습니다. 새로운 예시입니다.

		매출액	판매숫자	판매가격	광고비용
4	가격변동과 프로모션 활동과의 상관성에 대한 다중회귀				
8	1	440,000	1100	400	3
9	2	675,000	1500	450	4
10	3	966,000	2100	460	5
11	4	1,034,000	2200	470	5
12	5	1,075,000	2500	430	5
13	6	504,000	1200	420	3
14	7	400,000	1000	400	2
15	8	576,000	1200	480	2

상호작용이 적용되는 다중회귀에서의 전략 도출 방법

매출액은 숫자*가격입니다.
데이터를 보시면, 이 데이터들이 먼저, 선형관계인지 비선형관계인지를 파악해야 합니다.

　근데 앞선 예시에서는 선형관계이고 딱히 파악을 하지 않았지만, 우리는 항상 선형관계인지 비선형관계인지부터 파악을 해야 합니다. 보통 마케팅에서는 대부분 비선형관계의 데이터가 나옵니다.

　선형관계인지 비선형관계인지 확인하는 방법은 간단합니다. 먼저, 선형인지 비선형인지를 파악하는 이유는 선형방정식과 비선형방정식이 달라서 그렇습니다. 생긴 게 다르니 다른 방법을 적용해야 하는 게 맞습니다. 그럼 생긴 것을 어떻게 확인하느냐 하면 두 가지로 귀결이 되는데 하나는 시각화해서 자료를 보는 방법이 있고 다른 하나는 제곱항을 이용해서 확인하는 방법이 있습니다.

　시각화를 하는 방법이 제곱항을 하는 방법보다 더 복잡합니다. 하지만 하나하나 하면 됩니다. 시각화를 위해서는 데이터를 블록 잡고 → 차트 → 산점도(분산형) 차트를 하면 됩니다. 그리고 X값, Y값을 설정하고 난 이후 1차로 차트를 확인합니다. 다음으로 그래프를 클릭하고 추세선을 추가하면 그 추세를 보고 결정하면 됩니다.
　이때 먼저 볼 것은 판매 숫자와 판매 가격 간의 선형관계를 파악하고 두 번째로 판매 숫자와 광고와의 관계를 파악합니다. 그럼 시각화를 하자마자 바로 누구는 선형관계 누구는 비선형관계를 보입니다. 책에서는 안 그랬지만, 직접 데이터 블록 잡고 그림 그리시면, 매우 복합한 그림이 나옵니다. 그리고 그 그림을 잘 처리해야 이쁘게 형상 확인이 가능합니다. 자세한 방법은 역시 생성형을 참조하시는 게 좋습니다. 그래프를 보시고 난 다음 선형과 비선형을 확인하셨을 것입니다. 그래서 각각 다른 회귀식을 적용해야 합니다. 그리고 난 다음 가격과 광고 간에 상호작용을 확인해야 합니다. 블라블라블라~ 너무 복잡하고 어렵습니다.

　차트를 통해서 확인하는 방법은 다른 장에서 매우 자세하게 이야기를 하였으니 많이 생략을 하고, 이제 쉽고, 편하고, 정확하고, 한 번에 다 가능한 거듭제곱을 이용하는 게 더 좋습니다.

　다시 문제로 들어가서, 우리는 선형인지 비선형인지를 확인하고 그리고 상호작용을 동시에 확인하면서 이것을 포함하는 다중회귀분석을 해야 합니다.

선형 비선형관계를 거듭제곱으로 한다고 말씀드렸습니다. 이유는 각 데이터를 증폭하면 음수도 양수로 되고 데이터가 커지기 때문에 좀 더 구체적으로 관계를 파악하기 편하기에 이렇게 거듭제곱을 합니다. 두 번째로 상호작용을 확인해야 하는데 가격과 광고 비용 간 상호작용이 나오는지 안 나오는지 알아야 합니다. 이 두 개를 곱하면, 이게 양으로 증가를 하는지 음으로 증가를 하는지가 나오게 되고 동시에 증가 또는 감소되는 추세를 보면 이게 선형인지 비선형인지도 동시에 파악이 됩니다. 상호작용이 항상 음수 또는 항상 양수로 되지는 않습니다. 하지만 이런 값을 확인하기 위해서 곱해서 해석을 하면 매우 정교하게 확인 가능합니다. 그래서 상호작용을 확인하기 위해서는 이렇게 값을 곱해줍니다. 또는 상호작용 분석을 하면 각 칼럼 간 구체적인 상호작용 정도 파악이 되는데, 이러한 상호작용 분석은 다루지 않고 이 챕터에서는 상호작용이 있다 없다를 파악하고 이를 활용하는 방법을 말씀드리는 것입니다.

	매출액	판매숫자	판매가격	광고비용	가격*광고	가격제곱	광고제곱
1	440,000	1100	400	3	1200	160000	9
2	675,000	1500	450	4	1800	202500	16
3	966,000	2100	460	5	2300	211600	25
4	1,034,000	2200	470	5	2350	220900	25
5	1,075,000	2500	430	5	2150	184900	25
6	504,000	1200	420	3	1260	176400	9
7	400,000	1000	400	2	800	160000	4
8	576,000	1200	480	2	960	230400	4
9	882,000	1800	490	5	2450	240100	25
10	572,000	1100	520	5	2600	270400	25

광고 비용 칼럼 옆에 3개의 칼럼이 추가되었습니다. 이후 작업은 회귀식을 돌리는 것인데 데이터 분석-회귀분석을 실행해 주시고, Y항 칼럼은 판매 숫자, 독립변수는 '판매가격'부터 '광고제곱'까지 설정하기고 실행. 그럼 결과는 아래처럼 나옵니다.

요약 출력

회귀분석 통계량

다중 상관계수	0.959777
결정계수	0.921172
조정된 결정계수	0.900427
표준 오차	219.1834
관측수	25

분산 분석

	자유도	제곱합	제곱 평균	F 비	유의한 F
회귀	5	10666614	2133323	44.40596	7.82E-10
잔차	19	912785.9	48041.36		
계	24	11579400			

	계수	표준 오차	t 통계량	P-값	하위 95%	상위 95%	하위 95.0%	상위 95.0%
Y 절편	4364.201	1528.123	2.855922	0.01011	1165.802	7562.6	1165.802	7562.6
가격	-12.1213	4.613472	-2.62738	0.016586	-21.7775	-2.46524	-21.7775	-2.46524
광고	156.5693	517.6138	0.302483	0.765571	-926.809	1239.947	-926.809	1239.947
가격*광고	-2.42099	0.656778	-3.68616	0.001568	-3.79564	-1.04634	-3.79564	-1.04634
가격제곱	0.015313	0.005241	2.92156	0.008754	0.004343	0.026284	0.004343	0.026284
광고제곱	192.8044	57.04318	3.379973	0.003144	73.41164	312.1971	73.41164	312.1971

이제 생성형 시켜서 해석하면 됩니다. 하지만 생성형 시키지 전에 먼저 말씀드리면 결정계수가 0.9 이상으로 설명력이 매우 높고 분산분석의 유의한 F값이 매우 낮아서 회귀식을 지지하고 이제 회귀방정식을 그대로 적용하면 됩니다. 이때 각 독립변수의 P값들을 확인하면서 광고는 0.76으로 0.05보다 높아서 사용하지 못합니다. 즉 광고 비용의 집행 단독으로는 판매 숫자에 영향을 주지 않습니다. 반면 상호작용이 있는 가격*광고의 P값은 0.001568로 영향을 줍니다. 그리고 가격제곱의 P값은 0.008, 광고제곱의 P값은 0.003으로 0.05보다 낮으므로 선형이 아닌 비선형관계입니다. 그리고 우리는 회귀방정식도 구해야 하니, 이것을 그대로 생성형에 물어보겠습니다. 먼저 요약 출력 값을 복사하신 이후 생성형에 붙여넣기 하세요.

Input

요약 출력

회귀분석 통계량

중략

위 요약 출력은 각 칼럼에 대한 상호작용과 선형 비선형관계를 확인하기 위해 다중회귀방정식을 돌린 결과야. 각 칼럼에 대한 해석을 해 주고 회귀방정식 도출해 줘.

Output

이 다중회귀분석 결과에 대한 해석은 다음과 같습니다:

1. 모델 적합도:
    - 다중 상관계수는 0.96으로 매우 높습니다. 이는 독립변수들이 종속변수를 잘 설명하고 있음을 나타냅니다.
    - 결정계수(R^2)는 0.92로, 독립변수들이 종속변수 변동의 92%를 설명한다는 의미입니다.
    - 조정된 R^2는 0.90으로 여전히 높습니다.

2. 전체 모델의 유의성:
    - F 통계량의 p-값(유의한 F)이 7.82e-10으로 매우 작습니다. 이는 모델이 통계적으로 매우 유의함을 나타냅니다.

생략

출처: '라온' service base by AI:DRIVE with HBC data 27w, 2024 1turn

    생성형 인공지능이 계산을 시키면 수시로 거짓말을 하는데, 이렇게 해석을 시키면 너무 잘합니다. 사용 방법, 응용 방법은 앞서 한 것과 같이 도출된 다중 회귀식을 사용해서 예측하면 됩니다. 목적하는 것은 판매 숫자이니 판매 가격과 광고 비용만 넣으면 나머지는 자연스럽게 계산되는 것이라 이용하기 쉽습니다. 다만, 이렇게 선형비선형 파악을 위한 작업과 상호작용을 파악하기 위한 작업을 한 후 이용되는 모델이라 다소 복잡해 보이는 것이 단점이라 할 수 있습니다. 하지만, 복잡해도 결과만 잘 나온다면 좋습니다.

위 생성형 결과는 제가 설명드린 것보다 더 훌륭하게 설명을 해 줬고, 이를 통해서 제가 '콘텐츠를 잘 만들었구나' 하는 생각도 동시에 들고 있습니다.

어렵나요? 아니죠, 쉽습니다. 이제 광고 비용 얼마를 쓰고 판매 가격 얼마를 하면 몇 개가 팔리는지 그것도 높은 정확도를 보장하면서 우리는 결과를 도출할 수 있습니다.

자기상관

자기상관이란 앞서 확인을 했던 상관관계에서 자기가 자기를 상관하는 것입니다. 오잉? 하실 것인데 쉽게 설명드리겠습니다. 자기상관은 시계열 데이터 즉 시간의 흐름에 따라 변하는 데이터에서 쉽게 나타는 현상인데, 이러한 시간의 흐름의 각 데이터 간 서로서로 간섭을 하는 것입니다. 이런 것을 자기상관이라고 합니다. 자기상관이 있으면 도출된 함수식(회귀방정식)이 아무리 설명력이 높다고 하여도 해당 방정식을 사용하지 못합니다. 왜냐하면 자기들끼리 서로서로 영향을 주니 그걸 사용하면 안 되고 그런 자기상관을 제거하고 사용해야 하는 것입니다. 구체적으로 회귀방정식을 통해서 나온 방정식을 실제값하고의 차이를 분석하는 '잔차' 기억나시나요? 우리가 회귀방정식을 구할 때 간단하게 클릭 한 번으로 구하는 그 잔차 말입니다. 이 잔차를 가지고 잔차의 분포도를 보면 바로 자기상관이 있는지 없는지 확인 가능합니다.

다음 예시 보겠습니다. 다음 데이터는 앞서서 분석한 데이터와 새로이 만든 데이터의 산점도 표입니다. 그리고 자기상관을 확인하기 위해 제가 자기상관이 높게 나오도록 데이터를 조정한 것입니다.

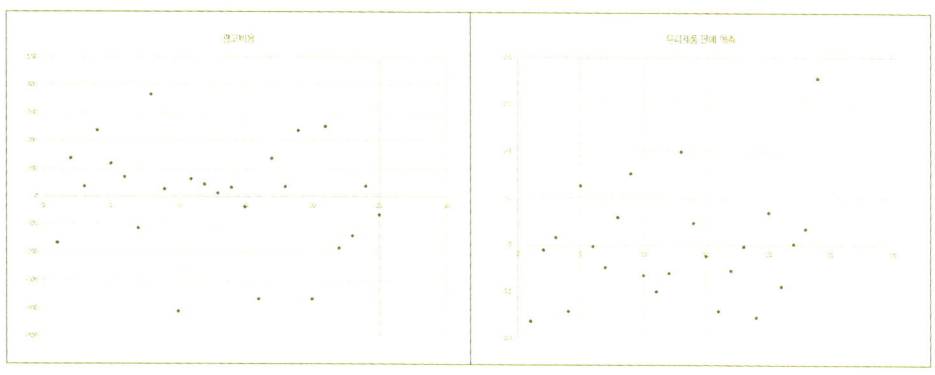

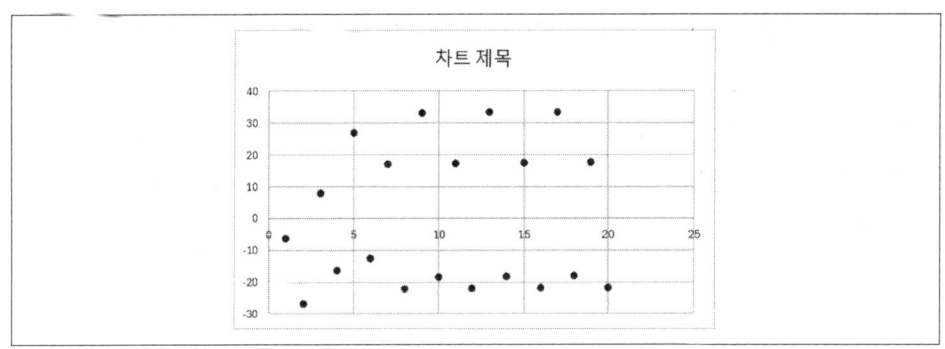

먼저, 분산형 차트를 보고 이게 자기상관이 있는지 없는지 확인하기 위해서는 차트를 그대로 복사해서 생성형에 붙여넣고 자기상관이 있는지 없는지 물어보면 됩니다.

이것은 매우 간단한 것이므로 생성형 예시를 생략하겠습니다. 굳이 생성형을 사용하지 않아도 됩니다. 그리고 가끔 생성형이 거짓말을 하니 그냥 눈으로 하겠습니다.

'광고 비용' 차트를 보면, 규칙성이 보이시나요? 저는 안 보입니다. '우리 제품 판매 예측' 차트를 봐도 역시 규칙성이 안 보입니다. 하지만 아래 예시를 보면 한번 내려가면 다음에 내려가고 한번 올라가면 다음에 올라가는 규칙성이 있습니다. 즉 앞선 데이터가 뒤에 데이터에 영향을 주는 패턴이 있습니다. 이러한 패턴이 자기상관입니다. 자기상관은 주로 시계열 데이터에서 자주 나온다고 말씀드렸습니다. 즉 이동평균법에서 자주 보이는 현상입니다. 하지만 회귀분석에도 자주 나오는 것이 자기상관입니다. 위 차트의 데이터를 보겠습니다.

관측수	판매숫자	광고비용	영업사원 능력	영업직원 숫자
1	100	50	5	10
2	80	55	6	12
3	120	53	5	11
4	90	58	7	13
5	140	60	6	14
6	110	65	7	15
7	160	63	5	13
8	130	68	6	14
9	180	70	7	15

생략

데이터를 보니 패턴이 보이시나요? 관측 수의 흐름 즉 시계열의 흐름에 따라 판매 숫자가 오르락내리락하는 게 반복되는 규칙성이 보입니다.

이제 이 상관을 줄이는 방법을 알아보겠습니다.

먼저, 판매 숫자를 종속변수로(우리가 알고 싶은 것) 독립변수를 '광고 비용+영업 직원 능력+영업 직원 수'를 잡아서 회귀식을 돌립니다. 그럼 결과는 아래와 같습니다.

요약 출력					
회귀분석 통계량					
다중 상관계수	0.92872835				
결정계수	0.86253634				
조정된 결정계수	0.83676191				
표준 오차	24.2584692				
관측수	20				

분산 분석					
	자유도	제곱합	제곱 평균	F 비	유의한 F
회귀	3	59079.43	19693.1423	33.4648	3.99E-07
잔차	16	9415.573	588.473327		
계	19	68495			

	계수	표준 오차	t 통계량	P-값	하위 95%	상위 95%	하위 95.0%	상위 95.0%
Y 절편	-17.3659805	50.08295	-0.3467444	0.733302	-123.537	88.80512	-123.537	88.80512
X 1	4.8796298	1.227223	3.97615427	0.001085	2.278032	7.481227	2.278032	7.481227
X 2	-6.10805438	10.58742	-0.5769161	0.572025	-28.5524	16.33628	-28.5524	16.33628
X 3	-8.97168035	9.309412	-0.9637215	0.349526	-28.7068	10.76339	-28.7068	10.76339

이제 도출된 회귀식을 가지고 실제값과 비교해서 해석하는 잔차를 알아보면

잔차 출력		
관측수	Y 예측치	잔차
1	106.358434	-6.35843
2	106.705168	-26.7052
3	112.025643	7.974357
4	106.264323	-16.2643
5	113.159956	26.84004
6	122.478371	-12.4784
7	142.87858	17.12142
8	152.196995	-22.197
9	146.87652	33.12348
10	168.411043	-18.411

여기까지는 자동으로 만들어 줍니다. 이제 실제 자기상관이 있는지 없는지 알아야 합니다. 그러므로 이번 잔차와 직전 잔차 간의 상관분석을 해서 0.4 이상이면 상관이 있다고 판단하겠습니다. 상관분석을 돌리기 앞서 직전 잔차를 추가하겠습니다.

관측수	Y 예측치	잔차	
1	106.358434	-6.35843	직전잔차
2	106.705168	-26.7052	-6.3584341
3	112.025643	7.974357	-26.705168
4	106.264323	-16.2643	7.97435684
5	113.159956	26.84004	-16.264323
6	122.478371	-12.4784	26.8400437
7	142.87858	17.12142	-12.478371
8	152.196995	-22.197	17.1214195
9	146.87652	33.12348	-22.196995
10	168.411043	-18.411	33.1234804

직전 잔차는 바로 직전의 잔차입니다. 자기가 자기랑 상관이 있는지 봐야 하니까 현재의 나와 과거의 나를 비교하는 것입니다. 이렇게 나온 데이터를 이제 상관계수를 만들어 보는데 이때 데이터 분석을 이용해도 되지만 간단하게 함수식으로 됩니다. K50에 상관계수를 구할 것이고 함수식은 다음과 같습니다.

=CORREL(J30:J48,K30:K48)

-0.8384999

잔차와 직전 잔차 간 상관분석을 한 결과 -0.8이라는 음의 상관을 확인했고 0.8이면 매우 높은 수치입니다. 즉 매우 심각한 자기상관이 있다는 것입니다. 이 회귀식은 자기상관이 매우 높아서 사용하면 안 되는 회귀식입니다. 그럼 각 독립변수 중 누구를 사용하고 누구를 사용하면 안 되는지 알아야 합니다.

각 변수별 회귀식과 잔차 간 자기상관

다음으로 각 변수별 회귀식을 통해(단순회귀) 자기상관이 가장 적은 변수를 확인하겠습니다.

종속변수는 역시 판매 숫자이고 독립변수는 단순회귀 이니 광고 비용, 영업 직원 능력, 영업 직원 수입니다. 그리고 그 결과는 '자기상관결과2'와 같습니다. 자세한 내용은 첨부 파일을 참조 부탁드립니다.

먼저 각 회귀식별 P값이 0.05 미만으로 다 사용 가능합니다. 하지만 잔차와 직전 잔차를 이용해서 상관을 돌리면 다음과 같습니다.

항목	판매 숫자-광고	판매 숫자-직원 능력	판매 숫자-직원 수
잔차-직전 잔차상관	0.92	0.79	0.25

즉 각 변수별 회귀식을 돌린 결과 다 사용 가능하다 판단이 되지만 자기상관을 돌리려니 가능한 것은 '판매 숫자-직원 수'만 사용 가능합니다. 그리고 이 데이터는 다중회귀 그러니까 '광고, 직원 능력, 직원 수' 모두 넣고 돌릴 수 없는 데이터입니다.

반면 이러한 어려움 없이 아리마(AIRMA) 모델을 쓰면 해결 가능합니다. 아리마 모델을 엑셀에서도 돌릴 수는 있습니다. 순서는 ① 차분을 구하고 ② 차분에 대해 자기 회귀를 구하고 ③ 오차항을 가지고 이동평균을 구한 다음 이때 AR값하고 MA값을 적합하게 가정해서 구합니다. 해찾기를 추천드립니다. ④ 새로운 열에 Forecast를 만들고 AR, MA값을 이용해서 계산합니다. ⑤ 다시 오차를 계산하고 ⑥ MA를 업데이트하면 끝입니다.

말도 어렵지만 엑셀에서 직업 아리마 모델 돌리는 건 무지 어렵습니다. 그냥 파이썬으로 아리마 모델 하는 것을 추천합니다. 그리고 아리마 모델 자체가 고급 통계 기법이니 이 책에서는 다루지 않겠습니다.

다중공선성과 제거 그리고 상관분석

다중공선성의 뜻은 데이터의 경향성이 서로 유사하다는 것입니다. 회귀식에서 각 독립변수가 서로 상관관계가 높으면 규칙적으로 변하게 됩니다. 이런 것들은 예측력을 해치는 것이죠.

관측수	판매숫자	광고비용	영업사원 능력	영업직원 숫자	상권점수	고객만족도
1	100	45	2	10	3	2
2	80	40	2	12	1	2
3	120	50	3	11	6	3
4	90	35	2	13	7	2
5	140	60	4	14	2	3
6	110	65	3	15	2	2

위 예시를 보면, 광고를 많이 하면 당연히 많이 팔립니다. 그리고 영업 직원 능력이 높으면 또 많이 팔리겠죠. 그리고 영업 직원 수도 그렇습니다. 여기에 또 상권 점수가 높으면 그럼 또 많이 팔릴 것이고 마지막으로 해당 점포에 고객 만족도가 높으면 당연히 많이 팔릴 것입니다. 이거 하나 마나 한 이야기죠? 하지만 우리는 여기에서 어떤 변수가 가장 중요한지를 알아야 하고 이런 결과를 통해 해당 매장의 판매 숫자를 예측해야만 효과적인 자원 분배를 할 수 있습니다. 즉 마케팅의 기본 개념이 성립되는 것입니다.

근데, 어쩌면 이 중에 어떤 칼럼과 어떤 칼럼은 증가하는 방향성과 줄어드는 방향성이 일치할 것입니다. 즉 각 독립변수별 상관이 높으면 발생하는 것이 다중공선성입니다. 그리고 이러한 상관을 제거하는 방법은 앞서서 연습한 상관있는 변수들을 사용하지 않는 것이 일반적입니다. 하지만 다중공선성을 확인하고 좀 더 정밀한 방법이 다중공선성 제거입니다.

방법은 의뢰로 간단합니다.
상관성 파악 → 독립변수별 회귀식 진행 및 VIF 계산 → 독립변수 우선순위 제거 또는 결합 → 회귀식 다시 진행 → 끝

상관분석을 통한 상관계수로부터 다중공선성 확인하는 방법

독립변수를 잡고 상관분석을 진행합니다. 그럼 결과가 아래와 같이 나옵니다.

	Column 1	Column 2	Column 3	Column 4	Column 5
Column 1	1				
Column 2	0.960726	1			
Column 3	0.813183	0.775975	1		
Column 4	0.096504	0.090534	0.151312	1	
Column 5	0.950895	0.957821	0.710691	0.198661	1

1. 대각선의 값들은 모두 1입니다. 이는 각 변수가 자기 자신과 완벽한 상관관계를 가짐을 의미합니다.
2. Column 1과 Column 2는 0.96의 상관계수를 가집니다. 이는 매우 강한 양의 상관관계를 나타냅니다.
3. Column 1과 Column 5도 0.95의 높은 상관관계를 보입니다.

4. Column 2와 Column 5 역시 0.96으로 매우 강한 상관관계를 가집니다.
5. Column 3은 Column 1, 2, 5와 비교적 강한 상관관계(0.71-0.81)를 보입니다.
6. Column 4는 다른 모든 열들과 매우 약한 상관관계(0.09-0.20)를 보입니다. 이는 Column 4가 다른 변수들과 거의 관련이 없음을 의미합니다.

각 독립변수들이 무지막지하게 상관이 있습니다. 그렇다면 우리는 이런 것을 보고 '아, 다중공선성이 존재하겠구나' 하고 생각해야 합니다.

이제 각 독립변수별 회귀식을 진행한 VIF값을 구하겠습니다.
VIF값은 전체 데이터에서 원래의 종속변수를 제거하고 독립변수 간 다중선형회귀를 보는 것이므로 독립변수 간 다중회귀를 한 후 결정계수를 기준으로 계산합니다.

VIF 식 =VIF(Column 1) = $1 / (1 - R^2)$

VIF 구하는 과정은 엑셀에서 하기에는 양이 많습니다. 보통 엑셀에서는 안 하고 통계 도구를 이용합니다. 저는 판다스를 이용해서 합니다. 하지만 본 책에서는 엑셀로 해야 하니 일이 많아도 엑셀로 하였습니다. 먼저, 각 독립변수별 P값을 확인하겠습니다.

① 전체 다중회귀 결과

	계수	표준 오차	t 통계량	P-값	하위 95%	상위 95%	하위 95.0%	상위 95.0%
Y 절편	35.5665	14.38408	2.472629	0.026848	4.715714	66.4172816	4.71571429	66.4172816
X 1	0.86519	0.262404	3.297174	0.005292	0.30239	1.42798956	0.30239047	1.42798956
X 2	18.21335	4.110982	4.430414	0.00057	9.396173	27.03053	9.396173	27.03053
X 3	-2.72529	1.516474	-1.79712	0.093915	-5.9778	0.52722729	-5.97779851	0.52722729
X 4	2.062352	0.984461	2.094904	0.054848	-0.04911	4.17381153	-0.04910767	4.17381153
X 5	4.155459	4.3376	0.958009	0.354311	-5.14777	13.458685	-5.14776722	13.458685

각 독립변수별 P값 기준으로 제거 대상 우선순위 결정을 위해서 먼저 전체 회귀식을 구합니다. P값을 보니 0.05보다 높아서 의미가 없는 것은 X3, X4, X5입니다. 하지만 X4는 숫자가 정확하게 못 쓴다 하기는 조금 그렇습니다. 하지만 X3, X5 즉 영업 직원 수와 고객 만족도는 크게 적용되지 않습니다.

이제 각 종속변수인 판매 숫자를 제외하고 각 독립변수별 다중회귀를 구합니다.

② 독립변수별 다중회귀 및 VIF값

VIF 계산식=VIF(Column 1) = 1 / (1 - R^2)

통계량	회귀분석 통계량	회귀분석 통계량	회귀분석 통계량	회귀분석 통계량	회귀분석 통계량
	다중 상관계수 0.977315 결정계수 0.955144 조정된 결정계수 0.943183 표준 오차 6.918162 관측수 20	다중 상관계수 0.862967 결정계수 0.744712 조정된 결정계수 0.676635 표준 오차 1.197086 관측수 20	다중 상관계수 0.862967 결정계수 0.744712 조정된 결정계수 0.676635 표준 오차 1.197086 관측수 20	다중 상관계수 0.518909 결정계수 0.269266 조정된 결정계 0.074404 표준 오차 1.844003 관측수 20	다중 상관계수 0.977306 결정계수 0.955127 조정된 결정계수 0.943161 표준 오차 0.418515 관측수 20
VIF 값	22.29	20.10	3.91	1.36	22.28

이제 VIF값을 다 구했으니 VIF값을 기준을 말씀드리면 다음과 같습니다.

- VIF값이 1에 가까우면 다중공선성 없음
- VIF값이 5 이상이면 다중공선성이 존재함
- VIF값이 10 이상이면 다중공선성이 매우 높음

이 기준에 의해 VIF값만 보면 칼럼1, 2, 5는 검토가 필요합니다. 이때 VIF값이 높은 것을 기준으로 독립변수를 하나씩 제거하고 회귀분석을 반복하고 이때 결정계수가 가장 높은 것을 선택하는 것입니다. 그러니까 VIF값이 높으면 제거 대상이지만 무조건 제거는 아니라는 이야기입니다.

구체적으로 VIF값을 구하기 전에 먼저 전체 다중회귀를 한 이유가 각 독립변수별 P값을 알기 위함입니다. VIF 이전에 P값이 높으면 사용할 필요가 없습니다.
즉 칼럼1이 VIF값이 22로 높아 다중공선성이 있지만 P값이 0.0052로 의미 있는 칼럼입니다. 칼럼2는 VIF값이 20으로 높아 다중공선성이 있지만 P값이 0.00057로 의미 있는 칼럼입니다. 칼럼5는 VIF값이 22로 높아 다중공선성이 있고 P값이 0.35로 0.05보다 높으니 이건 제거 대상입니다.

이제 회귀식을 다시 하는데 이때 칼럼1과 칼럼2는 하나씩 제거하면서 설명력이 높은 즉 결정계수가 높은 것을 최종 방정식으로 결정하면 됩니다(또는 PCA를 해도 됩니다).
칼럼 5를 제거하고 회귀식을 다시 돌리면 다음과 같습니다.

결정계수가 제거 안 할 시 0.99 1제거 0.97 2제거 0.96

전부 우수해서 저는 모두 사용하고자 합니다.

진짜 마지막입니다.

혹시 이 데이터들의 분포가 선형인지 비선형인지 확인하셨나요? 확인 안 했습니다. 그래서 선형인지 비선형인지 확인하고 비선형이면 조치를 해야 합니다. 정확하게 선형 비선형관계를 파악하기 위해서는 잔차를 구하고 이를 이용해서 Q-Q플롯을 그려야 하지만 엑셀은 지원하지 않습니다. 그래서 가능한 것은 다른 챕터에서 확인했던 거듭제곱을 구해서 확인하는 방법입니다. 본 챕터에서는 거듭제곱을 구하고 그것을 기준으로 P값을 확인한 다음 P값이 0.005 이상이 있으면 비선형관계라 할 수 있습니다.

	계수	표준 오차	t 통계량	P-값	하위 95%	상위 95%	하위 95.0%	상위 95.0%
Y 절편	38.9293704	13.9109	2.798479	0.013501	9.278984	68.57976	9.278984	68.57976
X 1	1.00625771	0.216597	4.645763	0.000317	0.544592	1.467923	0.544592	1.467923
X 2	20.5543498	3.296823	6.234593	1.6E-05	13.52734	27.58136	13.52734	27.58136
X 3	-3.42724529	1.324062	-2.58843	0.020567	-6.24942	-0.60507	-6.24942	-0.60507
X 4	2.5344202	0.849924	2.981938	0.009309	0.72285	4.34599	0.72285	4.34599

P값을 보면 전부 0.005 미만으로 선형관계임이 확인되어 앞서 도출한 회귀식을 그냥 사용하면 될 것 같습니다.

글을 쓰다 보니 매우 많은 양이 되었습니다. 하지만, 따라 하면 성공합니다.

아래는 참조 영역으로 제가 본문 작성 후 편집하는 과정에서 추가하였습니다.

참조

빅데이터 관점에서는 각 모델 별 이러한 차이는 의미가 매우 강합니다. 설명력 즉 R값이 0.0001 정도 차이도 크게 차이가 납니다. 이유는 간단합니다. 각도기 생각하시면 되는데요, 이 데이터 간 차이를 보려면 얼마나 거리가 있는지 없는지를 보는 것 이해되실 것입니다. 근데 이런 데이터가 너무 많으면 0.001도 차이가 나도 도착 지점에서는 엄청난 거리 차이가 있습니다. 빅데이터는 지금은 의미가 많이 희석되었지만, 처음 빅데이터 개념이 나왔을 때에는 최소 1T급 데이터를 빅데이터라 했습니다. 이런 기준으로 엑셀 데이터를 생각 하면 엑셀 데이터가 1T가 되려면 웬만한 중견기업도 쉽지 않습니다. 그래서 대부분의 기업이 이러한 실무 프로젝트 자체가 빅데이터 개념이 아니므로 대략적인 차이는 그냥 뭉개고 가도 된다는 말씀을 드리기 위한 개념으로 설명드렸습니다.

다운로드 주소

상호작용, 자기상관, 다중회귀, 다중공선성 모두 하나의 주소입니다.
https://blog.naver.com/wang5177/223542080655

따라 하면 성공하는 소비자 가치판단 기준 (컨조인트 분석)

소비자가 물건을 선택하고 판단하는 기준은 무엇일까요? 어렵게 생각하지 않으셔도 됩니다. 글을 읽으시는 선생님의 기준에서 생각해 보십시오. 무엇일까요? 항상 하는 말이지만, 가격이 가장 중요합니다. 그럼 앞서서 배운 것을 기억해서 이때의 가격이 '소비자 수용수준 가격'이라면 어떨까요? 가격의 미미한 차이가 작용할까요? 실제로 1,000원, 2,000원 차이가 클까요? 물론 주로 현명한 소비를 하시는 여성분들이 '나는 차이가 크다'라고 주장하시는데 진짜 그럴까요? 물론 그럴 수도 안 그럴 수도 있죠. 하지만, 가격은 아주 약간 비싸도 디자인이 좋으면 사는 것이고 그리고 해당 브랜드가 선호하는 브랜드면 사는 것입니다. 실제로는 동일 제품이라도 동일한 구매 조건이라도 습관에 따라 작은 금액 차이는 무시되기 마련입니다. 저는 소비자 가치판단 기준에서 '가격'을 뺀 나머지들에 대해서, 지금 그 기준에 대해서 알아보겠습니다. 그리고 이번 챕터는 마케팅에 관한 고급 용어가 남발하니 어디 가서 써먹기 딱 좋은 그런 챕터입니다. 우리 일잘러잖아요.

> 요약 1. 소비자 태도가 구매의사결정에 가장 중요한 요소다.
> 요약 2. 회귀식 진짜 많이 돌려서 나온 결과를 해석해서 새로운 예측을 하는 게 컨조인트 분석이다.
> 요약 3. 앞서 한 상관분석도 돌린다.
> 요약 4. 생각보다 많이 쉽다.

구매의사결정에서의 태도 형성

구매의사결정에 대한 분석을 하기 전에 필수로 필요한 전제 조건이 가격이 수용 가격이야 합니다. 수용 가격이 넘어서면 어떠한 강력한 성능과 브랜드를 통해 가격저항 부분을 극복하려 하여도 결국 소비자는 수용을 하지 않습니다. 예를 들어 부가티 같은 슈퍼

카는 가격이 100억이 넘어갑니다. 그리고 차량으로서의 성능은 세계 일류입니다. 부가티 구입하실 건가요? 부가티는 극단치이니 그래도 들어 본 듯한 차량 벤츠S500 양산형 차량은 어떠세요? 이거 사실 수 있나요? 사실 수 있는 재력이 있으셔도 아마 다른 대안들을 검토하지 않을까요? 반대의 경우 중국차, 중국 전기차 1,500만 원이면 중형 세단 구입 가능합니다. 사실 건가요? 아, 중국은 예외로 하겠습니다.

이러한 가격을 빼고 소비자들이 제품이나 서비스를 선택할 때 가지는 행동을 우리는 '태도'라고 합니다. 이러한 태도에 대해서 예시를 들겠습니다.

40대 중반의 홍승민의 스마트폰 교체 주기는 약 2년입니다. 스마트폰 교체 시점이 돼서 스마트폰을 교체하려고 합니다. 대상으로 되는 제품은 갤럭시 폴더, 갤럭시 플립, 갤럭시, 아이폰 SE, 아이폰, 아이폰 프로가 있습니다. 이때 스마트폰을 선택하는 기준은 크게 스마트폰 운영 체제입니다. IOS인지 안드로이드인지가 중요합니다. 그리고 스마트폰의 액정 사이즈의 크기입니다. 세 번째는 스마트폰의 무게입니다. 다음으로는 카메라의 성능이 있습니다. 이 중에서 가장 적합한 제품을 선택하여 구입합니다. 이러한 스마트폰에 대한 판단 기준을 '태도'라고 합니다. 유사한 태도의 예시로는 이 글을 읽고 계신 여러분도 해당됩니다. 정보를 수집하고 습득하는 과정이 매우 다양하게 있지만, 텍스트를 통해서 그것도 책이라는 매체를 통해서 정보를 수집하는 약간 고지식한 약간 옛날식의 습관 우리는 이런 것을 태도라고 합니다.

하지만 학습은 책이 가장 효과적이고 전통적 방법입니다. 절대 유튜브는 책을 이기지 못합니다.

이렇게, 소비자들은 저마다 제품이나 서비스에 대한 태도가 다 다릅니다. 그렇기 때문에 우리가 제공하는 제품이나 서비스에 소비자의 이런 다양한 태도를 전부 충족시키지 못합니다. 하지만, 그러한 태도 중 가장 빈도수가 높은 즉 소비자들이 우선으로 선택하는 조건을 중심으로 제품개발이나 프로모션을 하면 더 잘 팔리지 않을까요?

피시바인 모델

이러한 태도분석에 가장 기본이 되는 것이 피시바인 모델을 통한 태도 분석입니다. 피시바인 모델을 만든 사람이 '마틴 피시바인'입니다. 사회심리학자로 소비자 행동에 가장 큰 업적을 남긴 연구자 중 한명이며 피시바인 모델은 반백년 이상 사용하고 있는 '소비자행동' 분야에서는 일반적인 방법입니다.

속성	속성평가	1번 제품 신념강도	2번 제품 신념강도	3번 제품 신념강도
운영체제	+3	5	3	3
화면 크기	+3	5	5	3
무게	+5	5	4	0
카메라 성능	+2	2	5	5
사후관리	+1	1	5	5
브랜드	+2	3	3	3

이렇게 나온 결과들을 신념강도와 속성을 곱하거나 더해서 정규화를 하시고 합계를 비교하시는 것이 일반적인 비시바인의 사용 방법입니다.

여기까지 하시면, 이미 마케팅 전공 학사 수준 또는 그 이상의 수준입니다. 별거 아니죠? 이제 전문가 영역으로 들어가 보겠습니다.

컨조인트 분석

이러한 숫자들 즉 소비자들이 평가한 데이터가 많다면 위 예시보다 더 정교하게 평가가 될 것입니다. 한 가지 더, 속성의 여러 가지 중에 위에 피시바인 모델에서는 속성평가를 사용자의 주관적 결정에 따라서 속성평가 점수가 나왔고 이를 정규화하면 되는데 그것이 아니고 속성평가를 제외하고 다른 것들에 대해서 조사를 하고 난 다음 우선순위를 정하는 게 더 바람직하지 않을까요? 예를 들어서 사용자 리서치를 할 때는 각 속성별 조사를 하고, 추가로 단순하게 가장 선호하는 순서를 물어보면, 사용자들은 이러한 구체적인 속성의 태도에서도 답변을 하지만 막연하게 자신이 선호하는 브랜드 또는 디자인에 대해서 순위를 정해서 답변합니다. 아주 막연하게 말이죠. 그래서 쉽게 말해 대중없는 것입니다. 하지만 '막연한 브랜드 또는 디자인에 대한 우선순위를 결정했어도, 사실 그러한 판단에는 다양한 속성에 따른 태도 형성에 대한 결과다'라고 주장하겠습니다. 말이 길어서 장황한데 한마디로 정리를 하자면 컨조인트 분석을 하면 가능합니다.

1. 브랜드, 형상, 색상, 사용성 등 다양한 소비자 조사가 가능합니다.

2. 이러한 소비자 태도 형성 조건에서 우선순위를 정할 수 있습니다.

한 가지 말씀드리면, 컨조인트 분석의 기본 전제가 독립변수 간 서로 독립입니다. 하지만 실제 조사를 하면 서로 독립이 아닌 경우가 많이 있습니다. 그래서 우리는 어떤 속성들은 합치거나 제거해야 합니다. 컨조인트 분석에 앞서서 속성들을 합치거나 처리하는 방법은 주성분 분석을 하는데 그것은 다른 챕터에서 다루고 본 챕터에서는 이런 처리가 끝난 상태를 기준으로 하겠습니다. 보통 서로 완전 독립적인 형태를 직교 모델이라고 하지만, 실제 필드에서 직교 모델 찾기가 어려우니(직교일 때 완벽합니다.) 가장 독립적인 것을 전제로 하겠습니다.

예제 및 예제 가정
- 브랜드 4종에 대해 각 디자인 4종씩 제품을 시장 조사하였습니다.
- 이때 가격과 무게 사이즈는 서로 다르며, 컬러는 4종류로 한정하였습니다.
- 각각 안전규격에 대해 인허가를 확인하였고
- 최종 소비자의 기호도를 조사하였습니다.

A	라	10	810	99	검정	N	13
A	가	10	545	99	빨강	Y	1
A	나	10	971	107	노랑	N	17
A	다	15	710	161	파랑	Y	10
A	가	13	1005	107	검정	Y	25
A	다	12	905	151	빨강	Y	19
A	나	12	710	95	노랑	N	12
A	라	14	906	80	파랑	N	29
B	라	14	506	111	검정	N	4
B	나	10	819	107	빨강	N	9
B	다	13	600	95	노랑	Y	7
B	가	15	834	95	파랑	Y	11
B	다	14	710	80	검정	Y	18
B	나	11	988	95	빨강	N	22
B	가	10	1111	120	노랑	Y	23
B	라	12	1114	107	파랑	N	31
C	나	12	533	89	검정	N	5
C	다	10	600	73	빨강	Y	8
C	라	12	775	107	노랑	N	14
C	가	14	1003	107	파랑	Y	28
C	나	15	902	107	검정	Y	20
C	다	15	935	99	빨강	Y	27
C	라	13	987	151	노랑	N	21
C	가	10	1166	73	파랑	Y	30
D	라	11	500	141	검정	N	3
D	가	15	598	78	빨강	Y	6
D	다	12	600	123	노랑	Y	2
D	가	12	1000	111	파랑	Y	24
D	나	15	810	80	검정	N	16
D	다	12	1003	95	빨강	Y	32
D	나	11	924	80	노랑	N	26
D	라	11	810	107	파랑	N	15

위 데이터를 보고 바로 인지하셔야 할 것은 '디자인, 브랜드, 컬러 안전규격' 이렇게

조사된 데이터들은 범위가 있습니다. 그래서 이런 것을 우리는 범주형 데이터라 합니다. 기억나시죠?

그리고 하나 더 추가해야 할 것이 가격과 무게 그리고 사이즈를 보겠습니다. 이 숫자들은 서로 다른 숫자를 보여 주지만, 조금 상식적으로 생각하겠습니다. 가격이 1원 차이가 크게 영향이 있을까요? 역시 무게 사이즈 같은 의미입니다. 그래서 이러한 숫자들을 계산하기 편하게 하기 위하여 범주형 데이터로 바꾸겠습니다. 가격은 1~3으로 했고 무게는 1~5로 그리고 사이즈는 1~5로 각각 범주화했습니다. 보통 이런 과정을 정규화 과정이라고 합니다. 이때 정규화 기준은 다양하게 적용이 되나 조사자의 주관적인 판단으로도 가능합니다(구체적으로는 정규화보다는 범주화가 더 맞는 말입니다).

이제 상관분석을 돌려 보겠습니다. 이유는 앞선 챕터에서 확인하였듯이 다중공선성 그리고 중복되는 것을 제거하기 위함입니다.

그럼 이제 범주화를 위한 코딩을 해야 하는데(엑셀 코딩) 이때 일일이 하다 보면 너무 어려우니 생성형을 활용해 보겠습니다.

디자인 A, B, C, D는 1, 2, 3, 4로
브랜드 가, 나, 다, 라는 1, 2, 3, 4로
가격은 범위 10, 11은 1, 12, 13은 2, 14, 15는 3
무게는 700 미만은 1, 900 미만은 2, 1,000 미만은 3, 그 이상은 4
사이즈는 79 미만은 1, 89 미만은 2, 99 미만은 3, 109 미만은 4, 그 이상은 5
컬러는 각각 1, 2, 3, 4
안전규격은 1 또는 0
이렇게 코딩을 하겠습니다.

하지만, 이거 일일이 코딩하기 귀찮고 어려우니 생성형을 쓰면 다음과 같이 됩니다.

Input

엑셀 IF 함수식 만들어 줘.
B4 셀이 A면 1, B면 2, C면 3, D면 4

Output

네, 요청하신 엑셀 IF 함수식을 만들어 드리겠습니다. B4 셀의 값에 따라 다른 결과를 반환하는 함수식은 다음과 같습니다:

=IF(B4="A",1,IF(B4="B",2,IF(B4="C",3,IF(B4="D",4,""))))

이 함수식의 작동 방식은 다음과 같습니다:

1. B4 셀이 "A"이면 1을 반환합니다.
2. B4 셀이 "B"이면 2를 반환합니다.
3. B4 셀이 "C"이면 3을 반환합니다.
4. B4 셀이 "D"이면 4를 반환합니다.
5. B4 셀이 위의 어떤 값과도 일치하지 않으면 빈 문자열("")을 반환합니다.

출처: '라온' service base by AI:DRIVE with HBC data 28w,2024. 1turn

그대로 복사해서 넣으면 되겠습니다.
같은 방법으로 한 번 더 물어보겠습니다.

Input

엑셀에서 조건식 함수식 만들어 줘.
C4 셀이 '가'면 1, '나'면 2, '다'면 3, '라'면 4

이런 식으로 계속해서 생성형에 물어보면 됩니다. 이때 주의해야 하는 것은 매우 친절하게 하나하나 설명을 해 줘야 합니다. 그래야 오류 없이 조건문을 만들어 줍니다.

그렇게 코딩을 하면 다음과 같습니다.

디자인	브랜드	가격(천원)	무게	사이즈	컬러	안전규격	순위
1	4	1	2	3	1	0	13
1	1	1	1	3	2	1	1
1	2	1	3	4	3	0	17
1	3	3	2	5	4	1	10
1	1	2	4	4	1	1	25
1	3	2	3	5	2	1	19
1	2	2	2	3	3	0	12
1	4	3	3	2	4	0	29
2	4	3	1	5	1	0	4
2	2	1	2	4	2	0	9
2	3	2	1	3	3	1	7
2	1	3	2	3	4	1	11
2	3	3	2	2	1	1	18
2	2	1	3	3	2	0	22
2	1	1	5	5	3	1	23

이제 상관분석을 돌리겠습니다. 상관분석은 이제 생성형 도움 없이 가능하실 것 같네요.

데이터 → 데이터 분석 → 상관분석 → 분석할 내용은 디자인부터 안전규격까지. 이때 순위를 넣으면 안 됩니다. 왜냐하면 순위는 상관분석 고려 대상이 아니기 때문입니다.

상관분석 결과

	디자인	브랜드	가격(천원)	무게	사이즈	컬러	안전규격
디자인	1						
브랜드	0	1					
가격(천원)	0.01726449	0.017264489	1				
무게	-0.0559192	-0.257228214	-0.07627	1			
사이즈	-0.1209229	0.230852878	-0.01803	0.1395413	1		
컬러	0	-0.075	-0.01726	0.3914342	0.120923	1	
안전규격	0	-0.447213595	0.193023	0.1250391	-0.07374	0.167705	1

상관 정도가 0.4 즉 40% 이상이면 상관이 있는 것입니다. 가장 높은 수는 -0.447이고 0.39는 0.4가 안 되지만 아슬아슬하고 못생겼습니다.

그래서 일단 0.4 이상만 제거를 하고 다시 상관을 돌리면 결과는 다음과 같습니다.

	디자인	브랜드	가격(천원)	무게	사이즈	컬러
디자인	1					
브랜드	0	1				
가격(천 원)	0.01726449	0.017264489	1			
무게	-0.0559192	-0.257228214	-0.07627	1		
사이즈	-0.1209229	0.230852878	-0.01803	0.1395413	1	
컬러	0	-0.075	-0.01726	0.3914342	0.120923	1

전체적으로 0.4 이상은 없지만 역시 '컬러'는 못생겼습니다.

이제 회귀분석을 수행하겠습니다. 회귀분석을 하기 전에 다시 코딩이 필요합니다. 이는 더미변수 처리 때문입니다.

더미변수 처리

더미변수 즉 가짜 변수를 만들어 주는 것입니다. 예를 들어서 디자인은 A, B, C, D 이렇게 4개가 있는데 이를 더미변수 처리하는 이유는 먼저, 범주형 변수를 수치형으로 만들어야 회귀식이 됩니다. 그리고 A, B, C 이렇게 3개만 더미변수를 만들어 주는데 그 이유는 높은 상관성 때문입니다. 그리고 각 다지인별 얼마나 종속변수 즉 등수에 영향을 주는지 알기 위함입니다. 이렇게 더미변수 처리를 해야 어떤 속성이 어떻게 영향을 주는지 파악할 수 있기 때문입니다.

더미 변수 생성

디자인 A, B, C, D를 더미 변수로 변환하는 예시는 다음과 같습니다:

디자인	A	B	C	D
A	1	0	0	0
B	0	1	0	0
C	0	0	1	0
D	0	0	0	1

디자인	A	B	C
A	1	0	0
B	0	1	0
C	0	0	1
D	0	0	0

출처: GPT4o 28w,2024 1Turn not AI:DRIVE

이제 왜 3개만 하면 되는지 이해되실 거라 믿습니다. 저도 처음에 왜 하나를 빼는지 조금 어려웠는데, 이건 진짜 다중공선성 때문입니다. 위와 같이 해야 다중공선성이 없어지면 표기를 안 하게 되는 D의 경우 0, 0, 0, 0으로 처리가 되는 기본값이 됩니다. 즉 디자인 D를 기준으로 A, B, C를 확인하는 것입니다.

같은 맥락으로 브랜드, 가격, 무게, 사이즈, 컬러 모두 더미변수 처리하면 다음과 같습니다.

디자인이 4종이므로 더미변수는 3개, 브랜드 역시 4종이므로 더미변수 3개, 가격 더미변수 2개, 무게, 사이즈 더미변수 4개, 컬러 3개의 더미변수가 만들어지게 됩니다.

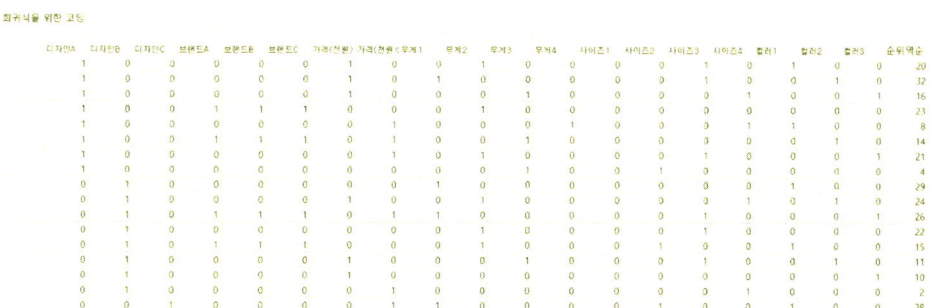

순위 역순

순위 역순은 순위를 반대로 표현한 것입니다. 이유는 우리가 조사한 결과는 1등이 가장 우수한 것인데, 숫자 관점에서 1은 가장 낮은 숫자입니다. 그래서 순위를 역순으로 해야 32가 가장 높은 숫자가 됩니다.

다중회귀 진행

이제 회귀방정식을 구하면 되는 건데 한 가지 문제가 있습니다. 엑셀에서 독립변수는 최대 18개까지 가능합니다. 하지만 더미변수를 만들면서 독립변수가 총 19개가 되었습니다(통계 도구나 파이썬, R에서는 상관없음). 그래서 하나를 제거해 줘야 하는데 예시에서 보여 드리는 컨조인트 분석은 모든 변수가 범주형이므로 하나의 독립변수를 제거하면 안 되고 한 항목을 다 제거해야 합니다. 그래서 가장 못생긴 '컬러'를 제거하겠습니다.

컬러 항목 AL:AN을 제거하고 회귀식을 돌렸습니다. 결과는 다음과 같습니다.

회귀분석 통계량	
다중 상관계수	0.981114
결정계수	0.962584
조정된 결정계수	0.814124
표준 오차	2.450339
관측수	32

분산 분석

	자유도	제곱합	제곱 평균	F 비	유의한 F
회귀	16	2625.929	164.1206	31.2394	1.2E-08
잔차	17	102.0707	6.004161		
계	33	2728			

	계수	표준 오차	t 통계량	P-값	하위 95%	상위 95%	하위 95.0%	상위 95.0%
Y 절편	4.830808	2.525856	1.912543	0.072807	-0.49828	10.1599	-0.49828	10.1599
디자인A	2.530232	1.347988	1.877043	0.077783	-0.31378	5.374238	-0.31378	5.374238
디자인B	1.627639	1.536513	1.059307	0.30428	-1.61412	4.869398	-1.61412	4.869398
디자인C	0.852409	1.421411	0.599670	0.556621	-2.14651	3.851324	-2.14651	3.851324
브랜드A	-2.0407	1.150113	-1.77435	0.093915	-4.46723	0.385828	-4.46723	0.385828
브랜드B	0	0	65535	#NUM!	0	0	0	0
브랜드C	0	0	65535	#NUM!	0	0	0	0
가격(천원)	1.512844	1.236549	1.22344	#NUM!	-1.09605	4.121734	-1.09605	4.121734
가격(천원)	0.567349	1.232352	0.460379	0.651079	-2.03269	3.167385	-2.03269	3.167385
무게1	25.67631	1.915383	13.40532	1.82E-10	21.6352	29.71741	21.6352	29.71741
무게2	17.09526	2.10789	8.110125	3.03E-07	12.64799	21.54252	12.64799	21.54252
무게3	7.18498	2.151835	3.339001	0.003888	2.645004	11.72496	2.645004	11.72496
무게4	2.51826	2.48162	1.014765	0.324444	-2.7175	7.754021	-2.7175	7.754021
사이즈1	-4.51162	2.074188	-2.17512	0.044023	-8.88777	-0.13546	-8.88777	-0.13546
사이즈2	-6.48812	1.507565	-4.30371	0.000481	-9.6688	-3.30743	-9.6688	-3.30743
사이즈3	-4.0772	1.345435	-3.03039	0.007549	-6.91582	-1.23858	-6.91582	-1.23858
사이즈4	-2.68153	1.461957	-1.83421	0.084188	-5.76599	0.402928	-5.76599	0.402928

P값을 보면, 0.05보다 높은 것들이 많이 있습니다. 디자인은 사용하지 못하고 가격도 하나는 사용하지 못합니다. 그리고 브랜드도 하나는 사용하지 못하고 사이즈 역시 하나는 사용하지 못합니다. 이렇게 더미변수 처리를 통해서 디자인별, 브랜드별 그리고 추가적인 다양한 속성별 영향 정도에 대해서 파악할 수 있고 영향 정도를 파악할 수 있습니다. 이보다 조금 더 단순하게 더미변수를 처리하지 않고 바로 통계를 돌리게 되면 자세한 관계는 파악하기 어렵지만 속성이 어떤 결과를 나타내는지는 큰 의미에서 파악도 가능합니다. 자세한 것은 연습문제 파일을 참조하시면 이해가 빠르실 것입니다.

회귀식의 해석

우리가 지금 하는 것은 순위 소비자 조사를 통해서 소비자들이 자기가 선호하는 순서대로 제품에 대해서 순위를 기록하고 각 선호 제품에 대해 하나씩 속성을 고르라고 했습니다.

그리고 범주형이다 보니 더미 처리를 위해 변수를 늘릴 수밖에 없었습니다. 마지막으로 순위를 종속변수로 하고 더미변수들을 독립변수로 해서 회귀식을 돌린 값입니다. 그 결과가 위의 이미지인데, 지금까지 배운 대로는 P값이 0.05 이상이면 못 쓰는 것이라 했습니다. 그러면 먼저 디자인은 모두 못 써먹는 것입니다. 자세하게는 디자인을 항목을 독립변수로 순위를 종속변수로 하고 회귀식을 돌리고 P값을 봐야 하지만, 이런 과정이 없더라도 이 수치들을 보면 아마 디자인 항목이 순위를 결정하는 데 영향을 주지 않을 것입니다. 그래서 일단 디자인 항목은 모두 사용하지 못합니다('회귀분석 수행(3)' 시트 아래를 확인하시면, 디자인과 컬러는 사용 못 하는 것으로 결론이 나왔습니다).

두 번째로 브랜드를 보면 브랜드 A는 0.09로 사용하지 못합니다. 하지만 고민해야 할 것은 0.1에 가까운 이 숫자는 통계에서 해석하는 0.05~0.1 사이에 있습니다. 즉 통계적으로 의미가 없어 일반적으로 제거하지만 실무적 관점 그러니까 95% 신뢰 수준에서는 의미 없고 90% 수준에서는 의미가 있습니다. 물론 90% 수준은 통계적으로 사용하지 않는 것임은 맞습니다. 그래서 제가 실무적 관점이라는 이야기를 한 것입니다. 즉 브랜드 A, B, C, D(D는 기준변수) 중 브랜드 A가 다른 브랜드보다 월등히 높은 숫자를 보여 주므로 의미가 있을 수도 있다는 것입니다. 그리고 첨부 데이터의 다른 회귀분석을 봐도 제 주장을 이해하실 수 있습니다.

세 번째로 가격을 보면 '가격 2'는 0.65로 매우 높습니다. 0.05보다 무려 0.6이나 높습니다. 이건 선 넘었습니다. 그래서 빼야 합니다. 즉 가격 변수 범주가 1, 2, 3이 있는데 이때 우리는 가격 3을 기준으로 1, 2만 회귀식을 돌렸고 이때 가격 2가 크게 의미가 없으니 가격 2는 순위에 전혀 영향을 주지 않는 변수입니다. 이것은 빼고 가겠습니다.

네 번째로 무게를 보면 무게 4는 선 넘어서 제거, 다섯 번째 사이즈 4는 브랜드 A와 같이 신중하게 결정해야 하는데 저는 사용하기로 결정했습니다.

이렇게 변수들을 넣고 빼면서 P값을 보고 최종 분석을 마무리했습니다. (시트 '회귀분석 수행(5)')

이제 컨조인트 분석을 하겠습니다.

컨조인트 분석

컨조인트 분석은 회귀식의 결괏값을 기준으로 도출된 계수를 보고 계산을 합니다.

컨조인트 분석은 리서치 조사를 통해 나온 결괏값들을 기준으로 조사를 하는 것이고 이러한 과정에서 회귀식이 가장 중요하게 적용됩니다.

	계수	표준 오차	t 통계량	P-값	하위 95%	상위 95%	하위 95.0%	상위 95.0%
Y 절편	7.912676948	1.23851	6.388868	1.61E-06	5.350624	10.47473	5.350624	10.47473
브랜드A	0	0	65535	#NUM!	0	0	0	0
브랜드B	0	0	65535	#NUM!	0	0	0	0
브랜드C	-2.186217364	1.063863	-2.05498	#NUM!	-4.38699	0.014551	-4.38699	0.014551
무게1	24.37418893	1.342793	18.15185	3.96E-15	21.59641	27.15197	21.59641	27.15197
무게2	15.86069912	1.294293	12.25434	1.45E-11	13.18325	18.53815	13.18325	18.53815
무게3	6.136985302	1.320198	4.648535	0.000112	3.405948	8.868023	3.405948	8.868023
사이즈1	-5.100063779	1.684795	-3.02711	0.005996	-8.58533	-1.6148	-8.58533	-1.6148
사이즈2	-6.949345503	1.454403	-4.77814	8.09E-05	-9.95801	-3.94068	-9.95801	-3.94068
사이즈3	-3.293401164	1.24155	-2.65265	0.014224	-5.86174	-0.72506	-5.86174	-0.72506
사이즈4	-2.269685443	1.341496	-1.69191	0.10417	-5.04478	0.50541	-5.04478	0.50541

먼저, 각 계수를 기준으로 유틸리티 계산을 하겠습니다. 유틸리티 계산 즉 속성별 계수를 활용하여 계산을 하여 나온 결과가 높을수록 소비자가 선호하는 것입니다.

제품1		제품2		제품3	
브랜드A	0	브랜드C	-2.186217364	브랜드D	0
무게3	6.136985302	무게2	15.86069912	무게1	24.37418893
사이즈2	-6.94934503	사이즈3	-3.293401164	사이즈1	-5.10006378
	-0.812359727		10.38108059		19.27412515

첨부 파일에서 함수식을 클릭하면 매우 단순한 함수식이 적용된 것이 확인 가능합니다.

제품을 만들 때 제품3이 가장 높은 점수가 부여되었으니 소비자들이 가장 선호하는 제품이 될 가능성이 높습니다.

그럼 속성별 순위는 어떨까요? 각 계수의 절댓값을 기준으로 보면 됩니다. 속성별 가치이니 부분가치라 할 수 있습니다.

속성별 순위	부분가치 범위	속성순위
브랜드A	0	9
브랜드B	0	9
브랜드C	2.186217364	8
무게1	24.37418893	1
무게2	15.86069912	2
무게3	6.136985302	4
사이즈1	5.100063779	5
사이즈2	6.94934503	3
사이즈3	3.293401164	6
사이즈4	2.269685443	7

세 번째로 속성별로 묶어서 순위를 알아보는데 이때는 각 속성별 최댓값-최솟값을 해서 나온 계수가 순위입니다.

브랜드계산	2.186217364	3
무게계산	18.23720363	1
사이즈계산	4.679659586	2

본 책에서는 다루지 않았지만, 이런 컨조인트 분석을 통해서 진행 가능한 마케팅 방법을 말씀드려 보겠습니다.

가격 기반 결정일 때 활용 가능합니다. 위 예시에서는 가격이 중요한 속성이 될 수가 없어서 제외되었지만, 만약 가격 집단이 속성에 중요한 역할을 주는 변수로 확인이 되었다면, 해당 가격의 범위 내에서 그러니까 최댓값과 최솟값을 기준으로 가격을 결정하는 게 좋지 않을까요? 그리고 이런 것을 소비자 수용 가격이라는 표현을 씁니다.

다른 가격 결정법으로는 우리가 제품을 보면 해마다 가격이 오르는 경우가 있습니다. 제품을 조금씩 업그레이드하면서 제품 판매 가격을 올립니다. 그리곤 이렇게 말합니다. '비싼 부품을 써서, 가격이 올랐습니다.' 하지만 비싼 부품이 어떤 것이 변경되었다 봤을 때 위 컨조인트 분석을 기준으로 한다면 '무게'가 가장 민감하니 무게를 줄이기 위해 자재를 바꾸었다 하면 소비자들이 비록 가격이 올랐지만 납득하지 않을까요? 사실 자재를 바꾼다고 무게가 막 그렇게 낮아진 것도 아닌데 말이죠. 마치 LG그램, 삼성 갤럭시S 처럼 말이죠. 이것들은 또 가격이 수용 범위 내에서 움직입니다. 그래서 살 수밖에 없게 만들어요. 이게 다 마케팅입니다.

그리고 컨조인트 분석을 하면 속성별 선호도가 나오게 되므로 시장 점유율을 알고 있다면 각 경쟁사별 어떤 중심으로 속성을 변경하느냐에 따라 시장 점유율이 변하는 시뮬레이터도 제작 가능합니다.

다운로드 주소

컨조인트 분석 https://blog.naver.com/wang5177/223542375045

따라 하면 성공하는 S 곡선을 활용한
신제품 판매 숫자 예측하기

현재 점유율만 알아도 우리 신제품의 예상 판매 수량 추정이 가능합니다. 방법은 생각보다 간단합니다. 현재 수준에서의 시장 보급률을 조사하고 또는 추정하고 이것을 기준으로 S 커브와 비교해서 현재 확산 단계인지 아니면 아직 시작 단계인지 아니면 쇠퇴기인지를 분석하고 분석 결과에 따라 미래 시장 수요를 예측하는 것입니다. 무식하게 TAM-SAM-SOM 같은 것들 사용하지 않아도 됩니다.

> 요약 1. S 곡선=로지스틱 곡선 약간만 이해하면 된다.
> 요약 2. 전체 시장 규모 예측 가능하다.
> 요약 3. 어려운 건 생성형 시키면 된다.
> 요약 4. 따라 하자.

먼저, S 곡선에 대해서 이해를 하시기보다 그냥 외우시는 게 좋습니다. 마치 자연현상이다 하고 받아들이시는 것이 좋습니다. 이렇게 말하는 데에는 저 역시 사실 이것을 다 이해하지 못해서 그렇습니다. S 곡선=로지스틱 곡선은 수학자 피에르 프랑수아 베르휘라는 사람이 200년 전에 발견한 사회현상 패턴으로 우리가 태어나기도 전에 제안된 것입니다. 관련 자료를 참조하면 당시에는 인구성장 모델을 설명하기 위해 로지스틱 곡선을 활용했다고 하는데 제 글에서 느껴지는 분위기 그대로, 그건 그거고 우리는 이것을 잘 활용만 하면 됩니다. 우리가 로지스틱 곡선을 가지고 조금 아는 척을 하기 위해서는 '신제품 개발 관련해서 혁신 제품의 확산을 설명할 때 에버렛 로저스에 의해 주장되었다'라는 것만 알고 계셔도 좋습니다. 에버렛 로저스는 사회학자인데 기술경영에서 매우 중요한 그리고 마케팅에서 매우 중요한 업적을 남긴 분입니다. 로지스틱 곡선을 활용해서는 대표적으로 인구성장 모델, 질병전파 모델에서 다루고 시장포화 모델링에서도 사용합니다. 이걸 구현을 하고 예측을 해서 현재 수준을 파악하고 준비하며 미래 수준을 예측해서 시장 점유율 증대를 위한 마케팅 전략 포인트를 결정하면 이것이 '바람직한 일잘러'라 생각합니다.

S 곡선=로지스틱 곡선

신제품이 출시돼서 시장에 보급되면서 특정한 요건이 충족된다면 확산됩니다. 이때 그 확산의 형태는 S 형태를 보여 주고 있습니다. 특정한 요건이라면 ① 혁신의 상대적 이점, ② 호환성, ③ 복잡성, ④ 시험 가능성, ⑤ 관찰 가능성, ⑥ 커뮤니케이션 채널, ⑦ 사회적 시스템이 있습니다. 본 챕터에서는 앞서 말씀드린바 이론을 배우기 위한 것이 아니므로 간단하게만 알아보고 S 곡선을 활용하여 해석하는 방법을 알아보겠습니다.

① 혁신의 상대적 이점: 기존 제품보다 경쟁 우위를 말 합니다. 보통 소비자들 기준에 의한 경쟁우위 개념입니다.
② 호환성: 사용자의 과거 경험과 얼마나 유사하느냐입니다. 사람은 관습, 문화에 영향을 받아서 그렇습니다.
③ 복잡성: 복잡하면 안 됩니다. 매우 직관적이어야 합니다.
④ 시험 가능성: 신제품은 소규모로 충분히 테스트 가능해야 합니다. 불특정 다수가 테스트에 문제가 없어야 합니다.
⑤ 관찰 가능성: 혁신의 효과가 주변 사람들 눈에 잘 띄어야 합니다. 주위에 이걸 많이 사용하면 그만큼 확산속도가 빠르다는 것을 이야기합니다.
⑥ 커뮤니케이션 채널: 구전효과의 채널이 중요합니다. 기술이 확산될수록 커뮤니케이션의 영향을 많이 받고 어느 순간 터지기 마련입니다.
⑦ 사회적 시스템: 기술이 보급되기 위해서는 사회적으로 기술을 받아들일 준비가 되어야 합니다.

S 곡선은 아래와 같은 형태입니다.

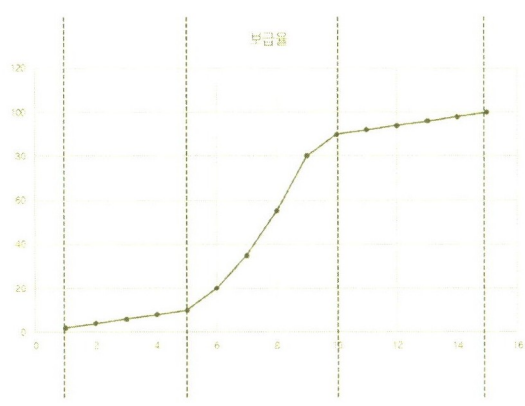

　전체 시장 100%에서 초기에는 당연히 이노베이터 그룹 그리고 소수의 얼리 어답터 그룹이 제품을 구입합니다. 이들은 시장을 선도하거나 견인하는 역할을 하지 실질적인 소비자들이 아닙니다. 우리의 실질적인 소비자들은 얼리 머저러티(조기 다수 수용자)가 해당됩니다. 신제품 관점에서는 말입니다. 그리고 하나 더, 시장은 100%를 초과해서 확장합니다. 하지만 분석, 계산을 위해서는 100%를 기준으로 하는 것이 용이합니다.

　그렇다면 우리가 상대적으로 후발 주자고 늦게 시장에 들어간다면, 현재 시장이 어느 정도 보급 수준이고 얼마 정도가 대략 판매가 되었고 우리가 들어가게 된다면 경쟁사와 비교 우위를 가지고 있다고 할 때 어느 정도 시장 점유율을 목표로 한다면, 대략적인 판매 수량이 나옵니다. 만약 이때 시장에 없는 신제품이다 하면 이러한 이론을 100% 적용하기는 모호하다 판단이 되실 수도 있지만, 시장에는 그런 제품이 거의 없습니다. 현재 개발하시는 제품이 혁신 제품이라 하더라도 말이죠. 그래서 가장 유사한 제품의 시장 보급을 기준으로 하게 됩니다. 그렇기 때문에 대부분의 제품들은 시장에서의 수요나 보급률이 예측됩니다.

　그래프의 특성상 초기에는 낮은 수준으로 보급이 되다 어느 순간 급격하게 경사가 가팔라지고 다시 완만하게 보급됩니다. 우리는 이러한 논리를 배우고자 하는 게 아니니 그냥 외우십시오. 자연의 법칙이다 하고 외우시는 것이 좋습니다.

　이 그래프를 기준으로 현재 수준을 파악한다면 그다음 준비를 하면 됩니다. 먼저 현재 수준을 파악하는 방법에 앞서 제가 구분한 3단계에서의 마케팅 전략 방법을 구분해 보면 다음과 같이 일반적으로 이야기할 수 있습니다.

1단계	2단계	3단계
이노베이터를 중심으로 확산 이노베이터 중심 홍보 그들의 혜택 제공 좁고 두텁게 홍보	얼리 어답터 중심의 확산 전략 대규모 홍보 진행 다양한 채널 활용 경쟁사와의 협업	신기술 도입 이노베이터 커뮤니케이션 활성화 저비용 전략

로지스틱 곡선 공식 이해

로지스틱 곡선 공식은 다음과 같습니다.

$$x(t) = \frac{L}{1 + ae^{-bt}}$$

x(t): 특정 시간의 보급된 숫자라 하겠습니다.

t: 시간입니다.

L: 최대치입니다. 특정 시간에 x(t)가 접근하는 최댓값입니다. 보통 최대 판매량이라 생각하면 됩니다.

a: 초기 조건을 반영하는 상수입니다. a값이 크면 완만하게 성장을 보이다가 시간의 흐름에 따라 급격하게 증가하는 패턴을 보입니다.

e: 오일러수입니다(2.718).

b: 성장률을 보여 주는 상수입니다. b값이 크면 곡선이 가파르게 증가합니다.

복잡한 공식을 외울 필요도 없고 이해하실 필요는 조금 있지만, 크게 이해를 요구하지도 않겠습니다. 이거 복잡합니다. 그냥 그런가 보다 하고 넘어가겠습니다.

로지스틱 곡선 활용

첨부 파일을 참조하시면서 전체 템플릿을 이해하시는 것을 추천드립니다. 이해가 어려우시면 거듭 말씀드리지만 그냥 외우십시오.

시간	100명당 보급 수
1	2
2	5
3	7
4	9
5	12
6	15
7	25
8	35
9	45
10	65
11	85
12	87
13	89
14	90
15	92

시간의 흐름에 다른 100명당 보급 수를 위와 같이 미리 입력을 했다고 가정하겠습니다. 그러니까 T15 시점에는 100명 중 92대가 보급될 것이라고 미리 예측을 한 것입니다. 여기서 100명당 보급 수로 표현한 것은 이 계산식은 절댓값으로 결과가 나오는 식입니다. 이를 백분율로 하기 위해서 100명당 보급 수 = 100% 대비 보급률로 계산하기 위함인 것입니다.

그리고 L, a, b에 임의 숫자를 넣습니다. 그리고 보급률 오차 제곱 칼럼에서는 100명당 보급 수=관측 수가 보급률 예측 수랑 비교한 오차의 제곱입니다. 오차를 구해서 오차의 제곱합을 구하는 이유는(SSE) 예측한 값과 실제 데이터 간의 차이를 활용해서 이 오차 제곱이 가장 작은 수 즉 관측 데이터와 예측 데이터 간 차이가 가장 작은 것이 최적화 값이 되기 때문입니다.

그럼 보급률에 적용되는 함수식을 넣어야 하는데 다음과 같이 생성형을 이용하겠습니다.

Input

다음은 로지스틱 곡선을 활용해서 시장 보급률을 예측할 거야.
해찾기를 이용해서 오차의 최솟값이 가장 최적화된 모델로 결정할 거야.
로지스틱 곡선 공식을 활용해서 보급률을 예측할 거야. 이때 보급률 예측을 위한 함수식 결정해 줘.

조건
1. d2의 값은 L로 최대치야. d2에 해당돼.
2. a는 초기 조건을 반영하는 상수야 e2에 해당돼.
3. b는 성장률을 보여 주는 상수야 f2에 해당돼.
4. b칼럼은 시간의 흐름으로 b5:b19
5. c칼럼은 100명당 보급 수 c5:c19
6. d칼럼은 예측 보급률 d5:d19
7. e칼럼은 보급률 오차 제곱으로 e5:e19
8. SSE는 최솟값이야 하고 a3 입력을 하고 함수식으로 =SUM(E5:E19)을 입력했어.

이때 보급률 예측에 들어가는 함수식을 구해 줘.
d5에 보급률 예측 함수식이 들어가.

Output

주어진 조건을 바탕으로 로지스틱 곡선을 이용한 보급률 예측 함수식은 다음과 같습니다:

=L/(1+a*EXP(-b*B5))

생략

출처: '라온' service base by AI:DRIVE with HBC data 31w,2024. 1turn

챕터가 마무리되어 감에 따라 복습 차원으로 프롬프팅 설명드립니다. 프롬프팅은 무조건 자세하게 입력하면 됩니다. 이렇게 자세히 입력하기 위해서 로지스틱 곡선 공식에 대해 이해를 했고 엑셀에 무엇을 입력해야 하는지도 하나씩 설명을 드린 것입니다. 구체적인 프롬프팅을 입력하기 위해서는 이해가 선행되어야 하는데 만약 이해가 아직 부족하다면(충분히 부족할 수 있습니다.) 위에 제가 입력한 프롬프팅과 엑셀을 비교하면서 하나씩 매칭하시는 것도 학습하는 데 도움이 됩니다.

생성형이 시키는 대로 입력을 하고 이제 해찾기를 하겠습니다.
해찾기의 목적은 L, a, b를 변수로 해서 SSE가 가장 작은 값이 되어야 합니다. 이유는 오차가 최소화되어야 하고 오차는 음수일 수도 있으니 거듭제곱을 해서 양수로 만들고 이 오차 거듭제곱의 합 SSE가 최소화되면 가장 바람직한 수식이 나올 것입니다.

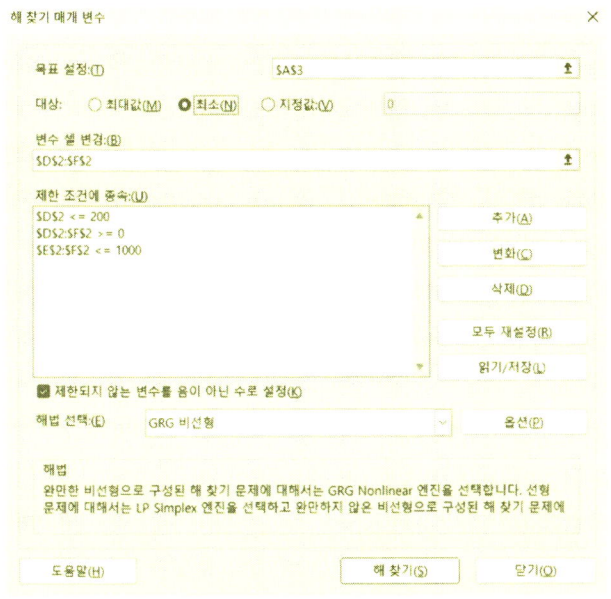

목표는 SSE이고, 변수도 설정을 해 주고, 제한 조건 설명드리겠습니다.

최솟값을 구하는 것이고 D2 즉 L값은 최댓값입니다. 100명당 최대로 판매할 수 있는 숫자가 되겠습니다.

저는 200으로 한정했고 100명당 최대 200개, 즉 1인당 2개 이상 구입을 안 한다는 가정이 전제되어 있는 것입니다.

D2:F2는 L, a, b값으로 당연히 0보다 커야 합니다.

E2:F2는 어떤 값이 올지 모릅니다. 임의 숫자를 세팅하시는데 저는 최대 1,000이라고 했습니다.

그리고 S 곡선이므로 당연히 비선형을 선택하고 '해찾기'를 클릭하면 결과와 같이 나옵니다.

		L	a	b
SSE		96.67330088	194.5029413	0.599918
192.1169				
	시간	100명당 보급 수	보급율 예측	보급율 오차 제곱	변곡점
	1	2	0.897164777	1.216245529	8.78528
	2	5	1.62223207	11.40931619	
	3	7	2.91544414	16.68359657	
	4	9	5.183361169	14.56673197	
	5	12	9.045283644	8.730348744	
	6	15	15.30328545	0.091982064	
	7	25	24.67188759	0.107657755	
	8	35	37.15687992	4.652131004	
	9	45	51.44558794	41.54560387	
	10	65	65.20876199	0.043581568	
	11	85	76.43158935	73.41766115	
	12	87	84.40458019	6.736203984	
	13	89	89.5305814	0.281516619	
	14	90	92.61779038	6.852826494	
	15	92	94.40446759	5.78146439	

이때 변곡점은 a값과 b값을 이용하는 것인데 a값은 초기 조건 그리고 b값은 성장률로 서로 다른 조건에서 설정되기에 이것의 1/2에 해당하는 지점이 변곡점에 해당됩니다. 이게 끝입니다.

차트 보고 설명드리겠습니다.

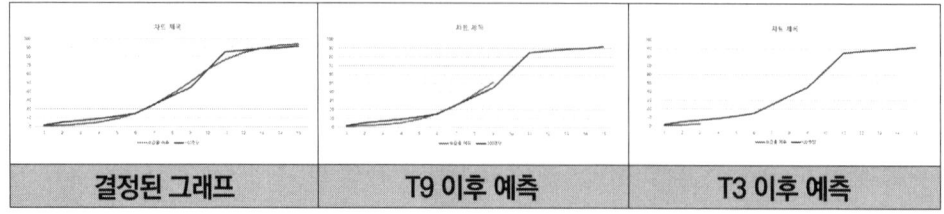

| 결정된 그래프 | T9 이후 예측 | T3 이후 예측 |

예측된 결과에 따라 T15에 해당하는 지점에서 보급률은 94로 예측이 되고 이 값은 100명당 보급되는 것이므로 94*100=9,400개가 보급 되는 것입니다. 최대 보급 가능 숫자는 L값인 96, 즉 96*100=9,600개입니다. 만약 현재 시점이 T9라면 T9 이후 값들을 지워 주면 되는데 변곡점이 8.7로 변곡점을 지난 지 얼마 안 되는 시점이므로 빠르게 시장 확장을 노려야 하고 기존보다 더 공격적인 마케팅을 해야 합니다. T3 시점이라면 아직 시장이 확산되기 직전이므로 조금 더 지켜보든가 또는 시장 선도를 위해 공격적인 마케팅을 하든가 해야 합니다.

다만, 여기 적용되는 것은 전체 시장이므로 해당 수량에서 우리 목표 점유율을 계산하는 것이라는 부분을 말씀드리면서 챕터를 마무리합니다.

다운로드 주소

S 곡선 https://blog.naver.com/wang5177/223546355757

마무리하기

안녕하세요, 홍승민입니다.

도서로는 오랜만에 인사를 드립니다. 이 글을 읽으시는 여러 마케터분들 그리고 여러 중소기업 관계자분들 감사하단 말씀부터 드립니다. 이런 책 찾아서 읽는 거 자체가 쉽지가 않은데 큰 결정을 하셨습니다. 그리고 큰 결정을 하셨으니 제가 출간한 다른 책들도 읽어 보십시오. 구어체로 작성해서 매우 읽기 쉽고 편합니다. 부탁드립니다.

이번 책을 준비하면서 '콘텐츠 기획' 자체는 얼마 길지 않았습니다. 기획 자체는 2개월 정도 걸렸고 작성하는 것에 1.5개월 정도, 그리고 최종 편집까지 2주, 총 3.5~4개월 걸린 것 같습니다. 반면 이 책의 기획을 위한 사전 학습으로 '생성형 인공지능' 공부를 2년 그리고 '엑셀 공부'를 1년 총 3년을 공부한 것 같습니다.

제가 데이터 분석을 공부하면서 겪은 과정을 간단히 말씀드리자면, 처음에는 엑셀로 시작해 R과 파이썬으로 넘어갔습니다. 실제로 분석할 때는 파이썬과 엑셀을 함께 사용하고 있죠. VBA도 배워 봤지만, 파이썬이 더 직관적이라 추천하지 않습니다. 그런데 이런 제 경험을 돌아보니, 일반 직장인들에게는 파이썬이나 VBA가 너무 어렵지 않을까 하는 생각이 들더군요. 그래서 결국 엑셀만으로도 충분히 데이터 분석이 가능하다는 걸 보여 주고 싶어 이 책을 쓰게 되었습니다. 이 모든 과정에 2년 이상의 시간을 들였다는 점도 다시 한번 말씀드리고 싶습니다.

이 책의 주된 목차와 방법론은 2014년 발행한 웨인 L. 윈스턴 교수의 《Marketing Analytics:data-driven techniques with Microsoft excel》을 많이 참조했습니다. 해당 책을 보면, 대학원생을 기준으로 해서 그런지 생략된 것이 많고 왜 그렇게 해야 하는지도 설명이 부족하고 해서 또는 교수님의 주장도 기준 설정이 조금 그렇고 해서 제가 재가공한 내용이 제법 됩니다. 물론 데이터도 다 다릅니다. 제 마음 같아서는 '단순 참조'라고 하고 싶지만 그러기에는 스스로 석연치 않습니다. 이런 사실이 표절은 아니지만, 아이디어의 시작이 해당 교수님의 책이라 제가 '창작의 관점에서 자유롭지 않습니다.' 그리고 하나 더 본 책에는 인용을 안 했지만 김종욱 교수님의《엑셀을 2019를 활용한 데이터 분석》도 많이 공부했습니다. 김종욱 교수님 책은 초심자에 많이 권장하는 도서입니다. 딱 초심자에 필요한 것만 뽑아 놨고 정말 정리와 예시 너무 좋습니다. 그리고 제가 책 작성을 위해 논문도 많이 참조했는데 일일이 표현을 하지 않았습니다. 직접 인용이 아닌 재해석 인용이기에 그렇습니다.

마지막으로 본 책에 적용된 모든 생성형 관련 내용은 ㈜시대의 영웅에서 개발한 AI:DRIVE 서비스를 이용했습니다. 이 서비스는 클라우드 저장소와 생성형, 멀티 LLM 그리고 RAG를 혼합한 서비스입니다. 이 서비스를 기반으로 제가 작업한 데이터를 넣고 돌린 서비스 내용을 책에 표현하였습니다. 제 데이터를 넣었다고는 하지만 AI:DRIVE가 없었으면 이 책은 출간되기 어려웠을 것입니다. 이유는 이 책의 대부분 내용은 범용적인 생성형 서비스를 이용해도 됩니다. 하지만, 인공지능이 뱉어 내는 결과는 하늘과 땅 차이입니다. 아마도 이 책의 내용을 그대로 활용하시는 분들 입장에서는 크게 느끼지 못하시겠지만, 해당 문장을 생성하기까지 작게는 서너 번, 많게는 수십 번 사용자 프롬프팅을 입력하고 이걸로 부족해서 시스템 프롬프팅도 시대의 영웅과 협의를 하는 등 매우 복잡한 작업이 있었습니다. 이러한 사전 작업으로 인해 독자님들은 매우 용이하고 쉽게 생성형을 사용하셔도 됩니다. 이 말을 강조하는 이유는 두 가지로 먼저 시대의 영웅의 AI:DRIVE가 없었으면 이 책은 완성하기 어려웠을 것이며 기왕이면 제가 개발, 보급하는 '라온' 서비스를 이용해 주셨으면 하는 바람입니다. 개인이나 소규모 기업이 아니신 조직이시면 제 서비스보다 시대의 영웅 AI:DRIVE를 직접 사용하시는 것도 좋습니다. 감사합니다, 시대의 영웅 관계자분들.

무더운 여름이 아직 한참인 2024년 여름에 출간 전 최종편집을 하면서
군포에서 홍승민 드림